www.tredition.de

D1620086

Widmung

Dieses Buch ist all jenen Menschen gewidmet, die der Aufforderung des Lebens „Erkenne Dich selbst" folgen (wollen). Denen, die aus der Selbsterkenntnis heraus ihre Eigenverantwortung übernehmen (wollen), um in Freiheit, Unabhängigkeit, lebendiger Gemeinschaft und Harmonie mit der Natur und ihren Gesetzen zu leben.

Es ist auch all den Geistern gewidmet, die sich in der Vergangenheit für die Freiheit der Menschen eingesetzt und ihren Anteil zur Aufhebung jeglicher Begrenztheit des menschlichen Bewusstseins beigetragen haben.

Sigwart Zeidler

Befreiende Aussichten

Visionen für das Jahr 2040

Von Eigenverantwortung und Freiheit

Für Ezehiela mit Freude und
in Liebe
von Sigwart
Aschaffenburg 12.09.2020

tredition®
www.tredition.de

Bibliografische Information der Deutschen Nationalbibliothek:

Die Deutsche Nationalbibliothek verzeichnet diese Publikation in der Deutschen Nationalbibliografie; detaillierte bibliografische Daten sind im Internet über http://dnb.d-nb.de abrufbar.

© 2018 Sigwart Zeidler

Verlag: tredition GmbH, Hamburg

ISBN

Paperback   978-3-7469-3069-5
Hardcover   978-3-7469-3070-1
e-Book   978-3-7469-3071-8

Inhalt

Danksagung

Dieses Buch wäre nie entstanden, hätte ich nicht von außen den Impuls dazu erhalten. Zwar habe ich gespürt, dass ich Freude am Schreiben habe, aber ich hatte keine Idee, worüber ich schreiben sollte. Deshalb danke ich an erster Stelle Stephan Möritz, dem, der mit der Seele spricht. Er hat erkannt, dass ich auf der Erde bin, um dieses Buch in die Welt zu bringen.

Dann danke ich meiner Seele, dass sie geschrieben hat. Jedenfalls fühlte es sich für mich fast durchweg so an, als ob nicht ich, sondern es schreibt.

Ich danke meiner Lebensgefährtin Ulrike Rast für ihr Vertrauen in meine Fähigkeit, das Buch schreiben und herausbringen zu können. Ich danke ihr weiterhin für viele Impulse, die sie mir in Gesprächen vermittelte und für die Erstkorrektur.

Schließlich danke ich all denen, die gründlich und aufmerksam Fehler und unverständliche oder schlechte Formulierungen gefunden haben und Verbesserungsvorschläge unterbreitet haben. Das sind namentlich mein Bruder Ortwin, meine Tochter Anna und meine Freundinnen Iris Weckwert und Bettina Dettmer.

Danke!

Vorworte

Holger Eckstein

Was hat mein Leben mit dem Zustand der Welt zu tun? Die meisten Menschen meinen, dass das eigene Leben keinen oder nur einen geringen Einfluss auf die Welt hat. Sigwart Zeidler sieht das anders. Schon unsere Einstellung zum Leben und zum Menschsein sowie unsere Glaubenssätze hinsichtlich Religion, Wissenschaft, unserer Mitmenschen und uns selbst haben Auswirkungen. Unser Menschen- und Weltbild prägt unser Denken, Fühlen und Handeln.

Die materialistische Weltsicht geht von anderen Motiven und Zielen aus als eine Weltsicht, die sich des Urgrunds allen Seins bewusst ist. Auswirkungen hat das auf alle Gebiete des Lebens: Medizin, Bildung, Psychologie und ganz besonders auf Naturwissenschaften und Technik. Die sogenannte Schulmedizin zum Beispiel beruht auf einem materialistischen Weltbild und sieht Krankheiten als Funktionsstörungen eines Mechanismus, die mit Pillen, Ersatzteilen und Operationen wieder funktionsfähig gestaltet werden können. Das ist nicht falsch, aber es greift zu kurz. Mit demselben Weltbild erscheint das menschliche Gehirn als ein Computer, der nur passend programmiert werden muss, um gesellschaftliche und berufliche Aufgaben besser erfüllen zu können. Das führt soweit, dass Techniker glauben, künstliche Intelligenz schaffen zu können, weil sie glauben, dass Intelligenz nur etwas mit Lernfähigkeit zu tun habe. Im Bereich der Energieversorgung und Wasserreinigung führt die materialistische Sicht zu der Annahme, dass Strom nur aus sogenannten Energieträgern, z. B. Kohle, Uran, Öl und Gas, oder durch die Wandlung messbarer Energie wie Wind und Licht erzeugt werden kann.

Tatsächlich beruhen alternative Medizin und neue Schulmodelle, aber auch neue Techniken zur Bereitstellung nutzbarer Energien und zur Aufbereitung von Wasser auf Modellen, die etwas Geistiges hinter der Materie wahrnehmen und am Werk sehen. Mit Techniken dieser Art ließen sich z.B. eine autarke Energie- und Wasserversorgung ebenso realisieren wie eine weitgehend von pharmazeutischen Produkten unabhängige Medizin.

Auch im materiellen Weltbild wird der Mensch als von Natur aus aktives, schöpferisches und ständig lernendes Wesen gesehen, das auch aus eigenem Antrieb handeln kann. Dabei muss es aber keine große Freude empfinden, weil es ihm vor allem um materielle Existenzsicherung und äußeren Erfolg geht.

Für den Autor hingegen ist es zwangsläufig so, dass das Geistige berücksichtigt werden muss und dass der Mensch in der Unabhängigkeit von zentralen Versorgungseinrichtungen wesentlich die Befreiung hin zu wahrer Selbstverwirklichung findet – die nicht nur ihm selbst, sondern dem Wohl des Ganzen optimal dient. In dieser Freiheit sieht er die Lösung für viele gesellschaftliche Probleme - vom Meinungsstreit bis hin zu globalen Kriegen einschließlich aller wirtschaftlichen noch ungelösten Herausforderungen.

Er ist davon überzeugt, dass Visionen Menschen ermutigen können, ihre geistige Verfassung zu hinterfragen und die Zusammenhänge zwischen inneren Einstellungen und äußeren Verhältnissen zu untersuchen. Im Angesicht der Phantasien von Transhumanisten, die einen Menschen sehen, der von seiner natürlichen Wesenheit getrennt wird, erscheint ihm eine dem Leben zugewandte, sinnerfüllende Vision eigenverantwortlicher Menschen, die im Geistigen wurzeln, das denknotwendig zum Menschsein gehört, sogar nötig.

Deshalb entwirft er in diesem Buch die Vision einer aus den Zwängen des materiellen Weltbilds befreiten Menschheit, in der wir voller Freude sinnerfüllende Arbeiten zum Wohle allen Lebens ausüben. Dass er der Welt diesen Zustand bereits bis zum Jahr 2040 zutraut, mag auf seinem Wunsch beruhen, diese für ihn idealen Zustände noch selbst zu erleben.

In lebendigen, eindrücklichen Bildern schildert er das Leben einer veränderten Gesellschaft in vielen Bereichen: In Prozesse der Erziehung, Bildung, Arbeit und Wirtschaft, Kultur sowie Wissenschaft und Forschung kann sich der Leser bewusst einfühlen. In neue Lebensformen und Aspekte der seelisch-geistigen Entwicklung kann er sich hineinversetzen. Er begreift anschaulich die Konsequenzen der dem Gemeinwohl dienenden Kreisläufe einer kooperativen Wirtschaft, einer selbstbestimmten Arbeit zum Wohl aller Menschen bis hin zu gesellschaftlichen Entscheidungsprozessen, die zu einem produktiven und effektiven Konsens statt zu falschen Kompromissen führen.

Er spürt den Segen und das Wohl einer auf das Gemeinwohl abzielenden Erziehung und Bildung, einer freudvollen selbstverantworteten Gesundheitsvorsorge und einer das Leben fördernden Landwirtschaft und Technik.

Nach der Lektüre dieses Buches wird der Leser die Möglichkeiten einer gemeinwohlorientierten Zukunft mit anderen Augen sehen.

Ob eine solche Gesellschaft tatsächlich, wie vom Autor beschrieben, auf Geld als Tauschmittel für Waren und Dienstleistungen verzichten wird, ist fraglich. Aber seine Visionen sind anregend, tiefsinnig und entstammen vor allem dem authentischen Anliegen einer Vieles wahrnehmenden Seele – und sind schon deshalb lesenswert.

Dr. Ulrich Mohr

Einige Jahre kenne ich Sigwart nun und habe ihn als einen sehr sympathischen und unermüdlich neugierigen Menschen kennengelernt, der zu einer seltenen Gattung gehört. Ich spreche von den Akademikern, denen es gelungen ist, ihren Blick und ihre Gedanken zu befreien.

In der Wissenschaftsgeschichte waren es meist die Fachfremden, die Querdenker, die den Anstoß zu epochalen Entdeckungen gaben. Wen wundert es, denn sie folgten allein ihrer Neugier und nicht einem vorgekauten und vorgegebenen universitären Wissen, das vielfach nur aus Meinungen und Konzepten besteht.

Sigwart ist also ein seltenes Exemplar im besten Sinne, weshalb ich mich sehr freue, dass er mich einlud, ein Vorwort für sein überaus aufbauendes Buch zu schreiben.

Man sagt, Lesen sei gut für die Allgemeinbildung. Diese Aussage ist gefährlich allgemein und Bildung ohnehin ein fragliches Ziel, weil wir uns schließlich entfalten und nicht formen lassen sollten. Ohne weiteres kann Lesen einfach der Zerstreuung, ja sogar der Verdrängung dienen. Ich halte es für außerordentlich wichtig, eine sehr bewusste Entscheidung bei der Auswahl von Büchern und anderen Texten zu treffen. Schließlich geht es um die eigene Lebenszeit und um den hochfrequenten Teil unserer täglichen Ernährung. Ich spreche von Informationen, die mehr noch als Nahrung aufbauend oder zerstörerisch sein können. Jedes gelesene Buch sollte mit seinem Inhalt dazu beitragen, kompetenter, intensiver und erfüllter am Leben teilzunehmen.

Ich unterscheide drei Kategorien von Büchern, wenn ich sie grundsätzlich für lesenswert halte.

- Im geringsten Falle sollte ein Thema behandelt werden, das inspiriert und Kompetenz für das tägliche Leben vermittelt. Es mag nicht alles bedeutungsvoll sein, aber wesentliche Anstöße sind enthalten.

- Zweitens gibt es für mich Schlüsselbücher. Sie zeichnen sich dadurch aus, dass sie das Lesen von vielen anderen Büchern ersparen. Es wird gewissermaßen das Destillat eines bestimmten Themas so dicht, klar und ableitbar aus der Natur vorgetragen, dass sofortige Anwendbarkeit und Verständlichkeit des gesamten Themenbereiches möglich sind. Dies schließt nicht aus, dass sogar größere Teile des Buches naturgesetzliche Klarheit vermissen lassen. Der simplonisch geübte Leser wird dies zu unterscheiden wissen.

* Zu guter Letzt gibt es für mich eine dritte Kategorie des naturgesetzlich durchgehend klaren Textes. Es sind Werke, die kompromisslos der strikt naturwissenschaftlichen Vorgehensweise folgen, was bedeutet: Naturwahrnehmungen sammeln, vergleichend und ergebnisoffen betrachten, eine Gesetzmäßigkeit erkennen, sie prüfen und sie gegebenenfalls auch auf andere Bereiche des Lebens anwenden. Das ist für mich die Grundlage einer disziplinübergreifenden Naturwissenschaft, die ich mit der Simplonik auf breiter Basis seit Jahren wiederbelebe.

Ich habe Sigwarts Buch bis zu diesem Moment, in dem ich das Vorwort schreibe, nicht in Vollständigkeit lesen können. Doch schon das Thema finde ich in einer Zeit von geradezu überwältigender Negativität, voller Kriege und politischer Lügen von höchstem Wert. Möglicherweise ist es sogar ein Schlüsselbuch und leistet einen wirksamen Anschub für die Orientierung auf eine für den Menschen lebenswerte Zukunft.

Die bisherige Perspektive ist wohl eher die einer kalten, technischen Welt, in der selbst die menschliche Person, also das zum gebildeten und abhängigen Weisungsempfänger reduzierte menschliche Wesen, immer weniger Platz haben wird und soll. Die Herrschaft der künstlichen Intelligenz und der Maschinen klopft an, ganz so wie es in seltsamer Parallelität Science-Fiction seit Jahrzehnten vorausgreifend darstellen.

Bedrohlich sind die völlig naturentfremdet Wahnsinnigen des Silicon Valley in Kalifornien, die nun schon sogar eine Religion zur Anbetung der künstlichen Intelligenz ins Leben gerufen haben. Man nennt sie Transhumanisten, die das natürliche menschliche Lebewesen aus Fleisch und Blut für ein staatliches und geistig beschränktes Auslaufmodell halten.

Das menschliche Dasein wird unausgesprochen reduziert auf soge-nannte Lernfähigkeit, Geschwindigkeit und Gedächtnisspeicherleis-tung. Natürlich sind hier Computer dem Menschen schon jetzt viel-fach überlegen. Doch das menschliche Dasein darauf reduzieren zu wollen, ist genauso eiskalt und beängstigend leer wie eben die düs-teren Welten, die seit Jahrzehnten von den Science-Fiction-Filmen beklemmend und in opulenten Bildern dem Zuschauer präsentiert werden.

Warm, bewegend, bunt und vielfältig wird hingegen die Lebensper-spektive, wenn mit relativ wenig Aufwand diese Welt und das Uni-versum in seiner lückenlosen, naturgesetzlichen Schlüssigkeit er-kennbar wird. Plötzlich ist der Mensch Teil eines großen Ganzen. Innere Natur und äußere Natur zeigen sich als parallele Abbildun-gen. Das Leben wird auf eine neue Art spannender, tiefgreifend er-füllend und lebenswerter als je zuvor. Ich habe den Eindruck, dass es Sigwart gelungen ist, genau diese Perspektive aufzugreifen.

Zweifelsfrei ist es ein Buch, das von einer lebenswerten Zukunft zu berichten weiß. Allein das ist schon ein gewichtiger Grund, dass es Kreise ziehen möge. Die Naturgesetze lehren, dass alles in Wellen verläuft und jedes Pendel irgendwann umschwingen muss. Sigwart scheint uns einen tragfähigen und wissenschaftlich basierten Ein-blick in den nächsten Pendelschlag zu gewähren.

Wo auch immer ich in die verschiedenen Kapitel hineingelesen habe, gerne hätte ich weiter gelesen, es nur ungern aus der Hand gelegt. Das Wissen des Physikers, gepaart mit dieser querdenkeri-schen Neugier und der Kenntnis dessen, was an Zukunftstechniken und menschlich-konstruktiver Entwicklung möglich ist, wird wohl die-sen Sog erzeugen. Überzeugend ist für mich auch seine vernet-zende Sicht der Dinge, wenn er seine bisherigen beruflichen und pri-vaten Lebensstationen als eine erstaunlich stimmige Vorbereitung auf das Zusammenfließen all dieser Erfahrungen zu dem einen Thema dieses Buches erkennt und beschreibt.

Sigwart und ich teilen darüber hinaus die Erkenntnis, dass neue Wege nur über ein „neues" Innenleben jedes einzelnen menschli-chen Lebewesens entstehen können. Nach meiner Erfahrung gibt es nichts, was wichtiger und entscheidender ist! Immer noch scheitern engagierte Menschen an der schlichten Tatsache, dass sie ein vermeintlich überholtes, untaugliches Gesellschaftssystem durch ein anderes ersetzen wollen.

Gesellschaftliches System, Geldsystem, all das sind Werkzeuge. Sie mögen mehr oder weniger tauglich sein. Doch der in einer Sache Erfahrene wird mit Herzblut selbst einem mäßig geeigneten Werkzeug das Beste entlocken können. Es geht also nicht darum, Systeme zu bekämpfen, reformieren zu wollen oder zwanghaft neue zu entwickeln.

Alles beginnt zwingend mit dem eigenen Innenleben jedes einzelnen Beteiligten. Es ist leicht, naturgesetzlich schlüssig die gesetzmäßige Verbindung zwischen Innenleben und äußerem Umfeld herzuleiten. Unverändert wird sie von den Wenigsten erkannt. Dabei ist es so naheliegend: Glauben und Denken ziehen Ängste und Gefühle nach sich, es resultieren Entscheidungen und Handlungen, die das konkrete Leben gestalterisch beeinflussen.

An dieser Stelle möchte ich aus einem meiner Artikel zitieren, der vor einigen Jahren seine Kreise zog und sich auf dieses Thema bezieht.

Wir brauchen einzig und allein eine neue Geistesverfassung. Was nützt es, wenn Du einem notorischen Messerstecher das Messer wegnimmst? Nichts, er bastelt sich das Nächste aus einer alten Schere oder einem Stück Blech. Gelingt es Dir hingegen, ihm die Vorzüge des Brotschneidens und Teilens schmackhaft zu machen, kannst Du ihn sorglos mit Dolchen reich beschenken. Die Frage ist also nicht allein, welches Instrument im Gebrauch ist, sondern in welcher Geistesverfassung und mit welchem Ziel das Instrument von seinem Benutzer verwandt wird.

Bei all dem solltest Du nicht vergessen, dass Du zunächst diese irrwitzige Welt erst noch in Dir finden und transformieren musst. Wäre sie nicht in Dir, würdest Du nicht in einem solchen Irrenhaus leben. Auch das besagt die Naturgesetzmäßigkeit, dass jede Bewegung Anziehung zur Folge hat.

Die innere Wandlung im Blick, mag es früher oder später tatsächlich angezeigt sein, ein tauglicheres Handwerkzeug, sprich ein besseres, den Menschen dienliches Gesellschaftsgefüge zu finden. Bewusst spreche ich hier nicht von einem System. Sigwart greift hier die natürliche Tendenz eines jeden Menschen auf, wohlgemerkt nicht der Person, lokal und dezentral orientiert zu sein. Transparente und aufgabenteilige Lebensgemeinschaften zählen. Die Globalisierung ist in weiten Teilen nichts anderes als Teil eines Machtkonstruktes, um Abhängigkeiten über Ländergrenzen hinweg zu erzeugen und den Strom der Waren und des Geldes zu Zwecken der Beherrschung der Massen zu steuern.

Ich greife noch einmal zurück auf eine Passage des Artikels aus dem Jahre 2011 „Wir brauchen keine neue Verfassung, sondern eine neue Geistesverfassung."

Wer das System ändern will, muss ein neues säen, jawohl säen! Das hat mit Kämpfen rein gar nichts gemein. Dafür muss er etwas tun, nämlich zur Tat schreiten. Und Tat, davon berichtete ich schon, ist ein altes deutsches Wort für das Ganze, das Eine, das Tao, das Gott, wie man früher sagte. Und dies kann man nur wahrnehmen, weder erdenken, noch in den Griff bekommen, noch manipulieren. Wahrnehmend fühlen, sich selber mit aller vorbehaltlosen Offenheit er- und anerkennen, ist der einzige Weg in die Einfachheit der Einheit.

Und wenn Du nicht bereit bist, Dich in schonungsloser Offenheit anzuschauen und zu fühlen, dann bleibt Dein Wunsch nach einem intensiven, echten und spirituell wachen Leben ein Traum.

Denn da gibt es nichts zu streicheln, das innere Kind will auch keinen Schnuller, sondern eine Chance zum Lernen und „Nachreifen". Was ich hier beschreibe, ist ein Menschheitsthema, es erwischt jeden. Die daraus entstehende Spannung bringt Dich erst in Schwung und Bewegung. Hier entspringt Deine Sehnsucht zum Licht und zum Leben. Bekanntlich gibt es kein Leben ohne Spannung. Davon zeugen nicht nur die elektrischen Potentiale und Ströme, die Deinen Körper in Gang halten. Leben ist pulsierendes Schwingen.

Du kennst sicher dieses Knopfdruckphänomen. Ein falsches Wort, ein falscher Blick, eine falsche Geste und Dein Gegenüber erstarrt sichtlich, schaltet innerlich ab und reagiert plötzlich wie ein Automat, der sein Programm abspult. Hierzu zählen auch die stark schizophrenen Züge vieler, vermutlich der meisten Manager und Politiker. Einerseits können sie bis zu einem gewissen Grad liebevolle, sanfte Eltern und Privatmenschen sein. Anderseits lassen sie es beruflich derart krachen, dass die Welt zu krachen droht. Auf dieser Seite ihres Lebens gleichen sie völlig enthemmten Automaten, die allein Macht, Geld und Wachstum von beidem im Visier haben. Selbst ein 80 jähriger tattriger Greis steht daher nicht für Lebenserfahrung und Weisheit, sondern einzig und allein für einen Verrottungsprozess bei lebendigem Leibe. Gelebte Weisheit ist ein anderer Begriff für „im Fluss sein". Bist Du im Fluss, vergammelt Dein Organismus nicht. Und weil das so ist, sind Alterungsprozesse umkehrbar, sobald Du in Fluss kommst, sprich Dir selbst begegnest. Altern heißt ursprünglich „ein anderer werden".

Diese weltweit verbreiteten Träumer sind jenen Philosophen auf den Leim gegangen, die die Mär vom „Menschen als Krone der Schöpfung" aus dem Zauberhut zogen. Die Natur lehrt dagegen etwas ganz anderes. Als Mensch bist Du ein Teil der Schöpfung, damit ein Teil der Natur und unterliegst, ob es Dir passt oder nicht, ihren Gesetzmäßigkeiten. Demokratie wie Kommunismus sind in der Natur aber unbekannt. Statt dessen gilt das Prinzip des Stärksten.

In der Natur handelt der Stärkste immer im Interesse des größeren Ganzen, also seines Rudels oder noch größer der ganzen Art. Das tut er automatisch und instinktiv, weil ihm die Ängste des Menschen fremd sind. Es ist diese brisante Mischung aus Selbstreflexion und innerer Verlorenheit, über die der Mensch stolpert. Die Fähigkeit zum „Ich erkenne mich" gerinnt bei gleichzeitigem Verlust des Kontaktes mit der eigenen Geistigkeit zu Gier, Machtgelüsten und Neid in einer vermeintlich unkalkulierbaren Welt. Wage es, kritisch zu sein, quer zu denken und Du wirst dies allein durch Beobachtung leicht mit Leben erfüllen. Anschließend wirst Du Dich mit Kusshand von der „Krone der Schöpfung", die seit Jahrtausenden den Planeten verwüstet, verabschieden. Als Teil einer nichtgeschöpften Schöpfung lebt es sich zudem viel entspannter. Und Du wirst in Zukunft keine Zeit mehr damit vergeuden, an den Erfolg von Menschenhand gestalteter politischer Systeme zu glauben. Auch für menschliche Gemeinschaften gilt einzig die Herrschaft des Stärksten. Ist die Gemeinschaft reif genug, dann lebt sie dieses Prinzip mit einem Stärksten, den sie kennt und der sie so offen wie weise führt. Ein weiser Herrscher ist der höchste Diener seines Volkes. Das wusste schon Lao Tse. Was wie eine Utopie klingt, ist natürliche Realität. Ähnlichkeiten mit bekannten Märchen sind purer Zufall.

Nun gibt es besagte sensible Minderheit, die das gegenüber der senilen Mehrheit erkannt hat. Sie sitzen seitdem je nach Wetterlage und Thema auf Schienen, um Zugstrecken zu blockieren, schwenken vor dem Parlament Transparente oder gründen mal wieder eine Partei. Auf Korksandalen ökologisch gut zu Fuß, eilt man zu Arbeitskreisen, in denen neue Währungs- und Geldsysteme diskutiert werden. Andere vereinen sich, um am Grundgerüst eines neuen Gesundheitssystems zu stricken. Doch das einzige, was letztlich effektiv gestrickt wird, sind die Pullover, die während der heißen Debatten von geübten Fingern und zur Beruhigung des Gemüts greifbare Realität werden. Wieso um alles in der Welt wurde noch keiner der so ernsthaft Aktiven von einem Gedankenblitz entzündet, der Licht in das Dunkel der Systemdiskussionen brachte? Wieso erkannte bisher keiner, dass niemals eine Reform an den stillen Machtverhältnissen etwas geändert hat? Ist es vielleicht die jahrtausendelange Übung, sich mit Unwesentlichem, sprich Äußerlichkeiten, zu befassen? Der Blick auf die Notwendigkeit einer neuen Geisteshaltung tut not, sonst nichts. Alles Neue fängt mit einer neuen Geisteshaltung an.

Stell Dir vor, ein Mensch hätte ernsthaft Kontakt zu sich, zum Leben und damit zur Liebe gefunden. Stell Dir weiter vor, er hat verstanden, dass er seinem Schicksal, dem geschickten Sal, dem geschickten Heil nicht entrinnen kann und alles passend geschieht. Welchen Sinn sollte es für diesen Menschen machen, sich Sicherheiten zu schaffen, wenn er verstanden hat, dass er nichts und niemandem entrinnen kann? Warum sollte er noch Kontrolle über etwas anstreben? Warum sollte er seinen Gewinn ins Unermessliche steigern wollen? Es interessiert ihn nicht, denn seine Werte und Prioritäten sind am Puls des Lebens. Er hat das Leben und den großen Rahmen, in dem es stattfindet, verstanden.

Begegne Dir, dann begegnet Dir das Leben. Wenn sich etwas auf der Welt und mit der Menschheit wirklich ändern soll, dann pack die Transparente weg und höre auf, Dein überschüssiges Geld für Portokosten in den Briefkasten zu entsorgen, indem Du Drohbriefe an die politische Führung schickst. Vergegenwärtige Dir täglich: Nur die Tat, sprich das Hinschauen und Fühlen kann eine neue Welt zum Leben erwecken. Wer kritiklos und ohne Überprüfung glaubt, bleibt dumm. Wer sich aus Angst nicht wirklich zu vorbehaltloser Offenheit traut, bleibt dumm. Wer sich nicht traut, sich vor seinen Schattenseiten zu verneigen, bleibt dumm. So einfach ist das. Begegne Dir und das Leben begegnet Dir, die Liebe begegnet Dir, trau Dich.

Soweit meine damalige Einschätzung des Ist-Zustandes der menschlichen Personen und der Gesellschaft und dem naturgesetzlich einzigen Lösungsansatz, den ich zu meiner Freude in Sigwarts Buch ebenfalls zu finden meine. Inspiriert von Heisenberg, Niels Bohr, von Weizsäcker, Max Born und Erwin Schrödinger, die nicht unbedingt zur vereinfachten Erkenntnis der Natur beigetragen haben, hat er dennoch die sprichwörtliche Kurve bekommen und mit seiner fachlichen Kompetenz die aufbauenden Optionen der heutigen Naturwissenschaft erkannt. Schon dies allein verdient großen Respekt nach Jahrhunderten der geistigen und planetaren Verwüstung durch seine naturwissenschaftlichen Vorgänger.

Ich musste heiter in mich hineinschmunzeln, als er von seiner Einsicht berichtete, bereits während des Studiums das angeblich gesicherte Wissen als einen Mischmasch von Konzepten und Theorien erkannt zu haben. Mir ging es damals während meines Medizinstudiums ebenso. Zugleich teilen wir das heilende Erschrecken angesichts der Kritiklosigkeit, mit der wir dennoch vieles für wahr und wirklich gehalten haben, was so professoral, universitär und scheinsouverän vermittelt wurde.

Während seiner Diplomarbeit erkannte er wie ich bei meiner Doktorarbeit, dass wirkliches wissenschaftliches Arbeiten entweder durch einen geistigen Tunnelblick oder durch egoistisches Konkurrenzdenken nicht selten bis zum Stillstand ausgebremst wird. Wer nun einwendet, dass der technische Fortschritt doch offensichtlich von bemerkenswerter Geschwindigkeit sei, ist leicht zu enttäuschen. Tatsächlich verfeinert man lediglich seit langer Zeit die epochalen Entdeckungen der echten Wissenschaftler der letzten Jahrhunderte. Tatsächlich sind wir beispielsweise mit der Antriebstechnik noch keinen Schritt weiter als vor gut 100 Jahren. Nicht zuletzt gilt „An ihren Taten werdet ihr sie erkennen!". Das Ergebnis der heutigen technischen Möglichkeiten ist offensichtlich. Die Menschen waren noch nie so krank wie jetzt, der Planet war noch nie so krank wie jetzt, wo bitte ist der wirkliche, der Natur und dem Menschen dienende Fortschritt?

Auf spannende Weise fließt in die Erzählungen dieses Buches die Feststellung ein, dass keine Physik oder Biologie das Leben erklären kann, wenn sie das Geistige ausschließt. Ich würde mit meinen Worten sagen, dass die Biologie und Physik des Lebendigen bis zum heutigen Tage auf untaugliche Weise mit der Physik und Chemie der leblosen, stofflichen Materie zu erklären versucht wird.

Dies mündet nicht nur in einem hochproblematischen Krankheit-Gesundheitsverständnis, dass bei maximalem technischen Fortschritt immer kränkere Menschen geradezu produziert. Bei diesem Thema bin ich aufgrund meiner eigenen inzwischen sehr umfangreichen Erfahrungen und Einsichten sehr klar und strikt. Menschen brauchen kein Gesundheitssystem, brauchen keine Medizin. Eine Zukunft, die von natürlichen menschlichen Lebewesen bevölkert wird, wird die beiden Begriffe Krankheit und Gesundheit gar nicht mehr kennen, erst recht nicht Therapie.

Bedauerlicherweise bemächtigten sich vor allen Dingen die großen Religionen zu Machtzwecken diesem fehlenden Zugang zur Geistigkeit. Geschickt wusste man die Ängste der Menschen zu wecken und sich als Spezialist für Sinn, Geistigkeit und einen vermeintlichen Zweck des Lebens zu positionieren.

Kurzum, die Fülle der Gemeinsamkeiten, die auf kritischer Betrachtung und Naturwahrnehmungen beruhen, ist groß. So ist Sigwarts von innen kommende Freude, wie er schreibt, mit diesem Buch eine Basis für eine neue erfüllende Lebensaufgabe geschaffen zu haben, mehr als nur verständlich. Wenigstens nehme ich es so wahr, weil es mir wiederum ähnlich erging und ergeht.

Ich kenne auch die von ihm geäußerte Unmöglichkeit, noch „normale Arbeiten" annehmen zu können, nur um irgendwie zu überleben. Ich wünsche ihm von Herzen, dass sein Wunsch in Erfüllung geht, mit dem Buch auf die Reise zu gehen und die befreienden Aussichten in Vorträgen und Seminaren selber weiter zu vertiefen und zugleich an andere Menschen heran zu tragen. „Lehre das, was Dir selber zu lernen wichtig ist" soll mal ein weiser Mensch gesagt haben. Ich kann nur zustimmen.

Weisheit ist in meinem Sprachverständnis gelebtes Wissen. Dies bedeutet automatisch die Entwicklung sowohl weiblicher, intuitiver Fähigkeiten als auch männlicher, umsetzungsstarker Fähigkeiten. Mann und Frau sind biologisch unterschiedlich und in der Tiefe doch weitaus ähnlicher als angenommen. Die zu Herrschaftszwecken geschaffene gesellschaftliche Trennung der Rollen ist künstlich und entspricht nicht der Wirklichkeit. Dies will ich nicht versäumen zu erwähnen, denn hierin liegt eine große gebundene Kraft. So wenig wie es das Gegensatzpaar Krankheit und Gesundheit gibt, gibt es einen Gegensatz von Mann und Frau. Bröckeln die Missverständnisse zu diesem Thema, wird dies einem geistigen Vulkanausbruch gleichen, der langfristig dazu beitragen wird, dass diese Welt tatsächlich befreiende Aussichten erleben wird.

Seien wir optimistisch und sagen auf Nimmerwiedersehen zur fremdbestimmten Person und begrüßen das selbstbestimmte (sich selbst mit Klang erfüllende) natürliche, menschliche Lebewesen, dass wie selbstverständlich denken und sagen kann, was ich seinerzeit im bereits zitierten Artikel formulierte, zwei Sätze, die Sigwart sehr inspirierend und passend fand:

„Gelingt es Dir hingegen, ihm die Vorzüge des Brotschneidens und Teilens schmackhaft zu machen, kannst Du ihn sorglos mit Dolchen reich beschenken. Die Frage ist also nicht allein, welches Instrument im Gebrauch ist, sondern in welcher Geistesverfassung und mit welchem Ziel das Instrument von seinem Benutzer verwandt wird." und *„Wer das System ändern will, muss ein neues säen, jawohl säen!*

Sigwart Zeidler

„Wenn du ein Schiff bauen willst, dann trommle nicht Männer zusammen um Holz zu beschaffen, Aufgaben zu vergeben und die Arbeit einzuteilen, sondern lehre die Männer die Sehnsucht nach dem weiten, endlosen Meer."
Antoine de Saint-Exupery, (aus: Die Stadt in der Wüste / Citadelle)

Niemand wird leugnen und übersehen können, dass die Menschheit vor gewaltigen Herausforderungen steht[1]. Immer mehr Menschen fragen sich: „Wohin wird das führen? Wie soll das weitergehen? Warum tun die Politiker nichts? Was kann ich tun, um die Welt zu retten? Kann ich überhaupt etwas tun?" Und viele verzagen und stellen mit Gefühlen der Ohnmacht und Hilflosigkeit fest: „Ich kann ja doch nichts tun. Die da oben machen ja nur, was sie wollen. Der kleine Mann hat nichts zu sagen. Die Politik dient immer der Wirtschaft." So oder ähnlich wird der Leser vielleicht selbst denken. Zumindest wird er solchen Gedanken oft genug begegnet sein.

Gleichzeitig sehen wir, dass die von vielen gespürte Ohnmacht und Hilflosigkeit gegenüber den gesellschaftlichen, wirtschaftlichen und politischen Zuständen die Polarisierung fördert. Für Trump oder gegen Trump, Putinhasser oder Putinversteher, Schulmedizin oder alternative Heilmethoden, Wirtschaftswachstum oder Gemeinwohlwirtschaft, alle Flüchtlinge oder keine. So stehen viele weitere Standpunkte scheinbar unvereinbar gegenüber und fördern Unzufriedenheit bis hin zu offener Gewalt und zu Hass. Den Leitmedien oder den sog. alternativen Medien zugewandt versucht dann jeder, seine „Wahrheit" gegen die vermeintliche Lüge durchzusetzen.

Dadurch fördern wir nur die Spaltung der Menschen untereinander. Wie aber fordern wir Frieden, Gemeinwohl und Freiheit? Auf diese Fragen will ich Antworten geben. Wie weit der Leser diesen zu folgen bereit ist, hängt nicht zuletzt von dessen Offenheit und Unvoreingenommenheit ab.

Deshalb bitte ich den Leser, nicht ungeprüft für oder gegen bestimmte Zustände Partei zu ergreifen, sondern einfach einmal davon auszugehen, dass die materielle Welt polar aufgebaut ist. Wie jede

---

[1] Beispiele sind Kriege weltweit, Hunger, Konflikte zwischen Arm und Reich, Umweltbelastungen, technische Entwicklungen, Flüchtlingsströme, ideologisches Freund-Feinddenken.

Münze zwei Seiten hat und jeder Magnet zwei Pole besitzt, so hat jede materielle Erscheinung zwei Seiten oder Pole. Die Natur kennt nicht nur Berge oder nur Täler, sondern immer beides zusammen. Wenn es dem Leser gelingt, auch in Gesellschaft, Wirtschaft und Politik Gegensätze als Pole eines Ganzen zu sehen, dann stellt sich Neutralität ein. Diese ermöglicht ihm, die ganze Wahrheit zu sehen, weil er nicht mehr wertet und einen Teil davon ablehnt. Diese erweiterte Wahrnehmung hat weitreichende Folgen:

- Der betroffene Mensch erfährt eine Bewusstseinserweiterung.

- Er fühlt sich nicht mehr als hilfloses Opfer der Umstände, sondern sieht die Umstände als Folge des eigenen Denkens, Fühlens und Handelns.

- Er weiß, dass er also die Umstände durch sein Denken, Fühlen und Handeln mitbestimmt und folglich die Änderung der Gedanken zur Änderung der Umstände führt.

- Er wird erkennen, dass alle äußerlich sichtbaren Erscheinungen nur Abbildungen unserer Geistesverfassung und inneren Zustände sind, weil die Welt fraktal[2] aufgebaut ist, was jahrtausendalte Aussagen belegen: „Wie oben so unten" oder „Wie innen so außen".

Dieses Buch will im Leser die Sehnsucht nach einem umfassenden Verständnis der Welt wecken. Dadurch werden dem Leser Visionen einer Menschheit ermöglicht, die selbstbestimmt in dauerhaftem Frieden, unbedingter Freiheit und allgemeinem Wohlstand lebt.

---

[2] Fraktal bedeutet gebrochen. Fraktale sind Strukturen, die sich auf unterschiedlichen Größenskalen selbstähnlich sind. Ein Beispiel sind ineinander geschachtelte Würfel.

Ein paar Hinweise

Lieber Leser, wir begeben uns auf eine gemeinsame Entdeckungsreise, um uns und die Welt neu und umfassend zu verstehen. Dabei wollen wir uns als Menschen gegenseitig helfen und unterstützen und deshalb das wertschätzende Du als Anrede verwenden. Gemeinsam wollen wir feststellen, ob wir selbstbestimmter, eigenverantwortlicher, freier, glücklicher, sinnerfüllter, friedvoller, kooperativer und kreativer leben können, als wir es bisher tun oder auch nur für möglich halten.

Ich habe mich bemüht, von mir genannte Fakten und Möglichkeiten mit Quellen zu belegen. Wenn es sich bei diesen um Bücher handelt, habe ich immer nur den Autor und den Titel des Buches angegeben. In aller Regel ist ein Buch über diese Informationen eindeutig auffindbar.

In den Fällen, in denen ich Quellen des Internets angegeben habe, musste ich vielfach die langen Ausdrücke für die URL verkürzen. Das habe ich nicht getan, um zu verbergen, wo die Quelle zu finden ist, sondern um die Zeilenzahl in den Fußnoten begrenzt zu halten, in denen ich die Quellen vermerkt habe. Die Erreichbarkeit der Seiten im WWW habe ich alle am 30.03.2018 überprüft. Sollte also eine Seite zum Zeitpunkt ihres Aufrufs nicht mehr erreichbar sein, tut es mir leid. Ich habe sehr oft drei bis vier Quellen angegeben, um die Überprüfbarkeit meiner Aussagen trotzdem zu gewährleisten.

Nun viel Freude beim Lesen.

Herausforderungen des Lebens

„Das Reich Gottes kommt nicht mit äußerlichen Gebärden,
noch wird man sagen, siehe, hier und da ist es;
denn siehe, das Reich Gottes ist inwendig in Euch."
Lukas 17, 20

Ein Märchen

Du kennst sicher das Märchen von Frau Holle[3]. Es zeigt nach meinem Verständnis wunderbar die Polarität der Welt im zwischenmenschlichen Bereich:

- einerseits das Mädchen, das sich die Anerkennung der Mutter verdienen muss und der Mehrzahl aller Menschen als Regierte entspricht,

- andererseits das Mädchen, das bedingungslose Zuwendung der Mutter erfährt und gemeinsam mit ihr Macht und Herrschaft repräsentiert.

Und es zeigt, welche Pole in jedem von uns immer wirken:

- das ichbezogene, auf äußeren Erfolg gerichtete Denken und

- das die Bedürfnisse der Seele und des Lebens wahrnehmende Fühlen.

Betrachten wir also gemeinsam das Märchen unter Berücksichtigung der Polarität.

Von zwei Stiefschwestern ist die eine schön und fleißig, die andere hässlich und faul. Oberflächlich betrachtet, ist der Fleiß schön und wird reich mit Gold belohnt, während die Faulheit hässlich ist und mit Pech bestraft wird.

Deutlich sind zwei Pole benannt, und auf den ersten Blick scheint die Entscheidung für den „guten" Pol inneren und äußeren Reichtum im Leben zu bringen. Erst die genauere Betrachtung führt uns auf ihre tiefer liegende Bedeutung für die Handlungsmotive der Mädchen und zeigt uns, dass nur beide Pole gemeinsam das Leben reich

---

[3] Brüder Grimm: Frau Holle   In Hausmärchen der Brüder Grimm oder
https://www.grimmstories.com/de/grimm_maerchen/frau_holle bzw.
http://gutenberg.spiegel.de/buch/-6248/51

werden lassen. Die Motive wirst Du wohl mindestens ansatzweise in Dir selbst entdecken.

- Die leibliche Tochter der Mutter wird durch deren bedingungslose Zuneigung verwöhnt und versorgt. Sie hat keinen Antrieb, etwas für ihr leibliches, seelisches und geistiges Wohl zu tun.

- Die Stiefschwester muss sich durch die Erfüllung verschiedenster Aufgaben die Zuneigung der Mutter verdienen. Also tut sie alles, was die Mutter von ihr verlangt ohne Rücksicht auf sich selbst. Die zerstochenen, blutenden Finger nimmt sie hin, nur um der Mutter alles recht zu machen.

Viele von uns kennen das aus eigenem Erleben, weil sie sich selbst die Zuneigung mindestens eines Elternteils verdienen mussten. So von den eigenen Lebensbedürfnissen abgeschnitten, funktionieren, arbeiten und schuften wir als Erwachsene nicht nur, um unseren Lebensunterhalt zu verdienen, sondern unbewusst auch, um die Anerkennung unserer Vorgesetzten, Auftraggeber, Ehepartner, Freunde und immer noch die unserer Eltern zu erhalten. Deshalb repräsentiert die Mutter der beiden Schwestern nicht nur einen auch heute noch überall anzutreffenden Muttertyp, sondern zugleich im weitesten Sinne die Führungskräfte der gegenwärtigen Gesellschaft.

Im weiteren Verlauf zeigt uns das Märchen, dass gerade in dieser Herausforderung der Mutter bzw. der Führungskräfte auch eine unglaubliche Chance steckt. So sehr ist die Stieftochter durch das lange Spinnen geschwächt, dass ihr die Spule in den Brunnen fällt. Genau das ist der Burnout, den heute viele Menschen erleben. Die Mutter, genauso wie die Gesellschaft, fordert trotzdem die Weiterarbeit und stürzt das Mädchen in eine existentielle Krise. Es will weiterhin funktionieren, kann es aber nicht mehr.

So fällt es ungewollt voller Angst in ein Loch, in den Brunnen. Ihr schwindelt und sie verliert die Besinnung. Als sie aber aus ihrer Bewusstlosigkeit erwacht, begegnet sie unmittelbar dem Leben und seiner Schönheit und ist ganz bei sich. Indem sie so bei sich ist, nimmt sie erstmals auch die Stimme ihrer Seele wahr, die mit allem verbunden ist. Sie hört also ihre eigene Seele, die ihr sagt, dass das Brot aus dem Ofen geholt werden muss und die Äpfel vom Baum geschüttelt werden müssen. So sehr ist sie von der Schönheit des

Lebens gefangen, dass sie der inneren Stimme vertraut und tut, was diese ihr sagt.

Dieses Vertrauen gestattet ihr schließlich den direkten Kontakt zur Seele, die in Gestalt der Frau Holle auftritt. Marie ist erschreckt über Frau Holles große Zähne – ja, sie nimmt ihren eigenen „Biss" wahr, hat Angst davor und möchte am liebsten wieder umkehren. Kein Wunder, hat sie doch bisher nur der Stiefmutter gehorcht und nie den Biss gehabt, ihr zu widersprechen. Aber die Seele spricht zu ihr und gibt ihr zu verstehen, dass es ihr gut gehen wird, wenn sie alle Arbeit im Hause ordentlich tun und vor allen Dingen das Bett gut aufschütteln wird. Sie soll also jetzt in ihrem eigenen Inneren aufräumen, Ordnung schaffen und die Seele gut betten. Dadurch kann diese Ruhe und Frieden finden, was durch den Schnee ausgedrückt wird, der ihre Innenwelt bedeckt. Goldmarie sorgt so einfühlsam für ihre Seele, dass diese sie nähren und kräftigen kann wie sonst nur „Gesottenes und Gebratenes".

So gut ihr auch die innere Einkehr, das Verweilen bei sich selbst tut, so sehr sehnt sie sich in Gedanken doch wieder nach ihrem vertrauten menschlichen Umfeld, nach Kontakt zur Außenwelt. Und die Seele freut sich darüber, denn nur so kann der gewonnene Reichtum, die Stärke und der Frieden in die Welt gebracht werden. Beim Übergang von der Innenwelt in die Außenwelt wird dem Mädchen bewusst, welchen enormen Reichtum sie in sich trägt. So rein und klar ist sie innerlich, dass ihr gesamtes Seelenpotential, ihr innerer Reichtum, nach außen strahlt wie Gold. Nach der Ankunft in der realen Außenwelt ist die Verbindung zur Seele keineswegs abgerissen, sondern bleibt ihr auch im alltäglichen Leben bewusst. Deutlich wird das daran, dass sie das Krähen des Hahns als Willkommensgruß wahrnimmt.

Und ihre Wirkung nach außen ist so intensiv, dass die Stiefmutter ihren inneren Reichtum voller Neid spürt. Dieser Neid wird nun zum Motiv, die Tochter zu zwingen, sich ebenfalls auf den Weg zu Reichtum zu begeben. Erstmals ist Pechmarie gefordert, etwas für ihr Lebensglück zu tun.

Leider ist sie so sehr vom Gedanken an materiellen Reichtum gefangen, dass sie glaubt, die Stiefschwester sei mit Gold für eine

Dienstleistung belohnt worden. So sehen wir in ihr einen Menschen, dessen Bewusstsein nur vom Denken ausgefüllt ist, weil er keine Verbindung zur eigenen Seele hat. Sein Denken und Handeln orientiert sich allein an gesellschaftlichem und materiellem Erfolg.

Voller Ungeduld und in Erwartung materiellen Goldes springt sie also in den Brunnen. Auch sie begegnet dem Leben und könnte ihr Innerstes wahrnehmen und kennen lernen. Sie hört zwar das Brot und den Apfelbaum rufen, erkennt dieses Rufen aber nicht als den Ruf der eigenen Seele und wendet sich ab. Weder empfindet sie Mitgefühl mit dem Brot und dem Baum noch Freude an der notwendigen Arbeit. Die Gedanken an ihr bisheriges Leben, in dem sie nichts für ihren Lebensunterhalt tun musste, lassen sie glauben, auch für das Gold nichts tun zu müssen. Ihre bisherige Lebenserfahrung hindert sie, den Stimmen und Frau Holle zu vertrauen.

Auch den Wunsch der Seele nach innerer Reinigung und Ordnung kann sie nicht wirklich verstehen. Statt sich vertrauensvoll dem Leben zu öffnen und so seine Vollkommenheit und Schönheit zu erkennen, lässt sie sich weiterhin von Gedanken an materiellem Reichtum treiben. Obwohl sie lieber schläft statt die Betten zu schütteln, findet sie weder Ruhe noch Frieden. Die Seele fühlt sich unerhört und entlässt das Mädchen wieder in die Außenwelt. In diesem Moment wird ihr der Mangel an Lebendigkeit und das Fehlen des inneren Lichts bewusst. Doch statt umzukehren, lässt ihr Verstand sie die Dunkelheit als Pech und etwas Fremdes wahrnehmen. Sie sieht sich als Opfer äußerer Umstände, nicht als Mensch, der sich weigert, der inneren Stimme und dem Fühlen zu vertrauen. Wegen ihrer Unfähigkeit oder Weigerung zu fühlen nimmt sie das Krähen des Hahns als Ablehnung wahr.

Stellt uns das Märchen nun vor die Entscheidung „fühlen oder denken"? Gewiss nicht. Wäre Goldmarie in ihre Gefühle versunken geblieben, wäre sie nicht zur Mutter und Schwester zurückgekehrt. Erst der Gedanke an zu Hause, an die Mutter und die Schwester ließ sie aufbrechen. Der Goldsegen kam erst, nachdem sie dem Denken wieder Raum gegeben hat. Aber sie hat die Bedürfnisse der Seele gespürt und hört weiterhin auf die innere Stimme, die nun dem Denken die Richtung weist und dem Leben Halt gibt.

Pechmarie dagegen hat sich dem lebendigen Fühlen versperrt. Die Gefühle der Schuld, des Versagens, der Unzulänglichkeit und eben des vom Pech verfolgt seins sind Folge ihres Denkens. Sie weisen sie immerfort darauf hin, endlich das Leben und seine Bedürfnisse zu spüren.

Misserfolg, Armut, Not und alle Leiden erweisen sich letztlich immer als Folge mangelnden Kontakts zum Leben. Sie sind als Herausforderung des Lebens zu dessen Wahrnehmung und all seinen Regungen zu verstehen. Sie fordern uns auf, auch die Dinge zu sehen und anzuerkennen, die wir am liebsten nicht sehen wollen.

Individuelle Herausforderungen

Das Leben stellt uns immer wieder vor Herausforderungen. Jede Herausforderung verlangt nach einer Antwort, die nicht aus erlernten Verhaltensmustern oder angenommenen Glaubenssätzen und auch nicht aus dem zweckorientierten Denken stammt. Die einzig gültige Antwort ist die unserer Seele, die nur erspürt und gefühlt werden kann. Neben den Künstlern, deren Werke wir bewundern, gibt es nur wenige Menschen, die einen deutlichen inneren Impuls spüren, nach dem sie ihr Leben ausrichteten wollen. Zwar haben wir alle die Fähigkeit, diesen „Ruf der Seele" oder die „Berufung" zu hören, aber die wenigsten von uns haben es gelernt. Schon auf die Frage „Wie verdiene ich meinen Lebensunterhalt?", finden wir deshalb oft keine wirklich stimmige Antwort.

Dann finden wir uns wie Goldmarie im Hamsterrad einer täglichen Arbeit, deren Ziele und Inhalte von anderen bestimmt werden. Genau wie Goldmarie finden wir uns möglicherweise plötzlich im Burnout wieder oder sind mit Krankheits- und Todesfällen im Freundeskreis oder in der Familie konfrontiert. Wer dann diese Ereignisse als Aufforderung des Lebens versteht, den eigenen Weg zu finden, und sein bisheriges Leben hinter sich lässt, ist erst vollends zu einer Goldmarie unserer Zeit geworden.

Oft erkennen wir ein Ereignis nicht als so einen besonderen Moment, uns dem Leben hinzugeben, wenn es plötzlich aufblitzt, oder wir haben nicht den Mut, ihm zu vertrauen. Dann verhalten wir uns wie Pechmarie. Selbst wenn wir gesellschaftlich erfolgreich sind, geht das Pech des Selbstzweifels nicht mehr von uns, solange wir nicht bereit sind, unsere tiefsten Herzens- und Seelenwünschen zu erspüren.

Gerade gesellschaftlicher Erfolg hindert uns oft an der Wahrnehmung der Bedürfnisse des Lebens. Erfolgserlebnisse, materieller Wohlstand und die Anerkennung anderer verstellen den Blick auf darunter liegende Bedürfnisse und Wünsche. Die einzige Herausforderung scheint darin zu bestehen, den Lebenszustand zu erhalten oder zu verbessern. Erlernte und jahrelang eingeübte Mechanismen helfen zu funktionieren und lassen jeden neuen Erfolg als Glück erleben.

Weil dieses Glück nicht von Dauer ist, erstreben wir neuen Erfolg. Dabei übersehen wir meist, dass ein an Äußerlichkeiten hängendes Glück nie dauerhaft sein kann. Und wenn der erwartete Erfolg ausbleibt oder etwas Unerwartetes ins Leben drängt, dann erkennen wir meistens nicht den eigenen Anteil an diesem Missgeschick oder Unglück. Stattdessen machen wir äußere Umstände dafür verantwortlich und sehen uns als deren Opfer.

Da das Tor zum Leben und inneren Reichtum nie verschlossen ist, haben wir jedoch die Chance, wieder handlungsfähig zu werden. Wir müssen nur die aktuellen Lebensbedingungen als Folge der Vernachlässigung eigener Wesensanteile erkennen und akzeptieren. Dann können wir uns am eigenen Schopf aus dem Sumpf ziehen, in dem wir gelandet sind.

Von außen betrachtet scheint es eine Vielzahl individueller Herausforderungen mit einer ebenso großen Zahl möglicher Antworten zu geben. Aber ein zentrales Thema ist in jeder Herausforderung enthalten: Wir müssen uns dem Leben zuwenden und ihm in Liebe begegnen. Nur so können wir die eigene Antwort auf unsere spezielle Lebensfrage finden.

Kollektive Herausforderungen

Je weniger Menschen die Möglichkeit zur liebenden Lebendigkeit im Alltäglichen erkennen, umso mehr werden wir kollektiv herausgefordert, uns dem Leben zuzuwenden. Dies ist heute deutlicher sichtbar als je zuvor. Beispiele für kollektive Herausforderungen sind Probleme beim Umweltschutz, in der Bildung, im Gesundheitswesen und in der Energieversorgung. Diese können zwar nur gemeinsam bewältigt werden, aber es ist auch immer der individuelle Ruf der eigenen Seele in ihnen enthalten. Denn es gibt nicht nur eine Antwort auf diese Herausforderungen, sondern viele Ansätze und unterschiedliche Herangehensweisen, die sich sogar gegenseitig widersprechen können. Wer welchen Teil beitragen kann oder gar muss, kann nur jeder Betroffene durch Hinwendung zum Leben selbst erkennen.

Wie schon für die individuellen Herausforderungen gezeigt, ist deren Schwere davon abhängig, wie schnell eine Aufgabe als solche erkannt wird. Je länger sich jemand weigert oder scheut, seinen eigenen Anteil an kollektiven Herausforderungen zu erkennen, umso heftiger werden diese. Dies wird so lange geschehen, bis die Menschen bereit sind, Lösungen eigenverantwortlich und gemeinsam zu erarbeiten. Alle äußeren Bedingungen, die wir für den Zustand der Welt verantwortlich machen, sind immer die Folge vernachlässigter Eigenverantwortung. Solange Menschen sich als Opfer äußerer Umstände sehen, sind sie nicht fähig, ihren Anteil an den Zuständen der Welt zu sehen. Dazu gehört auch die Einsicht, dass wir die Macht, die andere über uns ausüben, selbst auf verschiedenste Art und Weise an diese Menschen abgegeben oder ihnen überlassen haben.

Wie im Fall der individuellen Herausforderungen werden wir auch durch kollektive Herausforderungen auf ein zentrales Thema hingewiesen. Es ist die Notwendigkeit, uns gegenseitig als Menschen zu begegnen, nicht als funktionale Teile einer Gesellschaft, die sich formen lassen und anpassen, sondern als freie Menschen, die sich ihres Wesens bewusst sind und die Einzigartigkeit jedes einzelnen Menschen schätzen und als Reichtum empfinden. Denn nur, wenn wir uns gegenseitig wertschätzen und gemeinsam handeln, können die großen Herausforderungen der Gegenwart zu aller Menschen Wohl gelöst werden.

Je mehr wir uns selbst als lebendige, liebende Menschen wahrnehmen und uns gegenseitig als solche begegnen, umso mehr werden wir zwangsläufig die Verantwortung für unser Leben wieder selbst übernehmen. Die Folge wird sein, dass sich Gesellschaftsstrukturen ganz von allein ändern und herrschaftsfreie Strukturen entstehen können. Denn eigenverantwortliche Menschen lassen sich nicht bevormunden, verwalten und über sich bestimmen. Die dann eintretende Freiheit und zwanglose Gemeinschaft ist besonders schön in der Schlussszene des Films „Der Club der toten Dichter[4]" dargestellt worden. Nachdem einer den Mut hatte, sich gegen die Anordnung des neuen Lehrers zu dem entlassenen Lehrer zu bekennen, folgen weitere Schüler diesem Beispiel, bis alle sich gemeinsam der Autorität entziehen und ihrer Unabhängigkeit Ausdruck verleihen. Dabei wird deutlich, wie wenig Macht eine Autorität hat, der niemand mehr folgt[5].

---

[4] Film von Peter Weir mit Robin Williams, ASIN: B0013D9EDW
https://de.wikipedia.org/wiki/Der_Club_der_toten_Dichter
[5] Die Schlussszene z. B. hier: https://www.youtube.com/watch?v=YjLlfapGj30

Zukunftsmodelle

Transhumanismus[6]

In verschiedenen Fernsehsendungen[7], in Zeitungs- und Zeitschriftenartikeln[8] sowie Büchern[9] findet man immer häufiger Zukunftsvisionen, die uns sehr wünschenswerte und sorgenfreie Bilder eines sogenannten Transhumanismus oder neuen Humanismus vermitteln. Möglich soll diese Zukunft dadurch werden, dass durch die Entwicklung der künstlichen Intelligenz die Leistungsfähigkeit der Computer diejenige des menschlichen Gehirns weit übertrifft.

So gibt es Bestrebungen, die sogenannte künstliche Intelligenz soweit zu entwickeln, dass ein Computer oder Roboter die Gefühlsregungen eines Menschen wahrnehmen und interpretieren kann. Biotechnische Sonden, sogenannte Nanobots, sollen dem Menschen eingepflanzt werden, um die Früherkennung bisher meist unheilbarer Krankheiten durch die ständige Messung aller denkbaren physiologischen Parameter zu ermöglichen. Wieder andere Forschungs- und Entwicklungsprojekte versuchen Nanochips zu entwickeln, die direkt mit dem Gehirn verbunden werden können und die Sinneswahrnehmungen des Menschen erweitern sollen.

Zukünftige Kriege sollen statt von Menschen von biotechnischen Robotern geführt werden. So soll der Mensch nicht mehr durch Befehle Vorgesetzter in Gewissenskonflikte gebracht und genötigt werden, andere Menschen zu töten.

Dank hochentwickelter Roboter werden nahezu keine Arbeiten mehr von Menschen ausgeführt. Sogar die Küchenarbeiten werden von

---

[6] **Transhumanismus** ist eine philosophische Denkrichtung, die die intellektuelle, physische und psychische Begrenztheit des Menschen durch den Einsatz technischer Verfahren erweitern will. Die „Verpflichtung zum Fortschritt" wird als moralische Norm angesehen.

[7] WDR-Fernsehsendung aus der Reihe Quarks & Co. vom 06.09.2016:
http://www1.wdr.de/fernsehen/quarks/sendungen/uebersicht-computermacht-100.html

[8] Bild: https://bit.ly/2FEXlX0 und FAZ: https://bit.ly/2lZl8SF

[9] Bernd Vowinkel: Wissen statt Glauben! - Das Weltbild des neuen Humanismus
Miriam J.S. Leis und Andreas Kabus - Reader zum Transhumanismus
Ray Kurzweil: Menschheit2.0 - Die Singularität naht
Kristjan Knall: Transhumanismus: Ein Survivalguide
Michio Kaku – Physik der Zukunft. Unser Leben in 100 Jahren

Robotern autonom verrichtet, wobei die Zubereitung der Mahlzeiten für jeden Menschen innerhalb einer Hausgemeinschaft ganz individuell entsprechend der von den Nanobots gelieferten Körper- und Seelenzustände jedes einzelnen Mitglieds erfolgt.

Die so geschaffenen Cyborgs[10] werden belohnt mit einer nahezu vollständig für sich selbst verfügbaren Zeit, die sie hauptsächlich mit Sport, Yoga, Fitnessübungen und weiteren Freizeitbeschäftigungen verbringen.

Die Transhumanisten sind davon überzeugt, dass der Mensch sein Gehirn für das Denken nicht mehr braucht, da die Computer diesem weit überlegen sind. Deshalb weiß der Computer auch besser als die Eltern, was das Kind will und was gut für es ist. Die richtige Ernährung übernimmt der Kochroboter.

Mit Hilfe der Superintelligenz der Computer lässt sich eine völlig neue Medizin entwickeln[11]. Die im Körper eines Menschen kreisenden Nanobots liefern regelmäßig die Daten über den Gesundheitszustand des Menschen. Der empfangende Computer liefert die zu einer diagnostizierten Krankheit optimale Therapie. Nicht mehr funktionsfähige Körperteile vom Auge bis zum Herz werden durch künstliche Implantate ersetzt.

Schließlich sind die Transhumanisten der Überzeugung, dass durch die ständige Reparatur des Köpers der Mensch nicht mehr sterben wird.

Es gibt allerdings auch Kritiker[12] dieser Entwicklungen, wie z. B. „das digitale Manifest"[13], die vor globaler Kontrolle und Entmündigung der Menschen warnen.

---

[10] Mischwesen aus lebendigem Organismus und Maschine
[11] https://www.youtube.com/watch?v=lVw6dgbPZww
[12] Nick Bostrom: Superintelligenz – Szenarien einer kommenden Revolution
Markus Jansen: Digitale Herrschaft – Über das Zeitalter der globalen Kontrolle und wie Transhumanismus und Synthetische Biologie das Leben neu definieren.
[13] https://bit.ly/2GEIuyM und https://bit.ly/2uzL2cq

Freiheit in Eigenverantwortung

Mein eigenes Zukunftsmodell geht von der Vorstellung einer menschlichen Gesellschaft aus, die aus selbstverantwortlichen, fühlenden Wesen[14] besteht. Aus menschlichen Wesen, die kraft ihrer Eigenverantwortung, ihres eigenständigen Denkens und ganzheitlichen Fühlens selbst eine menschenwürdige Zukunft gestalten, in der Menschen friedlich miteinander arbeiten und Lösungen suchen, anstatt sich im Konkurrenzkampf gegenseitig einzuengen, zu bedrängen und am Ende krank zu werden.

Viel wird über eine gerade stattfindende Energieerhöhung und damit verbundene Bewusstseinserweiterung der Menschheit[15] geredet und geschrieben. Immer wieder hören wir, dass die Menschheit durch diesen allgemeinen Bewusstseinswandel in ein goldenes Zeitalter geht, in dem es keine Kriege und Gewalt mehr gibt. Und es gibt nicht wenige Menschen, die davon überzeugt sind, dass dieser Bewusstseinswandel zwangsläufig, geradezu automatisch, erfolgt. Sie sind sicher, dass wir gar nichts zu tun brauchen, dass uns der Bewusstseinssprung, das Erwachen sozusagen einfach überfällt.

Nun ist das zwar eine schöne und verlockende Aussicht, ich selbst kann aber weder erkennen noch glauben, dass die Natur, die Weisheit, die Liebe, das Leben, Gott oder wie immer wir die wirkende Energie und Kraft bezeichnen wollen, uns einfach so über Nacht in einen neuen, bisher unbekannten, Bewusstseinszustand katapultieren wird. Zu zahlreich sind die gesellschaftlichen, wirtschaftlichen, politischen, gesundheitlichen und sonstigen Probleme, als dass wir erwarten dürfen „Das alles wird sich von ganz allein ändern, einfach, weil das Universum es so will".

Sieht man sich die Entwicklung des Lebens an, entsteht der Eindruck, dass das Universum oder die geistige Intelligenz die Entwicklung des Bewusstseins will und unterstützt. Jedenfalls bin ich davon

---

[14] siehe auch Harald Welzer: Selbst denken - Eine Anleitung zum Widerstand
Ulrich Mohr: Simplonik Anwendungshandbuch
Ulrich Mohr: Kursbuch Die Herrschaft des gesunden Menschenverstandes
[15] https://bit.ly/2IYBRWp, https://bit.ly/2E4hyTB
Dieter Broers: (R)Evolution 2012 – Warum die Menschheit vor einem Evolutionssprung steht.

überzeugt, dass ein Bewusstseinswandel notwendig ist, wenn die Menschheit in Frieden und Freiheit leben will. Aber ich bin mir auch sicher, dass hierzu die Mitarbeit der Menschen, jedes einzelnen Menschen notwendig und gefordert ist. Wir erwachen zwar nahezu automatisch nach einer gut durchschlafenen Nacht, aber wir müssen uns bewusst entscheiden, die Augen zu öffnen und aufzustehen. Ebenso bewusst und willentlich müssen wir die Entscheidung treffen, unsere Situation in dieser Welt und in der Gesellschaft klar zu sehen und zu erkennen, welche Herausforderungen das Leben mit den äußeren Umständen an uns als Einzelwesen stellt.

Zu dieser notwendigen Bewusstseinsentwicklung möchte ich meinen Beitrag leisten. Deshalb stelle ich die Welt in einer Weise dar[16], die nur denkbar wird, wenn alle Vorstellungen, Dogmen und Glaubenssätze hinterfragt und nötigenfalls aufgegeben werden.

Vermutlich werden wir innerhalb der nächsten zwei Jahre einen Wirtschaftszusammenbruch[17] erleben, wie es ihn bisher noch nicht gegeben hat. Die weltweit sehr hohen Staatsschulden und Finanzblasen am Aktienmarkt lassen ihn unausweichlich erscheinen. Dieser Wirtschaftszusammenbruch wird möglicherweise zu sehr viel Chaos, vielleicht sogar zu gewaltsamen Auseinandersetzungen und Kämpfen um die notwendigen Dinge des täglichen Lebens führen. Dann werden vermutlich die Stimmen nach starken Politikern und neuen Führern laut, die uns aus dem Elend retten sollen. Machtbesessene Menschen gibt es genug, die dem Ruf gern folgen und sich als Retter darstellen werden. Aber wir haben die Wahl. Statt nach neuen Führern zu rufen, können wir uns eigenverantwortlich selbst organisieren.

Alles ist gut, so wie es ist

Lieber Leser, wie geht es Dir nun nach den letzten zwei Kapiteln? Was hast Du spontan abgelehnt und was befürwortet? Hast Du vielleicht sogar beides abgelehnt? Den Transhumanismus, weil er Dir

---

[16] Siehe Zusammenfassung unter der Überschrift „Vision im Überblick"
[17] Matthias Weik und Marc Friedrich: Der Crash ist die Lösung
Markus Krall: Der Draghi-Crash
Ernst Wolff: Finanztsunami
https://finanzmarktwelt.de/33597-33597/

zu technisch ist und Du nicht ein dauerhaftes Leben mehr als Maschine statt als Mensch führen willst? Und die Freiheit in Eigenverantwortung, weil Du sie für eine nicht realisierbare Utopie hältst? Oder hast Du Dich spontan zum Transhumanismus gezogen gefühlt, weil er das ewige Leben verspricht?

Wie auch immer, ich bin sicher, Du hast Teile negativ und andere positiv bewertet, also einiges abgelehnt und anderem zugestimmt. Und ich gebe zu, so ging es mir auch, als ich zum ersten Mal am 06.09.2016 in der Reihe Quarks und Co. eine Dokumentation über die Entwicklung der Künstlichen Intelligenz sah. Ich fühlte mich verhöhnt und verdummt durch dogmatische Propaganda für ein mir vollkommen unstimmig erscheinendes Menschenbild. Mein Gefühl sagte mir, dass die Vertreter der dargestellten heilen Welt nicht nur falsche Vorstellungen darüber haben, was Intelligenz und Leben sind, sondern sogar gegen das Leben arbeiten.

Aber heute, nach Fertigstellung des Buches, kann ich die Bemühungen der Transhumanisten genauso wie viele andere gesellschaftliche Aktivitäten, ganz gelassen ansehen. Denn mir ist klar und bewusst, dass alles zu dem Zeitpunkt, zu dem es auftritt, richtig und gut ist. Warum?

1. Alles ist eins und alles Leben stammt aus derselben Quelle. Deshalb haben alle Gedanken und Taten der Menschen ihre Berechtigung und ihre Bedeutung.

2. Jede Ablehnung und jeder Widerstand führt zu Konflikten und zu Gewalt. Zuerst in mir und, wenn ich ihn nach außen trage, in der Gesellschaft. Oder aber ich verdränge das, was ich ablehne, und tue so, als gäbe es das gar nicht. In diesem Fall nehme ich mich als Opfer wahr, wenn die Dinge doch eintreten, die ich abgelehnt habe.

Rational wird es Dir einleuchten, aber emotional wirst Du immer noch in der Ablehnung oder Zustimmung stecken. Die Emotionen lassen sich nicht einfach durch rationale Argumente beiseiteschieben.

Deshalb habe ich noch einmal in meine eigene Ablehnung und meinen Widerstand hineingefühlt. Und wenn Du das gleiche tust, wirst Du hinter der Ablehnung die Angst spüren, die auch ich gespürt habe. Z. B. die Angst, Opfer von etwas zu werden, was Du nicht willst. Wenn Du diese Angst spürst, frage Dich, welche in Dir liegenden Gedanken, Glaubenssätze und Vorstellungen diese Angst nähren. Fühlst Du Dich so klein und schwach, dass Du meinst, nichts dagegen tun zu können?

Nachdem mir bewusst wurde, dass ich meiner Lebendigkeit und meiner Verantwortung trauen kann, mich nicht zur Implantation von Nanobots
oder anderen Chips zwingen zu lassen, verschwand die Angst. Sollen sich andere Menschen entscheiden, wie sie möchten. Es ist ihr Leben, das sie selbst gestalten. Ich gestalte meines wie ich es will.

Falls Du nun kein Freund der transhumanistischen Ideen zur Verbesserung des Lebens bist, fragst Du Dich vielleicht, was denn dann gut an dieser Entwicklung sein könne. Zum Beispiel zwingen uns solche Entwicklungen, die Fragen nach dem Leben - woher kommt es, wohin geht es, ist es als rein materielle Ausdrucksform verständlich oder muss es einen geistigen Grund haben - erneut zu stellen und alte Antworten zu prüfen. Und die Aussage, dass Kriege in Zukunft von Biorobotern geführt werden, zwingt zur Frage, warum überhaupt Kriege geführt werden sollten. Und wenn behauptet wird, dass das Kinderspielzeug dank seiner künstlichen Intelligenz besser als die Eltern weiß, was das Kind will und was gut für es ist, dann werden wir zu einer Antwort auf die Frage gezwungen: „Worin liegt der Unterschied zwischen Fühlen und Wissen?". Denn die Mutter weiß nicht, was das Kind braucht und will, sie fühlt es.

Mein Wunsch, meine Sehnsucht ist die nach Menschen, die sich nicht mehr führen lassen wollen, die ihr Leben selbst in die Hand nehmen und so die Verantwortung, die sie bisher abgegeben hatten, wieder zurücknehmen, um dann die Zukunft nach ihren Vorstellungen zu gestalten. Und ich will die Vorstellungen beflügeln, will aufzeigen, wie reich, bunt und vielgestaltig das Leben aller Erdenbürger sein kann, wenn jeder die Verantwortung für sein Leben übernimmt und mitwirkt am Aufbau einer Gesellschaft, die keine Herrschaft mehr zulässt.

Aufruf zur aktiven Zukunftsgestaltung

Wenn Geschichte ist, was heut geschieht,
der Mensch die Dinge anders sieht,
als er sie heute noch kann sehen,
wenn die Dinge grad' geschehen.

Egal, ob er nicht sehen wollte,
oder auch nicht sehen sollte,
wer hinter den Kulissen spielte
und auf Macht und Einfluss schielte,
half er doch durch eigenes Verhalten
die Macht der Herrschaft zu erhalten.

Denn nach Sicherheit zu streben,
war wichtiger als frei zu leben,
und um Ordnung zu erhalten,
ließ er sich klaglos auch verwalten.

Wenn nah die Zeit, die einst sehr fern,
dann sieht er mit Erstaunen gern
die wahr gewordene Vision,
die manche hatten damals schon.

Dann wird er auch nicht mehr bereuen,
sondern sich statt dessen freuen,
dass er inzwischen ohne Scheu,
ist nur noch seinem Herzen treu.

Denn er wird den Grund verstehen
für die Freiheit, die er heut kann sehen.
das Herz wollt' diese ihm schon schenken,
als er noch nicht konnt' daran denken.

Notwendigkeit der Selbsterkenntnis

Der Mensch, von der Person[18] befreit,
ist endlich klar und drum bereit,
zu hören, was das Leben sagt,
in das er sich beherzt nun wagt.

Dann wird er nur auf sich noch hören,
egal, wer immer ihn will stören.
Er findet in sich selber Halt,
und kann jetzt schließen diesen Spalt
zwischen Herz und dem Verstand,
den die Person dort immer fand.

Was er zuvor hat unterdrückt,
weshalb das Leben nicht geglückt,
spürt er als eigenes Potential,
das sich entfaltet ohne Qual.

Mit der Entscheidung, klar zu erkennen, wer wir sind, was das Leben von uns will, was wir im tiefsten Inneren wollen und welche Auswirkungen unser Verhalten auf die äußeren Gegebenheiten hat, beginnt ein Erkenntnisprozess, der tatsächlich das Bewusstsein erweitert, vielleicht sogar transformiert und uns in ein neues Zeitalter führen kann. Wenn dieser Erkenntnisweg zu innerem Frieden, innerer Unabhängigkeit und Freiheit führt und die Einsicht bringt, dass ich für mein Leben und dessen Qualität selbst verantwortlich bin, dann wird auch die Menschheit als Ganzes in Frieden und Freiheit leben können.

Aber dieser Erkenntnisprozess wird nicht einfach sein, er wird oft unterstützt werden müssen von Familienangehörigen, von Freunden und Therapeuten. Wenn wir die jeweils notwendige Unterstützung auch annehmen und als liebevolle Hilfe sehen, werden automatisch das gegenseitige Vertrauen und das Vertrauen in unsere eigenen Kräfte und Fähigkeiten gestärkt. Dann wird Konkurrenz nahezu von allein der Kooperation Platz machen und wir werden Lösungen für

---

[18] von lat. Persona = Maske

äußere Probleme von innen heraus entwickeln, die sich als dauerhaft und echt erweisen werden, weil sie an die Ursachen der Probleme gehen. Wir werden erkennen, dass alle bisherigen Problemlösungen nur Versuche waren, Symptome zu beseitigen, weshalb es dauernd neue Probleme gab.

Von der Entscheidung, die Augen tatsächlich zu öffnen, sind leider viele Menschen noch weit entfernt. Gerade deshalb erhöht sich der Druck von außen durch immer mehr und neue Probleme, um auch die noch im Tiefschlaf befindlichen Menschen aufzurütteln und ihnen zu sagen: „He, wach endlich auf, öffne die Augen und sieh an, was in der Welt geschieht und was dieses Geschehen mit Dir als Individuum zu tun hat. Schau auf das, was Du durch Dein Verhalten, durch Dein Denken bewirkst. Sieh Dir vor allen Dingen Dein eigenes Leben an, erkenne Deine Krankheiten, Dein Leiden, Deine gesellschaftliche und soziale Stellung, Deine Sorgen und Probleme als Zeichen des Zustandes Deiner Geisteshaltung!"

Solange nicht jeder von uns bereit ist, die Kriege, die Gewalt, die Flüchtlingsströme, den Hunger, die Umweltverschmutzung, alles Elend dieser Welt als Folge der im eigenen Selbst herrschenden Kriege, Gewalt, Flucht, Hunger nach Leben, der Verschmutzung des Geistes, der inneren Armut und des Mangels an Liebe zu sehen, wird sich auch im Außen nichts ändern. Solange werden wir Zwietracht säen und uns an Feindbildern aufreiben. Solange werden wir versuchen, das Gute durch den Kampf gegen das Böse in die Welt zu bringen. Aber durch Kampf kann kein Frieden entstehen. Ganz egal, ob wir gegen Tierquälerei, Klimawandel, Meeresverschmutzung, Vertreibung, Rüstungswahn, TTIP und CETA oder sonst etwas kämpfen, mit jedem Kampf halten wir die Gewalt aufrecht.

Einseitigkeit als Ursache vieler Probleme

Viele Menschen haben das bereits erkannt. Wir können immer öfter feststellen, dass sich zunehmend mehr Menschen nicht gegen etwas engagieren, sondern für etwas eintreten: für Menschlichkeit, Frieden, saubere Umwelt, ökologische Landwirtschaft, alternative Energieversorgung, kooperative Wirtschaftsweisen und Ähnliches. Auf den ersten Blick scheint diese positive Haltung ‚für etwas' sinnvoller und besser als die Aktion ‚gegen etwas'. Das ist sicherlich richtig, insofern durch solches Verhalten keine Energie mehr auf Unerwünschtes gelenkt wird, sondern auf den angestrebten Zustand.

Aber auch solches Verhalten bleibt Kampf, wenn mein Engagement für ein bestimmtes Ziel beinhaltet, dass andere Menschen etwas tun müssen, was sie von sich aus gar nicht wollen. Der Bauer, der von der konventionellen auf biologisch naturgemäße Landwirtschaft umsteigt, tut das im Einvernehmen mit selbst erkannter Notwenigkeit. Aber der Masthähnchen-bauer, der von Tierschutzmitgliedern gezwungen wird, den Hähnchen mehr Platz zu geben, erlebt die Tierschützer als gewalttätig.

Weitere Opfer dieser Gewalt sind all die Menschen, die wegen ihres Einkommens vielleicht auf die billigen Masthähnchen angewiesen sind. Für den gutverdienenden Akademiker ist es leicht, für größere Hähnchenkäfige zu demonstrieren und die eigenen Hähnchen beim Biobauern zu kaufen. Der geringfügig Verdienende mit seinen 450,00 Euro im Monat dagegen ärgert sich, wenn er in Zukunft zwanzig Cent mehr für ein Hähnchen zahlen soll. Denn natürlich wird der Bauer den Verdienstausfall durch die Reduzierung der Hähnchenzahl mit einem höheren Preis wieder ausgleichen wollen.

Hat überhaupt jemand von den Tierschützern sich die Mühe gemacht, den Massentierhalter zu verstehen? Zu erkennen, dass er die strukturellen und vertraglichen Bindungen und Verpflichtungen nur eingegangen ist, weil er ein für ihn kalkulierbares sicheres Einkommen haben will? Sind das nicht die gleichen Motive, aus denen der Tierschützer vielleicht bei einem Auto- oder Elektrokonzern angestellt ist und so die Umweltbelastungen oder Sparmaßnahmen dieses Konzerns mitträgt?

Hat jemals einer der Umweltschützer die Möglichkeit bedacht, eine Abnehmergemeinschaft für naturgemäß gehaltene Masthähnchen zu bilden, um dann dem Hähnchenzüchter eine auf gegenseitigem Vertrauen beruhende vertragliche Sicherheit anzubieten? Ich vermute, eher nicht. Haben sich dieselben Umweltschützer einmal gefragt, welche Machtstrukturen sie dadurch aufrechterhalten, dass sie den Gesetzgeber auffordern, für bessere Bedingungen bei der Käfighaltung von Masthähnchen zu sorgen? Solche Forderungen fördern gewiss weder die Eigenverantwortung der Betreiber bäuerlicher Zuchtbetriebe noch die der Konsumenten.

Die Mitte zwischen den Polen

Du siehst, lieber Leser, wir sind schnell dabei, einseitige Maßnahmen zu unterstützen und uns dabei als besonders human oder umweltbewusst zu fühlen. Bei genauer Betrachtung erkennen wir jedoch die damit verbundenen Probleme und machen für deren Lösung dann schnell den Gesetzgeber und die Regierung verantwortlich. Aber so leicht kommen wir nicht um unsere eigene Verantwortung herum. Deshalb müssen wir genau hinschauen, welche unserer eigenen Motive, Gedanken, Glaubenssätze und Ängste wir verdrängen oder hervorheben, wenn wir gegen das eine und für das andere eintreten.

Besonders schwierig wird es für uns oft, den Gegenpol einer für wünschenswert gehaltenen Sache zu sehen, der möglicherweise Anteile enthält, die niemand wirklich will. Aber vor lauter Begeisterung über eine vordergründig scheinbar gute Sache schauen wir uns die Kehrseite der Medaille gar nicht erst an. So werden Kohle- und Nuklearausstieg zugunsten der Wind- und Sonnenenergie proklamiert, ohne zu sehen, dass Wind und Sonne nicht jederzeit verfügbar sind, nicht gespeichert werden können und einen schlechten Wirkungsgrad haben. Die ökonomischen Nachteile werden erst wahrgenommen, wenn die Technik als unumkehrbar gilt, und dass der Schaden für die Natur[19] doch immens ist, wird oft ignoriert.

Hätten die Befürworter einer naturverträglichen Technik zur Energieversorgung hingegen gleich die negativen Aspekte der propagierten Windenergie mit gesehen, hätten sie vielleicht erst die Randbedingungen festgelegt, denen eine wirklich umweltverträgliche Technik genügen muss. So erweist sich am Beispiel der Energieversorgung, wie wichtig es ist, dass wir nicht nur das vermeintlich Gute befürworten, sondern auch die damit verbundenen Schattenseiten betrachten. Das trifft gleichermaßen auf gesellschaftliche, wirtschaftliche

---

[19] https://bit.ly/2AQfgWv, https://bit.ly/2GCy6HU, https://bit.ly/2pOuUOF, https://bit.ly/2pRkZYH, https://bit.ly/2E49TVm und https://bit.ly/2utns1c

und kulturelle Vorgänge zu. Und es trifft sogar auf individuelle psychische und geistige Prozesse zu, bei denen zum Beispiel eine unerwünschte Verhaltensweise einfach durch ihr Gegenteil ersetzt wird statt beide Seiten miteinander zu versöhnen. Erst, wenn wir beide Aspekte des Seins miteinander vereinen, so wie in einem Magneten Nord- und Südpol gemeinsam enthalten sind, werden wir selbst heil. Wir müssen also selbst in unsere Mitte kommen, bevor wir eine Welt schaffen können, die im Gleichgewicht ist.

Wie wir in unsere Mitte gelangen, wie wir die widerstrebenden Pole des Seins miteinander verbinden und in Einklang bringen, damit sich unser Verhalten und unsere Denkweise ändern können, darüber gibt es viele Bücher[20]. Es gibt auch sehr treffende Analysen und Diagnosen zum Zeitgeschehen und den gesellschaftlichen Verwicklungen[21]. Viele dieser Werke enthalten Beschreibungen der Konsequenzen bei Nichtbeachtung der erkannten Ursachen sowie notwendige Maßnahmen zur Verhinderung schlimmerer Zustände. Ebenso gibt es viele Bücher mit sehr konsequenten und naturverträglichen Lösungsvorschlägen für technische Probleme. Besonders reich ist die Literatur an Ratgebern zur Selbsthilfe im Gesundheitsbereich.

Obwohl es seit mindestens dreißig Jahren die entsprechende Literatur in stetig zunehmender Menge gibt, haben sich die Menschen noch nicht so weit entwickelt, dass sie in der Lage sind, diese Vorschläge in die Tat umzusetzen. Vorausgesetzt, diese Bücher werden alle von ihren Lesern aufmerksam gelesen, verstanden und verinnerlicht, bleibt die Frage, warum trotzdem kaum Auswirkungen davon im gesellschaftlichen Leben zu erkennen sind.

---

[20] Hinnerk Polenski: In der Mitte liegt die Kraft: Mit Zen gelassen bleiben
    Lutz Geldsetzer und Nagarjuna: Die Lehre von der Mitte
    Klaus Wolff: Werde ganz du selbst: Das Glück in der eigenen Mitte finden
    Renate Brettschneider: Heilige Geometrie: Der Weg in die eigene Mitte
    Anne Devillard: Heilung aus der Mitte. Werde der, der du bist
[21] Carsten Pötter: LebensNetze – Motive und Wirkungen menschlichen Handelns
    Dr. Ulrich Mohr: Die Herrschaft des gesunden Menschenverstandes
    Arno Gruen: Wider den Gehorsam
    Arno Gruen: Dem Leben entfremdet

Die Kraft der Visionen

Nach eigenen Beobachtungen und vielen Gesprächen mit anderen Menschen ist bei mir der Eindruck entstanden, dass zwei wesentliche Aspekte Menschen daran hindern, den eigenen Erkenntnissen entsprechend zu handeln und zu leben.

- Da ist zunächst das verloren gegangene Gefühl für das Erleben des individuellen Zustands. Statt die Unfreiheit, die Enge der Normen, Verhaltensregeln, gesetzlichen Auflagen und Vorschriften und die Zwangsjacke der abhängigen Lohnarbeit zu spüren, reden wir uns ein, frei und unabhängig zu sein, weil wir in einer Demokratie leben. Und das nur, weil wir langsam, fast unmerklich von den Umständen in diesen unfreien Zustand gebracht wurden. Wie der Frosch, in kaltes Wasser geworfen, die langsame Erhitzung erst spürt, wenn es für eine Flucht zu spät ist, fühlen auch wir erst dann den Druck, wenn nichts mehr geht. Und diejenigen, die ihre Unfreiheit frühzeitig fühlen, nehmen sie resigniert als gegeben hin, weil sie meinen, keine Macht zu haben, irgendetwas zu ändern.

- Dann fehlt es vielen Menschen an Visionen eines tatsächlich unabhängigen Lebens, die sie als Licht und damit Wegweiser auf ihrem Lebensweg leiten könnten. Denn die Vorstellung eines wirklich lebenswerten, innerlich reichen Lebens ist es, die uns tatsächlich Kraft gibt, für etwas Neues und Besseres tätig zu werden.

Aus diesen Gründen flüchten sie in ihre vertraute Welt des Konsums, der Spiele, der Ablenkung und der Passivität. Dabei merken sie nicht, wie sie von der Konsumgüterindustrie und den Medien ständig manipuliert und instrumentalisiert werden. Sie erkennen nicht, wie sie sich immer mehr dem Konsum hingeben und die Entscheidungen über die eigene Zukunft und die ihrer Kinder und Enkel den sogenannten Autoritäten in Person von Wissenschaftlern, Politikern, Chefs und Fachleuten[22] überlassen.

---

[22] Der Verlass auf Kindergärten, Schulen, Pflegeheime, auf Ratgeber für Gesundheit und Geldanlagen sowie der Abschluss aller möglichen Versicherungen zeigen deutlich, wie sehr wir Autoritäten statt dem eigenen Denken vertrauen.

In der Tiefe aber spüren sie genau, wie sehr sie ihre Verantwortung für das eigene und das Leben ihrer Kinder abgeben. Um dieses Gefühl zu verdrängen, werden sie entweder noch passiver und in vielen Fällen krank, oder der Drang nach Unabhängigkeit und Eigenverantwortung lässt sie schier explodieren und treibt sie auf die Straße in die Arme gewaltbereiter Systemgegner. Beides ist in der Regel die Folge innerer Zerrissenheit und Verwicklung auf Grund widersprüchlicher und nicht klar als richtig oder falsch beurteilbarer Informationen. Diese Unsicherheit wird verstärkt durch äußeren Druck wirtschaftlicher und gesellschaftlicher Gegebenheiten und fehlende Perspektiven, die vielleicht zu mehr innerer Klarheit führen könnten.

Nach meiner Einschätzung dürfte die Mehrzahl der Menschen zu Passivität und Konsum neigen. Sie verhalten sich ähnlich wie Gewohnheitsraucher, die zwar die Konsequenz ihres Rauchens sehen, es aber dennoch nicht sein lassen. Wie die Raucher erkennen sie weder die Zwanghaftigkeit ihres Verhaltens noch können sie sich vorstellen, dass ein Leben ohne Konsum lebenswert sein könnte. Fehlender Konsum wird als Verzicht empfunden, und daher können viele Menschen kaum ermessen, dass das Leben ohne ihn schöner und reichhaltiger sein könnte. Wäre ein Raucher imstande, sich eine höhere Lebensqualität ohne Rauchgenuss vorzustellen, würde er vermutlich in den meisten Fällen sofort die letzten Zigaretten wegwerfen oder als Mahnmal an einen besonderen Platz legen.

Mangels eigener Visionen folgen Menschen gern den Versprechen ideologischer Heilsbringer aus Religion, Wirtschaft, Politik, Technik, Unterhaltung und Konsum. Diese sind für sie wie das Licht eines bewohnten Häuschens im tiefen Wald, in dem sich Hänsel und Gretel[23] verirrt haben. Zunächst Orientierung, da es eine Richtung vorgibt, folgen sie dem Licht, landen dort aber nicht nur im Käfig der bösen Hexe, sondern sollen nun endgültig ihr ganzes Leben geben.

Doch Hänsel und Gretel erkannten in diesem Licht ganz klar ihre wahre Situation und fanden einen Weg in die Freiheit. Auch die verführten Menschen können bei wachsender Bewusstwerdung mehr Klarheit über ihre wahre Situation erlangen. Dann wird diese Klarheit zur Kraftquelle und Ermutigung, das bisherige Leben sowie die

---

[23] Brüder Grimm: Die schönsten Kinder- und Hausmärchen oder https://bit.ly/2GDiH9X

Denk- und Handlungsgewohnheiten zu hinterfragen, neu auszurichten und die Verantwortung wieder selbst zu übernehmen. Dadurch eröffnen sich Wege in die Freiheit.

Aus der inneren Überzeugung und Sicherheit, dass Visionen leiten und ermutigen, habe ich dieses Buch geschrieben. Ich möchte gleichzeitig aufrütteln, indem ich zeige, wie weit wir noch von einem tatsächlich gewaltfreien Menschsein entfernt sind, das alles Leben achtet. Zudem will ich einen Eindruck von der Freude und Harmonie vermitteln, die mit einem freien, unabhängigen Leben in Wohlstand und echter Gemeinschaft verbunden sind, in der jeder Mensch seine Fähigkeiten bedingungslos einbringt.

Was kannst Du erwarten?

Ich zeichne hier das Bild einer Gesellschaft, die aus freien, selbst verantwortlichen Menschen besteht, die das Leben so leben, wie sie es im tiefsten Inneren als richtig spüren. Dabei bediene ich mich der Illusion in dem Sinne, dass ich so tue, als sei diese Gesellschaft und deren menschliche Vertreter bereits hier, wie ein bisher unentdeckter Stamm auf einer ganz neu entdeckten Insel. Ich lege diese fiktive Menschheit in das Jahr 2040 und lasse die beteiligten Menschen immer wieder Rückschau halten auf die jetzige Gegenwart und die Zeit dazwischen. Dabei lasse ich die Entwicklung hin zu diesen für heutige Verhältnisse utopisch erscheinenden Zuständen als zwangsläufig erscheinen. Das wird bei vielen Lesern den Eindruck der Prophetie erwecken, aber ich bin weder Hellseher noch Wahrsager und weiß nicht, wie sich die Zukunft tatsächlich entwickelt.

Aber ich weiß, dass alle technischen, wirtschaftlichen, psychologischen, geistigen und sonstige notwendigen Voraussetzungen für die beschriebene Zukunft bereits heute vorhanden sind. Deshalb ist die von mir dargestellte Welt zumindest möglich. Ob und wie sie zur Tatsache wird, hängt von uns allen ab. Ich will mit diesem Buch Mut machen, an ihrer Verwirklichung mitzuarbeiten.

Du wirst Bilder, Zustände und Strukturen zu sehen bekommen, die Dir zunächst fremd oder realitätsfern erscheinen mögen. Du wirst sicher oft meinen: „Ja, sehr schön, zu schön, um wahr zu sein. Das kann ja nie funktionieren, denn der Mensch ist nun mal habgierig, egoistisch und machtbesessen." Dem entgegne ich: „Ja, zur Zeit erscheint uns der Mensch so, aber es wirken auch edlere Triebe und weisere Absichten in jedem Menschen, die auf Dauer stärker sind als die sogenannten niederen Instinkte."

Deshalb bitte ich Dich, lieber Leser, Dich beim Lesen dieses Buches zunächst mit Urteilen und Bewertungen zurückzuhalten. Lass die Bilder ruhig auf Dich wirken und schau, ob Du vielleicht im Laufe der Zeit spürst, wie sich Deine Einstellung ändert. Es ist gut möglich, dass Du zunächst mit dem Verstand erkennst, dass die im Buch dargestellten Zustände tatsächlich vorstellbar werden und in der Praxis möglich erscheinen, aber Dein Gefühl es noch nicht greifen kann, weil es noch zu sehr an der Bequemlichkeit gewohnten Konsumverhaltens hängt. Oder aber die Bilder ergreifen zuerst das Gefühl, und Du fühlst Dich hingezogen zu einem Leben, wie es geschildert und beschrieben wird, aber Dein Verstand sagt Dir, dass es unmöglich ist, weil zu viele Menschen das gar nicht wollen.

Wie auch immer, irgendwann wird sich wahrscheinlich der verständliche Zweifel und der emotionale Widerstand langsam zurückziehen und einem Gesamteindruck Platz machen, der ein bedingungsloses „Ja" ermöglicht und Dich in die Lage versetzt, Dein Leben selbst zu gestalten. Du wirst die Kraft und die Liebe in Dir spüren, die es Dir gestatten, äußere Widerstände zu überwinden oder zu umgehen, um die eigene Verantwortung für das Leben wieder zu erlangen. Dann wirst Du immer mehr spüren, wie Du vom Leben selbst getragen und geführt wirst, weil Du immer mehr in Deinen eigenen Fluss kommst und schließlich tief in Dir fühlst, was das Leben von Dir will und welche Aufgabe Du in diesem Leben zu erfüllen hast.

Wenn Du an diesem Punkt angelangt bist, wirst Du selbst teilhaben an der Verwirklichung und die beschriebenen oder ähnliche Verhältnisse durch Dein Tun und Handeln mit herbeiführen. Gleichzeitig wirst Du von einer Freude begleitet, die Du bisher wahrscheinlich noch nicht kennst, weil jede Deiner bisherigen Freuden nur das Ergebnis eines erreichten Zieles war. Aber wenn Du den noch schlummernden Impulsen Deiner Seele folgst, wirst Du immer mehr Freude am Lebensprozess selbst fühlen und erkennen, dass es eine bedingungslose Freude gibt, die das Leben erst wahrhaft wertvoll macht. Wenn Dich diese Freude erst erfasst hat, wird sie Dich nicht mehr loslassen. Du wirst Dein bisheriges Leben vielleicht als armselig und kümmerlich erkennen und andere Menschen voller Begeisterung mitreißen, wie ein kräftig fließender Strom Äste und sogar Steine vom Ufer löst und vorwärts treibt. So, meine ich, kann die eine oder andere Vision Wirklichkeit werden und dem „Goldenen Zeitalter" Einlass gewähren.

Ich zeichne hier eine Vision, von der ich überzeugt bin, dass sie durch den Bezug auf den geistigen Grund allen Seins und das Grundbedürfnis allen Lebens nach Entfaltung sehr viel kraftvoller und strahlender dastehen wird als die Vorstellungen der Vertreter des Transhumanismus.

Du wirst kein einziges Bild finden, das einfach nur eine Weiterentwicklung der allgemein sichtbaren technischen, wissenschaftlichen, gesellschaftlichen, wirtschaftlichen und sozialen Zustände ist. Genauso wenig werde ich hier irgendwelche Phantasien bestärken, die das Wohl der Menschen darin sehen, ihn mit künstlichen Organen, mit Chips und sonstigen technischen Produkten auszustatten.

Mit dem einseitigen Gebrauch seines Verstandes hat der Mensch mit zunehmender Erkenntnis seinen einst unbewussten Instinkt für die Einheit allen Seins verloren. Als geistiges Wesen ist es nun sein Hauptbedürfnis, diese Einheit bewusst wieder herzustellen, um so ins Paradies zu gelangen, aus dem er sich selbst entfernt hat.

Das erfordert die Lösung aus allen Bindungen und Abhängigkeiten, in die sich die Menschen im Laufe ihrer Geschichte von mindestens 5000
Jahren ver-wickelt haben. Da ich sicher bin, dass die Vision einer paradiesischen Welt, wie sie der wieder ent-wickelte Mensch gestalten kann, hilfreich bei diesem Prozess ist, werde ich nur dieses Paradies beschreiben.

Ich wünsche Dir viel Freude und wertvolle Erkenntnisse beim Lesen und einen in der Tiefe Deines Seins wirkenden Entwicklungsprozess.

Die Vision - ein Überblick[24]

Beim Blick auf den Kalender werde ich daran erinnert, dass wir uns im Jahr 2040 befinden. Ich bin nicht mehr der Jüngste, immerhin vollende ich dieses Jahr mein neunzigstes Lebensjahr. Aber ich bin glücklich. Glücklich, weil ich jeden Tag voller Freude ganz bewusst erlebe, glücklich auch darüber, dass ich die Entwicklung der Menschheit zu allgemeinem Frieden und Wohlstand entgegen vieler früherer Prognosen doch noch erleben durfte.

Während einiger sehr turbulenter Jahre wurde den Menschen immer bewusster, worauf es im Leben tatsächlich ankommt. Dank dieses allgemeinen Bewusstseinsprozesses haben sie die unruhigen Jahre genutzt, sich von Macht und Herrschaft sowie der Notwendigkeit des Gelderwerbes zu befreien. So sind gänzlich neue gesellschaftliche und wirtschaftliche Strukturen entstanden, die zuvor so kaum denkbar gewesen sind. Gleichzeitig haben diese Änderungen so tiefgreifende Folgen für alle Lebensbereiche gehabt, dass tatsächlich nichts mehr so ist, wie es vor fünf bis zehn Jahren noch war.

1. **Die Wirtschaft** dient ausschließlich der Versorgung der Menschen mit den von ihnen benötigten Gütern und Dienstleistungen.

   Diese Versorgung eines jeden Menschen ist mit einem durchschnittlichen Arbeitsaufwand von zwei bis vier Stunden pro Tag möglich.

   Jeder Mensch arbeitet vollkommen freiwillig an dem, was er aus tiefstem Interesse mit Leidenschaft und voller Freude der Menschheit als Dienst erweisen will.

   Deshalb gibt es auch kein Geld mehr, da die Menschen begriffen haben, dass Geld nur ein Herrschaftsinstrument ist und die Manipulation der Menschen ermöglichte.

---

[24] Erläuterungen zu Themen und Begriffen, die in den späteren Kapiteln vertieft werden, findet der Leser dort.
In diesem Überblick werden nur unbedingt notwendige Hinweise gegeben.

2. **Die Arbeitswelt** hat sich durch die nahezu vollständige Automatisierung aller maschinellen Fertigungsprozesse derart geändert, dass es in den Fabriken fast keine Arbeiter mehr gibt. Hoch flexible Roboter fertigen entsprechend des jeweils aktuellen Bedarfs.

Durch konsequente Umstellung vieler Fertigungsschritte auf dreidimensionale Druckverfahren und Entwicklung neuartiger Materialien ist es möglich, relativ kleine Produktionsstätten zu errichten, so dass die Voraussetzung zu einer vollständig dezentralen Produktion von Massengütern gegeben ist.

Neben der Massenproduktion hat sich ein sehr differenziertes Handwerkswesen etabliert, weil viele Menschen in der Handarbeit ihre Erfüllung gefunden haben.

3. **Die Energieversorgung** erfolgt vollständig dezentral, da relativ kleine Konverter[25] die Neutrino-, Vakuum-, Raum- oder auch Ätherenergie direkt in Strom und Wärme umsetzen, so wie sich mit Hilfe der Photovoltaik Licht direkt in Strom umwandeln lässt.

Dadurch ist Energie jederzeit an jedem Ort in jeder gerade benötigten Menge ohne Transportverlust verfügbar.

Angenehmer Nebeneffekt für die Landschaft ist der Wegfall sämtlicher elektrischer Versorgungsleitungen und Kraftwerke sowie der monströsen Windenergieanlagen, die immer wieder Anlass für Auseinandersetzungen zwischen Gegnern und Befürwortern waren.

Alle radioaktiven Stoffe aus den nicht mehr benötigten Kernkraftwerken einschließlich allen radioaktiven Restmülls sind mit einem bereits vor 25 Jahren entwickelten Verfahren vollständig in stabile Elemente überführt worden[26].

4. **Trinkwasser** ist dank hochentwickelter Wasseraufbereitungsverfahren und kaum noch belasteter Abwässer in jedem Haushalt in Quellwasserqualität verfügbar.

---

[25] Prof. Klaus Turtur: Freie Energie für alle; Heinrich Schmid: Die Energie Revolution
Michael F. Gruber: Die wahre Energiezukunft – Wohin führt uns unsere akt. Energiepolitik
www.neutrino-energy.de, www.slimlife.eu, www.reiner-bautzen.de, www.coldreaction.net

[26] http://bit.ly/2rpClzQ

Genauso, wie die Energieversorgung, ist auch die Wasserversorgung dezentralisiert worden. Das Abwasser jedes einzelnen Hauses wird bereits durch Kleinkläranlagen, die in Kanalschächten in Kellern Platz finden, biologisch vorgereinigt.

Die Versorgung der Orte und Städte sowie der landwirtschaftlich genutzten Flächen wird vollständig durch Regenwasser gewährleistet. Dieses wird in Sammelbecken dezentral gespeichert und vor der Verteilung mit biologischen Verfahren gereinigt. Die endgültige Aufbereitung des Trinkwassers geschieht direkt in den Haushalten.

Die lokalen Regenwasserkreisläufe werden durch möglichst flächendeckende Vegetation in Gang gesetzt und aufrechterhalten[27]. Die in den letzten zwanzig Jahren erfolgte Begrünung und Bewaldung ganzer Landstriche hat dazu geführt, dass der Grundwasserspiegel gegenüber dem des Jahres 2020 wieder deutlich angestiegen ist und sich die Fläche der Wüsten weltweit halbiert hat.

5. **Die Medizin** hat sich radikal von der rein materiell-mechanistischen Betrachtung zum Verständnis der grundlegenden biologischen Abläufe und deren seelisch-geistiger Hintergründe gewandelt[28].

Dadurch hat sich eine Energie-, Informations- und Geistmedizin entwickelt, welche chemisch-pharmazeutische Medikamente überflüssig machte, so dass es keine solchen Präparate mehr gibt.

Trotzdem oder gerade deswegen lassen sich alle Krankheiten heilen und die Menschen sind dank verschiedener geistiger Trainingsmöglichkeiten wesentlich gesünder als noch vor zwanzig Jahren[29].

---

[27] http://bit.ly/2rnJJMd, http://bit.ly/2mQE4Jj und http://bit.ly/2DHdCrl
[28] Prof. Dr. Peter Yoda: Ein medizinischer Insider packt aus – Ein Dokumentarroman
[29] Dr. Gertje Lathan: "NATHAL® - Die Methode zur Steigerung der emotionalen Intelligenz" http://www.nathal.de

Wegen der neuen Heilbehandlungen und der allgemein praktizierten Gesundheitsvorsoge sind nur noch kleine lokale Ge-
sundheitshäuser zur stationären Behandlung großer Verletzungen notwendig.

6. **Soziale Strukturen** haben sich für jeden sichtbar zum Nutzen
   aller Menschen geändert. Die seit Jahrzehnten vorherrschende
   Kleinfamilie ist eingebettet in selbstgewählte Lebensgemeinschaften, die die Rolle der früher üblichen Großfamilie übernehmen. In diesen finden sich wegen der Durchbrüche in der Medizin und der damit verbundenen Gesundheit bis ins hohe Alter
   wieder bis zu drei oder vier Generationen unter einem Dach. Alte
   Menschen bringen ihre Lebenserfahrung und Weisheit in die
   Gemeinschaft ein, in der sie leben.

   Kinder wachsen bei den Eltern und den in der Gemeinschaft lebenden vertrauten Menschen auf.

   Gemeinschaftseinrichtungen zum Waschen, Heimwerken, Backen, zur Unterhaltung und zum Feiern verbessern den Kontakt
   untereinander und bieten anregenden Austausch auch bei alltäglichen Tätigkeiten. Der Bedarf an Werkzeugen, Geräten und
   Nutzgegenständen durch gemeinschaftliche Verwendung ist auf
   etwa ein Viertel früherer Mengen gesunken.

7. **Lernen im Kindesalter** hat sich grundlegend gewandelt. Fünf
   bis zehn Kinder lernen in Kleingruppen in ihrer unmittelbaren Le-
   bensumgebung und in der freien Natur das, woran sie Interesse
   haben, wonach sie also fragen.

   Für Kinder ab zehn Jahren gibt es die Möglichkeit, Schulen zu
   besuchen. Das Lehrangebot umfasst naturwissenschaftliche,
   handwerkliche, gesellschaftliche und soziale Fächer und dient
   vorrangig der Entdeckung und Ausbildung der individuellen Interessen und Anlagen jedes Kindes. Durch die nur an den Interessen des Kindes orientierten Lehrmethoden ist die sogenannte Inklusion bei voller Beachtung jedes Kindes in der Praxis
   umsetzbar.

   Von dem Zeitpunkt an, ab dem ein Mensch ganz sicher weiß,
   was sein innerstes Interesse zum Wohle des Lebens ist und ihm

tiefste Freude verschafft, lernt er die Grundlagen, die er zur Ausführung seines Berufes benötigt, in Theorie und Praxis. Dazu bedient er sich des Angebotes der Schulen und der Universitäten ebenso wie von ihm selbst als Lehrer oder Mentor gewählter Menschen, von denen er sich die beste Unterstützung bei der Entfaltung seines Potentials verspricht. Er lässt sich nur solange unterstützen, wie er es für hilfreich hält. Weitere Kenntnisse und Fertigkeiten erwirbt er direkt durch Anwendung seiner Fähigkeiten. Der seinem inneren Ruf folgende Mensch findet im Laufe seines Lebens mehrfach neue Aufgaben, denen er sich gern stellt.

8. **Die Forschung** dient der unabhängigen Entdeckung der Grundlagen aller natürlichen Erscheinungen einschließlich biologischer Systeme und menschlicher Gesellschaften. Sie fördert die Entwicklung neuer Anwendungen zur naturverträglichen Unterstützung des menschlichen Lebens und hat bereits zu völlig neuem Verständnis der in der Natur wirkenden Ursachen geführt.

Überwiegend virtuelle Universitäten können jederzeit über das Weltnetz besucht werden. Jeder frei forschende Mensch darf in Kursen und Seminaren auf den digitalen Plattformen der Onlineuniversitäten anderen Menschen seine Kenntnisse und Forschungen vermitteln und mit allen daran Interessierten diskutieren und gemeinsam unabhängig überprüfen.

Die alten Universitätsgebäude sind wissenschaftliche, künstlerische, musische, soziale und gesellschaftliche Begegnungsstätten. Für technische und wissenschaftliche Experimente sind großzügig eingerichtete Labors und Werkstätten vorhanden. Sie sind für jeden interessierten Menschen Tag und Nacht zugänglich und dienen dem Austausch, der Information, dem wissenschaftlichen Diskurs, Messungen und Tests, der Konstruktion und dem Bau technischer Geräte einschließlich der Prüfung auf Tauglichkeit.

9. **Die Landwirte und Bauern**[30] wirtschaften umweltverträglich, naturgemäß und orientiert am Bedarf:

- der Menschen nach landwirtschaftlichen Produkten,

- des Bauern an Freizeit, Erholung und Freude an der Arbeit sowie

- der Pflanzen und Tiere an Bewegung, Raum, Gemeinschaft, Komunikation und Nahrung.

Deswegen arbeitet jeder Bauer nach ökologischen Gesichtspunkten. Das bedeutet, in Gärten, auf Feldern und in Gewächshäusern herrscht sich synergetisch verstärkende Pflanzenvielfalt. Tiere leben wie ihre wilden Artgenossen in kleinen Rudeln, Schwärmen oder Herden. Sie können Schutz in Offenställen, unter Bäumen und Sträuchern sowie Erdhöhlen finden.

Wegen des tiefen Interesses vieler Menschen an praktischer Arbeit mit Pflanzen und Tieren hat sich die Zahl der aktiven Bauern und Gärtner gegenüber dem Jahr 2020 mehr als verdreifacht. Jeder zweite Mensch findet Freude an der teilweisen Selbstversorgung mit Produkten aus dem eigenen Garten.

10. **Die Transport- und Verkehrstechnik** haben durch die technische Nutzung der Vakuum- bzw. Raumenergie dramatische Entwicklungsschübe erhalten. So wurde durch den Einsatz von Permanentmagnetmotoren und spezieller Folien zur Umwandlung der Neutrinoenergie in Licht und Strom die Elektromobilität erst sinnvoll möglich, da keine Speicher mehr notwendig sind.

Die Antriebe aller bestehenden Schienenfahrzeuge und Flugzeuge sind entsprechend umgestellt worden. Die Entwicklung einer Technik zur Erzeugung von Schwerelosigkeit ermöglicht ganz neue Arten der Fortbewegung. Fahrzeuge können schweben und Flugzeuge starten senkrecht. Bereits über fünfundzwanzig Jahre alte Konzepte für Miniflugzeuge übernehmen damit als Selbstflieger den individuellen Fernverkehr. Erdgebundene Fahrzeuge werden fast nur noch im Nahverkehr eingesetzt.

---

[30] Z. B. www.permakultur.farm, www.permakultur-info.de, www.agnikultur.de

Durch die Entwicklung der Antigravitationstechnik[31] hat die Raumfahrt neue Bedeutung erlangt. Flugscheiben, die im interstellaren Raum bereits Geschwindigkeiten nahe der Lichtgeschwindigkeit erreichen, ermöglichen die unmittelbare Erforschung der Planeten des Sonnensystems.

Die Entwicklung hochsensibler und schnell reagierender Sensoren ermöglichte die Entwicklung selbststeuernder Fahr- und Flugzeuge bis zur absoluten Unfallfreiheit. Daher werden frei verfügbare Autos nur noch gemeinschaftlich genutzt. Die Zahl der benötigten Autos konnte so auf ein Viertel der Bevölkerungszahl gesenkt werden, weshalb Straßen und Wege kaum durch parkende Fahrzeuge verstopft sind und der Bedarf an Rohstoffen entsprechend gesunken ist.

11. **In Politik und Gesellschaft** hat es Veränderungen gegeben, die noch vor 15 Jahren für unmöglich gehalten wurden. Regierungen gibt es nicht mehr und nationale Grenzen haben ihre Bedeutung verloren.

Es gibt echte demokratische Strukturen. Basis der Weltgemeinschaft und kleinste Verwaltungseinheit ist die überschaubare Siedlung mit bis zu zweihundert Menschen. Innerhalb einer Siedlung werden alle die Gemeinschaft betreffenden Entscheidungen in öffentlichen Versammlungen in konsensbildenden Prozessen getroffen.

Etwa einhundert Siedlungen sind zu Gemeinden zusammengefasst. Das sind in den Großstädten ungefähr ein bis drei Stadtteile. Die Gemeinde betreffende Entscheidungen werden in hierzu einberufenen Versammlungen je zweier Vertreter jeder Siedlung wieder in konsensbildenden Prozessen sachbezogen getroffen.

In Kreisen sind bis zu einhundert Gemeinden zusammengefasst, die zu Kreisversammlungen je zwei Teilnehmer der Gemeindesitzung entsenden. Die tatsächliche Zahl der zu einem Kreis zusammengefassten Gemeinden ist so angepasst wor-

---

[31] Theorie: https://www.minotech.de/forschung/antigravitation/ und https://bit.ly/2GqVew5

den, dass Städte nicht zerstückelt werden mussten. Bis zu einhundert Kreise umfassen einen Bezirk. Zu dessen Versammlungen entsenden die Kreise je zwei Vertreter. Die Vertreter werden immer nur für eine Versammlung von den Teilnehmern der untergeordneten Entscheidungsgremien gewählt.

Zwei Gebote sind bei jeder Entscheidungsfindung einzuhalten:

- Sachbezogenheit und

- die Verpflichtung, einen Konsens statt einer Mehrheitsentscheidung zu finden.

Ein- bis zweimal jährlich finden zweiwöchige Weltkonferenzen statt, in deren Verlauf Themen behandelt werden, welche von mindestens zehn Bezirken als weltweit interessant beurteilt wurden. Die Themen werden gesammelt und allen Bezirken mitgeteilt. Diese benennen dann je zwei Gesandte für die Weltkonferenz.

12. **Im Rechtswesen** ist an Stelle nationaler Rechtsvorschriften oder internationaler Rechtsvorstellungen das von allen Menschen verstehbare und aus eigener Erfahrung nachvollziehbare Naturrecht[32] getreten. Eine Rechtsprechung mit Bezug auf irgendwelche von Menschen geschaffenen Gesetze findet nicht statt[33]. Jeder Konflikt, jeder Streit um konkrete Sachen oder einen Nutzen, jede Art körperlicher Verletzungen und Angriffe wird in Schlichtungsrunden therapeutisch solange bearbeitet, bis eine für alle Beteiligten akzeptable Lösung gefunden ist.

Nur in Fällen drohender physischer Gewalt gegen Menschen oder Sachen wird einem Menschen vorübergehend seine Freiheit genommen, indem er in einer Therapieeinrichtung stationär bis zur Lösung unter Aufsicht lebt. In den seltenen Fällen, dass Menschen rückfällig werden und keine Aussicht auf eine Lösung besteht, kommt es zur langfristigen Zwangseinweisung in eine Therapieeinrichtung.

---

[32] https://de.wikipedia.org/wiki/Naturrecht
[33] https://bit.ly/2GhkF0n, https://bit.ly/2GgYuaF, https://itnjcommittee.org/ www.ichr.de, http://itccs.org/ und https://www.iccjv.org/

13. **Die Bedeutung religiöser Organisationen** ist nach der Zeit des Umbruchs und der allgemeinen Bewusstwerdungsprozesse vollständig verschwunden. Die Menschen haben ihre Religionsgemeinschaften überwiegend verlassen, nachdem sie erkannt haben, dass ihnen kein religiöser Führer die Selbsterkenntnis und die Verbindung mit dem eigenen Seinsgrund abnehmen kann.

Anstelle der früher üblichen Abhängigkeit von Glaubensinhalten und religiösen Autoritäten sind durch den lebendigen Kontakt mit der eigenen Seele echte Religiosität und innerer Frieden getreten.

In freiwilligen spirituellen Treffen aller daran interessierten Menschen aus zwei bis fünf benachbarten Siedlungen wird das geistige Wachstum durch Austausch mit anderen Menschen gepflegt.

14. **Die Städte** haben sich gegenüber früher in vieler Hinsicht gewandelt. Die Zahl der Einwohner ist insbesondere in den Großstädten teilweise deutlich gesunken. Viele Firmen- und Industriegebäude haben ihren ursprünglichen Nutzungszweck verloren.

Finanzämter, Bank-, Versicherungs- und Verwaltungsgebäude aller Art, Kraftwerke und Kaufhäuser, auch Kirchen konnten daher neuen Zwecken zugeführt oder abgebaut werden, um wieder mehr Grün in die Städte zu bringen. Deshalb gibt es heute wieder viel mehr Erholungsraum in den Städten selbst.

Die Planung neuer Wohn- und Lebenssiedlungen orientiert sich an den Bedürfnissen der Menschen nach Kommunikation, gesunden Lebensmitteln, kurzen Versorgungs- und Arbeitswegen sowie biologisch gesunder Umwelt.

Die Arbeitsplätze sind weitestgehend dezentralisiert, die meisten Menschen arbeiten im eigenen Haus oder höchstens fünf Kilometer vom Wohnort entfernt. Ganz wenige Menschen haben Wege von bis zu fünfundzwanzig Kilometern zurückzulegen.

Wegen des dadurch sehr geringen Pendelverkehrs und der gemeinsamen Nutzung selbstlenkender Autos sind die Straßen ruhig und können gefahrlos von Fußgängern und Radfahrern benutzt werden. Die Luft ist wieder rein und gesund.

15. **Information und Kommunikation** haben dank neuer Techniken und dezentraler gesellschaftlicher Strukturen einen enormen Wandel erfahren. Durch Nutzung der Neutrinoenergie und des feinstofflichen Äthers als Trägermedium ist die Mobilfunktechnik[34] heute strahlungsfrei und kann bereits bis zu zweieinhalb GBytes/s Daten übertragen, mehr scheint möglich. Nur noch vereinzelt werden Glasfasernetze zur Übertragung von Informationen verwendet.

Alle Informationen werden elektronisch übermittelt und von mobilen Geräten empfangen. Gedruckt werden sie bei Bedarf vor Ort vom Nutzer selbst. In den Siedlungen treffen sich die Menschen direkt und sprechen offen über ihre Erfahrungen, Gefühle, Betroffenheit und nehmen Anteil aneinander. Über das Geschehen innerhalb der Gemeinde tauschen sich die Bewohner in den regelmäßig stattfindenden Siedlungstreffen aus. Alle darüber hinausgehenden Informationen stehen als authentischer Text oder als Tonaufzeichnung auf speziellen Nachrichtenseiten im Weltnetz zur Verfügung.

Die Technik der Bild- und Tonaufzeichnung ermöglicht es, das eigene Wohnzimmer als Aufnahmestudio zu nutzen. Daher gibt es sehr viele lokale Anbieter für Internetfernsehen. Jeder darf über die elektronischen Medien das verbreiten, was ihm bedeutungsvoll erscheint, wenn er die in einem offenen Prozess erstellten sieben Nachrichtengebote einhält. Die Medien enthalten hauptsächlich praktisch verwertbare Informationen, gesichertes Wissen und in zunehmendem Ausmaß den offenen Austausch von Forschungsergebnissen zur vorurteilsfreien Prüfung auf Richtigkeit und Vollständigkeit.

16. **Kunst und Kultur** haben wegen der Unabhängigkeit von materiellem Gewinn enorm an Bedeutung gewonnen. Es gibt mehr Künstler, Musiker, Schauspieler, Schriftsteller und Dichter als

---

[34] PDF-Dokument: http://bit.ly/2FStY3p

vor zwanzig Jahren. Und es gibt sie nahezu in jedem kleinen Ort. Der Zusammenbruch des spekulativen Kunstmarkts mit all seinen Absurditäten hat die Künstler nach dem Verzicht auf monetäre Bewertungen mit sich selbst konfrontiert. Diejenigen, die sich dem Gebot des Marktes unterworfen hatten, achten nun zunehmend ihre schöpferischen Impulse, und Künstler, die sich nicht an den Markt anpassten, finden nun Anklang und Absatz.

Durch die intensive Selbstreflexion der Künstler hat sich der Inhalt ihrer Werke sehr stark verändert. Die neuen Kunstwerke stellen in der Mehrzahl seelische und geistige Wirklichkeiten dar, so wie sie vom Künstler an sich selbst und in seiner Umgebung wahrgenommen werden. Damit möglichst viele Menschen in den Genuss der Kunstwerke kommen, werden sehr viele Bilder und Skulpturen in öffentlichen Gebäuden, auf öffentlichen Plätzen und in Parks ausgestellt.

Theateraufführungen finden sehr oft in kleinem Kreis in dafür geeigneten Räumen statt oder auf Plätzen und Straßen. Dabei wird viel experimentiert und der Zuschauer gern mit einbezogen. Immer mehr Schauspieler wollen vor allen Dingen die Seelen der Zuschauer berühren statt intellektuelle Spitzfindigkeiten und theoretische Konzepte zu präsentieren.

Die Musik hat wieder viel mehr Bedeutung im allgemeinen Bewusstsein gefunden. Fast jeder Mensch spielt ein Instrument und das gemeinsame Singen gehört zum Alltag.

17. **Sitten und Bräuche** haben sich in der Weise gewandelt, dass sie wieder eine im weitesten Sinne spirituelle Bedeutung erlangt haben. Der materielle Aspekt des Schenkens ist bedeutungslos, wichtiger ist das Geschenk der Aufmerksamkeit, der Achtung, der Zuneigung und der Zeit.

Deshalb werden materielle Geschenke überwiegend selbst gefertigt. Durch sie soll der beschenkte Mensch eine besondere Anerkennung erfahren und seine individuellen Wünsche sowie sein Charakter Beachtung finden.

Jahreszeitfeste und Geburtstage verbinden die beteiligten Menschen untereinander und mit ihrer inneren und der sie umgebenden Natur. Auch im alltäglichen Leben ist die Gemeinschaft wichtig. Dank gemeinsamen Essens und Trinkens, gemeinsamer Musik-, Sing- und Spielveranstaltungen kommen die Menschen miteinander in unmittelbaren Kontakt. So fördern sie gegenseitig ihre kreativen Fähigkeiten, ihr ästhetisches Empfinden und die gegenseitige Achtung.

Das Tagebuch

Die Tage kommen und vergehen,
sie bleiben niemals einfach stehen.
Wir können sie nicht aufbewahren,
auch, wenn sie uns die besten waren,
so wenig wie sie schneller gehen,
wenn wir heftig darum flehen.

Nicht ein Moment ist festzuhalten,
nicht einer einfach auszuschalten.
Jeden müssen wir durchleben,
auf jeden unsre Antwort geben,
kraft des Herzens Liebe und Gewissen,
so handeln, wie wir handeln müssen.

Nicht handeln, wie wir handeln sollen,
wenn wir Ansehen erreichen wollen.
Nicht handeln, wie wir handeln würden,
wenn wir umgehen wollten Hürden.
Nicht Handeln nur für Ruhm und Macht,
weil jeder es genauso macht.

Wahre Freiheit muss nicht wählen
und mit Entscheidungen sich quälen,
weil sie nicht Idealen folgt,
die von der Mehrheit jetzt gewollt,
sondern aus Liebe das vollbringt,
was ihr die Herzensstimme singt.

Der Herzimpuls als Quell der Handlung
führt sogleich zu deren Wandlung.
Statt dir zum Vorteil was zu geben
dienst Du dir und allem Leben,
denn der Quell der Intuition
kennt die beste Lösung schon.

Dialog: Die Menschheit – ein Organismus

Neujahrstag

Der erste Tag des Jahres 2040 hat das Licht der Welt erblickt. Der Jahreswechsel ist für mich eher ruhig und besinnlich verlaufen – ein bewusster Rückblick auf das Jahr 2039 bei einem Räucherritual und das Erfühlen dessen, was ich im nun angebrochenen Jahr an Eindrücken und Erlebnissen gern zur Bereicherung und weiteren Entfaltung in mein Leben einladen möchte, waren mir genug. Heute erwarten meine Frau Gerlinde und ich ab elf Uhr meine Tochter Linda mit ihrem Mann Werner und ein befreundetes Ehepaar zu Besuch. Wir wollen nicht nur gemeinsam etwas zu Mittag essen und später beim Kaffee zusammensitzen, sondern uns auch austauschen über die Frage, weshalb die von der Menschheit innerhalb der letzten zehn Jahre in Politik und Wirtschaft vollständig neu geschaffenen Strukturen tatsächlich zu Freiheit, Eigenverantwortlichkeit und gleichzeitigem Wohlstand weltweit geführt haben.

Nachdem wir uns lange genug über unser eigenes Leben ausgetauscht und das Mittagessen genossen haben, beginnen wir mit dem geplanten Gespräch. „Ihr wisst, weshalb wir heute hier in dieser Runde zusammensitzen?" beginne ich. „Ja" antwortet meine Tochter, „Du hattest uns eingeladen. Wir wollen endlich mal wissen, wieso Menschen, die nicht zur Arbeit gezwungen werden, in der Lage sind, die zum Leben notwendigen Güter im Überfluss zu produzieren und zusätzlich die Umweltschäden aus über einhundert Jahren nahezu vollständig zu beseitigen."

Da wirft unser Freund Gerhard ein: „Für mich ist es immer noch ein Wunder, dass sich die eigenverantwortliche Arbeit nach Herzenslust ohne erzwungene Gegenleistung überhaupt durchsetzen konnte." Seine Frau Klara fragt: „Kann man das überhaupt verstehen und erklären? Reicht es nicht, dass wir sehen, dass es funktioniert?"

„Ich glaube schon, dass es wichtig ist zu verstehen. Sonst könnte es einfach eine Art Euphorie sein, die in zwei Jahren vorbei ist. Und dann geht es rapide bergab und die Menschen bringen sich beim Kampf ums Überleben gegenseitig um", sagt daraufhin Werner, der

Mann meiner Tochter. Und er fährt fort: „Bis vor zehn Jahren hat fast[35] niemand in Frage gestellt, dass es irgendeine Art von Zahlungsmittel geben muss. Man meinte, Wirtschaft könne nur funktionieren, wenn man mit Hilfe des Geldes den Egoismus und Selbstnutz des Menschen überwinde. Es gab zwar schon lange Lebensgemeinschaften[36], die sich unabhängig von der Masse ohne Geld selbst versorgten, deren Zahl auch vor etwa 15 Jahren deutlich zunahm, aber sie galten als Randgruppen, die eben durch viel Verzicht auf Luxus und Bequemlichkeiten gerade so über die Runden kamen. Für mich ist es immer noch nicht klar, warum das nun doch funktioniert."

Zinsfreies Zahlungsmittel

„Nun, zunächst dürfen wir nicht übersehen, dass es zuvor eine Reihe von Entwicklungen gegeben hat, ohne die der Verzicht auf Zahlungsmittel tatsächlich kaum möglich geworden wäre. Da ist einmal die Tatsache, dass wir bereits zehn Jahre lang ein Geldsystem hatten, das ohne Zinsen funktionierte[37]. Zur Umlaufsicherung wurden sogar auf bestehende Guthaben Zinsen als Gebühren erhoben. Nur wer sein überschüssiges Geld verlieh, brauchte für dieses Guthaben keine Zinsen zu bezahlen[38].

Gleichzeitig wurden drastische Änderungen im Wertpapierhandel durchgesetzt, obwohl es teilweise starke Widerstände der Profiteure des Spekulationshandels gegeben hat. Die Aktienwerte wurden nicht mehr durch Angebot und Nachfrage festgelegt, sondern am tatsächlichen Investitionswert für den Aufbau, die Erweiterung und Erhaltung des Unternehmens.

Zudem wurde die Ausschüttung von Dividenden gesetzlich verboten, da sie einem Zins gleichgekommen wäre. Und die schon kurz zuvor eingeführte Weltwährung führte dazu, dass spekulative Währungsgeschäfte nicht mehr möglich waren. Dadurch kam unglaublich

---

[35] https://bit.ly/2E3wsK5
[36] http://www.freeworldcharter.org/de
37 Raimund Brichta, Anton Voglmaier: Die Wahrheit über Geld
   https://bit.ly/2Gg64SR und https://bit.ly/2uv39k2
[38] Helmut Creutz: Das Geld-Syndrom – Wege zu einer krisenfreien Wirtschaftsordnung
   Bernd Senf: Die blinden Flecken der Ökonomie – Wirtschaftstheorie in der Krise

viel Kapital, das nun nur noch Verluste statt Gewinne gebracht hätte, als Kredite in Umlauf. Das ermöglichte vielen Menschen die Finanzierung von Unternehmen, in denen sie beispielsweise ihre Ideen für wegweisende Umweltschutz- und Energieerzeugungstechniken umsetzen konnten.

Die Tatsache, dass nur noch tatsächlich vorhandene Guthaben verleihbar waren, also die umlaufende Geldmenge nicht durch Schöpfung neuen Geldes vermehrt werden konnte, führte zu dauerhafter Wertstabilität. Dass dadurch wesentlich höhere Löhne für alle Arbeiten möglich wurden, habt Ihr ja selbst erlebt. Und Ihr seid auch ein gutes Beispiel dafür, wie durch den so zunehmenden allgemeinen Reichtum Geld für Kunst, Kultur und Persönlichkeitsentwicklung ohne Einschränkung des Lebensstandards ausgegeben werden konnte."

Neuordnung nach der Krise

Hier werde ich von meinem Schwiegersohn unterbrochen: „Stimmt, ich weiß noch ganz genau, wie wir beide nach der großen Wirtschaftskrise zur Arbeit gezwungen waren, weil das Geld hinten und vorne nicht reichte. Die Zahl der Arbeitslosen stieg ja damals auf über zwanzig Prozent und die Zerrissenheit innerhalb der Bevölkerung nahm bedrohliche Ausmaße an. Besonders explosiv war die Lage, weil auch die Millionen Menschen, die in der Hoffnung auf materiellen Wohlstand, Freiheit, Sicherheit und Frieden nach Europa gekommen waren, überwiegend keine Arbeit hatten und irgendwie mitversorgt werden mussten. Ja, wir wussten damals nicht, ob es zum Bürgerkrieg kommt oder ob es Lösungen gibt."

„Du, Papa, hattest ja schon immer davon gesprochen, dass ein anderes Geldsystem nötig sei und dass du sogar von einer gänzlich geldfreien Welt träumst", fährt meine Tochter fort und Gerhard ergänzt: „Es gab ja schon lang fertige Konzepte. Zum Beispiel hat die Wissensmanufaktur von Andreas Popp bereits um 2010 herum ihren Plan B[39] veröffentlicht und ist damit von den Herrschenden und den Medien sehr argwöhnisch betrachtet worden. Sogar den Vorwurf der Rechtsradikalität musste er sich gefallen lassen. Und politisch hat

---

[39] http://www.wissensmanufaktur.net/plan-b

sich Christoph Hörstel[40] mit der Gründung der Partei ‚Deutsche Mitte' hervorgetan[41]. Den hat man einfach totzuschweigen versucht. In keiner einzigen Zeitung habe ich damals irgendeine Zeile über die Existenz dieser Partei gelesen."

Klara schaltet sich beschwichtigend ein: „Ja Gerhard, du hast ja recht, aber es besteht doch kein Grund mehr, sich aufzuregen. Natürlich waren die Vorwürfe ungerecht, aber schließlich wurden die Vorschläge doch umgesetzt, weil es einfach nicht mehr anders ging."

„Im Übrigen", mische ich mich wieder ein, „ist es mit den Ideen und Konzepten ähnlich wie mit Äpfeln, gegessen werden können sie erst, wenn sie wirklich reif sind. Und 2010 war die Zeit vermutlich noch nicht reif für die Umsetzung. Es musste erst jeder am eigenen Leib erfahren, dass Geld keinen Wert an sich hat und dass es sich eben nicht einfach so vermehrt, sondern dass immer irgendjemand an irgendeinem Ort der Erde für diese Vermehrung arbeiten muss.

Insbesondere diejenigen, die in Kapitalanlagen jeder Art Sicherheit für ihre Vermögen und die Gewissheit für dessen Vermehrung sahen, brauchten die Lektion des wirtschaftlichen Zusammenbruchs, um zu erkennen, dass Geld nur ein Tauschmittel sein kann und im Wirtschaftsorganismus die gleiche Funktion hat wie das Blut im Körper."

„Genau", ergänzt Gerlinde, „und weil die Geldzunahme der damals vorausgegangenen Jahre praktisch einer Krebsgeschwulst mit Metastasen entsprach, musste das System zusammenbrechen. So ist es ja auch beim Krebspatienten. Der stirbt, wenn die Ursache nicht erkannt und behoben wird, auch am ständigen Wuchern der Zellen."

„Mir fällt da noch ein Vergleich aus der Technik ein", meint Werner „Die Nutzung der Kernenergie zur Stromerzeugung war nur möglich, weil die normalerweise explosiv verlaufende Kettenreaktion der Spaltungsprozesse mit Hilfe sogenannter Steuerstäbe derart gebremst wurde, dass die Leistung konstant gehalten werden konnte. Wenn ich heute darüber nachdenke, ist es für mich unbegreiflich, wie sich das Zinssystem überhaupt so lang halten konnte."

---

[40] https://de.wikipedia.org/wiki/Christoph_H%C3%B6rstel
[41] https://deutsche-mitte.de/

Hier wird jetzt Gerhard wieder lebhaft. „Es hätte ja viel früher zusammenbrechen müssen, aber die vielen Kriege, die damals von den USA ausgingen, auf dem Balkan, in Afghanistan, im Irak, im Sudan und die mit Millionen Dollar geförderten Umstürze in Nordafrika und in den ehemals sowjetischen Ländern wirkten wie die Steuerstäbe im Reaktor. Ein Teil des Geldes wurde durch die Rüstungsausgaben praktisch vernichtet. Die zerstörerische Kettenreaktion verlief langsamer."

Bedingungsloses Grundeinkommen und Infogeld[42]

Wieder unterbricht Klara: „Dieser Rückblick auf die Fehler und die damit verbundenen Probleme des Zinssystems und der damaligen Machtpolitik ist sehr interessant und, wie mir scheint, auch notwendig zum Gesamtverständnis. Trotzdem sollten wir uns damit nicht weiter aufhalten und sehen, welche Voraussetzungen noch geschaffen wurden oder einfach entstanden, auf denen sich dann die Idee der Schenkökonomie[43] durchsetzen und weltweite Praxis werden konnte."

Und schon ergreift Werner das Wort: „Im Zusammenhang mit der Zunahme des Einkommens fällt mir jetzt wieder ein, dass ja auch die Vermietung von Grund und Wohnungen streng reglementiert wurde. Viele Vermieter sahen die Bestimmung, dass Mieteinnahmen kein Zusatzeinkommen sein dürfen, sondern nur die laufenden Kosten für das Mietobjekt decken sollen, als sozialistische Beschränkung der Eigentumsrechte und lehnten sich dagegen auf. Tatsache ist aber, dass jede die laufenden Kosten übersteigende Miete letztlich eine Art Zins gewesen wäre. Somit hätte das Großkapital die Möglichkeit gehabt, durch den Kauf möglichst vieler Immobilien und deren anschließender Vermietung doch wieder ihr Kapital leistungslos zu vermehren. Das sollte von Anfang an verhindert werden."

„Stimmt, und um soziale Härten zu vermeiden, weil viele alte wegen ihrer sehr niedrigen Rente auf die Mieteinnahmen angewiesen waren, wurde kurz nach der Einführung der neuen Währung auch ein bedingungsloses Grundeinkommen[44] für alle gewährt", ergänzt

---

[42] http://www.informationsgeld.info/
[43] http://www.schenkökonomie.org/ und https://bit.ly/2uv4lUy
[44] https://bit.ly/1PbYOzy, https://bit.ly/1KIAA2K, https://bit.ly/1s4c7GS, https://bit.ly/2GCNDXS

Linda, „dass schon nach zwei Jahren nur noch in Ausnahmefällen gezahlt werden musste, weil die Gehälter bei sinkenden Preisen stabil blieben und immer mehr Menschen bezahlte Arbeit fanden", fügt Werner hinzu.

„Wo kam denn das Geld für das Grundeinkommen eigentlich her? Das wurde doch vom Staat gezahlt, und Steuern gab es ja fast keine mehr", will Klara wissen. „Aber Klara", wird Gerhard fast ungehalten, „erinnerst du Dich wirklich nicht mehr, dass die damalige Regierung die öffentlichen Ausgaben gegenüber den früheren Staatshaushalten extrem reduziert hat? Es gab doch nur noch eine Handvoll Ausgabenpositionen, nämlich das Grundeinkommen, Verkehrswege, Forschung und Bildung, Gesundheit und die Sicherheit der Bürger. Allein für die Grundeinkommen einschließlich der Renten wurden etwa dreißig Prozent des Volkseinkommens veranschlagt, für die übrigen Positionen zehn Prozent. Damit musste anfangs jeder Erwerbstätige pauschal vierzig Prozent seiner Einnahmen als Gemeinkostenanteil abführen."

Hier fällt Werner ins Wort. „Vierzig Prozent, wir dachten damals, die spinnen. Aber bei genauerem Hinschauen war das weniger als zuvor. Denn alle anderen Steuern, Sozialabgaben und Krankenkassenbeiträge sind abgeschafft worden. Durch diese zuvor üblichen Steuern und Beiträge kamen ja für einen Normalverdiener leicht fünfzig bis sechzig Prozent Gesamtabgaben vom Bruttoverdienst zusammen. Wenn man dann noch berücksichtigt, dass in allen Preisen noch ein Anteil von dreißig bis fünfzig Prozent für Zinszahlungen enthalten war, haben wir eigentlich nur höchstens dreißig Prozent unseres Gehalts tatsächlich für uns nutzen können. Da waren wir mit dann sechzig Prozent echtem Nettoverdienst deutlich besser gestellt."

Folgen des zinslosen Geldes

Und jetzt ergreift wieder Gerhard das Wort. „Wisst ihr eigentlich noch, was das für einen Aufstand gegeben hat, als die Weltregierung gegen alle Widerstände der vormals im Hintergrund agierenden Finanzmächte zusätzlich zu Grund und Boden auch alle Produktionsstätten zum Eigentum der gesamten Menschheit ernennen wollte? Durch diesen Schritt sollte verhindert werden, dass diese Eliten ihr Geld zum Aufkauf aller noch gewinnbringenden Ressourcen einsetzen und weiterhin die Menschheit knechten und ausbeuten konnten. Sogar die Rohstoffquellen, die den Rockefellers und anderen wohlhabenden Familien gehörten, sollten zu Gemeineigentum werden, was der Geldadel leider zu verhindern wusste.

Die Zeitungen waren doch voll von den Appellen der Geldkartelle und den Gegendarstellungen der Friedensbewegungen. Dennoch konnten viele Millionäre und Milliardäre nichts mehr mit ihrem Reichtum anfangen."

„Stimmt, Gerhard", fällt es jetzt Klara ein, „dadurch kamen doch viele Reiche, die ihr Vermögen nicht gewinnbringend anlegen konnten, ins Grübeln, was sie denn jetzt mit ihrem Reichtum anfangen könnten. Und schließlich war Bill Gates der erste, der sein gesamtes Vermögen der Menschheit zur Förderung gemeinnütziger Projekte zur Verfügung stellte. Erstmals hatte er nicht mit einer neuen oder bereits bestehenden Stiftung versucht, solche Ziele zu verfolgen, die er für gut und wertvoll für die Menschheit hielt.

Ich weiß noch, dass 2016 das Oberlandesgericht Stuttgart im Rahmen des sogenannten Masernvirusprozesses[45] nach Anhörung von sechs unabhängigen Gutachtern zu dem Urteil kam, dass es keinen wissenschaftlichen Beweis für einen Masernvirus[46] gibt. Die Beschwerde gegen die Nichtzulassung der Revision in diesem Urteil wurde am 01.12.2016 vom BGH[47] zurückgewiesen und damit das Urteil des OLG endgültig rechtswirksam. Nachdem unter der Präsidentschaft von Donald Trump auch in den USA die Impfkritiker[48] immer ernster genommen wurden, sah sich Bill Gates gezwungen, die von ihm geförderten Impfprogramme[49] zu beenden. Also stellte er wenige Jahre später tatsächlich der Menschheit mehrere Milliarden

---

[45] http://www.impfkritik.de/pressespiegel/2016021701.html
[46] https://bit.ly/2GjEqjW
[47] https://bit.ly/2pPqBD0
[47] https://bit.ly/2pNNyHh
[48] https://bit.ly/2pPLGOq und https://bit.ly/2Gi3rfy
[49] https://bit.ly/2GD7B4U, https://bit.ly/2pNTmAK, https://bit.ly/1KWmTYI, bit.ly/2GSQg5N

Dollar zur freien Verfügung. Einzige Bedingung war, dass sich ein internationales Gremium aus etwa zwanzig Wissenschaftlern bilden sollte, um zu prüfen, welche bis dahin nicht öffentlich geförderten Projekte nachweislich dem Wohl der ganzen Menschheit dienen."

„Ja, ich erinnere mich", sagt nun Werner, „das war doch dann der Beginn der Erforschung technischer Nutzungsmöglichkeiten der Ätherenergie[50]."

„Genau", setze ich das Gespräch fort, „vielleicht erinnert sich jemand von Euch an die OSBEE-eG, die 2015 von Franz Hörmann[51] gegründet wurde. Deren Mitglieder konnten Leistungen untereinander in OSB bezahlen. Das war ein reines Informationsgeld, es gab also kein Bargeld. Und das sogenannte Lebensgeld[52], das Grundlage der neuen Weltwährung war, wurde als reines Informationsgeld entsprechend der OSB zur Verfügung gestellt. Es konnte also niemand einen Teil seines Guthabens verstecken, um ihn vor dem zeitlichen Verfall zu schützen.

Die klassischen Banken mussten innerhalb kurzer Zeit schließen, da die Konten zentral von Softwareprogrammen verwaltet wurden. Jede Ein- und Ausgabe wurde direkt von einem Konto auf ein anderes
umgebucht. Eine unabhängige Aufsichtsbehörde prüfte regelmäßig mit Hilfe von Stichproben und mehreren dafür eingerichteten Testkonten die Funktionalität der Software und die Stimmigkeit der Buchungen. Die zuständigen Mitarbeiter wurden aus dem Staatseinkommen[53] bezahlt wie alle anderen öffentlichen Kosten auch."

Gerhard fährt fort: „Ja, ich entsinne mich. Zuerst waren wir entsetzt über den Wegfall jedes Bargeldes[54], zumal wir uns in Petitionen und Demonstrationen in den Jahren 2015 bis 2017 heftigst gegen jeden Angriff auf das Bargeld gewehrt hatten[55]. Wir sahen es als reine Überwachungs- und Kontrollmaßnahme. Dann wurde nach dem Zusammenbruch mit der Einführung der neuen Währung einfach gar

---

[50] http://www.evert.de/indexa.htm
[51] https://osbee.com/
[52] www.gradido.net und http://mensch-sein.de/downloads/lebensgeld.pdf
[53] https://gradido.net/wp/videos/video-treffpunkt-erfolg/
[54] https://bit.ly/2uCgDur und https://bit.ly/2J3ckLJ
[55] https://rettet-unser-bargeld.de/ und https://bit.ly/2GgqJGs

kein Bargeld mehr in Umlauf gebracht. Wir sahen uns schon total kontrolliert in unserem Kauf- und Arbeitsverhalten und vermuteten, dass die Menschen bald gezwungen würden, sich Chips implantieren zu lassen. Aber es kam alles anders.

Durch den Wegfall der Leihzinsen sanken sämtliche Preise um dreißig bis fünfzig Prozent, so hoch war nämlich der Anteil[56] aller direkten und indirekten Zinsen am Preis. Ich weiß noch ganz genau, dass wir kaum wussten, was wir mit den so gewonnenen Mehreinnahmen tun sollten. Wir wollten ja nicht einfach nur konsumieren, um das Geld irgendwie los zu werden. Also reduzierten wir die Arbeitszeit und schauten, welche Projekte wir durch Leihgaben, Anteilsscheine und Spenden unterstützen wollten. Zusätzlich zu den von Gates gespendeten Geldern kamen weitere Milliarden weltweit von anderen Milliardären, die sich nicht nachsagen lassen wollten, sie seien nur machtbesessen und eigennützig. Dadurch wurden die öffentlichen Kassen enorm entlastet, weil es fast keinen Bereich gab, der nicht durch private Gelder finanziert werden konnte."

„Richtig", ergänzt Werner. „Am Ende blieben fast nur noch die Kosten für das Weltraumforschungsprogramm und die Verkehrswege. Die ehemals nationalen Armeen wurden überwiegend aufgelöst und die Ausgaben für die Weltsicherheit auf zehn Prozent der früheren Rüstungsausgaben
gesenkt. Alles Andere wurde über Beteiligungen und Spenden finanziert. Der Staat, der bis zum Zusammenbruch der Zinswirtschaft nur Erfüllungsgehilfe der hinter den Kulissen tätigen Eliten[57] einschließlich der Adelsfamilien und des Vatikans war, verlor nun ganz von allein immer mehr Macht. Einige Versuche, die durch die neue Währung gewonnene Freiheit der Menschen erneut einzuengen, scheiterten am entschlossenen Widerstand der Politik, die sich immer mehr dem Wohl der Menschen verpflichtet sah."

Nun fährt Linda fort: „Ich weiß noch ganz gut, wie wohltuend die Auswirkungen auf die Schulen und das Gesundheitswesen waren. Immer mehr Schulen wurden privat gegründet, aber nicht von Firmen,

---

[56] https://bit.ly/2FpDry5, https://bit.ly/2pP58dj und https://bit.ly/2E4SqMC
[57] Tilman Knechtel: Die Rothschilds – Eine Familie beherrscht die Welt
  Tilman Knechtel: Die Rockefellers – Ein amerikanischer Albtraum
  https://bit.ly/2GSotIT, https://bit.ly/2urKHbX und https://bit.ly/1wxwPaU

die damit Geld verdienen wollten, sondern von Elterninitiativen, die die Verantwortung für das, was ihre Kinder lernen sollten, selbst übernehmen wollten. Da die Politik erkannte, dass sie dadurch frei von der Verpflichtung wurde, Verantwortung für Bildungspläne zu tragen, die doch niemand wollte, wurden ab Ende der zwanziger Jahre die Bildungsministerien immer mehr verkleinert, bis es 2031 gar keine politische Vorgabe zur Bildung mehr gab.

Und die Krankenkassen mussten den in freier Forschung gewonnenen

Erkenntnissen über die Entstehung von Krankheiten gerecht werden und akzeptieren, dass viele Menschen austraten, weil sie nicht mehr versichert sein wollten. Immer mehr Krankenkassen sahen sich gezwungen zu schließen. Die Gesundheitsministerien wurden daraufhin mangels Bedeutung abgeschafft."

Jetzt unterbricht Werner und platzt heraus: „Da war noch etwas ganz Wichtiges. Nämlich die unglaublich schnell fortschreitende Automatisierung der Fertigungsprozesse in den Großfirmen der Automobilhersteller und des Maschinenbaus. Dank der Entwicklung der sogenannten künstlichen Intelligenz wurden innerhalb eines Zeitraums von nur fünf Jahren diese Produktionsstätten zu menschenleeren Roboterfabriken. Vorangetrieben wurde diese Entwicklung vor allen Dingen, um Geld für Arbeitskräfte zu sparen.

Mangels Anlagemöglichkeiten nützten den Firmenbetreibern die so gewonnenen Mehreinnahmen nicht wirklich. Deshalb wurden einerseits die Preise der automatisch gefertigten Produkte gesenkt, andererseits die Qualität, Langlebigkeit und Sicherheit der Maschinen und Fahrzeuge in aufwendigen Forschungsprojekten deutlich verbessert. Das führte aber zu einem Rückgang der Nachfrage, so dass die gefertigten Stückszahlen drastisch gesenkt werden mussten. Die nicht mehr benötigten menschlichen Arbeitskräfte fanden teilweise gleichwertige Beschäftigungsfelder in anderen Betrieben, teilweise bildeten sie sich fort und suchten sich Arbeiten, die ihnen mehr Freude bereiteten als die zuvor meist stumpfsinnigen Arbeiten am Fließband. So kam es, dass immer mehr Menschen für immer weniger Arbeit verfügbar waren, weshalb bald die übliche Arbeitszeit bei zwanzig Stunden pro Woche lag. Trotzdem ging es den Menschen besser als jemals zuvor seit dem Beginn der Industrialisierung."

„Ja, Werner, ich entsinne mich noch, dass ihr ganz begeistert wart von Eurer gewonnenen Freizeit. Wir waren ja schon Rentner, aber wie habt ihr denn diese Zeit genutzt?", will Klara wissen. „Ganz am Anfang haben wir viel Zeit mit Gesprächen, mit Lesen, mit Theater- und Konzertbesuchen und gelegentlichen Kurzurlauben verbracht", antwortet Linda. „Das war wirklich schön, aber irgendwann merkten wir, dass wir auch etwas für unsere eigene Entwicklung, für unsere Seele und unseren Geist tun wollten. Uns wurde immer deutlicher, dass wir die wahre Bedeutung unseres Lebens noch nicht erfasst hatten. So begannen wir, uns in verschiedenen Seminaren bei Bewusstseinslehrern[58], Lebensberatern[59], Verhaltenstherapeuten[60] und Kommunikationstrainern allein und in Gruppen weiter zu entwickeln. Das war eine sehr erlebnisreiche Zeit, innerlich sehr bereichernd, da wir immer mehr erkannten, wozu wir als Menschen fähig sind, welche großartigen Möglichkeiten in uns angelegt sind und wie leicht es nach einiger Übung ist, der inneren Führung[61] zu vertrauen, ihr zu gehorchen und zu folgen."

Und Werner fügt hinzu: „Irgendwann war der Zeitpunkt erreicht, da fragten wir nicht mehr, was wir tun sollen, sondern wir taten, wozu wir uns berufen fühlten. Es ist unglaublich, welche Freude damit verbunden ist, wenn das Tun im Einklang mit dem ist, wozu wir hier auf dieser Erde sind. Ich hätte das früher nie für möglich gehalten und habe die immer mehr um sich greifende geistige Entfaltungsbewegung für eine Modeerscheinung gehalten, der die Menschen nur aus Langeweile folgten. Nur mit viel gutem Zureden Lindas habe ich mich dann entschieden, mit ihr gemeinsam solche Kurse und Seminare[62] zu besuchen. Ja, seitdem fühle ich mich wirklich frei und unabhängig. Seitdem habe ich nie mehr das Gefühl von Existenzangst oder Zukunftssorgen gehabt, weil sich alles von ganz allein fügt, wenn du Deiner inneren Stimme[63] folgst."

---

[58] http://bewusstseinslehrer.com/ und https://bit.ly/2uxxiiF
[59] http://www.lebensberater.de/ und https://bit.ly/2J5TL9B
[60] http://www.netzwerk-verhaltenstherapie.de/ und https://bit.ly/2GVYpXi
[61] https://sich-selbst-entfalten.de/innere-fuehrung/
    Carly Newfeld: Der inneren Führung vertrauen – Botschaften aus Findhorn
[62] http://mymission.de/videos/ und https://bigshift.live/infos/manifest/
[63] Holger Eckstein: Auf die innere Stimme hören – Wie Sie Sinn, Glück und Erfüllung finden
    Holger Eckstein: Lebe Deine Mission

„Schön, es freut mich wirklich sehr, dass ihr das getan habt. Wir haben ja ähnliche Erfahrungen schon ab 2015 gemacht. Und ich bin sicher, dass in dieser geistigen Entwicklung der Menschen der Hauptgrund liegt, weshalb sich die Menschheit von jeglicher Fremdbestimmung lösen konnte", lobt Gerlinde.

Spirituelle Entwicklungen

„Genau das war der entscheidende Schritt", schalte ich mich wieder ein. „Seit Beginn des neuen Jahrtausends nahm die Zahl der Lebensberater, Geistheiler, spirituellen Berater, Coaches jeder Art und Ausprägung bereits enorm zu. Viele konnten leider nicht genug Klienten finden, um mit ihrem Angebot ihre materiellen Bedürfnisse zu erfüllen. Als dann die Menschen dank der Verkürzung der Arbeitszeiten endlich Zeit für ihre innere Entwicklung hatten, war es gut, dass sie aus einem schier unerschöpflichen Angebot auswählen konnten. Noch immer gibt es zwar Menschen, die kein echtes Interesse an ihrer Entfaltung und an der Eigenverantwortung zeigen, aber die Mehrheit der Menschen hat gelernt, dem Ruf der inneren Stimme zu folgen.

So konnte die Menschheit sich zu einem gesunden Organismus entwickeln[64], in dem jeder Mensch eine Zelle dieses Organismus ist[65]. So, wie jede Zelle Eures Körpers weiß, was ihre Aufgabe ist, was sie zu tun hat, so weiß ein jeder Mensch, indem er bewusst in sich hineinhorcht, welche Aufgabe er zu erfüllen hat und weshalb er In diesen Organismus hineingeboren wurde. Der Unterschied zu früheren Zeiten ist, dass durch die Hinwendung nach innen letztlich die schöpferische Intelligenz selbst die Steuerung übernommen hat. Und wie wir aus der Beobachtung biologischer Organismen und komplexer Ökostrukturen wissen, erkennt diese in uns allen wirkende Intelligenz viel früher als unser Verstand, was wo notwendig ist. So sind wir letztlich Werkzeuge dieser Intelligenz, die sich ihrer selbst bewusst ist."

„Ich finde, es ist ein wunderbares Gefühl, zu wissen, dass ich das tue, wofür ich auf dieser Erde weile", fügt Klara hinzu. „Und durch

Martin Weiss: Quest – Die Sehnsucht nach dem Wesentlichen
[64] https://bit.ly/2GSsira und https://bit.ly/2E3Or2Y
[65] http://holgereckstein.tumblr.com/post/137087143784/unternehmer-sein-zum-wohl-der-welt

diese Hinwendung zur eigenen Stimme ist ein Frieden in die Menschen eingekehrt, wie er früher nur bei sogenannten Erleuchteten zu finden war. Der hat sich natürlich sehr schnell auf die zwischenmenschlichen Beziehungen ausgewirkt, und seit mehreren Jahren gibt es keine Krisenherde mehr auf dieser schönen Erde."

Gerhard ergänzt jetzt: „Zumal bereits seit 2015 neue Kommunikationsformen erlernt, geprobt und immer mehr praktisch angewendet werden. Ihr habt ja mit der Gründung des Transformalen Netzes[66] in Hamburg wesentlichen Anteil an der Verbreitung dieser Kommunikationsform gehabt."

„Ja, das stimmt", bekräftige ich. „Das Entscheidende, das auch andere Menschen erkannt haben, war, dass Kommunikation wesentlich auf der fühlenden Ebene stattfindet. Der Kopf kann zwar logisch und rational sehr gut argumentieren, aber er geht von seinen angelernten Mustern und Vorurteilen aus, die ihm meist nicht einmal bewusst sind. Die fühlende Wahrnehmung dagegen erkennt die hinter den Gedanken liegende Wirklichkeit und das geistige Beziehungsgeflecht. Auf dieser Ebene gibt es keine Konflikte, weil die Seelen miteinander verbunden sind. Da wird Unstimmigkeit direkt gefühlt und eine stimmige Lösung gefunden."

„Wie es ja auch bei der klassischen Aufstellungsarbeit[67] der Fall ist", erwähnt Linda. "Nur erfordert die sehr viel mehr Zeit und lässt sich immer nur auf eine konkrete Frage anwenden. In den von Annegret Hallanzy[68] so benannten ‚Fühlungsrunden' zur Wir-Kommunikation[69] können in sehr viel kürzerer Zeit ganze Problemkreise fühlend bearbeitet und geklärt werden."

Ein Blick zur Uhr zeigt, dass wir jetzt schon drei Stunden im Gespräch sind. Erstaunlich, dass noch niemand eine Pause gewünscht hat. „Nach meinem Eindruck sollte nun allen deutlich geworden sein, dass die neu entstandenen Strukturen nur deshalb zu Freiheit, Eigenverantwortlichkeit und gleichzeitigem Wohlstand geführt haben,

---

[66] www.transformales-netz.de
[67] https://bit.ly/2GlkP30, http://familienaufstellung.org/ und https://bit.ly/2IcWpZP
[68] Annegret Hallanzy: Die Software der Seele und https://bit.ly/2urS9Ut, https://bit.ly/2uribaw
[69] http://transformales-netz.de/wir-stil

weil die zugrunde liegende Geisteshaltung sich gewandelt hatte. O-
der ist jemandem noch etwas unverständlich?" frage ich und ver-
nehme zustimmendes Kopfnicken und gemurmeltes „Mhm, ja, das
genügt."

„Nun, dann können wir ja jetzt noch einen Spaziergang an der frischen Luft machen. Der wird uns gut tun. Und wenn ihr wollt, können
wir ein anderes Mal gern darüber reden, wie die geistige Intelligenz
den Wandel herbeigeführt hat", schlage ich vor.

Der Wandlungsprozess der Menschheit:
Gespräch über die Wirkung des Geistigen

Zusammenkunft

Heute wollen wir unser Gespräch vom letzten Sonntag wie vorgeschlagen weiterführen. Wir wollen also der Frage nachgehen: „Wie und warum hat die geistige Intelligenz den Wandel bewirkt?" Wieder werden meine Tochter Linda mit Mann Werner sowie die Freunde Gerhard und Klara zur philosophischen Simpelei kommen. Vielleicht kommt sogar auch Gerlindes Enkel Till mit seiner Frau Katrin.

Tatsächlich ist Till dann der erste Gast. Besonders erfreut ist Gerlinde, ihren immerhin aus zweihundert Kilometer Entfernung angereisten Enkel begrüßen zu dürfen. Es dauert nur wenige Minuten, da treffen auch alle übrigen Gäste ein und setzen sich zum gemütlichen Plausch über die jeweils aktuelle Lebenssituation ins Wohnzimmer. Das Mittagessen haben wir bei einem von uns sehr geschätzten Dienstleister bestellt. Kurz vor dreizehn Uhr klingelt es. Herein kommen zwei heiter gestimmte Menschen und bringen eine wundervolle Platte mit Feldsalat, Chicoree, Endivien und Roten Beten, eine köstlich wohlduftende Gemüseplatte mit Blaukraut, Möhren, Pastinaken, Sellerie, Wirsing und Rosenkohl sowie gerösteten Kartoffeln. Mit leuchtenden Augen bedanken sich unsere Gäste bei den Lieferanten für die Köstlichkeiten und beginnen, den Tisch zu decken. Frau und Herr Wolf, so heißen die beiden, strahlen über das ganze Gesicht und wünschen uns einen guten Appetit und besondere Achtsamkeit bei jedem einzelnen Bissen. Froh gelaunt verlassen sie das Haus.

Niemand drängt uns. Wir können also ganz gelassen tatsächlich jeden Bissen, jedes Blatt ganz bewusst schmecken und genießen. Die Stille der ungeteilten Aufmerksamkeit auf das Essen wird nur von gelegentlichen Wohllauten und eher gemurmelten Lobessätzen unterbrochen. Jeder kann die Hingabe und Liebe, mit der das Essen aus Herzensfreude der Berufung folgend zubereitet wurde, auf der Zunge und dem Gaumen schmecken und im Herzen fühlen. „Mein Gott, welch ein Genuss und was für eine Wohltat dieses Essen ist", beginnt Gerhard, nachdem der Tisch wieder abgeräumt ist. „Wenn ich daran denke, wie unspezifisch gleich jedes Essen immer geschmeckt hat, das ich früher in der Kantine zu mir genommen hatte, Damals hätte ich nie geglaubt, dass Essen so wunderbar schmecken kann. Hier haben wir ein sehr gutes für jeden erlebbares Beispiel dafür, wie es sich auswirkt, wenn ein Mensch auf seine Berufung hört und ihr Raum zur Entfaltung geben kann."

„Ja, das hast du sehr treffend gesagt", erwidere ich und fahre fort, „damit sind wir ja schon fast bei unserem Thema, über das wir heute sprechen wollen. Weiß jeder von Euch, weshalb wir hier zusammensitzen?"

„Ja", sagt Werner, „wir wollen darüber sprechen, wie die geistige Intelligenz den Wandel herbeigeführt hat."

„Genau", meint Till. „Aber da hab ich gleich erstmal eine Frage. Was meinst du eigentlich mit geistiger Intelligenz, Albert? Ist das Gott? Und wenn Gott, wen oder was genau meinst du dann? Ich kann mir da nichts so richtig vorstellen. Also, an Gott, der alles geschaffen hat und über alles Bescheid weiß und dem nichts verborgen bleibt, kann ich eigentlich gar nicht glauben."

Geist und Materie

„Mal ganz ehrlich", platzt Gerlinde heraus, „mit sowas kann ich auch nichts anfangen. Aber dass es hinter dem Materiellen etwas Wirkendes gibt, das wir als Geist bezeichnen oder andere als Gott, das scheint mir sicher, denn Materie kann sich nicht selbst erschaffen."

„Ja, Till", übernehme ich jetzt das Wort, „das kann ich verstehen und da stimme ich mit dir und Gerlinde überein. Ein personelles Wesen kann dieser Gott oder Geist, oder wie immer ihr es benennen wollt, nicht sein. Mit solchen Vorstellungen hatte ich auch schon als Schüler meine Probleme. So ein Denken wird vom Judentum[70], Christentum[71] und Islam[72] vermittelt, auch wenn es ursprünglich ganz sicher nie so gemeint war. Für mich wurde es spannend, als ich mich mit

[70] https://de.wikipedia.org/wiki/Christentum
[71] https://de.wikipedia.org/wiki/Judentum
[72] https://de.wikipedia.org/wiki/Islam

71

den östlichen Religionen beschäftigte. Speziell der Buddhismus[73] kennt überwiegend nur Seinszustände und Entwicklungsprozesse. Da fühlte ich mich als Physiker sofort angesprochen. Aber erst durch die Bücher von Erich Fromm[74] und Meister Eckhart[75], am intensivsten jedoch durch die von Jiddu Krishnamurti[76], formte sich nach und nach ein immer klareres Bild dessen, was der Schöpfergeist oder die universelle Intelligenz sein könnte. Gleichzeitig wurde mir immer klarer, dass die Vorstellung zwar hilfreich, aber eben nicht die Sache selbst ist."

„Und", fragt nun Katrin ganz unvermittelt, „was ist das nun für ein Bild? Das würde mich schon sehr interessieren."

„Ich will euch nicht auf die Folter spannen, aber vorweg doch noch einmal darauf hinweisen, dass selbst die Bibel[77] mit dem Gebot ‚Du sollst dir kein Bild machen' darauf hinweist, dass Gott, Geist, wie auch immer, eben etwas vollkommen außerhalb des menschlichen Vorstellungsvermögens ist, das dennoch real erlebbar oder fühlbar ist. Aber Bilder helfen vielfach weiter. Für mich war und ist immer das Bild des Meeres das Symbol für Geist. Wie sich aus dem Meer Wellen erheben und Wassertropfen in die Luft geschleudert werden, so entsteht aus dem Geistigen das Materielle einschließlich aller biologischen Organismen bis hin zum Menschen.

Jeder einzelne Mensch ist in diesem Bild ein Wassertropfen. Und das Zurückfallen ins Wasser entspricht dem Tod. Das Bild gefällt mir gerade deswegen so gut, weil es unmittelbar verstehen lässt, dass Leben gar nichts mit der physischen Existenz zu tun hat, sondern immer gegenwärtig ist. Jede Geburt eines Menschen ist nur der verspielte Ausdruck dieses Lebens, sich sozusagen selbst zu vervielfältigen, sich eben zu entfalten. Und die Millionen Wassertropfen in der Gischt eines Wellenkamms kann man gut als eine organisatorische Einheit sehen, z. B. als Firma oder als Staat. Wie diese eine gemeinsame Sprache und Kultur haben, haben die Wassertropfen

---

[73] https://de.wikipedia.org/wiki/Buddhismus
[74] https://de.wikipedia.org/wiki/Erich_Fromm
   Erich Fromm: Haben oder Sein, Anatomie der menschlichen Destruktivität,
   Die Furcht vor der Freiheit
[75] https://de.wikipedia.org/wiki/Meister_Eckhart, www.eckhart.de
[76] https://de.wikipedia.org/wiki/Jiddu_Krishnamurti, http://www.jkrishnamurti.de
[77] http://www.bibel-online.net/

ihre gemeinsame Welle. Mir hat dieses Bild insbesondere bei der Beurteilung naturwissenschaftlicher Forschungsergebnisse und vor allem deren technischer Anwendung, zum Beispiel der Gentechnik, geholfen. Die Biologen tun nämlich immer so, als entstehe mit der Zeugung oder der Geburt Leben, das dann mit dem Tod endet. Aber das stimmt nicht. Leben hat keinen Beginn und kein Ende. Nur die verschiedenen Ausdrucksformen sind von begrenzter Dauer."

„Willst Du", fragt Till, der Arzt ist, „damit sagen, dass die Gentechnik nie entstanden wäre, wenn die Biologen das Geistige mit einbezogen hätten?"

„Möglicherweise ja, aber sie war vielleicht auch notwendig, um den Biologen ihre falsche Sicht bewusst zu machen. Doch damit sollten wir jetzt nicht beginnen, das allein wäre ein Thema für einen ganzen Nachmittag. Lasst uns noch ein wenig bei den Bildern bleiben", entgegne ich und fahre fort, „Ihr kennt ja alle Begriffe wie ‚Lebensfluss‘ oder ‚das Leben fließt‘, ‚das Leben nimmt seinen Lauf‘. Der Fluss ist nämlich in der Tat auch ein sehr schönes Bild des Lebens, das Lebensvorgänge verständlich werden lässt, die mit dem Bild des Meeres nicht erklärbar sind. Daran seht ihr aber auch schon die Begrenztheit jedes Bildes.

Wie die physische Existenz eines Lebewesens mit der Geburt (dem Schlüpfen aus dem Ei, dem Verlassen des Körpers der Mutter) beginnt, findet jeder Fluss seinen Anfang in einem aus einer Quelle entspringenden Bach. Wie jedes Kind ausgelassen tobt und springt, plätschert der Bach schnell und unstet die Richtung wechselnd den Berg hinab, überspült dabei Wurzeln und Steine und wirkt damit sehr verspielt und übermütig. Wie Kinder sich zu kleinen Banden zusammenschließen, um gemeinsam zu spielen, schließen sich viele Bäche zu einem langsam größer und tiefer werdenden Fluss zusammen. Gleichzeitig symbolisiert das Anwachsen der Bäche zum Fluss und das Wachsen mehrerer Flüsse zum Strom das Wachsen des Kindes zum Erwachsenen und schließlich zum Greis.

Und wie der erwachsene Mensch eine ihn erfüllende Tätigkeit zum Wohle der Menschheit ausübt, stellt der Fluss seine ganze Kraft dem Transport von Gütern auf Schiffen oder der Versorgung von Menschen und Firmen mit Wasser zur Verfügung. Und wie der Greis sich nur noch langsam bewegt, fließt auch der Strom immer träger dahin. Und selbst die Tatsache, dass es alte Menschen voller Vitalität und Regheit neben sehr trägen oder gar pflegebedürftigen Menschen gibt, findet beim Fluss und Strom seine Entsprechung.

Wie der vitale Alte noch seine Lebenserfahrung und Ideen in die Gemeinschaft zu deren Nutzen einbringt, überschwemmt das weit verzweigte Delta manches Stromes die Landschaft, um die im Laufe seines langen Lebens angesammelten Mineralstoffe und Reste abgestorbener Pflanzen als Dünger für neue Pflanzen zurückzulassen. Und auch das Alter der Flüsse bei der Mündung ins Meer ist entsprechend ihres zurückgelegten Weges sehr unterschiedlich. Wie der Mensch sich vom Leben und von anderen Menschen getrennt fühlen kann, wenn er sich oberflächlich betrachtet, scheint kein Fluss mit anderen oder dem Meer verbunden zu sein, solange er noch weit von der Mündung entfernt ist. Aber in der Tiefe ist jeder Fluss durch das Grundwasser und in der Höhe über die Luftfeuchtigkeit mit jedem anderen und dem Meer zu jedem Zeitpunkt verbunden. So haben wir eine schöne Analogie zum Unterbewusstsein des Menschen im Grundwasser und eine solche zum höheren Selbst in der Luftfeuchte. Beide ermöglichen es, uns der Verbundenheit mit dem allgegenwärtigen Leben bewusst zu werden."

Gestaute Lebensenergie und Krankheiten

„Puh", unterbricht jetzt Katrin, „das ist ja ganz schön spannend, aber irgendwie auch anstrengend. Na ja, bis neunzig habe ich ja noch über fünfzig Jahre, da kann ich es noch genügend oft durchdenken. Können wir mal eine kurze Pause für menschliche Bedürfnisse einlegen?"

„Na klar, dann lüften wir auch mal kurz, damit das Gehirn wieder Sauerstoff erhält." Nach etwa zehn Minuten meint Klara: „Das sind wirklich sehr plastische Bilder, in denen du mir Zusammenhänge aufgezeigt hast, die ich so bisher nie gesehen habe, obwohl für mich auch immer das Wasser das Sinnbild des Lebens war. Ich bin schon ganz gespannt, wie wir damit dann unsere eigentliche Frage nach dem Wandlungsprozess der Menschheit beantworten."

„Lass mich bitte noch etwas zum Bild hinzufügen, Klara, dann wird wohl jeder von uns sehen können, wie das Leben wirkt und das erreicht, was es erreichen will", antworte ich. „Das Bild des Flusses zeigt uns nämlich noch mehr. Wie fließt ein Fluss unbeeinflusst vom Menschen und dessen Regulierungsmaßnahmen?", frage ich.

„Na ja", meint Gerhard, „immer auf dem Weg des geringsten Widerstandes talwärts."

„Ja, und wie sieht das dann aus?", frage ich weiter, und Gerhard antwortet: „Das kommt ganz auf die Landschaft an. Er kann als Wasserfall steile Felsen hinabrauschen oder in einer anderen Landschaft ausgeprägt weitläufige Mäander bilden oder wieder woanders in kurzen Bögen wie ein Slalomläufer schnell den Berg hinabfließen. Oder er gerät in eine Senke und bildet erst einen See oder Teich, bevor er weiterfließen kann."

„Er kann aber auch zwischen schmalen Felsspalten hindurchfließen und die Steine im Laufe der Zeit immer weiter auswaschen oder sich tiefer graben, wie bei den Schluchten und Canyons", ergänzt Till. „Ganz richtig", fahre ich fort. „Auf jeden Fall lässt sich das Wasser nicht aufhalten. Und wenn wir es mit Mauern, Dämmen oder Rohren gewaltsam aufhalten wollen, gelingt dies nur, solange die durchfließende Wassermenge nicht zu groß wird. Wird sie aber über einen längeren Zeitraum immer größer, wie bei einer Flut, dann bricht das Wasser die Dämme oder sprengt die Rohre, um sich dann ausbreiten zu können. Jedenfalls lässt es sich nicht dauerhaft einsperren und festhalten.

Genauso ist es mit dem Leben, auch das lässt sich nicht ständig reglementieren. Es will sich frei entfalten. So betrachtet sind dann nahezu alle Krankheiten[78] nichts anderes als der Ausdruck des Lebens, das in irgendeiner Weise gebremst, blockiert, eingeengt und an seiner Entfaltung gehindert wird. Das ist der Grund dafür, dass die Zahl der sogenannten Zivilisationskrankheiten bis vor 15 Jahren

---

[78] http://www.krankheit-heilung-verstehen.de/
Rüdiger Dahlke, Thorwald Detlefsen: Krankheit als Weg
Dr. Ulrich Mohr: Die drei Schlüssel zu Hippokrates Schatztruhe
Dr. Ulrich Mohr: Elektrizität – unsere wahre Nahrung
Prof. Dr. Peter Yoda: Ein medizinischer Insider packt aus

immer stärker zunahm. Die durch gesellschaftliche Normen, wirtschaftlichen Druck und politische Korrektheit bedingten Zwänge wurden immer größer. Der psychische Druck durch das ausgebremste Leben wurde so groß, dass Krankheit immer öfter die Folge war. Nun sollte eigentlich jedem von uns klar geworden sein, wie das Leben, der Geist, die Liebe oder Gott wirken. Ist euch das bewusst oder hat jemand von euch noch Fragen oder Anmerkungen dazu?"

„Mir fällt gerade etwas ein, das noch gar nicht zur Sprache kam", meldet sich Linda zu Wort. „Wir haben bei dem Bild des Flusses bisher nur die Fließprozesse betrachtet. Aber nicht die Wasserqualität. Gerade die gibt doch erst Auskunft über die Lebendigkeit und Gesundheit des Flusses. Oder ist jemand der Meinung, dass ein stinkender von Chemikalien und Müll verunreinigter Fluss lebendig ist, nur weil er fließt?"

„Stimmt", ergänzt Werner, „ein lebendiger Fluss enthält Fische und andere Lebewesen, besitzt Selbstreinigungskräfte und sein Wasser ist trinkbar. Trotzdem können wir das Bild des Flusses weiter benutzen. Wir alle kennen doch Menschen, an denen wir das sehen können. Zum Beispiel solche, die sich zwar bewegen und Arbeiten ausführen können, die aber wegen der in ihrem Körper enthaltenen Giftstoffe[79] und nicht ausscheidbaren Stoffwechselprodukte schwerfällig wirken und ungesund aussehen. Umgekehrt können wir auch an Fließgewässern erkennen, dass schon geringe Mengen Schutt und Müll einen noch sehr jungen Bach vollständig am Weiterfließen hindern können. Die Energie der Wassermenge reicht nicht aus, um den Schutt weiterzutragen, deshalb versickert das Wasser einfach darin. Genauso stirbt ein Kind mangels Lebensenergie, wenn es schon in den ersten Lebensjahren körperlich, seelisch oder geistig zu sehr belastet wird."

Till meldet sich und sagt: „Ich glaube, wir sind uns einig über die Gesundheit des Wassers. Deshalb will ich jetzt mitteilen, was mir noch unklar ist. Ich habe ja vor zwanzig Jahren mein Medizinstudium begonnen und damals noch die Infektionstheorie, Pharmakologie und all den materialistischen Kram gelernt. Da meine Mutter als

---

[79] Dr. John H. Tilden: Mit Toxämie fangen alle Krankheiten an
Gesellschaft für natürliche Lebenskunde e. V.: http://www.lebenskunde.com/

Schulmedizinerin naturheilkundlich orientiert war, habe ich mich auch damit beschäftigt. Und vor etwa fünfzehn Jahren habe ich mitbekommen, dass die sogenannte Informations- und Energiemedizin sehr erfolgreich ist, und habe mich damit beschäftigt. Jetzt wird mir klar, dass diese Medizin durch das Bild des allumfassenden Schöpfergeistes grundsätzlich verständlich wird und warum auch die sogenannte Geistheilung funktioniert. Aber wie damit die gesellschaftlichen Veränderungen zu begreifen sein sollen, die zu dem heutigen Zustand geführt haben, ist mir doch nicht ganz klar. In Deinem Bild geht es doch immer um das Leben einzelner Menschen, aber die Veränderungen der letzten Jahre betrafen doch die gesamte Menschheit."

Denken behindert die Liebe

„Stimmt, mir ist das auch noch nicht ganz klar", meint Katrin, „ich finde deine Bilder zwar sehr schön, aber wie kann ich damit zum Beispiel das Verhalten der Menschen verstehen? Denn das müssen wir ja wohl für das Verständnis der gesellschaftlichen Vorgänge mitberücksichtigen." Gerhard versucht zu erklären: „Schau dir noch einmal an, wie die Flüsse sich ihren Weg durch die Landschaft bahnen. Sie reagieren auf jede Erhebung, Vertiefung, auf jeden Stein, eigentlich auf alles, was ihren Lauf behindern oder verbessern könnte. Und sie reagieren immer angemessen, indem sie den Weg des geringsten Widerstandes wählen.

So ähnlich ist es beim Verhalten der Menschen. Jedes Verhalten ist eine Antwort auf eine Herausforderung, die durch den bisherigen Lebenslauf und die aktuellen politischen, gesellschaftlichen, wirtschaftlichen, familiären und sonstigen Bedingungen entsteht. Nun gibt es einen Unterschied zwischen dem frei fließenden Wasser, das seinen Weg ganz zwanglos findet, und dem Menschen. Der Mensch ist in vieler Hinsicht nicht frei. Abgesehen von äußeren Zwängen, z. B. gesellschaftlichen Normen und Gesetzen, unterliegt er einer Vielzahl von selbst auferlegten Zwängen, deren Ursachen überwiegend in vielerlei Ängsten begründet sind.

Da es zu diesem Thema schier unermessliche Literatur gibt, will ich hier nur ganz wenige Beispiele nennen. Die Angst vor Ausschluss aus   der

Gemeinschaft führt zur Anpassung, die Angst, nicht anerkannt zu werden, führt zu selbst auferlegtem Leistungsdruck. Die Angst vor Krankheit und Tod führt zu zwanghaften Essgewohnheiten oder Fitnessritualen, die bezüglich ihrer tatsächlichen Wirkung oft nicht geprüft werden und auf dem Glauben an ihre positive Wirkung beruhen. Dabei berücksichtigt der Mensch nicht die Tatsache, dass jede Angst nur eine Folge des Denkens ist. Würde der Mensch ausschließlich der Liebe gehorchen und ihr folgen, wüsste er ebenso wie das Wasser, welcher Weg für ihn der richtige ist. Es ist der Weg, der ihn zu seinem Ursprung, zum Geist, zu Gott führt, wie der Fluss das Wasser zum Meer führt. Ist das so einigermaßen klar geworden, Katrin?"

„Ich glaube schon. Du meinst also, weil wir zu viel auf den Verstand, auf unser Denken achten, finden wir nicht den Weg, der letztlich für alle zu innerem und damit zu äußerem Frieden in der Welt führt. Stattdessen entstehen Verhaltensweisen, die aggressiv, überheblich, verachtend und selbstsüchtig sind oder eine der sonst noch möglichen Ausdrucksformen annehmen."

„Ja", lobt Gerhard, „so meine ich es." Und nun lenkt Klara ein: „Zumindest war es so bis vor wenigen Jahren. Inzwischen gibt es ja wenigstens keine Kriege mehr und die Menschen haben zu einem sehr großen Teil erkannt, dass sie der Liebe folgen müssen, statt ihren erdachten Normen und Glaubenssätzen. Und ich habe den Eindruck, auch ihr, Katrin und Till, seid auf dem Weg der Liebe. Darin bestand ja der Wandel hauptsächlich, dass die Menschen gelernt hatten, in sich hinein zu fühlen und dann, erfüllt von der in sich selbst gefundenen Liebe, sich in andere zu versetzen, um sie so besser zu verstehen."

„Genau", meint Gerlinde, „damit Menschen das üben und verinnerlichen konnten, hatte Annegret Hallanzy das Transformale Netz[80] gegründet, das sich seit etwa 2020 explosionsartig verbreitet hat. Und Holger Eckstein[81], damals einer der besten Berater zur Erkenntnis der Berufung, hatte unermüdlich zur Überwindung gedanklicher

---

[80] www.transformales-netz.de
[81] www.holgereckstein.de

Spaltungen durch fühlendes Verstehen[82] aufgerufen, indem er auch darauf hinwies, dass alles Gott in Aktion sei. In seinen Seminaren führte er zahlreiche Menschen in ihre Mitte und zu ihrer inneren Stimme."

„Nun, das waren die ersten, von denen ihr gehört und gelesen hattet. Es gab sicher noch weitere Menschen, die in ähnlicher Weise zur Führung der Menschheit beigetragen haben", merkt Werner an.

„Sicher gab es da noch mehr. Eine war die Ethnologin Christina Kessler[83], die mit ihrem ‚Paradigma des Lebendigen' zu einer ‚globalen Kultur des Herzens' beitrug. Der Unternehmensberater Rudolf Bleicher[84] ermutigte Unternehmer zu ‚türkisen Unternehmern'[85] zu werden. Es gab bereits eine Vielzahl von Lebensberatern, die Menschen bei der Entdeckung der Selbstliebe halfen. Wie ihr merkt, kamen alle aus unterschiedlichen Richtungen. Das fanden Albert und ich damals unglaublich spannend und es ließ uns ahnen, dass das erst der Anfang einer Bewegung war, die bald die ganze Welt umspannen würde."

„Nun reicht es, glaube ich, mit den Gesprächen über den universellen Geist. Wir sollten jetzt mal zur eigentlichen Frage zurückkehren und sehen, was wir in unseren jetzt für jeden verständlichen Bildern für Antworten finden", mischt sich Klara recht energisch ein.

„Ja, das meine ich auch", ergänzt Linda und fragende Blicke richten sich auf mich. „Ihr glaubt doch nicht etwa, dass ich euch das jetzt alles erkläre?", entgegne ich ihre Blicke. „Ich meine, jetzt sollte jeder versuchen, seine Einsichten allen kundzutun. Und bitte dabei nicht vergessen, das Herz zu befragen statt den Kopf!"

Hinwendung zur Eigenverantwortung

Stille! Eine Weile versenkt sich jeder in sich selbst, bevor Gerhard vorsichtig fragt, ob er beginnen dürfe oder besser noch warten solle. Die etwa fünf Minuten, die sich unsere Gäste erbitten, gewährt Gerhard lächelnd. Dann beginnt er: „Mir scheint, mit dem Bild der

---

[82] https://www.facebook.com/holgereckstein/posts/1313767065312889
[83] https://christinakessler.com/ und http://www.amochangegroup.com/
[84] http://die-chefberater.de/
[85] Rudolf Bleicher & Ulrike Bleicher-Rapp: Der türkise Unternehmer
https://www.youtube.com/watch?v=AJfOJgMqBpw

Entstehung von Krankheiten können wir auch gut verstehen, wie globale Veränderungen entstehen. Jeder einzelne Mensch ist ja eine spezifische Ausdrucksform derselben unermesslichen Liebe.

Und wenn wir die gesamte Menschheit als einen Organismus betrachten, dessen einzelne Zellen die Menschen sind, dann gilt für diesen Organismus dieselben Gesetze wie für den Organismus Mensch. Dann sind gesellschaftliche Krisen - Kriege, Wirtschaftskrisen, Revolutionen und alle anderen Bewegungen - nur Ausdruck davon, dass das Leben nicht den von der Liebe bestimmten Weg gehen kann. So wie sich beim Individuum die aufgestaute Lebensenergie in Pestbeulen, Eitergeschwüren oder Krebsgeschwulsten explosionsartig entfaltet, so tut sie dies im Menschheitsorganismus durch gesellschaftliche Umbrüche aller uns bekannten Arten."

„Ja" ergänzt Linda: „Das ist schön und anschaulich dargestellt. Ergänzen möchte ich noch einen Aspekt, der mir in Deinen Ausführungen fehlt. Wenn Menschen nur auf ihren Verstand achten und überhaupt nicht berücksichtigen, wohin sie sich gezogen fühlen, ihren inneren Antrieb also völlig außer Acht lassen, dann werden sie sauer, bis Magengeschwüre auftreten oder schwerhörig bis zur Taubheit oder fehlsichtig bis hin zur Blindheit.

Ich meine, dafür gibt es Entsprechungen im gesellschaftlichen Leben, die wohl in den Jahren ab spätestens 2010 zu beobachten waren. Wenn Regierungen immer weniger beachten, was die Menschen eigentlich wollen, also nur auf ihre eigenen Interessen achten, ist das dasselbe, wie wenn ein Mensch nicht fühlt, was er will. Und so wie der Mensch ein Magengeschwür bekommt, entwickeln sich in der Gesellschaft Bewegungen, die genauso schmerzen wie das Magengeschwür, um die Menschheit auf den Missstand hinzuweisen. Oder die immer ‚schwerhörigere' Regierung wird vollständig taub. Und wie beim Tauben und beim Blinden andere Sinne geschärft werden, um sich noch orientieren zu können, muss der Menschheitsorganismus auch andere Sinne schärfen. Das ist der Moment, zu dem immer mehr Menschen beginnen, ihre an das System abgegebene Verantwortung wieder zu übernehmen und neue Strukturen entwickeln, die dem Gesamtorganismus das Überleben ermöglichen sollen."

„Gut erkannt" pflichtet Werner bei. „Leider ging das nicht ganz so reibungslos, wie es jetzt klingt. Ich kann mich noch sehr gut erinnern, dass unterschiedlichste Bewegungen auf verschiedene Art und Weise versuchten, die Menschen zur Übernahme ihrer Eigenverantwortung zu bewegen. Schon lange hatten damals engagierte Mediziner und Heilpraktiker, z. B. Rüdiger Dahlke[86], darauf hingewiesen, dass jeder selbst für seine Gesundheit verantwortlich ist und nicht die Krankenkasse.

Fortschrittliche Pädagogen und Erzieher machten gemeinsam mit Eltern darauf aufmerksam, dass diese für die Erziehung und Herzensbildung der Kinder verantwortlich sind, nicht Kindergärten und Schulen. Diese übernähmen zwar die Betreuung und die systemgerechte Unterrichtung mit vorgegebenen Lehrinhalten, aber nie die Schulung der Herzintelligenz[87].

Andere wiesen hauptsächlich auf die zunehmende Einschränkung menschlicher Freiheiten hin und entwickelten teilweise sehr fragwürdige und oft nicht praktikable Vorschläge zur Rückgewinnung verlorener Freiheiten und Menschenrechte[88]. Wieder andere hatten Angst vor einer Weltdiktatur und totaler Überwachung der Menschen mit Hilfe technischer Einrichtungen von der Videokamera mit Gesichtserkennung[89] bis zum zwangsweise implantierten RFID-Chip[90].

Charismatische Führer mit starkem Ego nutzten die Gunst der Stunde, in der immer mehr Menschen erkannten, dass sie tatsächlich vollkommen machtlos sind. Als Heilsbringer versammelten sie die orientierungslosen Massen um sich und versprachen ihnen die Rückgabe ihrer Rechte, ihrer Verantwortung und ihrer durch Misswirtschaft entstandenen materiellen Verluste. So bildeten sich um die Mahner, Zweifler und Kritiker immer mehr Gruppierungen in der Absicht, die Taubheit und Blindheit der Regierungen auszugleichen. Da diese neuen Führer selbst noch unfähig waren, auf ihr Herz zu hören und sich von der Liebe tragen zu lassen, entstanden sich gegenseitig bekämpfende und beschimpfende Kleinbewegungen, die

---

[86] www.dahlke.at
[87] http://www.herzintelligenz.de/ und http://www.heartmathdeutschland.de/
[88] http://bewusst.tv/das-recht-zurueckholen/
[89] https://www.heise.de/thema/Gesichtserkennung und https://bit.ly/2pOoLSG
[90] http://kein-rfid.de/home/ und https://bit.ly/2GxKdpF

zwar die amtierenden Machthaber bedrängten, sie aber nicht vom Thron stoßen konnten."

Verwirrung und Neuorientierung

„So war es", bestätigt Klara und fährt fort, „aber diese Entwicklung war notwendig, damit die Menschen erkennen konnten, dass alle bisherigen Versuche, die Menschheit zu einem gesunden und erwachsenen Organismus werden zu lassen, falsch waren. Jetzt erst konnten sie erkennen, wie zerspalten die Menschheit tatsächlich war und dass es nicht reicht, irgendwelchen charismatischen Menschen zu folgen, auch wenn sie noch so authentisch wirken. Angesichts der drohenden Gefahr von Bürgerkriegen in den zivilisierten Ländern musste die Frage gestellt werden, wie die Spaltung der Menschen untereinander zu überwinden sei. Und so wurde die Erkenntniss aller Weisen dieser Welt, dass allein die Liebe Grenzen sprengen, Gegensätze ausgleichen und Trennung überwinden kann, nicht nur aktuell, sondern überlebenswichtig.

Und die von wenigen Pionieren der Weltgemeinschaft schon lange ausgesäten Samen der Uneigennützigkeit und des Gesamtwohls begannen zu keimen und Früchte mit neuen Samen zu entwickeln. Jetzt konnten die daraus entstehenden Erkenntnisse in praktische Anwendungen in der Kommunikation, der Menschenführung, der Unternehmensführung, der Lebensberatung, eben in allen Bereichen, in denen menschliche Entfaltung gefördert wurde, einfließen. So entstanden wirkungsvolle Werkzeuge, mit denen sehr effektiv die Herzintelligenz und das Fühlen geweckt und geschult werden konnte, so dass der Zugang zur eigenen Liebe wieder frei wurde."

Jetzt ereifert sich Till: „Ja, ich habe damals selbst auf Anraten von Omi und Albert ein Seminar bei Holger Eckstein mitgemacht, in dem es darum ging, in die eigene Mitte zu kommen und die eigene Berufung zu finden. Ich wollte nämlich damals Gerichtsmediziner werden, war mir aber nicht ganz sicher, ob das das Richtige für mich ist. Da haben die beiden einige Menschen genannt, von denen sie wussten, dass sie helfen können, darüber Klarheit zu finden. Jedenfalls war es unglaublich für mich, mit wie wenig Fragen und Übungen, in denen ich immer gefordert war zu fühlen, nicht zu denken, ich plötzlich eine innere Klarheit spürte und mit einem Mal wusste, dass zwar

Medizin richtig ist, aber meine Bestimmung in der Anatomie lag. Und ich weiß noch ganz genau, dass ich mich damals wie eine Körperzelle fühlte, die ganz genau weiß, welche Aufgabe sie im Körper hat. Und dieses Gefühl ist noch heute gegenwärtig, wenn auch auf Grund der Gewöhnung eher abgeschwächt."

„Richtig, damals lernten wir uns kennen", ergänzt Katrin. „Und du warst so begeistert von Deiner Berufungserkenntnis, dass du mich leicht anstecken konntest, dieses Seminar ebenfalls zu besuchen. Auch ich habe das als beglückend und unglaublich befreiend empfunden. Das war ein ganz neues Gefühl von Freiheit, ganz anders als die Freiheit, etwas tun zu dürfen, was ich bisher nicht tun durfte. Ich fühlte mich plötzlich frei, alles tun zu können, was ich will, denn der Wille war nicht mehr vom Ego vorgegeben, sondern ich wusste, was die Seele will und dass ich deshalb nichts falsch machen konnte. Ich war plötzlich frei davon, Entscheidungen treffen zu müssen, weil es keine Entscheidung mehr zu treffen gab. Ich konnte mich vollkommen auf die Liebe und die Seelenregungen verlassen. Ich fühlte und fühle mich noch heute auf eine Weise geführt, wie als kleines Kind, als ich mich vollkommen auf meine Eltern verlassen habe und ihnen voller Vertrauen überall hin folgte."

„Das hast du sehr schön gesagt, Katrin. Das rührt mich fast zu Tränen", beginnt jetzt Gerlinde. „Ich war ja damals schon über siebzig und hatte zwar dank vieler Arbeit an mir und meinen Blockaden ein hohes Maß an Freiheit gewonnen, aber was du jetzt beschrieben hast, habe ich nicht kennen gelernt. Ich kann mich aber ein wenig in das Gefühl dieser absoluten Freiheit dank der Erfahrungen im Transformalen Netz hineinversetzen. Es kamen immer wieder Situationen in den Fühlungsrunden, in denen ich nicht so ganz weit von solcher Freiheit entfernt war. Aber das wird mir erst jetzt durch deine Schilderung so richtig deutlich." Und zu mir gewandt fragt sie: „Wie war das eigentlich bei dir, als du damals deine Berufung klar gesehen hast, ein Buch zu schreiben? Hattest du auch dieses Gefühl, eine Zelle des Menschheitsorganismus zu sein und die Freiheit gespürt, tun zu können, was du willst?"

„Nein, so intensiv war das bei mir nicht. Da war noch ganz schön viel Ego mit drin. Aber ich hatte eine Ahnung davon. Ich wusste zwar, dass ich diese Aufgabe zu erfüllen habe und habe das auch gefühlt, aber das Denken hat immer wieder das Gefühl von Stolz verursacht. Erst bei der Arbeit selbst habe ich oft Phasen erlebt, in denen ich mich völlig vergessen hatte und vollkommen eins war mit der Tätigkeit. Das war auch wichtig, denn dadurch spürte ich immer aufs Neue, dass ich das Richtige tue.

Und ich habe sehr deutlich den von mir vorhin geschilderten Mechanismus des Lebens gespürt, auf Unachtsamkeit mit körperlichen Symptomen zu reagieren. Wenn ich mal mehrere Tage nicht an meiner Aufgabe war, weil ich mich von anderen Tätigkeiten und Anforderungen vereinnahmen ließ, wurde mein Magen sehr schnell sauer. Dagegen war ich vollkommen beschwerdefrei, wenn ich dem Arbeitsfluss freien Lauf ließ. Dann konnte ich essen, was ich wollte, es kam zu keinem Sodbrennen. Und wie Du, habe ich im Transformalen Netz öfter das Gefühl vollständiger Freiheit erfahren. Auf jeden Fall konnte der Organismus Menschheit nur dadurch erwachsen werden, dass die einzelnen Zellen ihre ihm dienliche Aufgabe erkannten und auch ausführten. Noch ist dieser Prozess nicht abgeschlossen, aber umkehrbar ist er nicht mehr. Auf jeden Fall empfinde ich eine unglaubliche Freude darüber, diesen Wachstumsprozess noch erlebt zu haben und mit meinen Werken, der Arbeit im Transformalen Netz und meinen späteren Beratungstätigkeiten Anteil daran gehabt zu haben. Was meint Ihr. Sollen wir es erst einmal dabei belassen? Es ist schon fast Zeit für das Abendessen und ich meine, wir haben ein stimmiges Bild mit verständlichen Antworten erhalten."

„Ja, ich meine auch, dass es für heute reicht", erwidert Klara. „Es war ja wirklich umfassend. Jetzt sollten wir etwas für die Sinne tun. Ich schlage vor, dass wir uns gemeinsam etwas zu essen zubereiten und dann noch etwas singen und vielleicht spielen. Was meint Ihr?" Allgemeine Zustimmung vom deutlich geäußerten „Ja, einverstanden!" bis zum fast geflüsterten „Oh, ja, das finde ich gut", macht sich Luft. Nur Gerhard kann noch nicht ganz abschalten und meint: „Ja, damit bin auch ich einverstanden. Aber zuvor möchte ich gern das Thema für unsere nächste philosophische Matinee vorschlagen. Wir haben ja heute recht allgemein über die Entwicklung der Menschheit als Ausdruck der Entfaltung des Lebens gesprochen und damit teilweise sehr neue Einblicke in die Lebensgesetze gefunden.

Ich würde gern noch etwas ausführlicher über die konkrete Umgestaltung der gesellschaftlichen Strukturen sprechen. Welche Prozesse führten von den einst sehr stabilen Herrschaftssystemen zur Herrschaft einer kleinen Elite über die gesamte Menschheit? Und welche Bewegung führte durch Übernahme der Eigenverantwortung bis zur vollständigen Befreiung der Menschen von jeder Art der Herrschaft? Die Machtübernahme durch eine kleine, elitäre, selbstsüchtige Gruppe war ja nur dadurch möglich, dass den zuvor souveränen Staaten durch geschickte Schachzüge immer mehr Rechte entzogen wurden. Dadurch wurden sie immer mehr zu Firmen und so die Welt immer mehr einem riesigen Monopoly gleich. Wie wäre es mit dem Thema: ,Die Geschäftswerdung der Welt und der Weg in die Freiheit'?"

„Gut, Gerhard, das soll unser Thema für das nächste Treffen sein. Aber jetzt lass uns bitte zum gemütlichen Teil übergehen", beende ich nun das Thema und lade alle Gäste ein, den Abend nach Klaras Vorschlag mit zu gestalten.

Der Weg aus der Geschäft gewordenen Welt: Gespräche zum Gesellschaftswandel

Begrüßung

Heute Morgen hat mich der helle Sonnenschein schon vor sieben Uhr geweckt. Der Himmel erscheint in einem strahlend klaren Blau, die Sonne schickt mild wärmende Frühlingsstrahlen zur Erde. Es ist ein ideales Wetter, um unsere philosophischen Betrachtungen im Freien vorzunehmen. Zu allen Zeiten haben die Philosophen ihre Gedanken besonders gern in der Natur schweifen lassen. Unzählige Philosophenwege in vielen Orten zeugen davon. Wir werden uns damit begnügen, in den Garten zu gehen und uns dort von der Sonne, den Frühlingsblüten mit ihren zartgrünen Blättern und dem Gezwitscher der Vögel inspirieren zu lassen. Till ist so interessiert an dem heutigen Thema, dass er auf jeden Fall wieder kommen will. Wir werden also unser Gespräch vom letzten Mal in der vertrauten Runde fortsetzen.

Es klingelt und voller Ungeduld tritt Gerhard nach dem Öffnen der Tür ein. „He, alter Freund, du kannst es wohl gar nicht erwarten. So aufgeregt habe ich dich die ganzen letzten Jahre nicht gesehen. Nun lass dich erst mal herzlich drücken", begrüße ich ihn.

„Was heißt denn aufgeregt, ich bin einfach nur freudig erregt und total gespannt, was wir heute alles herausfinden. Bei dir weiß man ja nie, wo so ein Gespräch hinführt und was du plötzlich für Zusammenhänge siehst, die wir so noch nie gesehen haben. Das macht doch die Gespräche mit dir so spannend, dass du uns immer mit neuen Betrachtungsweisen und Möglichkeiten konfrontierst, die uns den Mund offen stehen lassen."

„Nun, Gerhard, ich denke, es reicht mit Lob und wohlwollenden Worten. Ihr tragt ja auch euren Teil zum Gelingen und vollständigen Verstehen bei. Ohne euch käme ich gar nicht auf die Zusammenhänge, die ich euch dann präsentiere. Wo ist überhaupt Klara? Hast du sie zu Haus gelassen?"

„Na, hör mal, die lässt sich nicht einfach zu Hause abstellen. Du weißt doch, dass sie sich bei solchem Wetter nicht sattsehen kann an den Blumen und Kräutern im Garten. Da ist sie einfach geradewegs durch den Hintereingang in den Garten spaziert."

„Schön", erwidere ich, „das trifft sich gut, denn wir werden bei dem schönen Wetter auf jeden Fall draußen unter freiem Himmel die Gedanken schweifen lassen. Komm, hilf mir mal bitte, die vorbereiteten Schnittchen und Aufstriche mit nach draußen auf den Tisch zu bringen."

In dem Moment treffen auch schon Till mit Katrin und Linda mit Werner ein. Nach freudiger und herzlicher Begrüßung packen auch sie sofort mit an. Gemeinsam schaffen wir innerhalb von zehn Minuten eine wundervoll einladende Atmosphäre am Tisch, an dem dann jeder erwartungsvoll Platz nimmt. „Wunderbar, diese selbstgemachten Aufstriche, wie die nach den darin verarbeiteten Kräutern riechen und so schön garniert sind mit Blättchen und Blüten. Ach, ich bin ganz hingerissen. Das sollten wir eine Weile nur mit Nase und Augen genießen, bevor wir den Geschmack erleben", bemerkt Klara mit verklärtem Blick und einem glückseligen Lächeln um die Mundwinkel.

„Ich danke dir für diese Lobesworte, liebe Klara. Und ich kann euch versichern, es hat mir sehr viel Freude bereitet, die von Albert geernteten Kräuter und Blüten erst zu probieren und dann zu diesen vor Euch stehenden Aufstrichen zu verarbeiten. Mit meinem kleinen Mixgerät ist das auch in meinem Alter keine große Anstrengung.

Die ersten Kräuter des Jahres verarbeite ich immer mit besonderer Freude am neu keimenden Leben und dem Gefühl besonderer Hingabe an die Natur und ihre Schätze. Und von Jahr zu Jahr wird mein Gefühl der Verbundenheit und des Dankes größer und tiefer und geht einher mit großer Dankbarkeit dafür, dass ich das alles noch kann und mit euch gemeinsam genießen darf. Ich möchte gern, dass wir uns jetzt alle die Hände reichen und gemeinsam innehalten. Jeder soll in sich die Dankbarkeit und Freude spüren, die beim Anblick dieser Köstlichkeiten in ihm Raum nimmt." Diesem Vorschlag Gerlindes kommen wir freudig nach. So bilden wir eine geschlossene

Fühlrunde, richten die Augen zunächst auf die Speisen und schließen sie nach einer Weile, um das in uns aufkommende Gefühl intensiv spüren zu können. Gleichzeitig spüren wir uns gegenseitig in Achtung verbunden. Wir öffnen die Augen fast gleichzeitig und blicken uns freudig an.

Sinnvolle Rituale

Während wir die Stille, die Freude und die Dankbarkeit noch nachwirken lassen, erhebt Gerhard das Wort: „Mensch, das ist ja klasse. Dass ich so etwas jemals in meinem Leben mitmache und auch noch gut finde, hätte ich mir vor zwanzig Jahren nicht träumen lassen. Jede Wette wäre ich eingegangen, dass ich an so einem Ritual niemals teilnehmen werde. Und wenn ich in manchen Kreisen von Esoterikern und spirituell ausgerichteten Menschen deren Rituale erlebt und beobachtet hatte, dann habe ich mich immer ganz schnell verdrückt, um ja nicht einbezogen zu werden. Ich hab das immer als total abgehoben, verklärt und künstlich empfunden. Es erschien mir immer irgendwie zwanghaft automatisch ohne innere Anteilnahme und Sinnhaftigkeit.

Und heute stelle ich fest, dass es doch möglich ist, als ganzer Mensch mit allen Sinnen und vollkommen geerdet wirklich Dankbarkeit, Verbundenheit und Liebe zu spüren. Das fühlt sich einfach echt an. Ja, danke für diese Erfahrung.“

„Und ich danke dir für diese schöne Beschreibung Deines Eindrucks“, entgegnet Gerlinde. „Mir ging es früher ganz ähnlich. Mit den abgedroschenen Ritualen der Kirchen konnte ich nichts anfangen, weil sie mir hohl und leer erschienen. Die Versuche verschiedener Menschen, zu denen ich mich oft hingezogen fühlte, alte heidnische Rituale wiederzubeleben, erschienen mir oft ungewollt hölzern und meistens unstimmig. Und die besonders spirituell ausgerichteten Menschen, die neue Rituale einüben wollten, waren für mich oft so vom Denken gesteuert, dass sie überhaupt keine Verbindung zum Fühlen fanden. Dadurch wirkten die praktizierten Rituale so, als gehörten sie nicht zu den Menschen. Es war eine geistige Wahrheit darin erkennbar, die sich aber nicht mit den Menschen und deren Fühlen verbinden konnte, weil das Herz keinen Anteil hatte.

Erst mit den Erfühlungen, wie sie im Transformalen Netz intensiv geübt wurden, bekam ich mehr und tiefer Kontakt zur ganzen Fülle meines Fühlens. Und daraus hat sich dann ganz von allein und ohne Absicht das entwickelt, was ich heute gern praktiziere. Es ist auch keine gewohnheitsmäßige Absicht, wie es früher in vielen Familien das Tischgebet war. Nein, es ist vollkommen situationsabhängig, und in so einer stimmigen Runde wie der unseren kommt es dann ganz ungewollt als Impuls, dem ich einfach folge."

Und Linda ergänzt: „Ich finde das auch sehr schön. Das gibt dem Essen, der Arbeit, einfach allem, was wir tun, eine viel tiefere Bedeutung und bringt mich mit mir und meinem Tun in Einklang. Früher habe ich meine Arbeit gemacht, weil es von mir verlangt wurde. Dabei hatte ich das Gefühl, diese Arbeit hat nichts mit mir zu tun. Heute spüre ich in das hinein, was ich beabsichtige und verbinde mich dadurch mit meiner Seele und meinem Herzen. Dann spüre ich sofort, ob die Absicht nur aus dem Kopf kommt - in dem Fall gebe ich sie auf - oder ob sie einem Herzenswunsch und einer Seelenaufgabe folgt. Und mit dieser Stimmigkeit ist immer auch ein Glücksgefühl verbunden, das sich ganz anders anfühlt, als das Glück, das wir nach einem Erfolg spüren. Ich freue mich wahnsinnig, dass mich dieses Glück der inneren Stimmigkeit inzwischen nahezu ununterbrochen begleitet. Darin sehe ich seit einigen Jahren auch den eigentlichen Sinn des Lebens: dieses Glück der Stimmigkeit und des in der Mitte seins zu fühlen. Dann ist das, was wir soeben hier praktiziert haben, für mich auch kein Ritual, sondern einfach nur die Ausweitung des eigenen Erlebens auf die Gruppe. Da spüre ich dann noch eine Verstärkung der eigenen Freude, so wie beim gemeinsamen Singen mehr Freude aufkommt als beim Singen für mich allein."

„Ja, ich sehe das auch so. Dem gibt es wohl nichts hinzuzufügen", meint Till, und schaut fragend in die Runde, ob vielleicht noch jemand etwas dazu sagen will.

Gerhard hebt bedeutungsvoll den Arm und sagt dann: „So ein langes Gespräch habe ich gar nicht anregen wollen mit meinen Worten, aber ich freue mich, dass ihr das ähnlich seht wie ich. Unsere eigentliche Frage ist doch, wie sich die Menschheit aus der fast vollständigen Versklavung durch eine kleine selbstsüchtige Elite befreien konnte. Ganz sicher werden wir auch darüber sprechen müssen, wie die von vielen nicht einmal bemerkte Versklavung überhaupt erst möglich war. Außerdem haben wir bisher überhaupt nicht über die jeweils eigenen Befindlichkeiten und die aktuellen Wünsche und Herausforderungen jedes einzelnen von uns gesprochen. Aber als erstes scheint mir jetzt wichtig, dass der Gaumen auch etwas spüren möchte."

„Danke Gerhard, dann langt mal bitte alle zu und lasst eure Gaumen teilhaben an dem Sinnengenuss. Wenn dann später der Tisch abgeräumt ist, werden wir direkt mit unserem gemeinsamen Thema beginnen", eröffnet Gerlinde nun das gemeinsame Essen. Zwischen den Bissen ist genügend Zeit, dass jeder darüber erzählen kann, was ihn gerade beschäftigt und in Anspruch nimmt. Nach etwas mehr als einer Stunde beginnen wir mit dem Abräumen des Tischs und Gerhard tritt schon ganz unruhig von einem auf den anderen Fuß. Als dann leere Gläser, Saft und Wasser auf dem Tisch stehen, kann er nicht mehr länger warten und sprudelt heraus:

Raus aus der Kontrolle

„Ich habe ja den Vorschlag für das heutige Thema gemacht und will gern sagen, weshalb ich das für wichtig halte. Aus heutiger Sicht sieht es ja fast so aus, als konnte es nicht anders kommen. Aber als nach 2020 die neue Weltordnung[91] immer mehr Gestalt annahm und für jeden sichtbar wurde, dass es keine Verschwörungstheorie ist, sondern Realität, war überhaupt nicht klar, wohin das führen wird. Für diejenigen, die schon seit Jahren vor dieser Entwicklung gewarnt hatten, war das der Beginn der Hölle, gegen die Orwells Welt von 1984[92] noch harmlos erschien. Für sie war ganz klar, dass nun die Zwangsverchipung[93] der Menschen unmittelbar folgen würde und viele Menschen in Umerziehungslagern einer Gehirnwäsche unterzogen würden, wie sie nicht einmal unter Stalin und Hitler denkbar war.

[91] https://bit.ly/2E416my, https://bit.ly/2J2nJLH, https://bit.ly/2la8kri, https://bit.ly/2J1N2gS, https://bit.ly/1RJ0nvn, https://bit.ly/23SZyXE
[92] George Orwell: 1984; https://www.inhaltsangabe.de/orwell/1984/
[93] http://verdrehte-welt.info/index.php?page=rfid

Mehr als die Hälfte der Menschen fühlte sich in dieser Zeit massiv in der freien Rede[94] eingeschränkt und das Aufgebot an Sicherheitskräften zur Erhaltung der neuen Ordnung war bedrohlich. Dennoch vermittelte ihnen die wieder sichere Versorgung und die Möglichkeit, überall hinreisen zu dürfen, ein Gefühl relativer Freiheit. Nur eine sehr kleine Minderheit feierte die neue Weltordnung sogar als Befreiung von Kriegen und Zwistigkeiten und hielt die Überwachungstechniken für ein notwendiges Übel, um Frieden zu garantieren. Das Bargeld war ja bereits abgeschafft, aber die schon angekündigte und von der neuen Weltregierung beschlossene Implantierung von RFID-Chips bei allen Menschen[95] ließ sich dann doch nicht so einfach umsetzen.

Neben der Tatsache, dass die Produktion noch nicht ausreichte, mehrten sich die Beschwerden einiger Menschen, die sich schon seit 2015 freiwillig[96] Chips einsetzen lassen hatten. Die zur Implantierung verpflichteten Ärzte verweigerten sich deshalb der Obrigkeit und immer mehr Menschen ließen die Implantierung bei sich nicht zu."

„Stop mal bitte, Gerhard", bittet Till, „was meinst du mit Beschwerden von Menschen, bei denen schon Chips implantiert worden waren? Hatten sie sich bei irgendjemandem über etwas beschwert oder hatten sie Beschwerden im Sinne körperlicher oder psychischer Symptome?"

„Gut, dass du fragst, ich wäre noch darauf gekommen. Nun, es gab schon vor 2020 Berichte in den alternativen Medien darüber, dass sich immer mehr Menschen mit einem Chip unwohl fühlen, ohne zu wissen, woher dieses Gefühl tatsächlich kommt. Von Haustieren, die ja in großer Zahl bereits gechippt waren, kannte man keine Reaktionen, die auf mögliche Unverträglichkeiten des Materials hindeuteten. Aber die betroffenen Menschen sprachen nicht von körperlichen Beschwerden, sondern von nicht näher benennbaren Gefühlen der Abgeschlagenheit, Lustlosigkeit, teilweise auch Fremdbestimmtheit,

---

[94] https://bit.ly/2E42d5l, https://bit.ly/2GTaiNv, https://bit.ly/2pMxhTg, https://bit.ly/2oXt4dk
[95] kein Gesetz, aber schleichenden Umsetzung: http://mochip.org/
[96] https://bit.ly/2lcBlmh, https://bit.ly/2usMKfZ und http://cyborgs.cc/

ebenso von an Schizophrenie erinnernden Symptomen und zwanghaft neurotischem Verhalten. Deswegen wurde vermutet, dass über die Chips unbekannte Informationen auf die Menschen wirkten, die sie in irgendeiner Weise manipulieren sollten. Endgültig bewiesen war diese Annahme, nachdem einige der betroffenen Menschen sich nach der Entfernung der Chips nach kurzer Zeit wieder lebensfroh und tatkräftig fühlten.

So ist für alle, die sich nicht von den Leitmedien einlullen ließen, der Beweis geliefert worden, dass die Chips vor allen Dingen der Gedankenkontrolle und –manipulation[97] dienen sollten. Die Weltregierung leugnete natürlich diese Absicht der heimlichen Gehirnwäsche über die Chips, und um glaubwürdig zu erscheinen, wurde das Programm zunächst ausgesetzt. Und hier beginnt nun mein Unverständnis. Die schlimmsten Befürchtungen der Kritiker wurden nicht, zumindest nicht sofort, umgesetzt und die Mehrheit der Bevölkerung fand den Zustand relativer Freiheit bei gleichzeitigem Frieden durchaus erträglich. Es hätte also dabei bleiben können. Trotzdem nahm die Zahl der Menschen stetig zu, die sich durch Organisation in kleinen Gruppen um Selbstversorgung und Unabhängigkeit bemühten, bis schließlich die Weltregierung den Fakten ins Auge sehen musste und sich selbst abschaffte. Wie konnte es zu dieser Entwicklung kommen?"

Entstehung neuer Gesellschaftsstrukturen

Till meldet sich und sagt: „Ich weiß nicht, ob ich mich täusche, aber ich meine mich zu erinnern, dass schon 2018 nach dem Ausbruch der großen Unruhen in ganz Europa und den USA viele Menschen begannen, durch Vernetzung mit anderen Menschen überlebensfähige Selbstversorgergemeinschaften zu gründen. Einige von ihnen nutzten für den Austausch der Waren und Dienstleistungen eigene Währungen[98], wie es von früheren Tauschringen bekannt war. Aber ganz viele setzten auf gegenseitiges Vertrauen und ließen jeden das einbringen, was seinen Fähigkeiten und Interessen am meisten ent-

---

[97] http://bit.ly/2EUXZm2
[98] http://www.damanhur.org/de/

sprach. Das führte zwar oft zu Konflikten, aber die wurden in Gruppensitzungen und Gesprächen, vielfach nach den Regeln der Wir-Kommunikation von Annegret Hallanzy, einvernehmlich geklärt.

So bildeten sich lebendige Gemeinschaften[99], die tatsächlich in der Lage waren, sich gegenseitig so zu unterstützen, dass sie trotz äußerer Widrigkeiten stabil blieben. Ich habe selbst so eine Gemeinschaft kennen gelernt und auch Omi und Albert hatten sich so einer Gemeinschaft angeschlossen. Von ihnen weiß ich, dass sie nach der endgültigen Schaffung der neuen Weltordnung bestehen blieben. Sie sahen sich als Vorreiter einer Ordnung, die keine Bevormundung von Menschen durch Menschen mehr zulassen wollten.

Zwar versuchte die neue Weltregierung diese Bewegung durch Medienberichte zu zermürben, nach denen die Selbstversorger angeblich auf Kosten der übrigen Bevölkerung lebten. Weil sehr viele Menschen selbst solche Gruppen kannten und wussten, dass sie aus eigener Kraft funktionierten, blieben die medialen Angriffe erfolglos. Auch gegen sie gerichtete Anzeigen wegen Steuerhinterziehung konnten sie nicht zur Aufgabe zwingen.

Dann wurde der Druck der herrschenden Klasse auf die Menschen immer größer. Die Löhne sollten drastisch gesenkt werden mit Verweis auf die in der Vergangenheit angehäuften Staatsschulden, die nun abzutragen seien. Einige Menschen wandten sich den bestehenden Selbstversorgergruppen zu, aber die große Mehrheit drohte mit Streiks und Protesten. Angesichts dieser Gefahr begann sich die Elite selbst zu spalten an der Frage nach der angemessenen Antwort auf die Unzufriedenheit der Massen und deren Auswirkungen. Während die eine Gruppe massive Gewalt gegen die Menschen anwenden wollte, so wie es am 17. Juni 1957 die Russen gegen die Bevölkerung der damaligen DDR[100] tat und 1968 gegen die Prager[101] Reformbestrebungen mit Erfolg umsetzte, war die andere Gruppe für eine Währungsreform und die Einführung einer Umlaufsicherung[102] in Form einer Zinsabgabe auf bestehende Guthaben.

---

[99] Michael Würfel: eurotopia Verzeichnis – Gemeinschaften und Ökodörfer in Europa www.eurotopia.de
[100] https://de.wikipedia.org/wiki/Aufstand_vom_17._Juni_1953
[101] https://de.wikipedia.org/wiki/Prager_Fr%C3%BChling
[102] https://de.wikipedia.org/wiki/Umlaufgesichertes_Geld

Nachdem deutlich wurde, dass es nicht gelingen würde, sämtliche Polizei und Militärgewalt gegen die Bevölkerung einzusetzen, gewann schließlich die moderat gesinnte Gruppe mit der Währungsreform. In der Hoffnung, auf diese Weise die Macht zu erhalten, hatten sie so selbst die Voraussetzung zum endgültigen Zusammenbruch ihrer Macht geschaffen. Wie es dann weiterging, haben wir ja beim letzten Mal genügend betrachtet."

„Sehr gut, Till, ich habe gar nicht gewusst, dass du dich so intensiv mit den Vorgängen befasst hast und das so gut darstellen kannst. Das freut mich außerordentlich. Früher wäre ich stolz auf dich gewesen. Heute fühle ich einfach nur Achtung und neidlose Anerkennung", lobt Gerlinde ihren Enkel und Gerhard ergänzt: „Meine Anerkennung hast du auch, das hast du sauber auf den Punkt gebracht. Zwei Fragen sind für mich trotzdem noch offen. Wieso waren die Polizei und die inzwischen für die Sicherheit zuständigen Militärs nicht mehr bereit, sich gegen die Bevölkerung einsetzen zu lassen, und wie war es überhaupt möglich, dass eine kleine Finanzelite offen die Weltherrschaft an sich reißen konnte? Ich weiß zwar, dass das viel mit dem Geldsystem zu tun hatte, aber wirklich verstanden habe ich es bisher nicht." Stille, Ratlosigkeit macht sich breit. Niemand scheint eine Antwort zu haben.

„Nun gut", sage ich dann, „wenn niemand die Gründe kennt, will ich versuchen, sie deutlich zu machen. Du sagtest schon ganz richtig, dass das Problem viel mit Geld zu tun hatte. Im Geschichtsunterricht in der Schule haben wir gelernt, dass im Frühmittelalter das Münzrecht einzig der König besaß, dieses aber im Laufe der Zeit auch auf den niederen Adel, den Klerus und die Städte übertragen wurde[103]. Bekannt dürfte euch von daher sein, dass sich der Adel bereits im Mittelalter oft von Handels- und Bankhäusern Geld lieh und so von diesen abhängig wurde.

Zu den einflussreichsten Kaufmannsfamilien des ausgehenden Mittelalters zählten die in Augsburg ansässigen Familien Fugger[104] und Welser[105]. Diese liehen den Herrschern nicht nur Geld. 1519 z. B.

---

[103] http://bit.ly/2t1913x
[104] www.fugger.de
[105] http://www.stadtarchiv.augsburg.de/index.php?id=17273

sorgten sie durch Bestechung der zur Wahl des Kaisers berechtigten Fürsten mit insgesamt über 850000 Gulden[106] dafür, dass Karl V. aus dem Hause Habsburg, der bereits König von Spanien war, zum deutschen Kaiser gewählt wurde.

Wer im Jahre 2016 glaubte, die gewählten Kanzler und Präsidenten seien die Vertreter des Volkes, dürfte sich wohl ebenso geirrt haben. Es gab raffinierte Methoden der Meinungsmanipulation und Instrumentalisierung der Massen[107], deren erfolgreicher Einsatz letztlich bestimmte, wer wo das Sagen hatte. Nach der Gründung der Federal Reserve Bank durch die reichsten Familien der USA und der Unterzeichnung des Federal Reserve Act durch Woodrow Wilson[108] im Jahr 1913 lag das Finanzwesen der USA praktisch in privaten Händen, die somit von da an die Macht[109] über die von ihnen finanziell abhängigen Präsidenten hatten.

In Europa und anderen Ländern der Welt sah es nicht anders aus. Die Notenbanken fast aller Länder waren private Banken, weswegen die Politiker schon wegen der Staatsverschuldungen erpressbar und manipulierbar waren. Besonders deutlich wurden die Einflüsse der Finanzeliten in den Fällen, in denen der IWF[110] insolventen Staaten das Überleben durch neue Kredite[111] sicherte. Diese waren mit Auflagen verbunden, die die Macht und den Einfluss des IWF[112] stärkten. Hinzu kamen Entwicklungen, die bereits im Mittelalter ihren Anfang[113] nahmen und Schritt für Schritt in eine zunehmende Entrechtung[114] der Menschen und Staaten führte, indem diese immer mehr

---

[106] http://bit.ly/2F7RtHT und http://bit.ly/2CKZkGg
[107] Wolfgang R. Grunwald: Die erfolgreichsten Gehirnwäsche-Techniken https://www.gehirnwaesche.info/
[108] Roger Sowenstein: FED - Die Bank Amerikas; http://bit.ly/2FaX7cc, https://bit.ly/2Ghmt9L
[109] https://freidenkertv.wordpress.com/tag/federal-reserve-act/
[110] https://de.wikipedia.org/wiki/Internationaler_W%c3%a4hrungsfonds
[111] https://www.imf.org/external/np/exr/facts/deu/howlendd.htm
[112] http://bit.ly/2GOFRXy und Ernst Wolff: Weltmacht IWF - Chronik eines Raubzugs
[113] Zusammenfassung: http://bit.ly/2ow9Oor
Bulle Unam Sanctam: http://bit.ly/2t8taFd, http://bit.ly/2BSxsTA
Bulle Romanus Pontifex: http://bit.ly/2ETTAQe, http://bit.ly/2CMWlNk
Bulle Aeterni Regis: http://bit.ly/2CLAh5O
[114] http://bit.ly/2sX62sW

dem Handelsrecht[115] unterworfen wurden, bis fast alle Staaten praktisch Firmen waren, die in den offiziellen Handelsregistern[116] auch entsprechend geführt wurden[117]."

„Moment", unterbricht Till. „Du meinst also, dieser ganze Verschwörungskram sei wahr gewesen und die Staaten tatsächlich nur noch Firmen ohne staatliche Hoheitsrechte? Das kann doch nicht sein. Das kann ich auch heute noch nicht glauben. Jetzt sag nur noch, dass die Bundesrepublik kein souveräner Staat[118] war, sondern eine besetzte Kolonie der USA."

„Ja, Till, so war es nach damals gültigem Völkerrecht tatsächlich[119]. Aber wer kannte sich schon aus mit dem Völkerrecht[120]. Ich weiß noch ganz genau, wie ein Richter, mit dem ich mal über dieses Thema sprach, mich eher mitleidig ansah, weil ich solchen Blödsinn für richtig hielt. Aber vom Völkerrecht[121] hatte der eben schlichtweg keine Ahnung. Er kannte seine Zivilprozessordnung und sein BGB, eben nur das, was er für seine tägliche Arbeit brauchte.

Es gab jedoch Menschen, die sich intensiv mit dem Völkerrecht beschäftigt hatten und die Täuschung sehr gut nachweisen konnten[122]. Natürlich versuchten die Medien, diese Nachweise ins Lächerliche und Absurde zu ziehen. Das ging aber nur mit Hilfe der Behauptung, dass es keine Nationalstaaten[123] wie im vorausgegangenen Jahrhundert mehr gäbe, da diese durch die faktische Praxis überholt und nur noch auf dem Papier existent wären. Dabei merkten die Journalisten nicht, wie sie indirekt bestätigten, dass eben tatsächlich nur noch das Handelsrecht gültig war. Jedenfalls gab es eine Unmenge an Buchveröffentlichungen und Netzseiten, in denen die Sachverhalte für jeden nachprüfbar und sachlich richtig dargestellt worden

---

[115] http://bit.ly/2oxOEpg
[116] https://www.upik.de/
[117] http://bit.ly/2CLE0QQ
[118] http://bit.ly/2F7BXfj, http://bit.ly/2HTdFUW
[119] http://bit.ly/2F0gZvs, http://bit.ly/2t0Qe8D
[120] https://www.juraforum.de/lexikon/voelkerrecht
[121] http://www.nrhz.de/flyer/beitrag.php?id=24513
[122] https://bit.ly/2GiV4o3, https://bit.ly/2Gipbfn, http://bit.ly/2t21jGp
[123] https://www.voelkerrecht.eu/n/nationalstaat.aspx und https://bit.ly/2J4INB9

sind. Am deutlichsten waren aber, wie schon gesagt, die Widersprüche zwischen den offiziell in den Leitmedien verbreiteten Nachrichten zum Völkerrecht und zum Handelsrecht.

Einerseits wurde das Völkerrecht als etwas Überholtes bezeichnet, da es angeblich keine Nationalstaaten im klassischen Sinn mehr gab. Andererseits wurde die Behauptung, man strebe mit der neuen Weltordnung eine Weltregierung unter US-Herrschaft an, als Verschwörungstheorie diffamiert. Die Verweise auf die Einträge sämtlicher Staaten, Behörden, Ämter und sonstiger öffentlicher Einrichtungen in den Handelsregistern wurden damit gerechtfertigt, dass es sich um zusätzlich zu den staatlichen Organen existierende Geschäftseinheiten handele. Der klar denkende Mensch konnte jedenfalls nur kopfschüttelnd fragen: ‚Ja, was gilt denn dann jetzt für ein Recht, wenn das Völkerrecht überholt ist, das Handelsrecht aber auch nicht gilt? Was ist denn dann die BRD, wenn sie keine Firma ist, aber auch kein Staat im Sinne des Völkerrechts'?"

Das Ende der Nationalstaaten

Hier unterbricht wieder Till: „Wäre denn das wirklich wichtig gewesen? Mir war es jedenfalls egal, ob Firma oder souveräner Staat oder besetztes Gebiet. Ich wollte einfach nur in Frieden leben. Diese ganze Diskussion darüber, ob die BRD der Rechtsnachfolger des Deutschen Reichs sei oder das Deutsche Reich als Völkerrechtssubjekt[124] unabhängig von der BRD bestehe und die ganzen daraus entstehenden Bewegungen waren mir suspekt und widerlich."

„Ja Till, das kann ich gut verstehen, dass dir das egal war und du einfach nur in Frieden leben wolltest", antworte ich. „Es war aber deshalb wichtig, weil unsere tatsächlichen Rechte davon abhängig waren. Auf welche Rechte konnten wir uns denn berufen, wenn die BRD nur eine Firma war? Schon lange hatten Menschen immer wieder darauf hingewiesen, dass das Recht gebeugt werde[125] und Richter offensichtliches Unrecht zu Recht erklärten. Wenn nur noch das Handelsrecht galt, dann müssten Verträge zwischen den Handels-

---

[124] https://de.wikipedia.org/wiki/V%C3%B6lkerrechtssubjekt
[125] http://bit.ly/2wlm4NU
Otto Depenheuer, Christoph Grabenwarter: Der Staat in der Flüchtlingskrise

partnern bestanden haben, denn dann waren die Bürger Handelspartner der Firma BRD. Ich will das jetzt gar nicht alles aufrollen, da brauchten wir Tage allein für dieses Thema.

Für unser Gespräch reicht die Feststellung, dass vieles unklar war und vieles stillschweigend akzeptiert wurde. Gleichzeitig gab es eine zunehmende Zahl kritischer Menschen, die auf die Widersprüche und die damit verbundenen Konsequenzen hingewiesen hatten. Und Tatsache war, dass die Menschen klammheimlich und ohne es zu merken immer mehr entrechtet wurden. Erst, als die Bürger nach dem Wirtschaftskollaps 2018 die Rechnung mit Zwangshypotheken[126] und Enteignungen bezahlen sollten, wurde den Menschen deutlich, dass sie nicht die Eigentümer ihrer Häuser waren. Aber da war es schon zu spät. Lange vorher hatten sich viele bereits gefragt, was denn falsch sei im Rechtssystem und wie man seine Rechte zurückerlangen könne.

Immer mehr Bürger verweigerten die Zahlung von Steuern, Strafgebühren und vor allen Dingen diejenigen an die GEZ[127]. Viele ließen sich ihre Staatsbürgerschaft offiziell bestätigen[128] und einige gründeten neue Völkerrechtssubjekte[129], um aus dem Dilemma der Rechtlosigkeit heraus zu kommen. Die Politik antwortete auf solche Herausforderungen mit Hohn und Verunglimpfung. Im Einklang mit den offiziellen Medien wurde z. B. von ‚Reichsbürgern‘ gesprochen, den alternativen Medien plötzlich falsche Berichterstattung unterstellt und alles dafür getan, den Eindruck zu erwecken, die bösen ‚Reichsbürger‘ wollten durch Verbreitung sogenannter ‚Fake News‘ die Menschen verunsichern und die Demokratie beseitigen. Tatsächlich hat es seit der Einführung der Demokratie in Wirklichkeit nie eine solche gegeben, denn vom Volk ging die Herrschaft nie aus."

Jetzt unterbricht Werner mit der Frage: „Und was haben dann diese Zahlungsverweigerungen gebracht? Was hat die Gründung neuer

---

[126] http://bit.ly/2FCyxil, http://bit.ly/2EYhcmN, https://bit.ly/2CN9LsO Seite 60
[127] Heiko Schrang: Die GEZ-Lüge; http://www.gez-abschaffen.de/index.htm
[128] http://gelberschein.info/, http://bit.ly/2GMMIAP, http://bit.ly/2ELIj0Z
[129] Als **Völkerrechtssubjekt** bezeichnet man einen Träger völkerrechtlicher Rechte und/oder Pflichten, dessen Verhalten also unmittelbar durch das Völkerrecht geregelt wird. Siehe: Alfred Verdross/Bruno Simma, Universelles Völkerrecht, 3. Aufl., Berlin 1984, § 375

Völkerrechtssubjekte gebracht, die ‚gelben Scheine'[130] und eigene Ausweise und Pässe?" Hier übernimmt nun Gerhard das Wort: „Letztlich nichts. Nur ganz wenigen ist es tatsächlich gelungen, sich in nervenaufreibenden Prozessen der Staatsmacht zu entziehen und somit souverän zu werden. Aber darauf kam es vielleicht gar nicht an.

Wichtiger war nach meiner Einschätzung die Tatsache, dass durch die Medienhetze gegen die ‚Reichsbürger' und die alternativen Medien viele Menschen erst auf diese aufmerksam wurden. Selbst diejenigen, die bisher noch jedes Wort der Leitmedien gedankenlos geglaubt hatten, begriffen nun, dass nicht die Medienkonsumenten vor Falschnachrichten geschützt werden sollten, sondern die Medien um ihre Deutungshoheit[131] kämpften. Es war wie bei den Tieren: Wenn man dem Feind durch Flucht entkommen kann, flieht man. Ähnliches taten die Systemmedien jahrelang, indem sie die alternativen Medien einfach ignorierten. Aber wenn der Feind so nah ist, dass es kein Entrinnen mehr gibt, wird er angegriffen. Genau das taten die Leitmedien. Sie griffen die alternativen Medien als unseriös und manipulierend an und stellten sich selbst dabei ungewollt als Propagandawerkzeuge der Regierenden dar. Durch diese Offenbarung ihrer wahren Bedeutung schreckten sie ungewollt eine Reihe ihrer bis dahin treuen Abnehmer auf und verloren noch mehr Einfluss."

Nun unterbreche ich Gerhard mit dem Hinweis: „Ja, ich denke auch, dass diese Bewegungen zur Bewusstwerdung der Menschen beigetragen haben und dafür notwendig waren. Feststellen will ich darüber hinaus, dass es nach meiner Einschätzung nie einen Weg zurück in die Nationalstaatlichkeit geben konnte, auch nicht den Weg zurück in bereits überholte Rechtssysteme. Vielmehr war für mich die Frage, wie die Menschen ihre angeborenen Rechte zurückerlangen konnten. Damit verbunden war die Frage, ob überhaupt jemand

---

[130] Nachweis der Staatsangehörigkeit nach Abstammung entsprechend des RuSTAG = Reichs- und Staatsangehörigkeitsgesetz für das Deutsche Reich vom 22.07.1913
Siehe auch: https://bit.ly/2J1hpUl zum aktuell gültigen Staatsangehörigkeitsgesetz (StAG) mit Veröffentlichungsdatum 22.07.1913 und http://bit.ly/2ELljOZ
[131] http://bit.ly/2CryMOr, http://bit.ly/2GPye32

das Recht haben könnte, anderen Menschen Rechte zu geben oder vorzuenthalten.

Aus der Geschichte wissen wir, dass es immer Menschen gegeben hat, die sich gegenüber ihren Mitmenschen erhöhten. Dies wurde als gottgegeben angesehen. Der Kaiser war Kaiser von Gottes Gnaden, der Papst war Stellvertreter Gottes auf Erden und die Menschen, die dummen Schafe, haben es geglaubt und sich unterwürfig verhalten. Mit der Aufklärung[132] ist dann das Naturrecht zwar thematisiert worden, aber geändert hat sich nichts. Zu weit reichten die päpstlichen Bullen[133] in die Vergangenheit zurück, mit denen die Menschen samt ihrer Seelen zum Eigentum der Kirche erklärt wurden und damit bereits alle Rechte verloren hatten. Zu geschickt waren die Rechte an materielle Güter und Besitz geknüpft, als dass sich etwas hätte ändern können.

Erst durch die immer stärker werdende Konzentration des Geldes und der Macht auf immer weniger Reiche wurde der Mechanismus erkennbar. Gerade durch die Ausweitung des Handelsrechts auf alle Staaten und deren Organe weltweit wurde deutlich, wie sehr das faktische Recht von Geld und Besitz abhing. Als ich das erkannte, wurde mir bewusst: ‚Wir müssen durchs Leid hindurch, um in die Freiheit zu gelangen. Wie Orpheus durch die Unterwelt musste, um ans Licht zu kommen, wie jedes Individuum seine dunkelsten Triebe und Begierden erkennen muss, um davon befreit zu werden, so muss die Menschheit durch die Sklaverei hindurch, um sie endgültig hinter sich lassen zu können.‘ Dabei war mir klar, dass die Tiefe der Versklavung davon bestimmt würde, wie schnell die Menschheit sich dieser Tatsache bewusst würde.“

Befreiung aus Systemzwängen

„Ja“, meint nun Werner, „wie wir heute wissen, erkannten die Menschen schneller, als es möglich erschien, wohin die NWO[134] führen würde. Und diese Einsicht fand eben auch bei den Militärs und der

---

[132] http://www.dfw-dachverband.de/naturrecht_und_aufklarung.html und https://bit.ly/2pQdi5f
[133] Bulle Unam Sanctam: http://bit.ly/2t8taFd, http://bit.ly/2BSxsTA
Bulle Romanus Pontifex: http://bit.ly/2ETTAQe, http://bit.ly/2CMWlNk
Bulle Aeterni Regis: http://bit.ly/2CLAh5O
[134] New World Order – neue Weltordnung

Polizei statt. Deshalb ließen diese sich nicht mehr bedingungslos gegen die Bevölkerung einsetzen und zwangen so die Eliten zum frühzeitigen Umdenken. Wir sprachen ja beim letzten Mal auch davon, dass die Menschheit ein Organismus ist und dass sich in diesem auch die Polarität der materiellen Welt ausdrückt. Die enorme Machtverschiebung zu immer weniger Menschen und die gleichzeitig zunehmende Unterdrückung der Massen ließen natürlich die Polarität zwischen Macht und Ohnmacht immer deutlicher werden.

Ich selbst war ja bis etwa 2020 ein total unpolitischer Mensch, eigentlich nur auf Konsum ausgerichtet und abhängig von den elektronischen Medien einschließlich der überall beworbenen Online-spiele[135]. Aber als ich die Unterdrückung im eigenen Leben zu spüren begann, weil ich immer mehr arbeiten musste, um meinen gewohnten Lebensstil finanzieren zu können, fragte ich mich doch irgendwann, was mich zu diesem Verhalten trieb, ja geradezu zwang. Ich fragte mich auch, weshalb ich mich so selbstverständlich diesen Zwangsmechanismen unterwarf und welche Motive die Herrschenden für ihre Herrschsucht hatten. Anfangs fühlte ich mich sehr hilflos und verlassen mit diesen Fragen. Meine Altersgenossen waren doch alle genauso abhängig wie ich, und wir hatten nie gelernt, die Dinge kritisch zu hinterfragen.

Ich wusste nicht, wie meine Freunde reagieren würden, wenn ich ihnen meine Zweifel mitteilen würde, die ja auch Selbstzweifel waren. Ganz vorsichtig begann ich, im Weltnetz nach Menschen zu suchen, die zu ähnlichen Schlüssen gekommen waren wie ich. Dann lernte ich Linda kennen, die mir vertrauenswürdig erschien und mit der ich offen über mein eigenes Lebensgefühl und die Zusammenhänge mit dem Weltgeschehen sprechen konnte. Das war eine sehr befreiende Zeit damals, und ich erkannte durch unsere intensive Hinterfragung auch bald, dass Macht und Ohnmacht beide dieselbe Ursache haben. Beide sind der polare Ausdruck des Strebens nach Sicherheit und beruhen auf der Illusion, dass diese in der Außenwelt zu finden sei. Die einen fühlen sich sicher, wenn sie die Kontrolle

---

[135] https://www.palverlag.de/lebenshilfe-abc/internetsucht.html und https://bit.ly/2pOxPb3

über die von ihnen als Bedrohung betrachteten äußeren Bedingungen haben. Die anderen wähnen sich in Sicherheit, wenn sie Schutz vor Bedrohungen gewährt bekommen.

Macht ist also nur die Ausübung von Kontrolle und die Ohnmacht ist die Unterwerfung unter den vermeintlichen Schutz der Mächtigen. Diese Erkenntnis führte schließlich zu der Einsicht, dass es keine Sicherheit in der materiellen Welt gibt. Erst dadurch stieß ich auf den Weg nach innen. Das war eine wirklich beglückende Zeit damals. Mit Lindas Unterstützung begann ich, mich bewusst dem Leben zuzuwenden. Endlich erkannte ich, dass die Spielsucht der vergangenen Jahre nichts anderes war als die Flucht vor mir selbst, vor dem, was in mir und durch mich seinen Ausdruck finden wollte. Wir nahmen dann gemeinsam an Seminaren und Onlinekursen teil, durch die wir unsere Mitte fanden[136]. Und ich weiß noch ganz genau, welch große innere Freude sich entfaltete, als ich gleichzeitig die Freiheit von den bisherigen Abhängigkeiten und die innere Sicherheit der Führung durch das Leben selbst spürte.

Plötzlich wurde mir auch vollkommen klar, was Verantwortung eigentlich bedeutet, dass sie nichts zu tun hat mit der Übernahme irgendwelcher Aufgaben und der Verteilung von Zuständigkeiten. Ich erlebte Verantwortung als von innen kommende Antwort auf die Probleme, mit denen ich konfrontiert war. Nach meinem Verständnis ist sie identisch mit der Stimme des Gewissens. Meine gesamte Weltsicht drehte sich gewissermassen auf den Kopf. Ich erkannte, dass die sogenannte Verantwortung für etwas nichts anderes war als ein geschicktes Spiel mit der Macht. Sie dient der Instrumentalisierung der Menschen, die bereit sind, diese scheinbare Verantwortung zu übernehmen. Erstmalig spürte ich damals auch: Wenn ich das Leben dorthin fließen lasse, wo es aus inneren Antrieb hin will, fühle ich mich vom Leben selbst geliebt. Leben und Lieben sind letztlich eins.

Seitdem weiß ich, dass ich weder von einem Menschen geliebt werden noch die Liebe sich auf ein Objekt beziehen muss. Die Liebe durchströmt uns alle. Wir müssen uns nur öffnen für die Wahrnehmung der Liebe und uns ihrer bewusst werden. Und je mehr ich mir

---

[136] z. B.: http://bit.ly/2HSe21P oder https://www.sofengo.de/w/42972

des von Liebe getragenen Lebens in mir bewusst wurde, desto leichter fiel es mir, mich aus den Zwängen und Abhängigkeiten des Systems zu befreien und mich mit Menschen zu verbinden, die ähnliche Erfahrungen gemacht hatten wie wir. So konnten wir völlig gewaltfrei unseren Anteil zur Schaffung einer neuen Welt beitragen, indem wir uns einfach dem System entzogen."

Das Ende der Herrschaft

„Du hast sehr schön und treffend wiedergegeben, wie wir damals gemeinsam den Weg aus der Spirale der Gewalt herausgefunden haben", ergänzt Linda. „Wir haben ja damals auch gesehen, wie viele Menschen auf der Suche nach dem Leben, Freiheit und Liebe waren. Es gab auch viele Polizisten und Soldaten, die sich dann immer häufiger den Anordnungen der Obrigkeit widersetzten. Anfangs wurde noch versucht, sie durch Strafversetzungen, Strafdienste und andere Repressalien zum Gehorsam zu zwingen. Aber wir wussten ja aus eigener Erfahrung, dass es nicht möglich ist, einen Menschen zu verbiegen, der im Einklang mit seinem Herzen und seiner Seele lebt. Ja, einige wurden schwach, aber die Mehrzahl blieb sich selbst treu und tat, was sie für angemessen hielt.

In der Gemeinschaft der Selbstversorger sowie während der Treffen des Transformalen Netzes wurden auch immer wieder pragmatische Lösungen gesucht und besprochen, wie jede Form von Herrschaft, Macht, Fremdbestimmung und Ungleichheit zu beenden wären. Da reifte dann die Erkenntnis, dass Geld das Mittel ist, mit dem diese aufrechterhalten werden. Deshalb müssten die Menschen automatisch ihre mit der Geburt erhaltene Rechte wiedererlangen, wenn es kein Geld mehr gäbe.

Besonders im Transformalen Netz entwickelten sich als synergetische Ergebnisse sehr klare Bilder eines Lebens ohne Geld, die dann auch weitervermittelt wurden. Die Selbstversorgung war ja gar nicht einfach umzusetzen. Die staatlichen Organe hatten immer wieder versucht, die Selbstversorgergruppen der Steuerhinterziehung, der Schwarzarbeit und anderer Delikte zu bezichtigen. Aber es gelang ihnen letztlich nicht. Für uns wurde sogar die Tatsache, dass es kein Bargeld mehr gab, zum Vorteil. Um uns Schwarzarbeit und Steuerhinterziehung nachweisen zu können, hätten sie uns Kontoein- und

-ausgänge nachweisen müssen. Die gab es aber gar nicht. Und die Versuche, uns Handel mit unerlaubten Zahlungsmitteln wie Schuldscheinen, eigenen Geldscheinen, Punktesystemen oder sonstigen Bewertungssystemen und Tauschmitteln nachzuweisen, funktionierten einfach nicht.

Weißt du noch, Werner, wie sie unsere Wohnung mit mehr als zwanzig schwerbewaffneten Polizisten auf den Kopf stellten? Wie der Laptop, das Smartphone, dein Handy, alle schriftlichen Dokumente und Bücher beschlagnahmt und mitgenommen wurden? Das war der Versuch, uns einzuschüchtern und irgendwo doch Hinweise darauf zu finden, dass wir heimlich unsere Waren und Dienstleistungen gegeneinander verrechnen."

„Ja, das hat uns damals ganz schön geschockt, aber Gott sei Dank haben wir nicht die Ruhe verloren und nur darauf bestanden, alles unversehrt wieder zurück zu bekommen. Das war dann auch nach mehr als sechs Monaten endlich der Fall. Sie müssen uns ja auch systematisch längere Zeit überwacht haben, denn alle Mitglieder unserer Gemeinschaft erhielten zeitgleich genauso unangenehmen Besuch. Nachdem einige Selbstversorgergruppen derart ergebnislos untersucht worden waren, gab man es schließlich auf. Aber dafür wurde dann Bettelei jeglicher Art verboten und unter Strafe gestellt. Sie glaubten doch tatsächlich, uns der Bettelei überführen zu können."

„Ja, und als das auch nicht zielführend war, wurden sie gewaltsam", ergänzt Linda. „Da machten sie in Nacht und Nebelaktionen unseren und andere Selbstversorgergärten platt. Sie ließen es wie Plünderungen hungriger Menschen aussehen. Das war wirklich eine schwere Zeit. Wir informierten damals sofort alle uns bekannten Selbstversorgergruppen und sorgten für einen großen Artikel in der lokalen Zeitung. Die gute Vernetzung der Gruppen untereinander ermöglichte dann auch vorübergehend unsere Versorgung mit dem Notwendigsten. Wir organisierten eine unauffällige Bewachung unserer Gärten, bauten Sicherungen mit unsichtbaren Fallgruben und Stolperleinen. Tatsächlich konnten auf diese Weise mehrmals Täter auf frischer Tat ertappt werden, die sich in den anschließenden Verhandlungen als Beauftragte staatlicher Sicherheitsdienste zu erkennen gaben."

„Und dann", fährt jetzt Werner fort, „baten doch tatsächlich immer häufiger Menschen, die keine Drecksarbeit mehr für die staatlichen Sicherheitsdienste durchführen wollten, um Aufnahme in die Selbstversorgergruppen. Die haben uns dann mit internen Informationen und ihren noch bestehenden Kontakten sehr geholfen. Jedenfalls war bald Ruhe und wir konnten unsere Arbeit für eine geldlose Gesellschaft wieder ungestört verrichten."

Hier unterbricht Katrin. „Das war jedenfalls eine sehr wertvolle und verzichtreiche Arbeit, für die euch noch heute aufrichtiger Dank gebührt. Von da an hat es ja nicht mehr lang gedauert, bis sich die dezentrale Versorgung mit Ätherenergie flächendeckend durchgesetzt hatte. Dadurch wurden ganze Konzerne überflüssig und die alten Machtstrukturen begannen, sich endgültig aufzulösen.

Hat jemand von euch eigentlich bemerkt, dass wir jetzt fast drei Stunden am Stück erzählt und zugehört haben? Ich denke, es wäre Zeit für einen Kaffee und einen gemütlichen Spaziergang, um den wunderbaren Frühlingstag noch ein wenig zu genießen. Was meinst Du, Gerhard? Ist das Thema aus deiner Sicht genügend behandelt worden?"

„Oh, ja! Ich habe jetzt einen vollständigen Überblick und kann endlich verstehen, wie wir in unseren heutigen Zustand dank der Vorarbeit der damaligen ‚Weltverbesserer' geführt wurden."

Eine Reise nach Berlin

Neue Antriebe in alten Verkehrsmitteln

Heute ist ein Besuch bei alten Freunden in Berlin geplant, die ich schon länger nicht mehr gesehen habe. Sie wollen mich während meiner Anwesenheit auch ein wenig in der Stadt herumführen. Dort soll sich während der letzten zehn Jahre viel verändert haben. Ich werde sehr überrascht sein, meinten sie im letzten Ferngespräch. Meine liebe Frau Gerlinde bleibt diesmal zu Hause, da ihr die Reise mit fünfundneunzig Jahren zu anstrengend wird.

Um den Tag gut nutzen zu können, habe ich mich schon früh auf den Weg gemacht. Um 07:05 geht der ICE ab Hamburg Dammtor und wird Berlin bereits um 08:10 erreichen. Grund für diese kurze Fahrtzeit ist die Ausstattung der Lokomotiven mit den neuen Permanentmagnetmotoren[137]. Außerdem gibt es keinen Zwischenhalt. Trotzdem können auch Reisende aus Lübeck, Rostock oder Schwerin diesen Zug nutzen, ohne erst nach Hamburg fahren zu müssen. Fahrgäste aus diesen Orten steigen schon am Startbahnhof in einen der Wagen, die bis Berlin durchfahren. Diese Wagen werden dann während der Fahrt an den ICE aus Hamburg angekoppelt.

Schon in den siebziger Jahren des letzten Jahrhunderts sollten die Kabinen der H-Bahn[138] während der Fahrt verbunden werden. Wieder aufgenommen und weiterentwickelt wurden diese Idee in den neunziger Jahren von Christoph Müller in dessen Konzept für ein ‚Railtaxi'[139]. Aber erst nach 2010 wurde sie für den Einsatz im Bahnbetrieb[140] untersucht.

Für den Weg von Norderstedt zum Bahnhof Dammtor wähle ich die U-Bahn. Auch diese Züge sind modernisiert und mit Magnetmotorantrieben ausgestattet, so dass sie jetzt vollständig CO_2-neutral fahren. Obwohl heute die Menschen zu ihrem Arbeitsplatz fahren, gibt

---

[137] http://bit.ly/2DGyUWJ, http://bit.ly/2G6Tzse und http://bit.ly/2FNzNT6
[138] https://de.wikipedia.org/wiki/H-Bahn und http://www.hedayati.eu/h-bahn/hbahn.htm#03
[139] Christoph Müller: Der gangbare Weg in die regenerative Energiewirtschaft
http://www.astrail.de/umweltli.htm
[140] http://bit.ly/2GVIIPp, http://bit.ly/2t9rtr4 und http://bit.ly/2FyzPu9

es kein Gedränge und geschäftiges Treiben auf der U-Bahnstation. Die wenigen Reisenden wirken entspannt und heiter. Es ist eine Freude, ihnen in die Gesichter zu sehen, deren Augen mit einem ebenfalls freudigen Blick antworten.

Freude als sichtbarer Ausdruck

Seit die Menschen immer mehr ihrer inneren Berufung folgen und in der Regel nicht mehr als sechs Stunden am Tag ihren Beruf ausüben, hat der früher übliche Pendler- und Berufsverkehr ständig abgenommen. Dies vor allen Dingen deshalb, weil immer mehr Menschen die Spaltung zwischen Privatleben und Erwerbstätigkeit als unsinnig erlebt haben. Je näher sie ihrer eigentlichen Berufung kamen, umso mehr wurde die Erwerbstätigkeit zugunsten einer Berufsausübung im ursprünglichen Sinne des Wortes aufgegeben. Damit konnte die Arbeit immer häufiger in die eigenen Wohnräume verlagert oder zumindest ein Arbeitsplatz in der Nähe der eigenen Wohnung gefunden werden.

Nach dem Wegfall des Geldes sind alle Tätigkeiten entfallen, die nur dem Geld- und Finanzmarkt dienten. Tausende Arbeitsplätze bei Banken, Finanzämtern, Versicherungen, Inkassounternehmen sowie deren EDV-Zulieferern waren ab dem Zeitpunkt vollkommen überflüssig. In allen Firmen sind zudem die Lohn- und Finanzbuchhaltungen bedeutungslos geworden. Gleichzeitig gibt es keinen Zwang zur Arbeit in einem gemeinsamen Firmengebäude, da die an einem Projekt beteiligten Menschen auf unterschiedliche Weise miteinander kommunizieren. So ist die Verkehrslage auch an den Werktagen auf den Straßen und in den öffentlichen Nahverkehrsmitteln sehr entspannt.

Ich erreiche pünktlich und ausgeruht den Bahnhof. Die Menschen auf ihrem Weg von und zu den Zügen sind ruhig und gelassen. Obdachlose, Bettler oder Drogensüchtige sind nicht zu sehen. Durch die vielen nicht mehr benötigten Gebäude der ehemaligen Finanzdienstleister ist genügend Wohnraum entstanden, um jedem Menschen eine Wohnung zu bieten. Die Drogensüchtigen sind überwiegend freiwillig und erfolgreich in therapeutische Behandlungen gegangen, da nach der Abschaffung des Geldes der Drogenhandel praktisch vollkommen zusammengebrochen ist. Berater, Begleiter und klassische Psychotherapeuten gibt es genug, die Menschen darin unterstützen, in Kontakt mit dem Leben zu kommen. Die wenigen Straßenmusikanten, die auch heute am Bahnhof aufspielen, tun dies aus reiner Freude an der Musik und mit dem Hinweis, dass sie gern bei privaten Festen und Feiern auftreten.

Nach Einfahrt meines Zuges begebe ich mich auf den reservierten Platz. Mir gegenüber sitzen eine Frau und ein Mann, mit denen ich ins Gespräch über die aktuelle Weltlage komme. Beide freuen sich über den gelungenen Wandel der letzten zehn Jahre und die damit gewonnene neue Freiheit.

Ein Erfahrungsaustausch

„Früher ist uns überhaupt nicht aufgefallen, wie sehr wir in unseren Einstellungen und Meinungen von gesellschaftlichen Zwängen und Normen abhängig waren. Wir fühlten uns wohl, weil wir überall hinfahren konnten, keine finanzielle Not litten und uns manchen Luxus leisten konnten. Ja sicher, die Äußerung der eigenen Meinung wurde seit Beginn der großen Flüchtlingszuströme immer schwieriger. Manche Themen durfte man kaum noch ansprechen, da sich sofort Spannungen bis hin zu Feindseligkeiten entwickelten.

Aber erst jetzt ist uns ganz deutlich, dass tatsächlich immer mehr gegenseitige Bespitzelungen wie zu DDR-Zeiten um sich griffen. Sogar zur Denunziation von Menschen mit abweichenden Meinungen, die als intolerant galten, wurde aufgerufen[141]. Natürlich ist uns das zunehmend suspekt geworden und der Blick in alternative Nachrichtenportale des weltweiten Netzes hat auch an uns schon damals seine Spuren und Eindrücke hinterlassen. Unfrei haben wir uns aber deshalb noch lang nicht gefühlt. Bis zum Zusammenbruch der gesellschaftlichen, wirtschaftlichen und staatlichen Strukturen haben wir ganz fest immer der sogenannten ‚demokratischen Grundordnung' und dem Mehrparteiensystem vertraut. Wir sind brav zu jeder Wahl gegangen und haben uns nie durch die Argumente der Nichtwähler beeinflussen lassen.

---

[141] http://bit.ly/2F5r7af und http://bit.ly/2oHYsgo

Nachdem wir einige durch erfahrene Menschen begleitete Kurse zur Erlangung innerer Freiheit, Lösung von Kindheitstraumata und unbewusst übernommenen Glaubenssätzen besucht haben, ist die Einsicht gekommen und gefühlte Wahrheit geworden, dass es eine Freiheit gibt, von der bei uns und in unserem Bekanntenkreis nie zuvor gesprochen wurde. Wir haben schon auch Leute gekannt, die sich mit geistigen, religiösen, psychologischen und philosophischen Themen beschäftigten, aber die waren für uns eher Spinner und Esoteriker. Mit denen wollten wir nichts zu tun haben. Und wenn wir mal bei irgendeiner Gelegenheit gezwungenermaßen mit ihnen sprechen mussten, kamen uns ihre Gedanken und Weltanschauungen sehr weltfremd, phantastisch, ja geradezu abwegig versponnen vor. Nee, das war nicht unsere Welt.

Und als das Geld offiziell aufgegeben wurde, waren wir fest überzeugt, dass sich die Menschen durch Mord und Totschlag beim Kampf um die bisher erarbeiteten Lebensgrundlagen, vorrangig um Nahrung und Kleidung, aber auch um Besitz und Eigentum, gegenseitig nahezu vernichten werden. Vor unserem geistigen Auge sahen wir schon Heerscharen von Städtern, die landwirtschaftliche Güter und Betriebe plündern und sich dabei gegenseitig niedermetzeln. Erst jetzt, im Zustand innerer Freiheit, können wir die von uns damals als Spinner bezeichneten Menschen und ihre Ideen begreifen. Daraus haben wir Vertrauen in die Fähigkeit von Menschen gewonnen, sich liebe- und verständnisvoll, gegenseitig achtend und vertrauend zu begegnen und das Wohl der Allgemeinheit im eigenen Tun zu fördern."

Inzwischen hat der Zug den Berliner Stadtrand erreicht, und ich muss mich langsam auf den Ausstieg vorbereiten. Ich danke ihnen für ihre wunderbare Schilderung mit den Worten: „Das freut mich sehr, dass Sie sich so um Ihre innere Entwicklung gekümmert haben und neues Vertrauen in sich und andere Menschen gewinnen konnten. Übrigens war auch ich einer von den Spinnern, die sich eine Welt ohne Geld gewünscht hatten. Es ist doch wirklich schön, dass wir uns jetzt miteinander unterhalten können, ohne dass ich Sie für starrköpfig und uneinsichtig halte oder Sie mich für einen verrückten Spinner. Und jetzt will ich mal selbst sehen, wie sich diese Änderungen auf unsere frühere Hauptstadt ausgewirkt haben. Ihnen alles

Gute und weiterhin neue erhellende Erkenntnisse." Dank des gewonnenen Vertrauens verabschiede ich mich mit einer Umarmung.

Am Bahnsteig werde ich schon von Wolfgang und seiner Frau Thea freudig erwartet. „Ja, dass wir uns doch noch wiedersehen, hätten wir fast nicht mehr für möglich gehalten. Schön, dass es nach so vielen Jahren nun endlich klappt. Ist ja mindestens zwanzig Jahre her, seit wir uns das letzte Mal sahen. Und so viel ist passiert, dass es nicht einmal selbstverständlich ist, dass wir überhaupt noch leben. Aber du siehst, wir sind noch gesund und munter. Und du siehst ja auch nicht gerade wie neunzig aus, hast dich wirklich prima gehalten. Bin gespannt, wieviel Jährchen uns das Leben noch beschert. Aber jetzt lass uns erst mal ein Frühstück nehmen und dann wollen wir dir die Stadt zeigen. Einverstanden?"

Frühstück im Café

Natürlich bin ich einverstanden. Wir gehen vom Bahnhof Richtung Reichstagsgebäude, das heute ein Museum ist. Unterwegs kommen wir an einem kleinen, unauffälligen Café vorbei, in das Wolfgang und Thea mich hinein bitten. „Das ist unser Lieblingscafé. Kein anderes uns bekanntes ist so reizvoll und wird mit so viel Hingabe und Liebe geführt wie dieses. Du wirst begeistert sein."

Kaum haben wir die Tür geöffnet, werden wir herzlich willkommen geheißen. Ein Mann von etwa vierzig Jahren und seine ungefähr gleichaltrigen Frau schütteln lächelnd unsere Hände und nehmen unsere Jacken ab, um sie in die winzige Garderobe zu hängen. Auf der Theke brennt eine Kerze unter einem Schälchen mit Lavendelöl, dessen Dämpfe den Raum mit einem wohligen Duft erfüllen. Auf jedem der vier Tische steht eine brennende Kerze und verleiht dem Café anheimelnde Gemütlichkeit. „Ja, das glaube ich, dass es euch hier besonders gefällt."

Eine Karte gibt es nicht, da die beiden Wirtsleute das anbieten möchten, was sich die Gäste wünschen, anstatt etwas vorzuschreiben. Deshalb wird alles erst zubereitet, wenn der Gast seinen Wunsch geäußert hat. Ich halte das für besonders entgegenkommend, möchte aber doch gern wissen, ob es nicht gelegentlich vorkommt, dass ein Gast etwas wünscht, das sie einfach nicht im Haus haben oder vielleicht nicht einmal kennen.

„Ja, gelegentlich kommt das vor, aber das war bisher für keinen Gast ein Problem, wir schlagen dann Vergleichbares vor, was wir im Hause haben. So hat bisher jeder Gast etwas gefunden, was er besonders gern möchte. Wenn uns etwas unbekannt ist, fragen wir nach und bereiten dann die Dinge so zu, wie wir sie beschrieben bekommen. Bisher wurden wir für unsere Ergebnisse nur gelobt. Aber das Kochen, Backen, Zubereiten und Servieren ist nun mal unsere Profession. Es erfüllt uns mit Freude und wir tun es mit Liebe. Da kann eigentlich gar nichts schief gehen. Und wenn wir mal feststellen, dass es einfach nicht geht, dann öffnen wir gar nicht erst. Das kam bisher aber nur sehr selten vor. Üblicherweise spüren wir, wenn wir wieder mal eine Freizeit zur Erholung brauchen und können das rechtzeitig bekanntgeben. Dann schließen wir drei bis vier Wochen und gehen danach wieder frisch ausgeruht und mit neuen Ideen an unsere Arbeit. So läuft das hier. Und nun sagt doch mal, was ihr gern haben möchtet.“

Wolfgang wünscht sich einen großen Milchkaffee, einen Orangensaft und zwei Scheiben dunkles Brot mit Rohmilchkäse. Thea möchte gern einen Cappuccino, einen Apfelsaft und einen Obstsalat mit Quark. „Und ich wünsche mir ein Glas Wasser, einen Latte Macchiato und einen frischen Gemüsesaft. Essen ich würde gern etwas Obst, Ziegen- oder Schafskäse sowie ein herzhaftes Gebäck. Gern lasse ich mich mit etwas überraschen, was ihr selbst besonders mögt.“

Es dauert keine zwei Minuten und ich habe ich ein großes Glas Wasser vor mir stehen. Obwohl aus dem Hahn, ist es frisch und klar wie reines Quellwasser. Beim Anblick meines genießerischen Gesichtsausdrucks fragt Wolfgang: „Weißt du noch, Thea, was das immer für eine Schlepperei mit dem Mineralwasser war? Und dann war nicht einmal klar, was da wirklich alles drin war und wie viele Kilometer es zuvor durch die Gegend gefahren wurde. Trinken konnte man es oft nur, wenn es eiskalt war, so seltsam hat manches geschmeckt.“

„Stimmt“, antwortet sie, „gern hätten wir uns damals eine gute Wasseraufbereitungsanlage gekauft, aber wir hätten sie kaum bezahlen können. Und die Aufbereitungstechniken waren so vielfältig[142], dass

---

[142] https://www.wasseraufbereitungshilfe.de/ und http://bit.ly/2FcBiJo

nur die intensive Beschäftigung damit Klarheit gebracht hätte, was nun wirklich gut für das Wasser, die Umwelt und den Menschen ist. Dank der Zusammenarbeit von Wasserforschern und Verfahrensingenieuren gibt es jetzt optimale Geräte, die in großer Stückzahl hergestellt werden."

„Ja", sagt der Wirt, der gerade den Cappuccino, den Milchkaffe und den Latte Macchiato bringt. „Und deshalb bekommt ihr nicht nur wunderbares Wasser, sondern ebenso schmackhaften Kaffee, denn der ist natürlich mit dem gleichen Wasser zubereitet. Na, dann lasst es euch schmecken. Das Essen wird meine Frau in etwa 10 Minuten bringen."

„Und", ergänze ich, „wegen der dezentralen Aufbereitung gibt es praktisch keinen Ort mehr auf dieser Erde, an dem es an sauberem und bekömmlichem Trinkwasser mangelt."

Während wir also genüsslich Schluck für Schluck unseres jeweiligen Kaffeegetränkes genießen, tauschen wir uns über die familiären Entwicklungen des letzten Jahres und unsere noch anstehenden Vorhaben aus. Unser Gespräch wird vom Wohlgeruch frischen Brotes und dem Klappern der Saftgläser unterbrochen. Jede Platte ist mit Salat, Gurke, Paprika- und Möhrenstreifen wundervoll garniert, und ich bin gespannt, was mir die Küchenfee für Gebäck serviert. Jetzt bekomme ich meinen Teller. Das Obst, Birnen- und Apfelstücke sowie Pflaumen, umrahmt den Ziegen- und Schafskäse. Daneben liegen drei kleine Fladen, die sehr würzig nach Rosmarin und Thymian duften. Es sind keine herkömmlichen Backwaren, sondern in Fett gebratene Getreidefladen aus einer Mischung von Gerste, Sesam, Grünkern und Leinsamen mit besagten Gewürzen, und sie schmecken köstlich zu Käse und Obst.

Besichtigung des Reichstagsgebäudes

Nach etwa zwei Stunden bedanken wir uns bei den freundlichen Gastgebern, wünschen einen schönen Tag und verlassen das Café, um in den Reichstag zu gehen. Inzwischen ist er ein Museum für die

Entwicklung der menschlichen Gesellschaft von der Zeit der Sumerer bis zur Gegenwart[143]. Ich bin gespannt, wie diese Thematik aufbereitet und dargestellt ist und begebe mich erwartungsvoll in das Gebäude. Nur ungern denke ich an die Zeit, in der jeder Besucher von Kopf bis Fuß nach Waffen und Sprengstoffen abgesucht wurde, bevor er das Gebäude betreten durfte. Jetzt gehen wir einfach durch ein Drehtor, dessen Zähleinrichtung dafür sorgt, dass die Zahl der gleichzeitig anwesenden Besucher nicht zu groß wird.

Im Museum werden eindrucksvoll und anschaulich die immer wieder gleichartig ablaufenden Mechanismen der Ausübung von Macht und ihrer Konzentration im Laufe der Entwicklung einer Kultur bis zu deren Zusammenbruch dargestellt. Durch Gegenüberstellung des jeweils zeitgleichen Bewusstseins der Masse der Bevölkerung anhand ihrer Mythen, Literatur, Dichtung und verschiedener Alltagsaufzeichnungen wird offensichtlich, wie Angst und Sicherheitsstreben der meisten Menschen die Macht der Herrschenden erst ermöglichte. Und es ist deutlich zu sehen, dass niemals in der Geschichte der Menschheit so ein Grad an Machtkonzentration und Unterdrückung der Massen herrschte wir in unserer unmittelbaren Vergangenheit. In der Gesamtschau sieht es daher so aus, als musste dieses Maß an Unterdrückung erst einmal erreicht werden, um bei den Menschen genügend Leidensdruck zu erzeugen, damit der Wunsch nach Freiheit sie endlich wachrüttelte. Die Menschen mussten erst lernen, sich die eigene Verantwortung und das mit der Geburt erworbene Grundrecht auf Nahrung, Bewegungsfreiheit, Wohnraum, mit einem Wort das Recht auf Leben in Freiheit, wieder zurückzuholen.

Besonders interessant ist die Sonderausstellung unter dem Thema „Verschwörung und historische Realität". Hier werden Veröffentlichungen über Hintergründe und Absichten vieler politischer, gesellschaftlicher und wirtschaftlicher Ereignisse zwischen 2000 und 2025, die als Verschwörungstheorien bezeichnet wurden, den jetzt bekannten historischen Erkenntnissen gegenübergestellt. So finden wir zum Beispiel Nachweise zur Planung und Ausführung bewusst inszenierter Terroranschläge durch Regierungen und deren Geheimdienste in Dokumenten der Geheimdienste, deren Herausgabe

---

[143] Siehe auch Dr. Ulrich Mohr: Die Herrschaft des gesunden Menschenverstandes

und Veröffentlichung die jetzt freien und souveränen Menschen erzwungenen haben. Durch diese Veröffentlichungen haben viele Menschen erst das Ausmaß erkannt, in dem sie tatsächlich seit Jahrzehnten von den Regierenden und den Finanz- und Wirtschaftskartellen, deren Presseorganen sie bisher vertrauten, betrogen und entrechtet worden sind.

Nur der ehemalige Plenarsaal ist unverändert geblieben und dient heute den Tagungen der Delegierten für die Fachkonferenzen zur Abstimmung überregionaler Planungsmaßnahmen. Zu diesen Konferenzen kommen Vertreter derjenigen Verwaltungseinheiten zusammen, die von den beabsichtigten Maßnahmen betroffen sind, wie z. B. neuen Bahnstrecken, Straßen oder Fertigungsbetrieben mit überregionaler Versorgungskapazität. Jeder der Abgeordneten für das zu beratende Thema vertritt etwa einhunderttausend Menschen. Wegen der Dezentralisierung vieler Bereiche, wie der Energieversorgung oder der Wasserver- und -entsorgung, und des Wegfalls ganzer Bereiche, über die früher der Bundestag zu entscheiden hatte, sind höchstens acht bis zehn solche Versammlungen pro Jahr nötig, die nie länger als drei Tage dauern.

Die weiteren Gebäude des ehemaligen Regierungsviertels sind in Wohnraum und Begegnungszentren umgewandelt worden. Ich möchte gern wissen, welche Möglichkeiten diese Begegnungszentren bieten und bitte meine Gastgeber, mit mir eines davon zu besuchen. Zunächst gehen wir einfach an den Gebäuden vorbei und sehen sie uns an. Jedes Begegnungszentrum ist zweckgebunden. Da gibt es ein Zentrum der sportlichen Begegnung, eines für die Begegnung der Freunde der Philosophie, eines heißt Begegnungszentrum für Philatelisten, ein anderes dient der Begegnung von Eltern mit Kindern, wieder ein anderes ist für den Austausch politischer und wirtschaftlicher Ideen vorgesehen. Fast könnte man sie für Vereinshäuser halten, aber es sind tatsächlich freie Begegnungsstätten zum Austausch mit interessierten Menschen. Reichlich vorhandenes Informations- und Quellenmaterial zu den jeweiligen Themen dient der Einsicht vor Ort.

Besuch eines Meditationszentrums

Wir entscheiden uns für den Besuch eines Meditationszentrums zur spirituellen Entfaltung. Der Eingangsbereich ist in sanftes, warmes Licht gehüllt und von zarten Düften nach Lavendel und Rosmarin durchströmt. An den Wänden befinden sich große Zeitplantafeln mit Veranstaltungshinweisen und -angeboten für die nächsten drei Monate.

Es werden vom Yoga- und Meditationskurs für Anfänger und solchen für Fortgeschrittene über langfristige Dauerkurse bis hin zu Gesprächs- und Diskussionsrunden zu philosophischen, religiösen, weltanschaulichen Themen täglich mehrere Veranstaltungen von unterschiedlicher Dauer und verschiedenen Menschen angeboten. In den insgesamt sieben Gruppenräumen finden bis zu fünf Veranstaltungen gleichzeitig statt. Ein Ruheraum ist für die Besucher vorgesehen, die losgelöst von jeglichem Angebot einfach nur einen Ort der Entspannung und Ruhe zur Selbstbesinnung und inneren Einkehr wünschen. Ein zweiter Raum bietet die Möglichkeit des freien Erfahrungsaustauschs im Gespräch.

Ich erfahre, dass hier jeder, der daran interessiert ist, Räume für seine Angebote frei nutzen kann. Die einzige Bedingung ist, dass ein Angebot wenigstens eine Stunde und höchstens vier Stunden Zeitumfang beinhaltet. Will jemand Tages- oder Wochenseminare oder -kurse durchführen, so muss das im Rahmen einer Jahresplanung zur Belegung der Räumlichkeiten jeweils bis spätestens Ende Oktober des Vorjahres als Angebot eingereicht werden. Ein für diesen Zweck freiwillig zusammentretendes Organisationsteam aus vier bis sieben Menschen prüft dann die eingegangenen Angebote auf terminliche Überschneidungen. Solche, die nicht mit Alternativangeboten zusammenfallen, werden sofort in den Jahresplan für Langzeitseminare eingetragen. Die Termine der übrigen Veranstaltungen werden gemeinsam mit allen betroffenen Kurs- und Seminarleitern abgestimmt. Angebote, für die kein freier Zeitraum gefunden werden kann, werden mit Einverständnis aller betroffenen Leiter parallel zu anderen Veranstaltungen angeboten.

Das nächste Angebot findet um fünfzehn Uhr statt. Eine Diskussions- und Gesprächsrunde mit dem Thema „Wer bin ich?" soll ausgehend von verschiedenen religiösen und philosophischen Texten den Teilnehmern helfen, eigene Antworten auf diese existentielle Frage zu finden. Parallel dazu gibt es das Thema „Ein Weg in meine Mitte – ein Übungskurs", der auf verschiedenen psychotherapeutischen Methoden aufbaut und verspricht, innerhalb von drei Stunden garantiert in der eigenen Mitte und in der Folge frei von jeder Fremdbestimmung zu sein. Der Kurs wendet sich hauptsächlich an junge Erwachsene, die sich von erziehungsbedingten Verhaltensmustern und Denkgewohnheiten lösen wollen, um ihre Berufung[144] zu finden. An solchen Kursen nehmen aber auch gern wesentlich ältere Menschen teil, die spüren, dass sie bisher nie ihr eigenes Leben gelebt haben und nun endlich zu ihrem inneren Wesen finden wollen. Durch die allgemeinen gesellschaftlichen Änderungen ist es inzwischen ganz selbstverständlich, sich um die Entwicklung des eigenen Wesens zu bemühen.

Im KaDeWe

Allein durch den aushängenden umfangreichen Terminplan und die zusätzlichen Erläuterungen von Wolfgang und Thea fühle ich mich hinreichend informiert, so dass ich vorschlage, weiterzugehen. Meine Gastgeber möchten gern gegen siebzehn Uhr nach Hause. Bis dahin haben wir noch ungefähr eine Stunde Zeit. Auf die Frage, ob ich noch etwas Bestimmtes sehen wolle, frage ich: „Was ist eigentlich aus dem KaDeWe geworden?"

„Das wurde auf Wunsch der überwiegenden Mehrzahl der Berliner zu einem Museum für die Entwicklung der Wirtschaft und der Konsumgewohnheiten der Menschen vom Beginn der Industrialisierung bis zum Ende der Geldwirtschaft ausgebaut. Es ist sehr interessant, erfordert aber mehrere Stunden, um alles zu besichtigen. Wenn du willst, können wir trotzdem hineinschauen, damit du wenigstens einen Eindruck gewinnst."

Mir scheint der Vorschlag gut, und in fünf Minuten sind wir dort. Ich sehe mir im Eingangsbereich den allgemeinen Überblick an. Dieser

---

[144] http://holgereckstein.de/mm/erfolgscheck/ und http://bit.ly/2F7rH3s

zeigt, dass in jedem Stockwerk dieses legendären Kaufhauses je eines von insgesamt sieben verschiedenen Themen behandelt wird:

- Im Erdgeschoss wird die Entwicklung der Wirtschaft und der Arbeitswelt anhand vieler Modelle, Bilder und zeitgenössischer Berichte sowie literarischer Arbeiten dargestellt.

- Im ersten Stock befindet sich eine Ausstellung zur Entwicklung der Wirtschaftstheorien im Wandel der Zeiten.

- Im zweiten ist die Entwicklung alternativer Modelle und Konzepte zur jeweils herrschenden Wirtschaftsweise zu sehen. Dieser Bereich erscheint mir besonders interessant.

- Das dritte Geschoss zeigt an vielen Beispielen in Bildern, Filmen und Modellen die Entwicklung der Güterproduktion einschließlich deren Preisentwicklung.

- Im vierten Stockwerk wird die Entwicklung der sozialen Beziehungen in Abhängigkeit von den gegebenen wirtschaftlichen Bedingungen dargestellt.

- In der fünften Etage können wir die Entwicklung des Bildungssystems und -angebotes einschließlich der Forschung und Entwicklung in Abhängigkeit vom Wirtschaftssystem verfolgen. Sehr deutlich wird dabei gezeigt, dass Bildung und Forschung nicht nur vom Wirtschaftssystem abhängig waren, sondern vor allen Dingen von den ideellen Zielvorstellungen der einflussreichsten Vertreter der Wirtschaft.

- Im sechsten Stock wird die Entwicklung der Verhaltensweisen der Konsumenten über den Zeitraum von rund zweihundert Jahren aufgezeigt. Dieser Teil der Ausstellung lässt erkennen, dass viele Entwicklungen von Großfirmen und Konzernen nach deren Vorstellungen eingeleitet wurden, dass aber letztlich immer die Akzeptanz der konsumierenden Menschen diesen zum Durchbruch verholfen haben.

- Eine Sonderausstellung direkt unter dem Dach widmet sich dem Zusammenhang zwischen wirtschaftlicher Entwicklung, Konsumverhalten und Medien. In dieser Ausstellung wird offensichtlich, dass die Medien zu allen Zeiten der Beeinflussung der Menschenmassen durch entsprechende Berichterstattung dienten.

117

Vielfach wurden sie von den Herrschenden als Propagandamittel genutzt.

Nach diesem Besuch im KaDeWe spüre ich, dass der Tag lang war und ich ein wenig Ruhe brauche. Von einem Taxi lassen wir uns vor das Haus von Thea und Wolfgang fahren. Ich bekomme mein Zimmer gezeigt und ruhe erst einmal eine halbe Stunde. Gegen achtzehn Uhr treffe ich in der Küche Thea, die noch immer eine leidenschaftliche Hobbyköchin und Gastgeberin ist. Gern lässt sie sich von mir bei der Zubereitung eines Salates und einer Suppe helfen, so dass wir bald mit dem Essen beginnen können. Gesättigt von den Eindrücken des Tages lassen wir den Abend mit dem Essen und anschließenden Gesprächen über unsere Erlebnisse während der letzten zwanzig Jahre bei einem Glas Wein ausklingen.

Die Filmstudios Babelsberg

Nach gut durchschlafener Nacht beginnt der Tag bei einem reichhaltigen Frühstück und duftendem Kaffee mit der Planung des heutigen Tages. Thea und Wolfgang möchten wissen, was mich in Berlin noch interessiert.

„Oh, da gibt es einiges. Sehr gern würde ich in die Filmstudios Babelsberg gehen. Einerseits interessiert mich die Historie der Filmproduktion, aber vor allen Dingen das aktuelle Geschehen. Ich denke, es ist sehr interessant, wie die Filmgesellschaften sich nach der Auflösung der Geldwirtschaft entwickelt haben. Wie arbeiten sie ohne die frühere geldbedingte Konkurrenz, wie finden sie interessierte Schauspieler und Darsteller, welche Themen bearbeiten sie, welche Ziele haben sie und was regt sie an und begeistert sie? Gibt es überhaupt die Möglichkeit, bei aktuellen Dreharbeiten zuzusehen und Mitarbeiter zu befragen?"

Wolfgang antwortet: „Ja, die Möglichkeit gibt es, und ich bin sicher, wir werden auch jemanden finden, der uns deine Fragen bereitwillig beantwortet. Ich war einmal vor etwa fünfundzwanzig Jahren dort. Schon damals konnte man als Zaungast bei den Dreharbeiten zusehen. Mit der Beantwortung von Fragen war es eher schwierig. Der Führer, dem wir uns damals anschließen mussten, kannte sich leider kaum in Detailfragen zur Technik, Wirtschaftlichkeit, Organisation, Verwaltung, Entscheidungsfindung, Auswahl der Schauspieler usw. aus. Da hätten wir Termine mit den Leitern der jeweiligen Fachressorts vereinbaren müssen. Das wäre alles sehr umständlich geworden."

Ich unterbreche Wolfgang mit der Frage: „Und du meinst, das geht heute einfacher? Ich frage deshalb, weil ich mehr an der Beantwortung meiner Fragen interessiert bin als am bloßen Zuschauen."

Wolfgang: „Ja, auf jeden Fall. Ich habe vor einiger Zeit einen Artikel gelesen, aus dem ganz klar zu entnehmen war, dass jeder an aktuellen Filmprojekten beteiligte Mitarbeiter sehr gern alle Fragen nach bestem Wissen beantwortet, wenn er gerade Zeit dazu hat, weil es nichts zu verheimlichen gibt und kein Termindruck mehr die Mitarbeiter in ein Zeitkorsett zwängt."

„Was meint ihr denn, wieviel Zeit wir vorsehen sollten?"

Diesmal antwortet Thea: „Das interessiert mich auch sehr, und ich meine, wir sollten uns den ganzen Tag dafür freihalten. Wir werden höchstens zwei Stunden für die Hin- und Rückfahrt brauchen und ich möchte gern in eines der dortigen Restaurants gehen. Für den eigentlichen Besuch werden wir wohl mindestens fünf Stunden brauchen. Dann sind wir acht Stunden unterwegs, wahrscheinlich aber länger. Seid ihr damit einverstanden, wenn wir gegen zehn Uhr aufbrechen? Dann können wir in Ruhe zu Ende frühstücken. Ich bestelle inzwischen ein Auto hierher, damit wir gleich vor der Haustür einsteigen können. Wir werden auch nicht länger unterwegs sein als mit der S-Bahn."

Selbstlenkende Autos

Fragend schaue ich Thea an. Noch bevor ich die Frage ausspreche, entgegnet sie: „Du hast wohl ganz vergessen, dass die Autos seit fast zehn Jahren nur noch als echte Automobile fahren, also niemand mehr steuern, sondern nur noch das Ziel eingeben muss."

„Ja, Thea, daran hatte ich nicht gedacht. Ich war tatsächlich der Meinung, du willst dir den Stress noch zumuten."

„Nein, Albert, das will ich nicht. Aber wirklich viel Stress wäre das ja gar nicht. Der Autoverkehr ist so schön übersichtlich geworden, dass das vielleicht sogar noch ginge. Und auf den Straßen ist ja viel mehr Platz, weil die Fahrzeuge Gemeingut sind. Jeder nutzt das Auto, das sich gerade in der Nähe seines Startorts befindet. Deshalb gibt es keine zugeparkten Straßen mehr. Die Gesamtzahl der Autos beträgt gegenüber früher nur noch etwa ein Fünftel."

„Das stimmt, Thea. Auch bei uns in Hamburg sind die Straßen so frei, dass man meinen könnte, es gibt gar keine Autos mehr. Na, dann lerne ich das auf meine alten Tage auch noch kennen. Bisher bin ich nämlich nicht mit einem selbstlenkenden Auto gefahren. Wie bestellst du das überhaupt?"

„Ich wähle mit dem Mobiltelefon die Nummer der Fahrzeugzentrale. Dann gebe ich meine Adresse an und erhalte nach kurzer Wartezeit die Information, wann das Auto vor der Tür steht. Und jetzt bestelle ich." In der Tat steht bereits fünf Minuten später das Fahrzeug vor der Tür und macht sich mit einem Rufzeichen per Mobilfunk bemerkbar. Thea bestätigt den Anruf, denn nur so bleibt es die nächsten dreißig Minuten an seinem Platz stehen.

Ich weiß, dass bereits seit 2009 Google[145] und andere Firmen[146] selbstlenkende Autos[147] entwickelten und testeten. Nach den ersten vielversprechenden Versuchen beteiligten sich schnell auch Autobauer[148] und Zulieferer an der Entwicklung selbstfahrender Autos. Zusammen mit Forschungsinstituten[149] entwickelten sie diese letztlich zur Serienreife. Es gab damals viele Skeptiker. Kritisiert wurde hauptsächlich, dass Google und die Mobilfunkkonzerne die Daten aller Fahrten eines Autos speichern[150] konnten. War der Mensch durch die Nutzung von Smartphones und aller dafür verwendbaren Apps schon sehr durchsichtig, wurde er durch sein speicherbares Fahrprofil nun vollständig gläsern. Dass alle lenkbaren Autos innerhalb weniger Jahre durch computergesteuerte Autos ersetzt werden sollten, wurde von vielen Kritikern als endgültiger Schritt zur vollständigen Überwachung der Menschen gewertet und verurteilt. Immerhin sind trotz aller Zensurmaßnahmen einige Erfahrungsberichte im Datennetz erschienen, die zeigten, dass alle Bewegungsdaten der selbstlenkenden Autos gespeichert wurden. So gab es z. B. Gerichtsverfahren, in denen Beweisdaten verwendet wurden, die nur aus den Speichern der Fahrzeuge stammen konnten.

Seit es kein Geld und keine Machtstrukturen mehr gibt, sind diese Daten einschließlich aller Sicherungskopien unter Aufsicht unabhängiger Gutachter gelöscht worden. Die mobile Datenübertragung selbst wurde flächendeckend auf die Neutrinotechnik[151] umgestellt. Dadurch sind die alten Mobilfunkantennen und -verstärker einschließlich der Speicher überflüssig geworden. Alle für die Nutzungsdauer des Fahrzeugs notwendigen Daten werden lokal im

---

[145] http://bit.ly/2tgQKzx und http://bit.ly/2D0KgnT
[146] http://bit.ly/2H3Qg1x und http://bit.ly/2tkWZm2
[147] https://de.wikipedia.org/wiki/Selbstfahrendes_Kraftfahrzeug
[148] http://bit.ly/2I2C7TN und http://bit.ly/2FmV0SN
[149] http://bit.ly/2H4g5i3
[150] http://bit.ly/2oUdcZY, http://bit.ly/2Flcwa6 und http://bit.ly/2H4ZQBi
[151] PDF-Dokument: http://bit.ly/2FStY3p

Fahrzeugcomputer gespeichert und bei Abmeldung vom Fahrzeug vollständig gelöscht.

Autofahrt nach Potsdam

Tatsächlich sind wir dann kurz vor zehn Uhr im Auto. Wolfgang gibt die Zieladresse am Bordcomputer ein. Dieser unterscheidet sich äußerlich nicht von den früheren Navigationsgeräten. Nach einem Klick auf Start fährt das Auto dann wenige Sekunden später los. Die Strecke bis zur Autobahn fährt das Auto mit einer Geschwindigkeit von etwa 30 km/h. Da nur wenig Verkehr auf der Straße ist, wäre wohl eine höhere Geschwindigkeit möglich. Deshalb frage ich, ob die Geschwindigkeit innerhalb der Stadt festgelegt ist. Thea antwortet: „Nein, der Geschwindigkeitsbereich kann eingestellt werden. Sieh' hier!" Dabei zeigt sie auf den linken Bereich des Displays. „Gerade ist der Bereich 10 km/h – 30 km/h eingestellt. Wir hätten auch 30 km/h – 50 km/h wählen können. Dabei versucht das Fahrzeug immer die Obergrenze des eingestellten Intervalls einzuhalten."

„Ja", entgegne ich, „und was passiert, wenn ich den Bereich 50 km/h – 70 km/h wähle oder einen noch höheren Geschwindigkeitsbereich?"

„Gute Frage", antwortet nun Wolfgang. „Das haben wir schon ausprobiert. Innerhalb der Stadt geht das nicht. Da sind nur 50 km/h als oberer Grenzwert möglich. Wir haben dann mal einen Freund gefragt, der an der Entwicklung der Steuerungsprogramme mitgearbeitet hat, woher das Auto eigentlich weiß, ob es sich in einer Stadt befindet und welche Höchstgeschwindigkeit zulässig ist. Wie du siehst, gibt es ja keine Verkehrsschilder mehr. Er sagte uns, dass Sender am Straßenrand den Fahrzeugen die Informationen zu Geschwindigkeitsgrenzen, Durchfahrverboten und anderen Einschränkungen mitteilen. Deshalb besteht auch auf manchen Straßen innerhalb der Stadt die Möglichkeit, 70 km/h zu fahren. Und wenn die Verkehrsdichte so hoch ist, dass es sicherer ist, im Fluss mit den übrigen Fahrzeugen zu sein, kann das Auto auch schneller fahren als eingestellt. Ist dir eigentlich schon aufgefallen, dass es kaum noch Ampeln gibt?"

„Ja, jetzt wo du fragst, wird es mir erst richtig bewusst. Weißt Du, nach welchen Regeln die Autos an Kreuzungen fahren und auf Fußgänger oder Radfahrer reagieren?"

„Das haben wir uns auch von dem Freund erklären lassen. Es gilt die alte Regel ‚rechts vor links' und ‚der schwächere Verkehrsteilnehmer muss vor dem stärkeren geschützt werden'. Deshalb halten die Autos an, wenn sich ein Fußgänger über eine Straße bewegt. Befindet sich ein Fußgänger wartend am Straßenrand, wird automatisch die Geschwindigkeit des Fahrzeuges verringert, um dem Fußgänger die Möglichkeit zu bieten, die Straße zu überqueren. Ist der Abstand zum Fußgänger so gering, dass das Fahrzeug nicht mehr halten könnte, wenn der Fußgänger plötzlich die Straße betreten würde, gibt das Auto akustische und optische Signale und zeigt damit an, dass es weiterfährt. Es ist aber auch möglich, dass ein Fußgänger oder ein Radfahrer über sein Mobiltelefon ein Signal aussenden kann, das dem Fahrzeug die Vorfahrt gibt oder es zum Halten zwingt. Zusätzlich tauschen die Fahrzeuge innerhalb eines Umkreises von einhundert Metern auch ständig Daten über ihre Geschwindigkeit, ihren aktuellen Standort und die Anzahl der hinter ihnen befindlichen Fahrzeuge aus. So sollen Staus auf den rechts einmündenden Straßen vermieden werden. Wenn wesentlich mehr Autos von rechts kommen als sich hinter uns befinden, erhalten die von rechts kommenden Fahrzeuge die Vorfahrt. Nur an sehr stark befahrenen Kreuzungen gibt es noch Ampeln, deren Signale direkt auf die Fahrzeuge innerhalb eines Abstandes von einhundert Metern wirken. Rot lässt also die Autos halten und Grün weiterfahren."

Während dieser Information ist so viel Zeit verstrichen, dass wir inzwischen auf die Autobahn gewechselt sind. Mit fast konstanter Geschwindigkeit von etwa einhundertzehn Kilometern pro Stunde fahren wir jetzt zügig Richtung Potsdam. Dort verlassen wir die Autobahn und fahren noch einmal ungefähr fünf Kilometer bis zum Parkplatz Babelsberg. Wir steigen aus und melden das Auto ab, da wir es die nächsten fünf bis sechs Stunden nicht benötigen. Gerade vierzig Minuten haben wir bis hierher gebraucht, nur zehn Minuten länger als mit der Schnellbahn, zu deren Haltestelle wir noch fünf Minuten hätten laufen müssen.

Am Informationsstand

Nun sind wir auf dem Gelände der ehemals weltberühmten Filmstudios und wissen eigentlich noch gar nicht, was wir uns anschauen können und wollen[152]. Also gehen wir erst einmal zur Information. Dort erfahren wir, dass die alten Studios heute das ‚Museum zur Filmgeschichte' beherbergen. Dort wird neben der Entwicklung der Filmtechnik und der künstlerischen Ausdrucksmittel auch dargestellt, wie gesellschaftliche und politische Strömungen auf den Film eingewirkt haben.

In den neuen Studios können die Besucher als Zuschauer an aktuellen Dreharbeiten teilnehmen. Daneben besteht die Möglichkeit, auch mit Schauspielern zu sprechen. Im „Drehcafé", in der „Filmbar" oder im Gasthaus „Filmtrubel" können wir sie antreffen.

„Nun, Thea und Wolfgang, was möchtet ihr jetzt zuerst ansehen?" Fragezeichen sind in ihren Augen zu sehen. Sie wirken unschlüssig und etwas irritiert. „Ihr wirkt etwas ratlos. Man könnte fast meinen, ihr wisst nicht, weshalb ihr überhaupt hier seid. Stimmt es, dass ihr mehr erwartet hattet?"

„Ja" fängt sich Thea jetzt wieder. „Irgendwie bin ich überrascht. Wir waren ja schon mal vor fast dreißig Jahren hier."

„Das war 2012, ich weiß es noch ganz genau", wirft Wolfgang ein, und Thea fährt fort: „Damals gab es ein 4D-Actionkino, den Dome of Babelsberg und das Modell eines U-Boots, dann einige Außenkulissen bekannter Spiel- und vor allen Dingen Kinderfilme. Wir fragen uns, warum es die nicht mehr gibt."

Die Dame an der Auskunft bekommt unsere Unterhaltung mit und klärt uns freundlich auf. „Verzeihen Sie, dass ich die nicht erwähnt hatte. Natürlich gibt es das alles noch, ich hatte geglaubt, dass Sie daran kein Interesse haben. Sie sind schließlich keine Kinder mehr, und dass Sie Freude an 4D-Welten haben, konnte ich mir auch nicht vorstellen. Schauen Sie, hier ist ein Plan mit allen Einrichtungen, die Sie besuchen können."

---

[152] https://www.filmpark-babelsberg.de/de/ und http://www.studiobabelsberg.com/

Thea entspannt sich und wirkt sichtlich gelöst. „Danke, da bin ich jetzt erleichtert. Hineingehen wollen wir nicht. Dennoch hätte ich es für schade gehalten, wenn die einfach alle weggekommen wären. Werden denn der Dome und das 4D-Kino noch so gefragt wie damals?"

„Es sieht ganz so aus, denn es ist nahezu jede Vorführung ausgebucht. Und das, obwohl wir seit drei Jahren keine Actionfilme mehr im 4D-Kino zeigen. Die machten die Kinder und Jugendlichen nur nervös und regten nicht zu beschaulicher Weltbetrachtung an. Einige, die ich selbst sah, wirkten sehr manipulativ."

Jetzt wird Wolfgang lebendig: „Das ist ja interessant. Inwiefern wirkten sie manipulativ? Die dauerten doch nur fünf Minuten und sollten, wie ich mich erinnere, vor allen Dingen Spaß bringen."

„Genau, Spaß. Gerade darin bestand schon die Beeinflussung. Die Filme enthielten alle ein Abenteuerelement, das es in Wirklichkeit nicht gibt. Sie konfrontierten den Zuschauer mit Gefahren durch gewaltsame Wesen, denen man sich nur durch deren Vernichtung entziehen konnte. Spätestens wenn man schon in den Klauen oder im Maul eines dieser Ungeheuer umzukommen schien, konnte man sie noch durch einen Schuss oder einen Laserstrahl töten. Die unterschwellige Botschaft an den Abenteurer war die, dass wir ständig von gefährlichen Wesen umzingelt sind, die unbedingt getötet werden müssen und dass Töten ganz leicht ist."

„Ja, die gleiche Botschaft und der gleiche Inhalt waren in nahezu allen Computerspielen enthalten. Und es ist ja erwiesen, dass diese Spiele ursprünglich entwickelt wurden, um Soldaten an das Töten von Menschen zu gewöhnen und ein reflektorisches Handeln zu bewirken[153]. Was gibt es denn jetzt für Filme?"

„Wir haben wundervolle Filmaufnahmen aus der Natur, z. B. Dokumentarfilme über Insekten. Sogar Filme aus dem Inneren von Organen und Blutgefäßen sowie Aufnahmen chemischer Reaktionen, die vor wenigen Jahren noch nicht möglich waren. Diese Filme sind unglaublich faszinierend, beeindruckend und vermitteln ein Weltbild,

---

[153] http://bit.ly/2FhElg3, http://bit.ly/2D0U6pY und http://bit.ly/2olLLml

das vor zehn Jahren von den meisten Menschen noch für unrealistisch gehalten wurde. Sie zeigen nämlich sehr schön, dass es in der Natur nicht nur den Kampf des Stärkeren gegen den Schwächeren gibt. In diesen Filmen sehen wir, wie sich Systeme und Organismen synergetisch durch Kooperation zu neuen, höheren Strukturen entwickeln. Weil der Zuschauer sich durch die 4D-Technik als Teil dieser Entwicklung fühlt, wird er von der erkennbaren Kreativität, Lebendigkeit und Vielfalt selbst zu schöpferischem Handeln und Verhalten angeregt.

Sehr interessant sind in dem Zusammenhang die Beobachtungen von Menschen nach dem Besuch verschiedener Kinofilme. Ich sah einmal eine Dokumentation darüber. Diejenigen, die gerade einen Actionfilm gesehen hatten, verglich man mit denjenigen, die aus besinnlichen, ruhigen Filmen kamen. Sie glauben nicht, wie unterschiedlich der Gesichtsausdruck, die Körperhaltung, die Gangart und das Kommunikationsverhalten dieser Menschen ist."

„Das kann ich mir gut vorstellen", entgegnet Thea, „gibt es denn eine Möglichkeit, diese Filmaufnahmen zu sehen?"

„Ja, jeden Montag bieten wir ein Kurzseminar ‚Psychologie des Films' an. Beginn ist immer siebzehn Uhr und es dauert offiziell zwei Stunden. Aber die Teilnehmer sind meistens so begeistert und interessiert, dass es auch bis zu drei Stunden dauern kann. In diesen Seminaren werden die genannten Filme gezeigt."

Sofort antwortet Wolfgang: „Heute ist doch Montag. Da können wir ja noch teilnehmen oder ist die maximale Teilnehmerzahl schon erreicht?"

„Stimmt, heute ist Montag. Ich sehe mal auf die Reservierungsliste. Es sind noch fünf Plätze frei. Soll ich Sie eintragen?"

„Unbedingt", antworte ich nun, „das dürfen wir uns nicht entgehen lassen. Haben Sie auf jeden Fall ganz herzlichen Dank für dieses anregende Gespräch und die wertvollen Informationen."

„Es war mir auch eine Freude. Auf welchen Namen soll ich denn die Anmeldung vornehmen?"

„Wolfgang Lebewohl. Ich bin schon sehr gespannt. Danke noch einmal. Wo findet denn das Seminar statt?"

„Ach ja, es wird im einzigen Seminarraum im Museum zur Filmgeschichte durchgeführt."

Die historischen Filmstudios

Voll freudiger Erwartung beschließen wir, erst einmal die historischen Filmstudios zu besuchen. Nach gut zehn Minuten Fußweg erreichen wir den Eingang. Wolfgang will gerade die Türklinke ergreifen, da wird diese geöffnet. Wortlos bittet uns ein mit Frack und Fliege bekleideter hochgewachsener Mann im Alter von etwa fünfzig Jahren mit einladender Handbewegung, einzutreten. Wir bedanken uns und blicken nach rechts und links, um uns zu orientieren. Schon kommt ein Herr auf uns zu und führt uns zu einem Platz im Raum links vom Eingang. Er sieht Heinz Rühmann im Alter von etwa vierzig Jahren zum Verwechseln ähnlich. So selbstverständlich sind seine Gesten und so verblüffend das typische Rühmannlächeln, dass wir uns fraglos dirigieren lassen. Wir kommen uns vor wie in einem erstklassigen Restaurant. An dem runden Tisch sitzt schon ein Paar. Freundlich begrüßen uns die beiden und stellen sich als Adelheid und Thomas vor. Etwas verdattert schauen wir uns an und nennen unsere Vor- und Familiennamen. Daraufhin sagt Adelheid: „Sie wundern sich wohl, dass wir uns nur mit dem Vornamen vorgestellt haben? Nun, wir waren schon zweimal hier und kennen den Ablauf. Da werden wir uns ganz automatisch nur mit den Vornamen und mit du ansprechen."

Gerade will Thea antworten, da erscheint ein Kellner. Wir können es kaum glauben, aber diesmal ist es ein Mann, der Gustav Knuth in seinen besten Jahren sein könnte. Er reicht uns die Karte mit einem Lächeln und geht wieder. Während ich neugierig die Karte aufschlage, fragt Thea unsere Tischnachbarn: „Was für einen Ablauf meinen Sie?"

„Schauen Sie bitte in die Karte, dann werden Sie verstehen. Sind Sie einverstanden, dass wir uns mit dem wertschätzenden du anreden?" Mit einem Schmunzeln wende ich mich an Thea und Wolfgang und zeige ihnen die aufgeschlagene Karte. „Na, was haltet ihr davon? Das ist keine Speise- oder Getränkekarte, sondern das ‚Filmmenü der Woche':

Einladung zum Dreh

„*In dieser Karte finden Sie für jeden Wochentag drei Filmmenus zusammengestellt.*
Wählen Sie eine Rolle aus Ihrem Lieblingsmenu nach Ihren Wünschen aus. Unser Regisseur wird diese dann für Sie individuell aufbereiten.
Er wird Ihnen helfen, sie authentisch und doch ihrem Charakter entsprechend zu spielen.

So werden Sie hautnah und unmittelbar erleben, wie die großen Filme, in denen Sie gleich auftreten werden, gedreht wurden. Sie werden spüren, welche Mühe und Arbeit mit der Darstellung eines Charakters im Film verbunden ist.

Seien Sie gespannt und lassen Sie sich zu Ihrer Lieblingsrolle verführen."

Ich bin neugierig, was es heute gibt und blättere auf die nächste Seite.

Montag

Menu 1

Harry Potter mit Daniel Jacob Redcliff

Harries Freund Ron
Tante Petunia
Hexe Alys
Hexe Amanda
Zauberer Arthur
Zauberer Bem
Zauberer Arcturus Black
Zauberer Sirius Black

Menu 2

Pippi Langstrumpf mit Inger Nilsson.

Tommi
Annika
Frau Settergren
Herr Settergren
Kapitän Efraim
Dorfpolizist Kling
Fräulein Prüsselius
Marko
Ganove Blom
Oskar, der Einäugige

Menü 3
Die Feuerzangenbowle mit Heinz Rühmann.

Frau Windscheidt
Schüler Rosen
Schüler Rudi Knebel
Hausmeister
Direktor Knauer
Prof. Bömmel
Prof. Crey
Dr. Brett
Eva
Frau Knauer

Festlegung auf die Wunschrollen

Thea, Wolfgang und ich sehen uns in die Augen und wissen, dass wir in der Feuerzangenbowle auftreten wollen. Thea wählt für sich die Rolle der Frau Windscheidt, Wolfgang möchte als Dr. Brett auftreten und ich entschließe mich für den Prof. Bömmel. „Darf ich raten, welches Menu Sie, nein ihr gewählt habt?" fragt Wolfgang Adelheid und Thomas und fährt ohne ihre Antwort abzuwarten fort: „Ich wette, dass ihr die Feuerzangenbowle gewählt habt."

„Nun", meint Thomas, „das war wohl auf Grund unseres Alters nicht so schwer zu erraten, obwohl mich Pippi Langstrumpf auch gereizt hatte." Thea schaut Adelheid in die Augen, lässt deren Mimik auf sich wirken, und sagt dann: „Ich habe zu ergründen versucht, welche Rolle du wohl gewählt hast. Frau Windscheidt wäre dir auf jeden Fall angemessen, aber mein Gefühl sagt mir, dass du wohl die Eva gewählt hast."

„Alle Achtung" entgegnet Adelheid „Die Runde geht an euch. Und mein Gefühl sagt mir, dass wir die Rolle nicht doppelt besetzt haben, du bist also die Frau Windscheidt."

„Sehr gut", entwischt es mir, „dann will ich jetzt Thomas' Rolle herausfinden." Ich schaue Thomas an. Seine Figur und Kleidung, seine Hände und sein Gesichtsausdruck, alles an ihm macht auf mich den Eindruck eines Praktikers. Ich glaube, er will gern mal die Rolle eines Lehrers annehmen. „Ja, Thomas, ich bin sicher, dass du dich für Prof. Crey entschieden hast."

„Stimmt, und nun bin ich dran, ich hab' schon eine Ahnung." Dann schaut er mir intensiv in die Augen, mustert mich von oben bis unten und beginnt: „Vier Rollen scheinen mir für dich zu passen. Rudi Knebel, Prof. Bömmel, Prof. Crey und Dr. Brett. Da ich Prof. Crey bin, hast du ihn nicht gewählt. Dr. Brett ist dir zu klar und Rudi Knebel zu naiv. Herzlich willkommen in unserer Runde, Prof. Bömmel."

„Ja, das ist doch ausgezeichnet, wie wir einander wahrnehmen. Einen haben wir noch. Ich denke, Wolfgangs Rolle findet ihr gemeinsam. Einverstanden?" Thomas nickt Adelheid zu und beide konzentrieren sich auf Wolfgang. Dann blickt Adelheid Thomas an und sagt:

„Ich bin soweit und du?" Thomas wendet seinen Kopf zu ihr und flüstert ihr ins Ohr. Adelheid nickt heftig und ruft dann aus: „Hallo Dr. Brett, das Spiel kann beginnen."

Wir klatschen Beifall und schon kommt Heinz Rühmann auf uns zu. „Sie haben gewählt?", fragt er in der typisch näselnden Art des echten Rühmann. Auf unser Ja entgegnet er: „Dann darf ich Sie bitten, mir zu folgen. Sie werden jetzt den Regisseur kennenlernen, der die Szene mit ihnen bespricht, die wir dann filmen werden. Im Gänsemarsch folgen wir ihm in den angrenzenden Raum. Ein sportlich gekleideter Mann von etwa Mitte dreißig begrüßt uns herzlich, während Rühmann sich verabschiedet: „Meine Herrschaften, ich freue mich auf unser Spiel und empfehle mich jetzt. Wir sehen uns wieder. Bis dann, Ihr Pfeiffer."

Vorbereitung der Dreharbeiten

„Hat jemand was dagegen einzuwenden, wenn wir uns mit du ansprechen?" fragt der junge Regisseur und fährt gleich fort: „Für mich ist es leichter, und es entspricht den Gepflogenheiten beim Film. Ich heiße Heinz und will euch mit euren Rollen vertraut machen. Wir spielen keine konkreten Szenen aus dem Originalfilm von 1944 nach, sondern orientieren uns nur am Vorbild. Dazu gebe ich einige Hinweise zum Charakter der einzelnen Rollen und zum Thema. Alles Weitere soll spontan improvisiert werden. Während der Dreharbeiten werde ich die Aufnahme unterbrechen, wenn ich etwas für unstimmig halte, und konkrete Hinweise geben, was ich anders haben möchte. Ihr sollt schließlich ein Gefühl dafür bekommen, wie es einem Schauspieler geht, der immer wieder gesagt bekommt, was er ändern muss. Gibt es jetzt noch Fragen?" Kopfschütteln unsererseits lässt ihn fortfahren: „Ich geh' jetzt die einzelnen Rollen durch. Wer die genannte Rolle spielt, meldet sich bitte und nennt seinen Namen. Ich beginne mit Frau Windscheidt." Thea hebt den Arm und sagt: „Ja, die spiele ich. Thea ist mein Name."

„Gut, Thea. Du weißt, dass Frau Windscheidt Pfeiffers Zimmerwirtin ist. Sie ist gutmütig und bemuttert ihn übertrieben fürsorglich, wann immer er in seiner Bude ist. Du trittst in der Situation auf, in der Pfeiffer verschlafen hat. Du klopfst also sehr besorgt an seine Tür, sorgst dafür, dass er noch etwas frühstücken kann und gerade noch recht-zeitig das Haus verlässt."

„Das sollte wohl gelingen," meint Thea und tritt nach hinten zurück.

„Spielt jemand den Schüler Rosen?" Nach einer kurzen Pause: „Den Schüler Knebel? Kein Schüler diesmal? Also weiter mit Bömmel."

„Albert, mein Name. Den Bömmel spiel ich."

„Gut, du weißt sicher, dass Professor Bömmel der mit der Dampf-maschine ist. Also ein gutmütiger, etwas konfuser Lehrer, der plas-tische bildhafte Vergleiche findet, aber nicht wirklich Zusammen-hänge verständlich macht. Wenn man ihn zu ärgern versucht, lässt er sich nicht aus der Ruhe bringen. Gern kannst du die Szene mit der Dampfmaschine imitieren oder du lässt dir was Eigenes einfal-len, z. B. den Ottomotor oder Elektromagneten. Es ist egal. Auch dir gebe ich ein Zeichen für deinen Auftritt."

Die Dreharbeiten

Nach weiteren zehn Minuten sind wir alle in unsere Rollen eingewie-sen und es geht gemeinsam ins Studio. „Die Maske fällt weg, sie würde zu viel Zeit benötigen. Ihr sollt ja das besondere Gefühl bei den Dreharbeiten erleben", erklärt Heinz und ergänzt, „ach ja, die Klappe werdet ihr auch vergeblich suchen. Auf die können wir ver-zichten. Die hat nur den Sinn, Ton und Bild richtig miteinander zu synchronisieren. Aber ihr erhaltet ja die vollständige Aufzeichnung Eures Filmes."

Wir sind überrascht, mit welch einfachen Mitteln die Kulissen für Pfeiffers Zimmer und den anschließenden Flur sowie für den Klas-senraum so geschickt aufgebaut sind, dass es nachher im Film echt wirkt. Um der Kamera Einblick in Pfeiffers Zimmer zu gewähren, feh-len eineinhalb Wände. Man sieht ein Bett, einen Waschtisch und ei-nen unaufgeräumten Küchentisch mit zwei Stühlen, der als Ess- und Arbeitstisch dient. Im Bett liegt Pfeiffer leicht schnarchend. Sein We-cker auf dem kleinen Nachtschränkchen neben dem Bett zeigt 07:15 an. Thea bekommt von Heinz den Hinweis, nun aktiv zu werden. Thea schaut auf die Uhr in ihrer Küche. Erschreckt läuft sie zu Pfeif-fers Zimmer, hält ihr Ohr an die Tür, klopft dann vorsichtig an und ruft zaghaft: „Herr Pfeiffer, Herr Pfeifer stehen sie auf."

„Halt! So geht das nicht, Thea. Frau Windscheid ist zwar gutmütig, aber in ihrer Fürsorglichkeit auch durchsetzungsstark. Sie klopft energisch an die Tür und ruft so laut, dass Pfeiffer es hören muss. Bitte diese Szene noch einmal."

Thea begibt sich wieder zum Ausgangspunkt und wartet das Zeichen des Regisseurs ab. Wieder der Blick zur Uhr, ein Schreck durchfährt sie deutlich sichtbar. Entschlossen geht sie auf Pfeiffers Zimmer zu, bleibt vor der Tür stehen, klopft heftig dreimal an und ruft laut: „Herr Pfeiffer, Herr Pfeiffer, stehen Sie auf. Es ist schon viertel nach sieben!"

Wieder unterbricht Heinz: „Das war schon sehr viel besser. Der Blick zum Wecker, dein Schreck, der entschlossene Gang zur Tür, wirklich sehr gut. Aber das Klopfen und Rufen waren zu heftig. Das war nicht sorgenvoll energisch, sondern herrisch. So ruft der Feldwebel seine Männer aus den Betten. Verstehst Du, was ich meine?"

„Ich kann es mir gut vorstellen", antwortet Thea. „Gut, dann lass uns ab dem Moment noch einmal aufnehmen, zu dem du an die Tür klopfst."

Thea stellt sich also vor die Tür. Auf Heinz' Zeichen klopft sie erneut dreimal laut, aber nicht polternd. Und ihr Ruf „Herr Pfeiffer, Herr Pfeiffer. Sie müssen aufstehen, es ist schon Viertel nach Sieben!" ist auf jeden Fall so laut, dass Pfeiffer es hören muss. Gleichzeitig klingt sie nicht fordernd, sondern sorgenvoll mütterlich. Selbstbewusst fährt Thea gleich fort: „Herr Pfeiffer, beeilen Sie sich. Ich mache ihnen schnell noch das Frühstück zurecht." Sie dreht sich um und geht direkt in die Küche.

„Halt", unterbricht Heinz. „Sehr gut, Thea. So ist es stimmig gewesen. Lass uns jetzt mit der Szene weitermachen, in der Pfeiffer bereits angezogen ist und du ihm das Frühstück bringst. Auch in dieser Szene wird Thea einmal unterbrochen. Weil sie zu sehr hetzt, soll sie das Frühstück noch einmal etwas gelassener servieren und Pfeiffer etwas energischer zum Frühstück überreden. Das klappt dann auf Anhieb und Heinz zeigt sich sehr erfreut über Theas Talent und ihre Freude am Spiel.

Nun kommt Thomas als Prof. Crey an die Reihe. Er darf die berühmte Szene der alkoholischen Gärung nachspielen. Gerade deswegen hat sich Thomas für diese Rolle entschieden. Er hat Heinz seinen Entschluss schon mitgeteilt, so dass dieser die Szene entsprechend vorbereiten konnte. Natürlich spielt auch Thomas die Rolle nicht auf Anhieb überzeugend. Insgesamt siebenmal wird er von Heinz unterbrochen. Wir sehen ihm an, dass er ab dem vierten Mal deutlich genervt ins Schwitzen gerät.

Das entgeht auch Heinz nicht: „Ja, so lief das beim Film. Ihr wolltet ja die Erfahrung machen. Könnt ihr euch jetzt vorstellen, wie anstrengend und oft nervenaufreibend Dreharbeiten für die Darsteller waren? Wir haben soeben Szenen von drei bis fünf Minuten Dauer produziert. Die Hauptdarsteller hatten in einem Film Auftritte von insgesamt 40 bis 70 Minuten. Und dort achtete man noch strenger darauf, dass alles den Drehbuchvorgaben entsprach." Nach diesem Hinweis wirkt Thomas wieder gelassener und lässt sich auf die weiteren Regieanweisungen ein.

Adelheid, Wolfgang und ich werden in unseren Rollen ebenfalls mehrfach durch den Regisseur unterbrochen. Ich spüre deutlich die Anspannung, die entsteht, wenn ich der Vorstellung eines Regisseurs Folge leisten muss und nicht nach eigenem Ermessen und Lust und Laune spielen kann. Trotzdem hat es uns Freude bereitet und bereichert. Am Ende erhalten wir die vollständige Aufzeichnung unserer Auftritte als DVD. Es gibt zwar inzwischen neue Speichermedien, aber jeder Besucher soll die Möglichkeit haben, die Aufnahmen mit noch vorhandener älterer Technik sehen zu können.

Bei einem Glas Wasser sitzen wir noch mit Adelheid und Thomas zusammen und tauschen uns über unsere Erfahrungen während der Filmaufnahmen zur ‚Feuerzangenbowle' aus. Dann wollen wir weiter, um mit Schauspielern über die aktuellen Entwicklungen des Filmgeschehens zu sprechen. Wir verabschieden uns und schlendern zum Drehafé bei den neuen Filmstudios.

Neue Architektur: das Drehcafé

Etwa fünf Minuten später stehen wir vor einer Gebäudegruppe, die erst vor vier Jahren fertiggestellt wurde. Schon äußerlich hebt sie sich von allen anderen Gebäuden im Filmpark ab. Ihre Ästhetik entspricht derjenigen der großen Barockbauten in Potsdam. Sie sieht wie drei unterschiedlich große gedrungene Hüte von Schopftintlingen aus. Die darin eingebauten Fenster sind wie die Schuppen des Pilzes oben schmaler als unten. Die Ecken sind abgerundet, und während sie oben etwas in die Wand hineinreichen, ragen sie unten mehr als zwanzig Zentimeter aus der Wand heraus. Sie sind unterschiedlich groß, zwischen siebzig und hundert Zentimeter hoch und unten etwa dreißig bis fünfzig Zentimeter breit. Insgesamt über einhundert Fenster im größten Gebäude und mehr als siebzig im kleinsten Gebäude beleben durch die ungleichmäßige Verteilung die Wände. Der Abstand des unteren Rahmens von der Wand wird von lamellenförmig übereinanderliegenden Glasscheiben abgedichtet, die seitlich drehbar gelagert sind. So können sie zur Belüftung senkrecht nach oben gestellt werden. Die Spitzen der Hüte lassen sich zur Lüftung der Innenräume anheben.

Wir gehen einmal um die Pilzgruppe herum. Das größte Haus hat eine Höhe von ungefähr zehn Metern und einen Durchmesser von vielleicht sechs Metern, das kleinste Gebäude eine Höhe von etwa sechs Metern und einen Durchmesser von vier Metern. Gut lesbare Schilder an und über den Eingängen weisen auf die im Gebäude befindlichen Räumlichkeiten hin. Das Drehcafé befindet sich im kleinsten Pilzhut.

Voller Neugier auf die Gestaltung des Innenraums treten wir ein. Dieser enthält keine Trenn- und Zwischenwände und ist an jeder Stelle gleichmäßig hell beleuchtet. In der Mitte des Raumes steht ein gut vierzig Zentimeter starker runder Holzpfeiler, der in drei Meter Höhe den Holzfußboden einer zweiten Ebene wie einen Schirm trägt. Insgesamt sechzehn in zwei Meter Höhe vom Mittelpfeiler abgehende Streben sorgen für stabilen Halt des Bodens. An der Wand des Raumes führt eine Treppe wie die Rampe der Reichstagskuppel zum zweiten Geschoss des Cafés. Vor jedem von Menschenhand erreichbaren Fenster stehen auf dem Sockel Blumen in Vasen und Töpfen. Die Wände sind leicht in unterschiedlichen ineinander verlaufenden Pastellfarben getönt. Dadurch wirkt der Raum warm und heiter. Alle Tische sind individuell geformt und abgerundet. Die Gesichter der Gäste drücken Freude und Lebendigkeit aus. Teilweise finden angeregte Gespräche statt, an einigen Tischen herrscht entspannte Ruhe bei interessiertem Blickkontakt. Kein Mensch sitzt allein an einem Tisch.

Begegnung mit jungen Filmschauspielern

Rund um den Mittelpfosten ist die Theke angeordnet. Dahinter sind drei Menschen mit dem Ausschenken von Getränken und der Zubereitung von Kaffee und Tee beschäftigt. Ich gehe zum Tresen und frage, ob mir jemand sagen könne, an welchem Tisch Schauspieler sitzen. Ein sehr junger Mann mit aufgewecktem Blick zeigt mir zwei Tische, an denen noch Platz für uns drei ist, und meint: „Setzen Sie sich an einen der beiden Tische. An jedem sitzen zwei Schauspieler, die ich gut kenne. Sie sind sehr kontaktfreudig und werden sich auf ein Gespräch mit Ihnen einlassen."

Ich bedanke mich und gehe mit Thea und Wolfgang zu einem der beiden Tische. Er hat die Form eines an den Enden nach außen gebogenen Hufeisens und wirkt irgendwie einladend auf mich. Die fünf an ihm sitzenden Menschen, drei Männer und zwei Frauen zwischen Anfang und Mitte dreißig, wirken offen und heiter durch ihr herzerfrischendes Lachen, das ihre Unterhaltung begleitet. Wir wünschen einen guten Tag und fragen, ob wir Platz nehmen dürfen.

„Ja, gerne, wenn Sie unser Lachen nicht stört. Noch sind die Plätze frei", antwortet einer der fünf.

„Gerade Ihr freudiges von Herzen kommendes Lachen hat uns angezogen. Gern setzen wir uns deshalb zu Ihnen und bereichern Ihr Gespräch, wenn Sie damit einverstanden sind", antworte ich und frage, „der junge Servierer an der Theke sagte uns, dass an diesem Tisch mindestens zwei Schauspieler sitzen. Wer von Ihnen sind denn die?"

„Aha", wendet sich jetzt ein anderer der Gruppe zu uns, „Sie wollten also von Anfang an mit Schauspielern ins Gespräch kommen? Ja, gern. Wir freuen uns immer, wenn Menschen an uns, unserem Beruf und überhaupt am Filmgeschehen interessiert sind und echte, ungefilterte Eindrücke von lebenden Schauspielern erhalten möchten. Ich heiße übrigens Markus Becker, dies ist meine Frau Gabi. Links neben ihr sitzt Helmut Wagner, daneben Lisa Held und rechts von mir mein Freund Peter Grunzer. Wir alle sind Schauspieler und drehen zur Zeit gemeinsam mit weiteren drei Kollegen einen neuen Film. Gerade waren wir damit beschäftigt, einige Szenen zu besprechen und ihnen verbal Ausdruck zu verleihen. Dabei haben wir eine Menge komischer Situationen und witziger Dialoge entwickelt, die uns so erheitert haben, dass wir gleich loslachen mussten."

An dieser Stelle hakt Wolfgang ein: „Da sind wir ja gleich mitten in Ihrem Gespräch. Vielen Dank für Ihre Offenheit. Ich heiße Wolfgang Ringlein, das ist meine Frau Thea und dieser Herr heißt Albert Singer. Dürfen wir erfahren, worum es in Ihrem Film geht?" Bevor jemand antworten kann, kommt eine freundliche Bedienung zu uns und möchte wissen, ob wir etwas zu trinken und zu essen haben möchten. Wir bitten um Kaffee und ein Stück Apfelkuchen. Die Schauspieler möchten noch etwas Kaffee und Wasser.

„Dann bring ich Ihnen eine Kanne voll Kaffee und einen Krug mit Wasser. Für Sie noch Tassen und auch gleich drei Gläser für Wasser."

„Danke, das ist sehr aufmerksam."

Eine neue Art von Beziehungsfilm

„Worum es in dem Film geht?", beginnt Helmut Wagner. „Es ist eine Beziehungs- und Entwicklungsgeschichte mit psychologischem und philosophischem Hintergrund. Wir wollen die seelisch-geistige Entwicklung vierer Paare in ihren verschiedenen Beziehungen zueinander aufzeichnen. Also die Beziehung der Paare untereinander und die Beziehungen zwischen den Paaren, die miteinander befreundet sind."

„Das klingt ja fast, als würden Sie einen autobiographischen Film über sich drehen", wirft Thea ein.

„So ist es. Das haben Sie schnell erkannt", antwortet Gabi Becker, „unser Leben ist sicher nicht viel anders als das von Tausenden anderer Menschen. Trotzdem hatten wir eines Tages vor ungefähr einem halben Jahr das Gefühl, wir könnten durch die Darstellung unserer Entwicklungsgeschichte Menschen helfen, ihr eigenes Leben in seiner Entwicklung und seinen Beziehungen besser zu verstehen.

Der Film wendet sich deshalb besonders an die Zweifler und Haderer, die wir selbst streckenweise waren. Natürlich auch an alle anderen. Es gibt ja kaum einen Menschen, der nicht im Laufe seines Lebens von Fragen und Zweifeln geplagt wird und dabei nicht weiß, wie es weitergehen soll, ob er auf dem richtigen Weg ist oder die Richtung ändern muss. Durch unsere Geschichte fühlen sich diese Menschen verstanden und nicht mehr allein. Sie werden ermutigt, ihren Weg weiterzugehen, wenn sie die Parallelen zu ihrem eigenen Leben sehen. Je nach Situation werden sie lachen oder weinen können und sich freuen, dass sie durch ihre Zweifel in ihren Beziehungen gewachsen und erwachsen im Sinne von erwacht sind."

„Ja, das ist ein schönes Anliegen. Ich glaube auch, dass das für viele Menschen hilfreich und bestätigend sein wird. Mich interessiert in dem Zusammenhang, was Ihren Film von früheren Filmen unterscheidet. Es gab immer schon Filme zu diesem Thema, auch die Literatur ist voll davon. Was kann oder wird Ihr Film bieten, was bisher kein Film enthielt?", möchte ich gern wissen.

Peter Grunzer meldet sich zu Wort: „Ich glaube, das kann ich am besten sagen. Ich hatte damals die Idee zu diesem Projekt, das sofort von allen Beteiligten unterstützt wurde. Durch den Bezug auf unser eigenes Leben mit unseren eigenen Gefühlen, Gedanken und Problemen sind wir absolut authentisch. Keiner muss sich in eine fremde Rolle hineinversetzen. Und wir kennen die Situationen, Fragen und Antworten, die uns wirklich weitergebracht haben. Auf die können wir uns konzentrieren. Frühere Filme waren immer irgendwie konstruiert. Auch wenn der Autor bekannte und eigene Lebenssituationen verarbeitet hatte, wurde die Handlung von ihm zusammengesetzt.

Und sehr oft waren die Filme auf die harmonischen Anteile beschränkt. Natürlich wurden auch Trauer und Konflikte thematisiert, aber ich kann mich an keinen Film entsinnen, in dem der Prozess der Konfliktlösung und der Bewältigung von Trauer sowie der weiteren geistig-seelischen Entwicklung sichtbar wurde. Es gab den Konflikt, die Fragen und Zweifel, und es gab die Lösung, die Antwort, den Frieden. Was dazwischen lag, ist nie so richtig im Film dargestellt worden. In der Literatur ja, da gibt es großartige Erzählungen und Romane, die das Ringen um Erkenntnis, um inneren Frieden und Reife spürbar werden lassen. Das wollen wir jetzt an unserer Geschichte filmisch umsetzen. Wenn das gelingt, ist es vielleicht auch möglich, literarisch dargestellte Entwicklungsprozesse nachzuspielen."

„Es gibt ja tausende von Beziehungsfilmen. Zeigt mir den Film, in dem die Bedeutung der Beziehung für die eigene Entwicklung sichtbar wurde. In welchem war zum Beispiel das Wesen von Beziehung erkennbar? Ich meine, dass Beziehung eine Wechselwirkung ist, in der ich mal meinen eigenen Standpunkt und mal den meines Gegenübers einnehmen muss", ergänzt Lisa Held.

„Letztlich haben die Filme doch nur gezeigt, was man unter einer guten oder schlechten Beziehung verstand. Als gut wurde eine harmonische Gemeinschaft und als schlecht eine zerbrechende Gemeinschaft dargestellt. Aber waren das Beziehungen? Das waren Abhängigkeiten, gegenseitiges unter- und überordnen und Kompromisse, die als Beziehungen bezeichnet wurden. Wir selbst sind ja noch mit diesen Vorstellungen aufgewachsen und haben unsere Freundschaften entsprechend gestaltet. Ab ungefähr dem fünfzehnten Lebensjahr dämmerte uns langsam, dass Beziehung etwas anderes, tieferes sein muss. In verschiedenen Kommunikationsseminaren lernten wir langsam, was Beziehung wirklich ist. Wir lernten, dass Konflikte in Beziehungen Wachstumsimpulse sein können."

„Ja", bestätigt Thea, die von uns dreien die meisten Filme gesehen hat, „ich habe viele Filme gesehen, und sie waren allesamt so, wie Sie sagten. Da bin ich ja sehr gespannt, wie Sie das umsetzen. Wann soll denn der Film fertig sein und soll er im Kino gezeigt werden oder wird er nur als DVD erhältlich sein? Wenn er im Kino gezeigt wird, in welchen Städten?"

Vom Selbstverständnis der Schauspieler

Bis auf einen blicken alle Schauspieler auf Helmut Wagner: „Du bist dran, wir haben schon genug erzählt."

„Gut, geplant ist, dass der Film unter dem Titel ‚Beziehung als Wachstumsfaktor' in spätestens drei Monaten veröffentlicht werden soll. Jeder neu entstehende Film wird auf Datenträger gespeichert, die von jedem Menschen abgespielt werden können. Für uns ist das

Filmen und Schauspielern reine Herzensangelegenheit. Wir liefern den Film, was dann damit passiert, hängt vom Interesse der Menschen ab. Natürlich weisen wir im Weltnetz und in anderen Medien darauf hin. Wir möchten ja, dass er gesehen wird. Dabei vertrauen wir darauf, dass wir Menschen erreichen und diese dann den Film weiterempfehlen. Wir kennen selbst zwei Kinobetreiber und sind sicher, dass sie den Film zeigen werden. Wenn Sie den Film sehen wollen, schauen Sie in etwa drei Monaten auf unsere Weltnetzseiten. Dort können Sie ihn dann sehen und herunterladen. Wenn Sie in Berlin leben, ist die Wahrscheinlichkeit groß, dass Sie ihn auch in einem Kino sehen können."

Wolfgang streckt sogleich den Arm aus und bittet um eine Visitenkarte. Dann meint er: „Ich finde es wundervoll, dass Sie sich ganz auf ihr Vertrauen stützen können. Aber ohne Werbung ist es wohl kaum möglich, den Weltruhm einer Marilyn Monroe oder eines Charly Chaplin zu erlangen. Was empfinden Sie bei dem Gedanken, nicht weltberühmt zu werden, weil der Film vielleicht nicht in alle Kinos kommt? Lässt das Wehmut oder gar Ärger aufkommen?"

Blitzschnell reagiert Lisa Held: „Vor zehn Jahren wäre das noch der Fall gewesen. Aber unsere im Film dargestellte Entwicklung hat uns von der Beurteilung durch andere Menschen unabhängig gemacht. Wir haben erkannt, dass das Streben nach Ruhm und Anerkennung nur Versuche des menschlichen Ichs sind, sich von anderen Menschen abzuheben, etwas Besonderes zu sein und aus der Masse herauszuragen. Mit dieser Erkenntnis hat sich auch unsere Wahrnehmung der Menschen geändert. Wir sehen und spüren die Einzigartigkeit jedes einzelnen Menschen, mit dem wir in Verbindung treten. Und wenn ein Mensch durch sein Wesen tatsächlich herausragt, dann können wir das neidlos anerkennen, weil es unseren Wert nicht schmälert und seinen nicht erhöht. Es ist wie mit den Wellen des Meeres. Eine Welle ist höher als eine andere, aber ist sie deshalb besser oder mehr wert als die anderen? Jede Welle bricht irgendwann und geht dabei wieder im Meer unter. Oder denken Sie an die unendlich vielen Wassertropfen, die vom Wellenkamm aus in die Höhe spritzen. Irgendeiner kommt höher als alle anderen, aber auch er ist nur ein Tropfen und fällt ins Meer zurück."

„Ein schönes Bild. Wir sehen das ganz genauso", entgegne ich, und gleich darauf ergänzt Helmut Wagner: „Wir sind ja nicht die einzigen, die an so einem Projekt arbeiten. Wir kennen selbst zwei weitere Gruppen, die die gleichen Themen mit ihren Geschichten und ihrer Ausdrucksform in den Film bringen. Vermutlich gibt es eine Vielzahl von Schauspielern, die ebenfalls diese Idee hatten. Was spricht dagegen? Das Schöne ist, dass wir kein Geschäft mit unserem Tun verbinden. Wir haben der Menschheit etwas mitzuteilen. Und das tun wir mit Freude mit den uns zur Verfügung stehenden Mitteln und Begabungen. Egal, wieviel andere Schauspieler Filme zum Wachstum in Beziehungen erstellen, jeder Film ist anders. So wie den Gebirgen und Bergen der Erde tausende Flüsse entspringen, von denen keiner wie ein anderer ist, so lassen die Schauspieler der Erde tausende Filme über ein Thema entstehen, die alle einzigartig sind.

In dem früher üblichen Wettbewerb setzte sich keineswegs der beste Film durch, sondern der, der mit dem größten Aufwand produziert und beworben wurde. Wir haben Filme in Archiven gefunden, die kaum ein Mensch kennt, die aber sehr viel ausdrucksstärker und authentischer sind, als viele mit Oskars prämierte Filme.

Wir Schauspieler und die Kinobetreiber bringen diese Filme jetzt an die Öffentlichkeit. Sie werden bestimmt kein Millionenpublikum erreichen, aber sie werden Spuren bei den Zuschauern hinterlassen. Welche aufwendig von der Filmindustrie produzierten Filme haben tiefe Spuren beim Publikum hinterlassen? Gewiss einige, aber die Mehrzahl wurde nur zum Vergnügen konsumiert. Und wie viele Filme sind für die Fernsehanstalten gedreht worden, die keinen Eindruck beim Zuschauer hinterlassen haben? Nein, so etwas wollen wir nicht. Wir erstellen unsere Filme unter Einsatz all unserer Fähigkeiten und unseres ganzen Wesens. Wie viele Menschen sie dann sehen, überlassen wir dem Schicksal. Wir vergleichen uns gern mit der Rose, die all ihre Kraft in die Entwicklung ihrer Blüte steckt, deren Duft möglicherweise nicht ein einziger Mensch einatmet und deren Pracht vielleicht kein Auge sieht. Sie hat sich trotzdem der Welt geschenkt."

Neue schöpferische Qualitäten

„Ja, das ist eine sehr edle Sichtweise", antwortet Thea, „Ich bin sicher, dass nahezu jeder Mensch zu so einer Sicht seines Wirkens kommen wird. Die Voraussetzungen sind vorhanden. Kein Mensch muss unerwünschte, gegen seinen inneren Antrieb gerichtete Tätigkeit ausüben, um überleben zu können. Nach dem, was Sie gerade äußerten, sollte also jeder Künstler sein Publikum finden. Gleichzeitig kann es möglich sein, dass überragend begabte Künstler nicht weltweit bekannt werden, egal ob Komponisten, Dichter, Philosophen, Maler oder Schauspieler. Das wäre doch unendlich schade. Stellen Sie sich vor, Goethe, Mozart, van Gogh, um nur drei Beispiele zu nennen, hätten keinen Weltruhm erlangt. Die Menschheit wäre ärmer. Gewiss wird es auch in Zukunft so bedeutende Künstler geben, dass deren Werke für alle Menschen dieser Welt eine Bereicherung wären. Wie, meinen Sie, werden die sich ohne wirtschaftlichen Anreiz in der Welt verbreiten?"

„Ja, diese Frage haben wir uns auch schon gestellt", erwidert Markus Becker für die Schauspieler. „Wir sind ganz sicher, dass sich Qualität weiterhin verbreiten wird, möglicherweise sogar viel schneller als z. B. Goethes Werk zu seiner Zeit. Menschen werden weiterhin das verbreiten, wovon sie berührt wurden. Und mit den heute vorhandenen Mitteln erreichen sie in Sekunden tausende Menschen. Das war schon vor dreißig Jahren der Fall. Wenn Sie sich heute ansehen, welche der Menschen, Kunstwerke, Bücher und Filme, die damals innerhalb kürzester Zeit von einem Millionenpublikum weltweit beachtet wurden, heute noch bekannt sind, dann sehen sie sofort, dass nur wenig wirklich Bedeutendes dabei war.

Heute trennt sich die Spreu vom Weizen schon ganz am Anfang der Verbreitungskette. Das Gespür für Tiefe und Lebendigkeit ist nach unseren Erfahrungen sehr viel differenzierter und treffsicherer geworden. Das ist ganz besonders gut an den Kommentaren zu erkennen. Es gibt kaum noch Empfehlungen für Kunstwerke, Gedichte, Lieder usw., die sehr kontrovers beurteilt werden. Selbst, wenn jemandem etwas nicht gefällt, würdigt er trotzdem die Bedeutung des Werkes. Viele betroffene Künstler sehen die Kommentare sogar als Herausforderung.

Uns selbst ist noch vor zwei, drei Jahren oft eine dem Thema und den Aussagen nicht entsprechende mimische Darstellung vorgehalten worden. Wir haben uns die Filme daraufhin immer wieder angesehen und selbst die Schwächen erkannt. So konnten wir an unserer Ausdrucksfähigkeit arbeiten und sie verbessern. Und natürlich werden sich Künstler auch immer mit anderen Künstlern austauschen. Sie treten in einen Dialog, sie lernen voneinander, stellen sich gemeinsam dem Publikum und verbreiten die Werke der Künstlerfreunde genauso gern wie die eigenen.

So erreichen besonders herausragende Schöpfer großer Werke in jedem Fall diejenigen Menschen, die für ihre Botschaften offen sind. Aus unserer Sicht ist das Entscheidende, dass für nahezu alle Menschen inzwischen das eigene geistige Wachstum der wichtigste Antrieb für ihre Arbeit ist. Dadurch erreichen immer mehr Arbeitsprozesse und deren Ergebnisse eine Qualität, die früher nur den noch heute verehrten großen Künstlern, Entdeckern und Wissenschaftlern möglich war. Es ist schon abzusehen, dass sich bald niemand mehr dafür interessiert, von wem etwas stammt, so, wie sich niemand dafür interessiert, aus welcher Quelle das Wasser kommt, wenn alles Wasser gut schmeckt und bekömmlich ist."

„Sie wollen also sagen, dass nahezu alle zukünftigen literarischen Werke das Niveau heutiger Weltliteratur, alle Maler das Niveau eines Picasso, alle Musiker die Genialität von Bach, alle Philosophen den Tiefgang von Kant oder Nietzsche haben werden? Und deshalb wird sich niemand mehr dafür interessieren, von wem etwas stammt?", fragt Wolfgang etwas erstaunt nach.

„Nun", fährt jetzt Helmut Grunzer fort, „je tiefer wir an den Grund der Dinge und des Seins kommen, umso mehr müssen sich die Aussagen, bildlichen Darstellungen und musikalischen Ausdrücke inhaltlich gleichen, aber die Verschiedenartigkeit des Ausdrucks kann so vielfältig sein, wie die Zahl der Künstler selbst. Schauen Sie sich die Pflanzenwelt an. Alle Pflanzen zeugen von derselben zugrundeliegenden Lebendigkeit und sind doch von erstaunlicher Vielfalt. Und ich glaube, es ist wichtig, dass ein Mensch den Grund seines Seins selbst entdeckt. Ein Kunstwerk, ein Musikstück, ein Roman oder Gedicht, eine philosophische Abhandlung oder eine wissenschaftliche Arbeit kann noch so tief gehen, sie alle können nur auf die Wahrheit hinweisen. Erst die selbst erkannte Wahrheit befreit den Menschen vom Glauben und macht ihn zum Wissenden."

„Ja, die Menschheit hat die Reife erreicht, die sie aus allen Glaubensvorstellungen und den damit verbundenen Konflikten und Spaltungen befreit", schließe ich mich an. „Wir sind jetzt sehr tief vorgedrungen, das freut mich, zumal ich in so einem Dialog immer wieder spüre, dass wir Menschen alle nur Teil eines viel größeren Organismus' sind. Trotzdem möchte ich gern noch einmal zurück zu Ihrer aktuellen Tätigkeit als Filmschauspieler. Sie sagten vorhin, dass Sie die Idee zu Ihrem aktuellen Film selbst hatten und jeder praktisch seine eigene Rolle spielt. Das hörte sich für mich so an, als bräuchten Sie keinen Regisseur für die Dreharbeiten. Ist das richtig?"

Aktuelle Entwicklungen im Filmgeschehen

Gabi Becker antwortet: „Das stimmt, wir arbeiten in diesem Film ganz ohne Regisseur. Bevor wir überhaupt mit den Filmaufnahmen beginnen, proben wir alle Szenen wie im Theater. Wer gerade nicht in der aktuellen Szene aktiv ist, führt Regie. Jeder Einwand hinsichtlich des Rollenverhaltens wird ernst genommen. Bevor wir dann tatsächlich etwas ändern, fühlen wir uns erst noch einmal alle in die beanstandete Situation ein. Dann teilt jeder seine gefühlte Wahrnehmung mit. Spätestens nach drei solchen Erfühlungen sind wir uns einig, wie die Situation darzustellen ist.

Bei den weiteren Proben achten die Beobachter nur noch darauf, ob das abgestimmte Rollenverhalten treffend dargestellt wird. Wenn wir alle die Szene für gut halten, beginnen wir mit der Aufnahme. Diese sehen wir uns anschließend gemeinsam an, und jeder teilt seinen Eindruck mit. Meint jemand, dass Teile der Szene wiederholt werden müssen, gehen wir wieder so vor, wie bei den Proben. So bearbeiten wir jede Szene, bis der Film vollständig ist. Natürlich werden wir von Technikern beim Schnitt unterstützt. Bevor wir mit dem Film an die Öffentlichkeit gehen, lassen wir ihn noch einmal von Kollegen ansehen. So wollen wir verhindern, dass wir Fehler, etwa aus Eitelkeit, übersehen. Dieses Verfahren hat sich bewährt, und unsere bisherigen Filme sind gut beim Publikum angekommen."

„Sie arbeiten also gar nicht mehr mit Regisseuren? Gibt es überhaupt noch Regisseure?", will jetzt Wolfgang wissen, und Gabi Becker ergänzt: „Wir arbeiten tatsächlich gar nicht mehr mit Regisseuren. Viele andere Filmschauspielgemeinschaften ebenfalls. Es gibt aber noch genug, die sich nur auf die Darstellung beschränken und die Regie lieber den dazu Berufenen überlassen. Das ist auch in Ordnung, solange alle Beteiligten damit einverstanden sind."

Neugierde treibt Wolfgang: „Wohin geht denn bezüglich des Inhaltes die Entwicklung im Film? Sie haben jetzt die Darstellung von Entwicklungs- und Bewusstseinsprozessen genannt. Welche Themen und Fragen werden noch im Film bearbeitet?"

Lisa Held ergreift das Wort: „Sie wissen, dass viele Menschen Mentaltechniken zur Bewusstseinserweiterung anwenden? Einige Schauspieler haben damit begonnen, Bilder und Szenen, die dabei aus dem Unbewussten unvermittelt auftauchen, als Vorlagen für Filme zu verwenden. Das können sehr poetische Bilder sein, die einen eigenen Zauber auf den Zuschauer ausüben, obwohl sich deren Bedeutung oft nur schwer erschließt. Noch ist es nur ein kleiner Kreis von Schauspielern, die sich diesen Themen widmen. Ob sie in Zukunft vermehrt aufgegriffen werden, können wir nicht sagen. Für uns selbst ist es ein spannendes und reizvolles Gebiet und wir können uns gut vorstellen, entsprechende Filme zu drehen. Aber erst einmal wollen wir das aktuelle Projekt fertigstellen.

Es gibt einen Bereich, der aktuell sehr an Bedeutung gewinnt und viele Filmschauspieler lockt. Es geht um die Darstellung technischer, biologischer, chemischer und physikalischer Prozesse durch Menschen. Das Reizvolle daran ist die Tatsache, dass ich mich als Schauspieler nicht in einen Charakter oder eine Seele einfühlen muss, sondern in ein Molekül, ein Atom oder eine Pflanzenzelle. Vor einigen Jahren hätte ich noch gesagt, dass eine Pflanzenzelle, erst recht aber ein Molekül oder ein Atom, einfach nur den Naturgesetzen folgend reagiert. Das ist zwar richtig, aber woher weiß das Atom von den Naturgesetzen? Weshalb reagiert es?

Es muss ein Bewusstsein auch auf dieser Ebene der Materie vorhanden sein und das Elektron muss sozusagen das andere Elektron oder das Proton spüren, um sich abstoßend oder anziehend zu verhalten. Dadurch, dass wir uns in diese Teilchen hineinversetzen, verstehen wir sie fühlend. Wir können die Natur und deren Gesetze tatsächlich auf diese Art erfühlen beziehungsweise fühlend wahrnehmen. Damit kann den Menschen das Naturgeschehen viel besser vermittelt werden als durch mathematische Formeln. Diese behalten selbstverständlich ihre Gültigkeit, jedoch wird mit Hilfe der Darstellung im Film das rationale Verstehen mit dem fühlenden Verstehen verbunden. Es gibt inzwischen einige Filme über das Wachstum der Pflanzen und erste Filme über symbiotische Prozesse, die Schülern als Lehrfilme dienen. In diese Rollen versetzen sich Schauspieler sehr oft mit Hilfe verschiedener Mentaltechniken, die es dem Menschen ermöglichen, wirklich wie ein Atom oder eine Pflanzenzelle zu fühlen. Die Herausforderung für den Schauspieler ist dann die Umsetzung dieses Gefühls in Mimik, Sprache, Gestik und Laute, die vom Zuschauer richtig verstanden werden. Wir haben schon damit herumexperimentiert, um zu spüren, ob wir zu solcher Darstellung fähig wären. Und ja, es ist uns möglich, aber es ist extrem herausfordernd."

„Das war ein sehr ausführlicher Einblick ins aktuelle Filmgeschehen, dafür erst einmal aufrichtig ganz herzlichen Dank", wendet sich Thea an die Schauspieler. „Wir haben heute schon erfahren, dass es sehr spannende Dokumentarfilme über natürliche Synergieprozesse gibt. Dass diese auch von Schauspielern dargestellt werden, ist uns neu und erscheint uns sehr spannend. Auf jeden Fall werden wir uns einmal einen solchen Film ansehen. Das Gespräch war eine Bereicherung für uns. Ihnen wünschen wir weiterhin Freude an Ihrer Arbeit und am Dialog mit Menschen. Wir sehen uns noch etwas um. Leben Sie wohl!" Wolfgang und ich schließen uns Theas Dank und ihren Wünschen an. Die Schauspieler erwidern das Lebewohl, und im Gehen hören wir schon wieder ihr Lachen.

Zu Gast im neuen Studio

Gern wollen wir einen unmittelbaren Eindruck von den Dreharbeiten gewinnen. Deshalb begeben wir uns in das neue Studio im größten der drei pilzförmigen Gebäude. Eine Schauspielgruppe ist gerade mit der Probe einer Szene beschäftigt, die eindeutig einen Beziehungskonflikt beinhaltet. Sofort denken wir an die Aussage unseres letzten Gesprächs, dass viele Gruppen das Wachstum in Beziehungen in ihren Filmen bearbeiten. Je länger wir den Arbeiten zuschauen, umso mehr erscheinen sie uns als Bestätigung dessen, was uns die junge Schauspielgruppe im Café erzählt hat. Wir sind beeindruckt von der Selbstverständlichkeit, mit der jeder Einwand der gerade nicht probenden Schauspieler von deren Kollegen angenommen und umgesetzt wird.

Die Einwände enthalten weder Autoritäts- noch Machtanspruch. Stattdessen spüren wir Liebe und Anerkennung gepaart mit Geduld und Vertrauen. Nach der dritten Unterbrechung einer Szene an derselben Stelle legen die Darsteller eine Pause ein. Sie holen sich etwas zu trinken und sprechen über ganz andere Themen, um die entstandene Anspannung los zu werden. Wir nutzen diese Pause, um uns die technischen Geräte anzusehen, die sich äußerlich nicht von den Digitalfilmkameras der Jahre 2010 bis 2020 unterscheiden. Aber die Elektronik, insbesondere die Sensoren zur Messung der Helligkeit und der Entfernung, ist wesentlich verbessert worden. Etwa zwanzig Minuten später proben die Schauspieler erneut die letzte Szene. Diesmal ist selbst für uns sichtbar, wie gut Gestik, Mimik und Stimme zu den Worten passen. Jetzt ist die Szene gelungen. Wir verlassen das Studio und wenden uns dem Museum zur Filmgeschichte zu.

Der Unterhaltungsfilm als Propagandamittel

Bis zum Beginn des Seminars dauert es etwa eine Stunde. Wir nutzen die Zeit und sehen uns ein wenig im Museum um. Dabei beschränken wir uns auf die Darstellung des Einflusses der gesellschaftlichen und politischen Strömungen auf den Film. In beispielloser Offenheit und Klarheit wird die gegenseitige Beeinflussung mit Hilfe von Filmausschnitten dokumentiert. Dass sich Diktaturen weltweit von Anfang an immer dieses Mediums zur ideologischen Beeinflussung der Menschen bedient haben, ist uns bereits aus der Schule bekannt. Nahezu undurchsichtig und von den meisten Menschen für unmöglich gehalten, war dagegen die subtile Beeinflussung durch Wirtschaft und Politik in den sogenannten Demokratien.

Deshalb interessiert uns hauptsächlich die Darstellung und Offenlegung der Beeinflussung gesellschaftlicher und politischer Meinungen sowie der dafür nötigen Werte mit Hilfe der Unterhaltungsfilme[154].

Die Dokumentation beginnt mit einem Hinweis auf A. Huxley's ‚Schöne neue Welt'. In dieser wird die von einer Minderheiten-Elite beherrschte Bevölkerung im Zustand ständiger Unterwürfigkeit gehalten, ohne dass die Menschen die sie einengenden Ketten spüren. Es folgen einige Aussagen Huxleys über die Veränderung des Wesens der Demokratien:

- Die alten und seltsamen Traditionen – Wahlen, Parlamente, Oberste Gerichtshöfe – würden bestehen bleiben, aber das darunter befindliche Substrat wird das des nicht gewalttätigen Totalitarismus sein.

- Die perfekte Diktatur wird den Anschein einer Demokratie machen, ein Gefängnis ohne Mauern, in dem die Gefangenen nicht einmal davon träumen, auszubrechen.

- Es ist ein System der Sklaverei, bei dem die Sklaven dank Konsum und Unterhaltung ihre Liebe zur Sklaverei entwickeln.

- In einem Zeitalter fortgeschrittener Technik ist Leistungsunfähigkeit eine Sünde wider den Heiligen Geist. Ein wirklich leistungsfähiger totalitärer Staat wäre ein Staat, in dem die allmächtige Exekutive politischer Machthaber und ihre Armee von Managern eine Bevölkerung von Zwangsarbeitern beherrscht, die zu gar nichts gezwungen werden brauchen, weil sie ihre Sklaverei lieben.

Insbesondere viele aus Hollywood stammende Filme dienten dem Zweck, Menschen so zu beeinflussen, dass sie totalitäre Bestrebungen der Regierungen nicht als solche erkennen und im Konsum ihr höchstes Glück zu finden glauben. Dazu bediente man sich der klassischen Klischees von ‚Freund' und ‚Feind' und ‚Gut' und ‚Böse'. Die Ablehnung unerwünschter traditioneller Werte durch den Zuschauer wurde dadurch erreicht, dass die Feinde oder Bösen diese Werte vertraten. Auf die gleiche Weise wurden erwünschte Werte von den

---

[154] https://www.woz.ch/-493a

Guten oder Freunden repräsentiert und so beim Zuschauer unbewusst neu gesetzt. Eindrücklich wird gezeigt, wie auf der Gefühlsebene die unterschwellig propagierten neuen Werte unbewusst mit dem ‚Guten' und die unerwünschten traditionellen Werte mit dem ‚Bösen' assoziiert werden. Unterstützt wurde diese Umwertung durch geeignete Wahl an Bildern, Musik, Handlung und Farben[155].

Wirklich interessant sind für uns die Filmbeispiele, die wir selbst vor Jahrzehnten gesehen hatten. Bevor wir die beigefügten Analysen lesen, versuchen wir noch einmal, uns an die Situation damals im Kino zu erinnern. Dann stellt Thea fest: „Eigentlich habe ich das beim Betrachten der Filme schon irgendwie wahrgenommen, dass ich manipuliert werden soll, aber es ist nie soweit in mein Bewusstsein gedrungen, dass ich ganz klar sehen konnte, was da für unterschwellige Botschaften geliefert wurden. Heute kann ich erkennen, welche Meinungen und Werte sich nicht zuletzt durch die Filme in meinem Denken und Fühlen manifestiert hatten[156]. Ich weiß auch noch ganz genau, dass es einige Filme gab, die so direkt und plump in ihren Botschaften waren, dass sie mir fast wie Werbefilme erschienen. Beim Betrachten dieser Filmbeispiele kann ich jetzt tatsächlich wahrnehmen, was passiert. Mein Bewusstsein hat sich in all den Jahren so weit entwickelt, dass es die Verbindung zwischen den Absichten und den subtilen Botschaften erkennt. Und nun lasst uns den Seminarraum aufsuchen. In zehn Minuten geht es los."

Psychologie des Films[157]

Ein Wegweiser zeigt uns, dass wir in das obere Stockwerk müssen. Wir gehen also die an der Wand entlang wendelnde Treppe hinauf in den Seminarraum. Ungefähr fünfundzwanzig Teilnehmer sitzen bereits unter der Kuppel des Daches, die gedämpftes Licht hereinlässt. Wir nehmen Platz und warten auf den Referenten.

Der Seminarleiter stellt sich als Hans Filmlein vor und betont gleich zu Anfang, dass er nicht beabsichtige, uns mit der Theorie der Filmpsychologie zu belästigen. Darüber gäbe es eine schier unübersehbare Anzahl an Büchern. Allein die Frage, wie Filme kognitiv wirken

---

[155] http://www.theeuropean.de/guy-westwell/5915-die-macht-des-kinos
[156] http://bit.ly/2tukfhx
[157] http://bit.ly/2D5MTFc

und wie man diese Wirkungen messen, kontrollieren und beeinflussen kann, fülle mehrere Bücherregale[158].

„Wir wollen uns heute der unmittelbar erlebbaren Wirkung der Bilder und deren Abfolge, der Farben, der Mimik und Gestik der Darsteller sowie der zu den Bildern gehörigen Texte und Stimmen widmen[159]. Hierzu werde ich sowohl einzelne Bilder als auch Filmszenen vorstellen. Fangen wir mit den Bildern an. Auf je zwei bis drei nebeneinander angeordneten Bildern ist das gleiche Motiv in leicht veränderter Weise dargestellt. Ich bitte Sie, die Unterschiede selbst zu erkennen und das mit jedem Bild verbundene Grundgefühl zu spüren. Sie werden sicher überrascht sein, mit wie wenig Unterschieden völlig entgegengesetzte Gefühle beim Betrachter ausgelöst werden können."

Das erste Motiv zeigt einen Mann auf einem Stuhl. Im linken Bild hält jemand ein trockenes Stück Brot vor das Gesicht des Mannes, im rechten Bild sieht er statt auf eine Brotscheibe auf ein Frauengesicht. Das Gesicht des Mannes wirkt mit dem Brotstück davor deutlich hungrig und mit der Frau davor eher freudig. Herr Filmlein betont, dass das Brot und die Frau nachträglich dem Gesicht des Mannes hinzugefügt wurden, es also tatsächlich derselbe Gesichtsausdruck ist, der nur durch die Umgebung anders wirke, weil das Gehirn das Gefühl hinzu assoziiert. Wir sehen weitere Beispiele gleicher Bilder mit unterschiedlichem Farbton, mit unterschiedlichen Perspektiven und vor verschiedenen Hintergründen. Es ist wirklich verblüffend, wie gegensätzlich ein Bild durch diese geringen Unterschiede wirken kann.

Richtig spannend werden die vorgeführten Filmszenen. Auch hier reichen kleine Unterschiede, um die Wirkung eines Filmes spürbar zu ändern.

Als erstes sehen wir zwei Bildfolgen einer Szene, die mit Hilfe des Schnitts in unterschiedlicher Reihenfolge dargestellt werden. Durch diesen simplen Trick wird die Aussage des sonst vollständig identischen Filmausschnitts in ihr Gegenteil verkehrt[160].

---

[158] Peter Wuss: Filmanalyse und Psychologie
[159] http://bit.ly/2tmgxGl
[160] https://filmpuls.ch/filme-schneiden-wahrheit-manipulation/

Um die Reaktion der Zuschauer auf die Filmbilder wissenschaftlich untersuchen zu können, wurden schon vor zwei bis drei Jahrzehnten Spezialkameras eingesetzt, mit denen sich die Augenbewegung der Zuschauer genau filmen lässt[161]. Mit deren Hilfe kann erkannt werden, auf welche Bildteile der Zuschauerblick in jedem Moment gerichtet ist. Auf diese Weise ist festgestellt worden, dass bei Filmen mit sehr vielen Aktionen und mit schnellen Bildwechseln die Augen hauptsächlich den Gesichtern und den Bewegungen folgen. Mit diesem Wissen achten wir auf unsere eigenen Reaktionen bei den folgenden Filmausschnitten.

Herr Filmlein zeigt uns eine Szene, einmal langsam und einmal schneller ablaufend. Dass der langsame Ablauf ruhiger wirkt, verwundert uns nicht. Wir merken aber sehr deutlich, dass wir die schneller ablaufenden Bilder nicht mehr vollständig erfassen können und deshalb nur noch die Gesichter der Darsteller richtig wahrnehmen. Dadurch geht der Bezug zur Umgebung verloren und die Bilder erzeugen andere Gefühle.

Wo beim langsameren Ablauf durch die gleichzeitige Wahrnehmung des Hinter- und Vordergrundes Ruhe und Frieden zu spüren war, ist bei schnellerer Bildfolge Stress und Anspannung spürbar. Ganz ähnlich ist es beim Vergleich derselben Szene vor einem fast statischen Hintergrund mit der vor einem turbulenten Aktionshintergrund. In letzterem Fall werden die Blicke auf die Aktionen, z. B. rasende Autos oder laufende Menschen, und die Gesichter der Schauspieler gelenkt. Die ruhigen Teile wie Wiesen, Häuser, Himmel werden nahezu nicht mehr wahrgenommen. Durch diese Konzentration der Aufmerksamkeit auf die Bewegungen und die Gesichter wird die Handlung eher als nervenaufreibend bedrohlich empfunden. Bleiben fesselnde Aktionen im Hintergrund aus, wird dagegen die sonst gleiche Szene als harmonisch bis romantisch erfahren.

Im letzten Teil des Seminars geht es um die wissenschaftliche Untersuchung der Intensität und Dauer der Wirkung von Filmen auf die Zuschauer.

---

[161] http://bit.ly/2D5YRhZ

Wir wissen aus eigener Erfahrung, dass die Stimmung und die Spannung eines Filmes noch einige Zeit anhält. Daher verlassen Menschen das Kino nach einem traurigen Filmende mit eher bedächtig gesenkten Köpfen und einen heiteren Film verlassen sie eher beschwingt mit fröhlichem Gesicht. Dabei ist es unwichtig, ob sich der Zuschauer seines Gefühls bewusst ist oder nicht. In jedem Fall ist es möglich, am Gesicht, dem Gang und der Körperhaltung zu erkennen, welches Grundgefühl der Film beim Zuschauer hinterlassen hat.

„Und wir können aus der Dauer eines Gesichtsausdrucks und aus hochaufgelösten Gesichtsaufnahmen die Intensität des Gefühlsausdrucks ablesen", betont Herr Filmlein. „Es war für uns sehr interessant, mit diesen Mitteln zu überprüfen, wie stark sich die Erlebnisse der kurzen Filme im 4D-Actionkino im Gemüt des Zuschauers eingeprägt hatten. Um einen Film lebensecht wirken zu lassen, werden passend zu den Bildern Düfte und Wasser versprüht, Wind erzeugt und Sitze bewegt, so dass alle Sinne des Zuschauers angesprochen werden.

Unsere Filmaufnahmen der Besucher beim Verlassen des 4D-Kinos, die Sie jetzt hier sehen können, zeigen beeindruckend den Schrecken, die Anspannung und Aufregung, denen diese Menschen ausgesetzt waren. Das ist auch verständlich, denn die Hirnforschung hat nachgewiesen, dass das Hirn keinen Unterschied darin sieht, ob eine Situation simuliert oder echt ist. Für das Gehirn erscheint sie echt. Da hilft auch die Kenntnis nicht, dass es nur ein Film ist.

Nach diesen Aufnahmen war für uns klar, dass wir niemandem mehr diesen Stress zumuten wollen. Deshalb zeigen wir jetzt Filme, die förderlich für die individuelle Entwicklung des Menschen sind. Dazu brauchten wir nur natürlich vorkommende Prozesse zu filmen, in denen das Wesen der Synergien zu erkennen und zu fühlen ist. Natürlich mussten wir uns dazu des Zeitraffers bedienen, weil die meisten dieser Vorgänge eher langsam ablaufen. Die Wirkung solcher Filme auf den Zuschauer sehen Sie in den nächsten Bildern. Schauen Sie, wie entspannt, glücklich und in jedem Fall freudig deren Gesichter sind. Achten Sie auch darauf, wie sie miteinander sprechen, wie lebendig die Gestik und die Körpersprache wirken."

Wir verfolgen noch den fast eine Stunde dauernden Dialog im Anschluss an die Ausführungen des Herrn Filmlein und verlassen dann ermüdet von den vielen Eindrücken und Erlebnissen den Filmpark. Wir lassen den Abend in einem gemütlichen Restaurants in Potsdam ausklingen.

Hoffest bei Bauer Lindemann

Heute will Bauer Lindemann sein jährliches Hoffest feiern. Sein Hof liegt zwei Orte weiter auf dem Land. Wir kennen Lindemann seit 2021, als wir der neu gegründeten Abnehmergemeinschaft[162] beigetreten sind. Von ihm beziehen wir Obst, Gemüse, Salate und Kräuter. Mit der Teilnahme am Hoffest wollen wir den lebendigen Kontakt zu ihm aufrechterhalten.

Anfahrt

Gleich nach dem Frühstück bestellen wir ein selbstlenkendes Auto. Schon zehn Minuten später steigen wir ein und nennen per Spracheingabe unser Ziel. Nach einigen Sekunden wird die Route auf dem Bildfeld wie früher bei den Navigationsgeräten angezeigt. „Bitte anschnallen", tönt es aus dem Lautsprecher und auf dem Monitor blinkt es. Kaum sind die Gurte eingerastet, startet das Auto und fährt mit etwa vierzig km/h aus dem Ort. Die Geschwindigkeit erhöht sich auf siebzig km/h, und nach knapp dreißig Minuten sind wir am Ziel. Nach dem Ausstieg sehe ich noch, wie sich das Auto selbstständig auf einem freien Platz abstellt.

Ankunft

Auf dem Hofgelände und im Haus herrscht schon reger Betrieb. Wir haben das Gefühl, auf einem Verwandtentreffen zu sein, so viele Besucher kennen wir. Ein ständiges ‚Hallo' und einige Umarmungen vermitteln eine familiäre Stimmung. Irgendwann können wir auch den Hofherrn und seine Frau begrüßen. Deren Kinder verteilen bereits Gemüsesäfte und Smoothies aus eigener Ernte. Gern nehme ich einen Rote-Bete-Saft, während Gerlinde zum Möhrensaft greift.

Mehrere Plakate verkünden das Festprogramm. Diagonal von links unten nach rechts oben steht in hellgrüner Schrift: „Zwanzig Jahre Hof Lindemann", und darunter, „Ein Grund zur Ausschau – zurück und nach vorn!"

---

[162] Z. B. die Solawi: https://bit.ly/2uved0v, https://bit.ly/2uAgho0 und http://bit.ly/2oCJc46

Das Programm enthält Angebote für Jung und Alt. Für die Kinder gibt es Gemeinschaftsspiele, Mal- und Musikangebote sowie Saat-, Pflanz- und Pikierübungen. Für uns Erwachsene gibt es einen Vortrag mit anschließendem Gespräch zum Thema „Unsere Hofgeschichte", Führungen durch die Freilandbeete und die Gewächshäuser sowie den Film „Experimente zu Pflanzenzucht und Pflanzenwachstum". Wir sind am Film interessiert, möchten unbedingt den Vortrag hören und am Gespräch teilnehmen. Die Felder und Gewächshäuser mit allen Besonderheiten zu deren Bewässerung, Erwärmung und Anbaukultur kennen wir bereits.

Bis zum Vortragsbeginn schlendern wir noch etwas herum und tauschen uns mit anderen Besuchern aus. Es entstehen Gespräche über die Qualität und Vielfalt der Lebensmittel und die Versorgungsstrukturen. Freudig reden wir auch darüber, wie wir unsere freie Zeit zum eigenen Wachstum und zur Entfaltung unserer Talente und inneren Reichtums nutzen.

Zwanzig Jahre Hof Lindemann

Eine Glocke verkündet den Beginn des Vortrags in zehn Minuten. Wir verabschieden uns von unseren Gesprächspartnern und gehen Richtung Wohnhaus. Dort ist an der Seitenwand eine Zeltplane von etwa zwanzig Metern Länge und zwölf Metern Breite befestigt. Die freien Kanten der Plane werden von Holzstangen getragen, die fest in Bodenhülsen stehen. Auf die an der Hausmauer angebrachte Leinwand ist eine Luftaufnahme der gesamten Hofanlage projiziert. Auf einem kleinen Podest links neben der Leinwand steht Bauer Lindemann und winkt die Menschen heran. Kurz nach elf beginnt er mit einem breiten Lächeln seine Rede:

„Liebe Besucher, liebe Gäste, liebe Nachbarn und Verwandte, ich freue mich, dass ich euch alle hier begrüßen darf. Immer wieder werde ich gefragt, wie, wann und warum alles begonnen hat, welche Schwierigkeiten und Erfolge ich hatte und wie lang ich noch weitermachen will. Darüber will ich euch heute berichten und so am Hofleben der letzten zwanzig Jahre teilhaben lassen. Auch einen Ausblick auf die nächsten Jahre will ich wagen. Besonders freue ich mich auf die dann folgenden Gespräche.

Wie alles begann

Als ich im Jahre 2010 die Schule verließ, wusste ich nicht, was ich tun sollte. Ich fühlte mich auf Grund meiner Freundschaften zu Menschen aus der Landwirtschaft und durch meine Kindheitserlebnisse auf Bauernhöfen geradezu magisch vom Beruf des Bauern angezogen. Gleichzeitig wusste ich, dass die in der Landwirtschaft tätigen Eltern meiner Freunde sieben Tage die Woche zehn bis zwölf Stunden am Tag arbeiteten. Wegen der von den Lebensmittelkonzernen gezahlten niedrigen Preise waren sie ständig zur Vergrößerung ihrer Betriebe gezwungen.

Den Biobetrieben ging es dank weitgehender Direktvermarktung etwas besser, aber auch die waren dem Wettbewerb ausgesetzt. Meine einzige Möglichkeit, Bauer zu werden, wäre die Heirat einer Hoferbin gewesen. Also lernte ich ein Handwerk und arbeitete in einem Sanitärbetrieb. So konnte ich wenigstens meine Hände gebrauchen und praktisch arbeiten. Weil ich gern selbständig werden wollte, begann ich nebenbei ein Fernstudium zum Handwerksmeister[163]. Gleichzeitig wurde auch im Handwerk der Wettbewerb durch die zunehmende Einstellung billiger Lohnarbeiter aus Osteuropa immer härter. Ich wusste nicht, wie es weitergehen sollte und könnte. Als dann ab Ende 2017 die Polarisierung[164] der Gesellschaft immer stärker wurde und schließlich die Gewalt überall zunahm, glaubte ich überhaupt nicht mehr an die Möglichkeit, jemals mein Geld mit selbständiger Arbeit verdienen zu können.

Ja, wie ihr nun alle wisst, kam bald der Wirtschaftszusammenbruch und dann 2020 die Einführung einer zinslosen Währung[165]. Ich sah sofort die Möglichkeiten, die sich mir damit boten. Ich zögerte keine Minute, sondern begann sofort mit der Umsetzung meines Herzenswunsches. Mir war klar, dass durch den Wegfall des Zinses Kredite schneller abgezahlt werden können und sich gleichzeitig die Kosten aller Waren und Dienstleistungen ungefähr halbieren müssten, weil

---

[163] https://www.fernstudium-vergleich.de/technik-und-meister/
http://www.industriemeister.info/fernstudium
[164] https://www.freiheit.org/gezielte-polarisierung-der-gesellschaft
http://bit.ly/2oT8psj und http://bit.ly/2FjAXFy
[165] https://www.heise.de/tp/features/Zinsloses-Geld-Reloaded-3386121.html
http://mensch-sein.de/downloads/lebensgeld.pdf

die enthaltenen Zinskosten[166] der gesamten Produktions- und Handelskette entfallen. Ich sollte also viel mehr Gewinn erzielen als vor der Währungsumstellung. Recht schnell fand ich diesen Hof und erhielt auch sofort den benötigten Kredit. Ihr wisst, dass mit dem neuen Geld auch die alte Praxis der Geldschöpfung[167] aufgegeben wurde? Die Banken durften nur noch das Geld verleihen, was als Spareinlagen verfügbar war. Da beim Umtausch der Euros in Weltdollars sofort von allen Bar- und Kontobeträgen zehn Prozent als Kreditvermögen einbehalten wurde, gab es genug Geld für Existenzgründer. Ich suchte mir zwei landwirtschaftliche Helfer. Ihr alle kennt Elmar und Bernd, die mir noch heute zur Seite stehen. Elmar, Bernd, kommt mal bitte her!". Sofort erscheinen beide und freuen sich über unseren Applaus. „Mit ihrer Hilfe habe ich noch im selben Jahr das Land bearbeiten und meine ersten Salate und Gemüse ernten können."

Produktpalette und Vermarktung

„Ich wusste, dass ich auf jeden Fall Gemüse, Salate und Kräuter anbauen wollte. Diese wichtigen Nahrungsmittel boten durch ihre Vielfalt die größte Chance, nie zu einem totalen Ernteausfall zu führen. Von Anfang an setzte ich auf Bioqualität. Ich wollte gesunde und lebendige Lebensmittel erzeugen und Luft, Wasser und die Böden nicht mit Giften belasten. Direktvermarktung und Anbaumethoden, deren Effizienz unseren Arbeitsaufwand minimiert, ohne die Qualität zu mindern, waren Programm.

Bezüglich der Qualität orientierte ich mich an den damaligen Richtlinien der Bio-Verbände. Dabei bemühte ich mich, den Einsatz der erlaubten Pflanzenschutzmittel[168] und Düngestoffe möglichst gering zu halten, weil auch diese Mittel die Gewässer belasten. Bei der Gründung von Abnehmergemeinschaften und Kooperativen halfen mir Freunde, Bekannte und Verwandte. Schon im dritten Jahr war

---

[166] http://bit.ly/2FyVuFl, http://bit.ly/2FpDry5 und http://bit.ly/2IbiNDR
[167] http://bit.ly/1WJWybN, http://bit.ly/2D9U0MV und http://bit.ly/2DbrNF7
[168] http://bit.ly/2tpvhob, http://bit.ly/2oTlSAn und http://bit.ly/2FqHH0C
http://bit.ly/2G4ZKKG und http://bit.ly/2Fme9VV

unser Gewinn dreimal so hoch wie im ersten Jahr. Nur mit der Effizienz haperte es noch, und ich hatte keine praktikable Lösung dafür, bis ich meine jetzige Frau kennen lernte.

Gern trat sie mit in den Hofbetrieb ein und bereicherte mich durch vielfältige Anregungen als Mensch und Unternehmer. Ich bin sicher, ohne sie hätte sich der Hof nicht so gut entwickelt. Heute weiß ich, dass ich damals zu sehr auf Wirtschaftlichkeit bedacht war und dadurch einen eingeengten Blickwinkel hatte. Sie dagegen hatte gleich neue Ideen für die Erweiterung der Sorten und alternative Anbaukulturen. Sie hatte den Weitblick, der die Umsetzung aller Aspekte ermöglichte. Dafür danke ich dir heute einmal im Beisein unserer Kunden, meine liebe Agnes."

Alle Anwesenden kennen Agnes und ihre liebenswürdige Art, ihre geistige Gewandtheit und die Vielseitigkeit ihrer Interessen und spenden tosenden Beifall. Etwas verlegen bei so viel Aufmerksamkeit umarmt sie ihren Mann.

Permakultur und alte Sorten

„Wie gesagt, von Agnes kamen neue Anregungen", fährt der Bauer fort. „Ich hatte mich bezüglich der Sortenauswahl zunächst an anderen Bauern orientiert und mich gefragt, was beim Kunden ankommt. Agnes machte mich dann darauf aufmerksam, dass es vielleicht gut sei, auch einige alte Gemüse- und Salatsorten anzubauen. Meist seien die aromatischer und widerstandsfähiger gegen Schädlinge. Sie hatte auch schon feste Vorstellungen, mit welchen Sorten wir beginnen sollten.

So sehr mir ihre Begründung einleuchtete, ich hatte Bedenken, ob diese Sorten auch gekauft würden. Deshalb befragte ich euch auf dem Markt, ob ihr ältere Sorten kaufen würdet. Erst durch eure Zustimmung war ich zum Anbau verschiedener alter Sorten bereit. Das war der Beginn einer bis heute anhaltenden Liebe zum Experiment und zum Ausprobieren neuer Anbau- und Zuchtmethoden. Ich hatte begriffen, dass ich nur selbst herausfinden kann, was für mich, für euch und die Pflanzen am besten ist.

Folgerichtig war der nächste Schritt die vollständige Umstellung von den damals üblichen Hybridsorten[169] auf alte reproduktionsfähige Sorten[170]. So lieferte mit die Ernte gleich neues Saatgut. Als nächsten Schritt sah Agnes die Umstellung von der klassischen Mischkultur und der Einhaltung von Fruchtfolgen auf die effektivere Permakultur[171] nach Sepp Holzer[172]. Ihr hättet mein verdutztes Gesicht sehen sollen. Permakultur hatte ich schon mal gehört, aber keine Ahnung, was das ist. Agnes erklärte mir die Wesenszüge dieser Anbauart und erläuterte ihre Vorteile. Ich hörte geduldig und aufmerksam zu, war aber am Ende vollkommen ratlos.

Ich hatte begriffen, dass ich bei konsequenter Umstellung auf Permakultur auch Tiere halten müsste, dass alle Pflanzen in symbiotischer Gemeinschaft wachsen und so angeordnet werden sollten, dass die höherwachsenden den niedrigeren Windschutz bieten, damit sich ein förderliches Mikroklima einstellt. Idealerweise gehören auch Obstbäume dazu. Aber ich hatte keine Ahnung, wie ich das bewerkstelligen sollte. Mir erschien alles viel zu viel und ich sah mich schon zwei Jahre lang ohne Einnahmen nur ackern und pflanzen. Könnte ich den Erntehelfern zumuten, aus den kreuz und quer durcheinander wachsenden Pflanzen die richtigen zu ernten? Ich fragte Agnes, ob sie denn praktische Erfahrungen mit dieser Methode hätte. Sie selbst nicht, aber sie kenne Menschen, die danach arbeiteten und seitdem keinen Ärger mehr mit Krankheiten, Pilzbefall und Schneckenfraß hätten. Ich sagte ihr, dass ich es mir überlegen würde.

Ich glaube, es folgte die schlafloseste Nacht meines Lebens. Ich konnte einfach nicht abschalten, so ratterten die Gedanken durch mein Hirn und dahinter machte sich ganz langsam das Gefühl breit, dass ich es wagen wollte. In dieser Nacht stand ich um drei Uhr auf, ging an den Laptop und suchte nach Anleitungen und Erfahrungsberichten zur Permakultur. Als Agnes am Morgen ins Arbeitszimmer kam, war meine Entscheidung schon gefallen. Ich nickte ihr zu und

---

[169] http://bit.ly/2FkRDwu, http://bit.ly/2toDrgm, http://bit.ly/2IcS8GT, http://bit.ly/2oTeghq
[170] http://bit.ly/2FrsFrp, http://bit.ly/2HdJmqH und http://bit.ly/2IeLJe7
[171] www.**permakultur**.de, http://www.permakultur.farm/, http://permakultur-info.de/
[172] Sepp Holzer: Sepp Holzers Permakultur – Praktische Anwendung für Garten, Obst- und .. http://www.seppholzer.at und http://www.krameterhof.at

sagte ‚Ja, ich stelle um'. Die Erfahrungsberichte waren sehr ermutigend und ich brauchte auch nicht alles auf den Kopf zu stellen. Ich begann damit, auf den Beeten alles anzubauen, was sich gegenseitig unterstützt und zusätzlich Beerenobst und Blumen zu pflanzen und zu säen. Weitere Einzelheiten würden jetzt zu weit führen. Ihr kennt das Ergebnis und wisst, dass immer wieder irgendwo in der Gartenanlage etwas verändert werden muss.

Agni- und Elektrokultur

Als 2025 die ersten Konverter für Neutrinoenergie[173] auf den Markt kamen, bauten wir unser Gewächshaus. Bis dahin hatte ich wegen der Notwendigkeit des winterlichen Heizens darauf verzichtet. Ein weiterer wichtiger Schritt fand dann vor zehn Jahren statt. Ich war schon immer unzufrieden mit den Folien über den Frühkulturen. Ohne klassische Beetstrukturen war es auch sehr schwierig, die Beeren, Salate und Kräuter mit Folien gegen nächtlichen Frost zu schützen. Ich fragte Agnes, ob sie eine Idee hätte, wie wir auf Folien verzichten könnten. Leider war sie diesmal ratlos.

Wieder bemühte ich das Internet, ohne zu wissen, wonach ich suchen sollte. ‚Alternative zu Folien'? ‚Frostschutz ohne Folien'? Ich versuchte die unmöglichsten Begriffe, bekam aber nur unbrauchbare Ergebnisse. Auf dem Markt fragte ich euch und andere Bauern zu folienfreien Frostschutzmethoden. Meine Beharrlichkeit hatte Erfolg. Irgendwann erzählte mir ein entfernter Verwandter, dass er schon mal etwas von Agnikultur[174] gehört hätte, und es damit wohl möglich sein könnte. Sofort begann ich im Informationsnetz zu suchen. Ihr glaubt gar nicht, wie erstaunt und verblüfft ich über die Vielzahl der Anleitungen, Versuche und Erfahrungsberichte war. Gleichzeitig war das für mich der erste Kontakt mit dem Thema Feinstofflichkeit. Gut, wir kannten die Homöopathie, Energie- und Informationsmedizin und die Geistheilung. Aber selbst mit der Feinstofflichkeit arbeiten, das ist doch etwas anderes als nur die Ergebnisse zu nutzen.

---

[173] Walter Häge: Grenzenlose Energie und http://bit.ly/2FF44T4
[174] Matteo Tavera: Heilige Mission; www.agnikultur.de und http://bit.ly/2Fp05Li

Am meisten sprach mich damals die sogenannte Elektrokultur[175] an, die ihre Wurzeln bereits im achtzehnten Jahrhundert hat. Hier in Deutschland ist sie in den Anfangsjahren des 21. Jahrhunderts von Michael Wüst[176] intensiv untersucht und verbreitet worden. Leider ist er schon 2014 gestorben, aber der Samen war gesät, die Agni- und damit die Elektrokultur[177] konnten nicht mehr wegdiskutiert werden. Besonders Kleingärtner und Landwirte im Nebenerwerb haben intensiv experimentiert und genaue Baupläne im Netz veröffentlicht. Die Anwender berichteten von bis zu fünffacher Größe der Früchte, von mehrfachen Ernten und von Unempfindlichkeit der Pflanzen gegenüber Frost und Trockenheit.

Ich war begeistert und erzählte Agnes sofort von der Elektrokultur. Schon am nächsten Tag begann ich ein kleines Versuchsfeld nach einer Anleitung aus dem Informationsnetz anzulegen. In etwa dreißig Zentimeter Tiefe verlegte ich Eisendrähte und zwei Elektroden. Diese, eine aus Kupfer und eine aus Zink, bilden in der feuchten Erde eine Batterie, so dass durch die Drähte ein ganz schwacher Gleichstrom fließt. Ich säte Erbsen, Bohnen, Kohlrabis und Möhren in diesem Beet und legte ein entsprechendes Kontrollfeld ohne Draht und Elektroden an. Nur mit Mühe überstand ich die Phase der Geduld, bis endlich die ersten Keime zu sehen waren. Ob ihr es glaubt oder nicht, die bestromten Pflanzen trieben die ersten Blattspitzen etwa zwei Tage früher aus als die Kontrollpflanzen. Insgesamt waren die Elektropflanzen zwei bis drei Wochen früher reif als die anderen und das Gewicht war im Schnitt doppelt so hoch wie bei den normal gewachsenen Pflanzen. Wir waren so von dem Ergebnis überwältigt, dass wir uns erstmals ernsthaft Gedanken über das Leben und seinen Hintergrund machten und ich diese Methode auf fast alle Pflanzen ausdehnte.

Ich beschäftigte mich weiter mit der Elektrokultur, um die Ergebnisse zu erhalten, die mir wichtig waren. Nicht jeder will Erbsen in Kirschgröße oder Möhren, die grösser als Rettiche sind. Aber gesunde,

---

[175] http://www.bargainorgonite.com/?p=2175&lang=de
Platon: Der Orga-Urkult (hier herunterladen http://bit.ly/2p5bXXH)
[176] http://www.agnikultur.de/elektrokultur.html, http://bit.ly/2FlCJj1 und http://bit.ly/2FrPPlm
https://www.minotech.de/forschung/pflanzenwachstum/orga-urkult/
[177] http://bit.ly/2FnU4yt, http://e-collection.library.ethz.ch/eserv/eth:21452/eth-21452-01.pdf

lebendige und gut schmeckende Früchte will jeder, und wenn ich öfter ernten kann, könnt ihr öfter gutes Gemüse essen. Am meisten war ich von den Erdbeeren überrascht. Sie waren größer und aromatischer als ohne Elektrobehandlung. Aber das Wichtigste ist, dass ich seitdem mehrmals im Jahr ernten kann und zwar, wie ihr wisst, bis in den Oktober hinein. Wir können also lokal angebaute Erdbeeren aus dem Freiland etwa acht Monate im Jahr ernten.

Im Zusammenhang mit der Elektrokultur bin ich auch auf die im Jahre 1988 von Dr. Guido Ebner und Heinz Schürch[178] bei Ciba durchgeführten Forschungen gestoßen. Sie setzten im Labor[179] Getreide und Fischeier[180] einem elektrostatischen Feld aus. Die so entstandenen Pflanzen lieferten einen deutlich höheren Ertrag bei gleichzeitig besserem Wachstum[181]. Je nach Intensität und Dauer des Feldeinflusses entwickelten sich auch Urzeitformen, z. B. Urmais mit bis zu zwölf Kolben oder ausgestorbene Riesenforellen. Das waren natürlich spannende Ergebnisse, um eigene Experimente für mehr Sortenvielfalt zu wagen. Zum Glück gab es ungefähr ab 2020 neue Forschungen zu diesem Thema. Sie bestätigten das Phänomen und führten dann auch zu klar nachvollziehbaren Versuchsanordnungen. So konnte ich mit meinen Experimenten innerhalb von zwei Jahren z. B. Tomaten-, Bohnen- und Erbsensorten entwickeln, die sich mit gleichbleibenden Eigenschaften vermehren lassen. Ihr kennt diese geschmackvollen, gegen äußere Einflüsse vollkommen resistenten Sorten.

Und jetzt nutzt die Pause, um Erbseneintopf, Gemüseauflauf und ‚Salat Lindemann' zu essen. Ihr habt gut eine Stunde Zeit, danach dürft ihr mich fragen, was Ihr wollt."

Mittagspause

Die Zuhörer sind begeistert und applaudieren kräftig und anhaltend, bevor sie zur Essensausgabe strömen. Dort geht es zügig voran, weil sich immer gleich mehrere Gäste an den reichlich aufgestellten

---

[178] Luc Bürgin: Der Urzeit-Code
[179] http://www.urzeitcode.com,
[180] Patent einsehbar unter http://bit.ly/2HnOhFo
[181] https://www.minotech.de/forschung/pflanzenwachstum/urzeitcode-versuchsreihen/

Salatschüsseln, Eintöpfen und Aufläufen bedienen können. Im Garten und auf dem Hof sind zahlreiche Sitzgruppen für drei bis zehn Menschen und einzelne Stühle verteilt. Jeder findet einen für ihn geeigneten Platz für sich allein oder in einer Gruppe.

Wir nehmen Platz unter zwei prächtigen Walnussbäumen. Schnell kommen wir mit den am Tisch sitzenden Besuchern ins Gespräch. Die beiden Frauen stellen sich als Erika und Sabine vor. Erikas Mann heißt Ferdi und Sabines Mann Axel.

Sie sind voll des Lobes über die Ausführungen Harald Lindemanns und das vorzügliche Essen. Nach einigen allgemeinen Aussagen ergreift Ferdi das Wort: „Ich habe früher bis ins Jahr 2023 fast nur von Fertiggerichten gelebt und war immer sehr zufrieden damit. Dann lernte ich Erika kennen, und wir wollten ein gemeinsames Leben beginnen. Damit war für mich die Zeit einer neuen Ernährung angebrochen. Erika legte viel Wert auf Vollwertkost mit Gemüse, Salat und Obst, nur gelegentlich Fleisch oder Fisch und alles immer frisch zubereitet. Das war für mich eine ganz neue Erfahrung, denn auch als Kind hatte ich zu Hause kaum frisch zubereitetes Essen bekommen.

Anfangs kamen mir Erikas Speisen eher fad vor und die Salate waren für mich wie Hasenfutter. Es dauerte mehrere Monate, bis ich langsam den feinen Eigengeschmack jedes Gemüses wirklich wahrnehmen konnte. Natürlich schmeckte Blumenkohl anders als Brokkoli, Erbsen anders als Linsen und Möhren anders als Lauch. Aber ich schmeckte keinen Unterschied zwischen verschiedenen Sorten der gleichen Gemüseart. Von Erika erfuhr ich, dass alle industriell verarbeiteten Gerichte mit Aromen und Geschmacksverstärkern im Geschmack sehr einheitlich waren, weshalb die Geschmackssinne der Konsumenten immer mehr abstumpften.

Erika merkte natürlich schnell, dass ich immer mit spitzen Zähnen und Unbehagen ihre Speisen aß. Bei jedem gemeinsamen Essen sprach sie mir Mut zu, dass sich mein Geschmack schon wieder verfeinern würde und akzeptierte, dass ich mein Essen etwas nachwürzte.

Als ich Erikas Essen nach zwei Monaten immer noch für fad hielt, entsann sie sich der Stoffwechselrenaturierung[182] nach Dr. Ulrich Mohr. Sie riet mir, mit deren Hilfe meine Geschmackssinne wieder zu schärfen. Da diese Kur einen individuell abgestimmten Ernährungsplan beinhaltete, konnte ich nicht gleich beginnen, aber es war dann ein ergreifendes Erlebnis. Erika unterstützte mich, indem sie selbst noch einmal teilnahm.

Allein die ersten zwei Phasen, die nur dazu dienten, herauszufinden, welche Lebensmittel einzeln und in Kombination mir wie bekommen, war eine Offenbarung. Erstmals schmeckte ich Unterschiede bei verschiedenen Möhrensorten, erfuhr, dass Kohlrabi auch roh sehr gut schmeckt und selbst Kohl nicht gekocht sein muss. Dann erkannte ich, wie sich zwei oder drei verschiedene Nahrungsmittel gegenseitig im Geschmack beeinflussen, je nach Zusammensetzung verstärken oder auch abschwächen. Ein ganz eigenes Erleben war die integrierte Kauschulung. Ich merkte, dass allein durch intensives Kauen und Achtsamkeit viel schneller das Gefühl der Sattheit eintrat, als bei meinem bis dahin üblichen Herunterschlingen. Am Ende konnte ich dann jedes Essen mit Freude genießen. In Gaststätten dagegen erschienen mir die natürlichen Geschmacksnoten oft mit zu vielen Gewürzen überdeckt.

Die Abkehr vom industriell gefertigten Essen und die Stoffwechselrenaturierung mit Erikas achtsamer Unterstützung verfeinerten meinen Geschmack derart, dass ich heute die Unterschiede der von Harald angebauten Gemüse wahrnehmen kann. Es ist mir wirklich eine Freude, den Erfolg all seiner Bemühungen um naturbelassene, gesunde, vitalstoffreiche und energetisch hochwertige Lebensmittel deutlich zu schmecken."

„Ja, das stimmt", ergänzt Erika. „Die heute von jedem Bauern erhältlichen Lebensmittel sind deutlich aromatischer als die besten Bioprodukte vor zehn Jahren. Könnt ihr euch noch erinnern, wie schwer sich Eltern vor zwanzig Jahren taten, ihren Kindern Gemüse schmackhaft zu machen? Und habt ihr bei euren Enkeln oder Urenkeln bemerkt, dass Kleinkinder heute ganz selbstverständlich Gemüse essen? Mich wundert das nicht mehr. Die Kinder haben noch

---

[182] https://stoffwechselmagie.de/

einen sensiblen Geschmackssinn und reagieren auf unlebendiges Gemüse mit Abscheu. Fatal war damals, dass ihr Geschmack durch Süßigkeiten verdorben wurde."

„Als ich vor drei Jahren sah", meldet sich Sabine, „wie gern meine beiden Enkel Gemüse essen, war ich sehr überrascht und fragte meine Tochter, wie sie das angestellt hätte. Ihr könnt euch denken, wie sprachlos ich erst einmal war, als sie sagte, dass sie ihnen nur Gemüse angeboten hätte und die Kinder es ohne Widerwillen sofort gegessen hätten. Ich lachte und stellte fest, dass es dann wohl wirklich gut sein müsse."

Axel sieht uns bedeutungsvoll an: „Ja, schön, dass sich die Welt so gewandelt hat. Lasst uns darauf einen Schluck Saft nehmen. Früher konnte ich mir nicht vorstellen, zum Essen Obst-, Gemüse- oder Beerensaft zu trinken. Entweder waren sie mir zu sauer oder sie schmeckten fast wie Zuckerwasser. Und nun lasst uns aufbrechen, um am Gespräch mit Lindemann teilzunehmen."

Wir fragen, Lindemann antwortet

Geduldig wartet Harald, bis sich die Plätze vor ihm füllen. Er spürt die knisternde Spannung der Menschen, die er fast alle kennt, weil sie seine Kunden sind. Und er ist überrascht, dass trotz der vielen Gespräche, die er auf dem Markt schon geführt hat, offenbar sehr viel Interesse daran besteht, mehr Hintergründe zu erfahren. Endlich tritt Ruhe ein und er wendet sich mit einem Lachen an seine Gäste: „Ich sehe an den leeren Schüsseln und Töpfen, dass es euch gut geschmeckt hat. Das freut uns beide". Dabei blickt er zu Agnes. „Aber ob nun noch genug Salat, Kräuter, Gemüse und Beeren für euch zum Mitnehmen vorhanden sind, das weiß ich noch nicht. Wir werden es sehen.

Und jetzt lasst uns mit dem Gespräch beginnen. Ich möchte, dass die nächsten zwei Stunden ein lebendiger Austausch zwischen euch und mir werden. Ihr dürft alles fragen, was ihr von mir wissen wollt, und mich mit Ideen anregen. Ich bin gespannt, was ich von euch lernen darf. Damit wir nicht alle durcheinander reden, bitte ich um Handzeichen. Agnes wird alle Wortmeldungen notieren und der Reihe nach berücksichtigen. Und nun seid ihr dran."

Blitzschnell hat Herbert - ich kenne ihn vom Markt - die Hand oben. „Danke dir, Harald, für die ausführlichen Informationen. So genau habe ich bisher nicht gewusst, mit welchen Methoden du dich schon beschäftigt hast. Du hast die Agnikultur erwähnt und gesagt, dass dich nur der Aspekt Elektrokultur interessiert hat. Ich selbst hatte vor fünfundzwanzig Jahren den Homa-Hof Heiligenberg[183] besucht. Dort hatte ich erlebt, wie die regelmäßige Durchführung des Agnihotra-Rituals und das Düngen der Felder und Wiesen zu einer enormen Ertragssteigerung und Gesundheit der Pflanzen geführt hatten. Genauso wie bei der Elektrokultur trockneten die Böden auch bei lang anhaltendem Schönwetter nicht aus. Warum hast du diese Methode von vornherein ausgeschlossen?"

„Ja, warum? Du wirst gleich selbst darauf kommen. Ich war selbst dort und hatte mir selbst vor Ort angesehen, welche Ergebnisse mit dem Agnihotra erzielt werden können. Herbert, was ist der wichtigste sofort erkennbare Unterschied unseres Hofes zum Homa-Hof?"

„Ja, ich weiß, was du meinst. Ein Verein von damals fünfzig Menschen unterstützte die am Hof lebende Gemeinschaft. Du dagegen arbeitest hier nur mit deiner Familie. Um das Feuerritual täglich bei Sonnenauf- und -untergang durchzuführen, wärst du gezwungen, jeden Tag rechtzeitig vor Sonnenaufgang die Zeremonie vorzubereiten und dann durchzuführen. Ich verstehe, dass du das nicht wolltest."

„So ist es, Herbert. Die Elektrokultur ist zwar am Anfang sehr viel Arbeit, aber dann nur noch, wenn die Drähte irgendwie beschädigt sind. Deshalb überprüfe ich diese regelmäßig durch Messung des Drahtwiderstandes. Wenn der zu groß wird, weiß ich, dass etwas nicht mehr stimmt. Das kam bisher nur zweimal vor. Und die Permakultur, auch Bestandteil der Homakultur, hatte ich ja bereits umgesetzt."

Es wird lebendiger. Drei Hände erheben sich fast gleichzeitig. Agnes hat gut aufgepasst und erteilt Norbert das Wort. „Du sagtest, dass du vor der Umstellung auf Permakultur die praktische Frage beantworten musstest, ob den Erntehelfern zumutbar wäre, die zu erntenden Früchte zwischen anderen Pflanzen zu suchen. Du hast dann

---

[183] https://www.agnihotra-online.com und http://bit.ly/2GiXa3V

doch sehr schnell umgestellt. Wie hat das dann mit der Ernte funktioniert?"

„Das war alles viel einfacher, als ich dachte. Wirklich problematisch ist das ja nur bei den Wurzelgemüsen. Da muss man schon genau auf das Kraut achten, um nichts Falsches herauszuziehen. Aber es gibt gar nicht so viel Gemüse dessen Blätter und Kräuter miteinander verwechselt werden können. Und als ich die Möhren noch in Reihen säte, musste auch geprüft werden, ob die Wurzeln schon groß genug zum Ernten waren. Den nur gering erhöhten Zeitaufwand bezahlte ich gern."

Nun ist Markus an der Reihe. „Ich möchte gern wissen, wie weit du die Permakultur nun tatsächlich umgesetzt hast."

„Jeder, der das genau wissen will, darf sich gern den ganzen Hofbetrieb ansehen. Agnes, Elmar und Bernd werden ab fünfzehn Uhr Führungen mit Erläuterungen durchführen. Da bekommt ihr jede Frage zur praktischen Umsetzung beantwortet."

Annette steht noch auf Agnes' Liste: „Ich möchte gern einen Vorschlag zum Agnihotra unterbreiten. Ich wohne nicht weit von euch entfernt und habe mich ausführlich mit diesem Räucherritual befasst. Ich praktiziere es unregelmäßig zusammen mit zwei Freundinnen. Wir sind gern bereit, es täglich zweimal auf Deinem Hof durchführen. Wir würden es erst einmal auf drei Wochen beschränken und du schaust, ob sich dabei etwas verändert. Wenn du positive Änderungen erkennst, führen wir das Ritual gern weitere drei Wochen durch und sehen dann weiter. Was hältst du davon?"

„Liebe Annette, ich danke dir von Herzen und nehme das Angebot gern an. Es ist ein sehr konstruktiver Vorschlag, der euch allen zu Gute kommt, wenn sich die Zeremonien auf die Pflanzen auswirken." Beifall für Annette ertönt, und zwei weitere Frauen und drei Männer sind spontan bereit, Annette und ihre Freundinnen zu begleiten, um selbst das Ritual zu erlernen.

Nach kurzer Pause melden sich insgesamt vier Besucher. Als erste darf Ute sprechen: „Du hast erwähnt, dass mit Hilfe elektrostatischer Felder neue oder auch ausgestorbene Arten erzeugt werden können und dass du auf diese Weise neue Gemüsesorten gewonnen hast. Sind die alten Zuchtmethoden damit hinfällig oder überflüssig? Wie können wir sicherstellen, dass durch solche Manipulation des Saatguts keine Gefahren ausgehen? Mir bereitet es jedenfalls großes Unbehagen, zu wissen, dass nur mit einem elektrostatischen Feld völlig neue Organismen erzeugt werden können, deren Eigenschaften wir vorher nicht kennen."

„Du sprichst sehr wichtige Punkte an. Auch ich hatte zunächst große Bedenken, die Methode anzuwenden. Ich wusste nicht, ob das nur eine andere Art der Genmanipulation ist oder eine Art Zucht oder was sonst. Es kann sicher als eine Art Genmanipulation bezeichnet werden, deren Ergebnis nicht vorausbestimmbar ist. Bezüglich der Technik ist es keine Genmanipulation, weil wir nicht direkt ins Erbgut eingreifen. Das elektrostatische Feld formt ohne unser Zutun etwas seiner Feldenergie Entsprechendes. Es geschieht also eine Art genetische Anpassung an die während der Wachstumsphase herrschenden Umweltbedingungen. Das ist etwas in der Natur ganz Selbstverständliches. In subtropischen Feuchtgebieten wachsen eben andere Pflanzen als in trockenen heißen Zonen oder in Polarregionen. Ich glaube nicht, dass die Wirkung elektrostatischer Felder aus essbaren Pflanzen giftige Pflanzen entstehen lässt. Aber ich weiß nicht, wie die elektrostatischen Felder auf das Saatgut und dessen Gene wirken. Deshalb kann ich keine Begründung für meine Vermutung geben. Hans, du hast dich auch gemeldet. Kannst du etwas dazu sagen?"

„Ja, gern", antwortet Hans. „weil ich mich ausführlich damit beschäftigt habe. Hoffentlich versteht jeder, was ich sage.

Inzwischen ist erwiesen, dass es ein als Äther[184] bezeichnetes feinstoffliches, teilchenfreies Medium gibt. Dieses Medium ist die Ursache aller materiell-grobstofflichen Erscheinungen. Das muss so sein, wenn letztlich alles Eins ist, was ja auch die Religionen betonen. Dieser Äther muss das Geistige, Intelligenz und Bewusstsein bereits beinhalten. Alle naturwissenschaftlich untersuchten Energieformen entstehen durch schwingende und rotierende Bewegungen dieses Äthers, und die materiellen Erscheinungen sind nur Muster extrem

---

[184] Klaus Volkamer: Die feinstoffliche Erweiterung unseres Weltbildes
Eduard Krausz: Das Universum funktioniert anders
http://bit.ly/2IlQ6UI, http://www.evert.de, http://freie-physik.de/, http://klaus-volkamer.de/

hochfrequenter und komplexer Ätherwirbel. Alle beobachtbaren Kräfte der Natur, auch die Gravitation, sind Folge des Druckunterschiedes zwischen dem in der Materie gebundenen Äther und dem freien Äther außerhalb. Ein elektrostatisches Feld kann daher in Abhängigkeit seiner Richtung den Ätherdruck zur Erde hin verstärken oder verringern, oder es wirkt ein zusätzlicher seitlicher Druck. In jedem Fall aber schafft es sozusagen andere Lebensbedingungen.

Da jede Lebensform Ausdruck und Ergebnis der Ätherkräfte ist, deren Wirkung sie während der Entwicklung formen, muss der Einfluss des Elektrofeldes im ausgebildeten Organismus sichtbar werden. Je stärker dieses die an einem Ort herrschenden Ätherkräfte überlagert, umso stärker wird sich der neue Organismus vom ursprünglichen unterscheiden. Dabei kann sehr wohl eine giftige Art entstehen, wenn die künstlich hergestellten Bedingungen das erfordern. Zum Beispiel gibt es von Kürbis, Zucchini und Tomaten Wildarten, deren Bitterstoffe[185] in zu hohen Dosen giftig sind. Es gibt heimische Arten, deren asiatische Verwandte giftig sind. In jedem Fall ist also zu prüfen, ob die mit der Elektrofeldmethode gewonnenen Sorten wirklich essbar und bekömmlicher, gesünder oder schmackhafter sind. Die klassische Zuchtauswahl erscheint mir noch immer am sichersten zur Entwicklung gewünschter Eigenschaften."

„Ich danke dir für deine Ausführungen und den Hinweis auf die Notwendigkeit der genauen Prüfung neuer Pflanzensorten. Nun arbeite ich nur mit Feldspannungen von höchstens 1200 V/cm, bei denen keine genetischen Veränderungen möglich sind. Trotzdem esse ich alle Sorten selbst roh und erhitzt in größeren Mengen, bevor sie auf den Markt kommen."

„Will noch jemand etwas zum Urcode oder zur Elektrokultur sagen?"

„Ja", ruft Helga, „ich finde Hans' Beschreibung sehr interessant, dass jede Lebensform Ausdruck und Ergebnis der auf sie wirkenden Ätherkräfte ist. Das bedeutet nämlich, dass die Gene nicht Erbinformationen speichern und weitergeben, sondern sozusagen wie der Hauptspeicher eines elektronischen Rechners funktionieren. In ihnen wird die Information des zwischen der Befruchtung und dem

---

[185] http://bit.ly/2eU8TbL und http://bit.ly/2Ih6dTH

Abschluss der Entwicklung wirkenden Äthers als Programm gespeichert, nach dem der fertige Organismus funktioniert und weitere Lebensprogramme steuert."

„Danke, Helga. Ich meine auch, dass alle derzeitigen Kenntnisse der Äthereigenschaften und der Lebensgesetze diese Sichtweise nahelegen." Julius hebt noch einmal die Hand und ergänzt: „Für mich ist die Betrachtung der Ätherwirkungen sehr plausibel. Damit wird für mich auch verständlich, weshalb der Stand der Sterne zum Zeitpunkt der Zeugung oder der Geburt einen Einfluss auf den Charakter eines Menschen haben kann. Dass es diesen Einfluss gibt, ist ja inzwischen mehrfach bewiesen worden[186]."

„Vielen Dank für eure Beiträge und Hinweise. In dreißig Minuten beginnen die Führungen durch den Hof. Deswegen möchte ich das Gespräch jetzt gern beenden, wenn es keine ganz dringenden Themen mehr gibt. Seid ihr einverstanden?" Lautes Klatschen und zustimmendes Raunen sind klar als Zustimmung erkennbar.

Gerlinde und ich schlendern noch ein bisschen durch den Hof und genießen die Sonne auf einer Bank. Angefüllt mit Informationen und Eindrücken wollen wir jetzt noch etwas die Seele baumeln sowie Verstand und Körper ruhen lassen. So wohlig scheint die Sonne, dass wir die Augen schließen und ein Weilchen schlafen.

Kurz nach sechzehn Uhr verabschieden wir uns von Harald und Agnes und brechen mit ein paar Kräutern und einem Salat für das Abendessen auf. Wir lassen den Tag mit einem Rückblick auf die heutigen Eindrücke ausklingen.

---

[186] Hans-Jürgen Eysenck mit David Nias: Astrologie – Wissenschaft oder Aberglaube?
Peter Niehenke: Kritische Astrologie – Zur erkenntnisth. u. emp.-psych. Prüfung ....

Auf dem Markt

Früh am Morgen

Lindemann schlägt die Augen auf. Leicht verschlafen hebt er den Kopf und blickt um sich. Durch den Spalt zwischen Rollo und Fensterscheibe kann er erkennen, dass es gerade hell wird. Es muss wohl so gegen fünf Uhr sein. Der Himmel wirkt klar, es verspricht ein schöner Tag zu werden. Freudig steht er leise auf. Sein Blick fällt auf die Frau neben ihm. Ihre Augen sind geschlossen, sanft bewegen sich ihre Nasenflügel und ein Lächeln umspielt ihren Mund.

Beim Öffnen der Tür des fensterlosen Toilettenraumes schaltet sich ein gedämpftes Licht ein, gerade hell genug, um alle Gegenstände erkennen zu können, doch dunkel genug, um nicht geblendet zu werden. So sollte das anschließende Einschlafen leicht gelingen. Der Mann tritt ans Urinal und geht dann ohne zu spülen aus dem kleinen Raum. Dank der Lotostechnik[187] bleibt kein Tropfen an der Oberfläche des Urinals hängen. Unangenehmer Uringeruch und Urinstein entstehen so nicht.

Unverwässert gelangt der Urin in das Kompostgemisch aus Küchenabfällen und Stuhl[188]. Bereits nach einem halben Jahr liefert es wunderbare Erde für die Pflanzen, die auf seinem Hof wachsen. Der Mann geht nicht ins Bett zurück, denn heute ist Markttag und er will gegen acht Uhr sein Obst und Gemüse auf den Markt bringen. Erdbeeren, Spargel, Salat und frische Kräuter müssen zuvor geerntet und in Spankörbe verpackt werden.

Die freiwilligen Helfer wollen um sechs Uhr mit der Ernte beginnen, und als Bewirtschafter dieses Hofes möchte er selbst mit ernten. Diesen Lohn für die sorgfältige vorausgegangene Pflege der Pflanzen möchte er mit seinen Helfern teilen. Die Düngung mit ausgewählten Bakterien und Mineralienmischungen erfolgt zum jeweils optimalen Zeitpunkt, an dem die Wurzelzellen die größte Aufnahmefähigkeit für die Nährstoffe haben.

---

[187] https://bit.ly/2ElzjOA und https://bit.ly/2ElECxp
[188] http://komposttoilette.de/, http://komposttoilette.org/ und http://bit.ly/2IjGom1

Erinnerungen

Er begibt sich also ins Bad, wäscht sich mit dem erfrischenden kristallklaren Wasser, trinkt gleich einen guten Liter des köstlichen Nass und zieht sich an. In einer halben Stunde werden die etwa zwanzig Männer und Frauen kommen, die ihm heute bei der Ernte helfen wollen. Sie wissen, worauf zu achten ist. Angefaulte oder von Schnecken angefressene Beeren werden gesammelt, um sie etwas abseits der Beete großflächig auszubreiten. So werden die Schnecken dorthin gelockt und halten sich von den Beeten weitgehend fern. Auch die Vögel und viele Insekten finden so frisches Futter. An die Pflanzen kommen sie nicht heran, da diese vom darüber ausgebreiteten Vlies nicht nur warm gehalten werden, sondern auch gegen Fraßschäden geschützt sind.

Der Bauer tritt aus dem Haus, breitet die Arme aus, als wolle er die bald eintreffenden Menschen umarmen und atmet tief durch. Er genießt die frische Luft, lässt sie in die geweiteten Lungen strömen und freut sich auf diesen Tag, der gewiss nicht anstrengend wird. Unwillkürlich muss er daran denken, wie seine Vorgänger noch diesen Hof bewirtschaftet haben. Mit viel Einsatz chemischer Stickstoffdünger wurde versucht, die Erträge zu steigern, mit Schädlingsbekämpfungs- und Unkrautvernichtungsmitteln wurde gegen alles vorgegangen, was den Wuchs der Pflanzen zu stören schien. Wegen der Preisvorgaben der Lebensmittelkonzerne[189] die Hauptabnehmer der landwirtschaftlichen Produkte waren, musste immer billiger produziert werden. Die Ernte war nur mit Hilfe ausländischer Arbeiter möglich, die für einen Bruchteil des Geldes arbeiteten, den deutsche Helfer verlangt hatten. Russlanddeutsche, Polen, Serben, Rumänen und Bosnier, später Pakistani und Nordafrikaner erledigten die Arbeit. Immer musste alles sehr schnell gehen. Die Erdbeeren konnten nicht sorgfältig nach ihrem Reifegrad geerntet werden. So gab es in den Körben immer sehr viele unreife Früchte, die nach nichts schmeckten. Selbst die reifen Beeren schmeckten eher fad, weil schnellwachsende, große und wohlgeformte Pflanzen gezüchtet wurden, die kaum Aroma hatten. Dieses litt zusätzlich wegen der verwendeten Düngemittel und Pestizide.

---

[189] http://bit.ly/2HtQuPS, http://bit.ly/2tG4lRf, http://bit.ly/2p9ME76 und http://bit.ly/2p9W5U1

Die Fläche, auf der jetzt Erdbeeren wachsen, beträgt nur noch etwa ein Zehntel der Fläche, die sein Vorgänger bewirtschaftet hatte. Dank des Anbaus auf Hügelbeeten und des Einsatzes von Kompost, Mineralien und Bakterien können etwa doppelt so viel Pflanzen auf dieser Fläche gedeihen wie früher. Da jede Pflanze deutlich mehr Früchte als damals trägt, hat er etwa den dreifachen Ertrag auf dieser Fläche wie sein Vorgänger. Dabei haben diese Erdbeeren einen hocharomatischen Geschmack voller Süße und sind saftig. Das liegt auch daran, dass die Helfer nur ganz reife Früchte ernten.

Morgendliche Ernte

Kurz vor sechs treffen die ersten Mitarbeiter ein und nur zehn Minuten später begibt sich die Mannschaft vollzählig mit Spankörben auf das nahegelegene Feld. Dort verteilen sie sich so, dass immer zwei bis drei Menschen miteinander reden können. Während sie über ihre Familien, ihre Pläne und Probleme reden oder einfach nur Witze erzählen, bleiben sie trotzdem aufmerksam, um keine unreifen Früchte zu pflücken und faulige oder verletzte Beeren gleich auszusondern. Da die Pflanzen gut mit Stroh umgeben sind, liegen die Früchte nicht im Dreck und sind sehr sauber. Ganz ohne Schadstoffe können die Beeren unbedenklich sofort verzehrt werden. Deshalb verschwinden überreife Beeren im Mund der Pflücker, begleitet von einem: „Mmhhh, sehr gut, einfach wunderbar."

Kurz vor acht sind insgesamt etwa fünfundsiebzig Kilo Beeren geerntet und auf dreißig Körbe verteilt worden. Jetzt kann der Bauer sie zum Markt bringen. Er bedankt sich bei seinen Helfern. An ihren leuchtenden Augen erkennt er, dass sie mit Freude bei der Arbeit waren.

Bauer Lindemann lädt die Körbe in sein Auto und packt etwa fünfzig Kilo Spargel dazu, die schon am Vorabend gestochen worden sind. Auch die Salate und Kräuter sind bereits am Vortag samt Wurzelballen und Erde in mehrere flache Holzpalletten verpackt worden, die jetzt noch ins Auto geladen werden müssen. Dann geht es los. Die Fahrt in die Stadt dauert etwa eine halbe Stunde.

Die Stände für die Lieferanten der Waren sind bereits aufgestellt worden. Früher musste jeder Händler seinen eigenen Stand selbst aufbauen. Allein deswegen mussten sie gut zwei Stunden vor dem

Verkaufsbeginn anwesend sein. Im Wettbewerb mit den anderen Händlern brachte jeder sehr viel mehr mit, als er tatsächlich verkaufen konnte. Im Durchschnitt hat jeder Händler nur ungefähr vierzig Prozent der Waren verkauft, die er auf seinem Stand verfügbar hatte. Nach Verkaufsende mussten alle Reste wieder ins Fahrzeug geladen, dann die Stände abgebaut und ebenfalls verladen werden. Die Vor- und Nacharbeiten sowie der Transport nahmen deshalb ungefähr gleich viel Zeit in Anspruch wie der eigentliche Markt.

Heute gibt es viel mehr Bauern als vor zwanzig Jahren. Jeder bringt nur die zuvor vereinbarte Menge mit, die den Bedarf der Kunden deckt. Sie stellen die Waren auf die bereits von Markthelfern errichteten Stände. Das Be- und Entladen des Autos nimmt höchstens eine Stunde in Anspruch und die Waren werden vollständig von Kunden abgeholt.

Die Stadtteilgemeinschaften von höchstens fünfhundert Menschen regeln alle sie betreffenden Angelegenheiten selbst in Siedlungsversammlungen. Zur Sicherstellung ihrer Versorgung haben sie den durchschnittlichen Wochenbedarf an Obst, Gemüse, Salaten und sonstigen von Bauern oder Gärtnern lieferbaren Produkten abgeschätzt. Die gewählten Marktverantwortlichen suchen die zur Bedarfsdeckung geeigneten bäuerlichen Betriebe und Gärtnereien und schließen mündlich Lieferverträge für ein Jahr mit ihnen ab.

Die Marktverantwortlichen von zehn bis zwanzig benachbarten Stadtteilen sprechen sich ab, an welchem Tag in welchem Zeitraum im jeweiligen Stadtteil Markt stattfindet. So sind die Landwirte und deren Verteiler gleichmäßig über die Woche ausgelastet und an jedem Tag finden etwa gleichviele Märkte statt. Ihre zweite Aufgabe ist es, Bauern, Gärtner und Lagerhalter für nicht regionale Produkte zu finden, die in der Lage und bereit sind, den lokalen Markt zweimal pro Woche zu beliefern. Auch mit diesen schließen sie mündlich Verträge für ein Jahr ab, um die Versorgung der Gemeinschaft zu sichern.

Je nach Wohnlage und vorherrschendem Haustyp, Ein- und Zweifamilienhäuser oder große Mehrfamilienhäuser, kann es sein, dass eine Stadtteilgemeinschaft nur die Bewohner einer Straße oder nur des Teils einer Straße umfasst. Um den Markt in unmittelbarer

Wohnnähe zu haben, werden die Stände auf ein oder zwei Wiesen möglichst zentral aufgebaut. Dort legen die höchstens zwanzig beliefernden Betriebe alle Waren zur freien Verfügung aus. Am Markttag werden die in einem eigens dafür bestimmten Raum lagernden Standelemente etwa eine Stunde vor Marktbeginn von den Marktverantwortlichen und einigen Helfern aufgebaut. So können die Bauern, Gärtner und anderen Lieferanten ihre Produkte sofort auf dem für sie bestimmten Platz auslegen.

Marktleben

Bauer Lindemann erreicht gegen achtuhrdreißig den Markt. Die ersten Lieferanten haben bereits ihre Produkte ausgelegt. Froh gelaunt steigt Lindemann aus dem Wagen und schlendert gemütlich zum Marktstand. Nach einer herzlichen Begrüßung der schon anwesenden Kollegen geht er zum Fahrzeug und belädt einen kleinen Karren mit dem Spargel. Diesen fährt er zum Stand und legt ihn auf seinem Platz ab. Mit der zweiten Fuhre bringt er die Erdbeeren, den Salat und die Kräuter zum Stand.

Er könnte jetzt alles liegen lassen und einfach wieder zurück fahren, denn die Menschen dürfen sich die Waren selbst nehmen. Aber der Markt ist für ihn ein Treffpunkt für Unterhaltung und Austausch. Gern bleibt er deshalb an seinem Stand, packt den Kunden die Waren ein und unterhält sich mit ihnen über seine und deren Familien, den Betrieb sowie die Belange der Kunden, denen er immer gespannt zuhört. Es dauert auch nicht lange, da kommt der erste Kunde, um Spargel, Salat und Kräuter zu besorgen.

Lindemann kann sich nicht entsinnen, den etwa dreißigjährigen Mann schon einmal gesehen zu haben. „Ich habe Sie noch nie bei mir gesehen. Sind Sie das erste Mal an meinem Stand?"

„Ja, Franz Weitlauf hat Sie mir empfohlen. Ihre Kräuter seien besonders aromatisch und Ihre ausgefallenen Salatsorten außergewöhnlich schmackhaft. Deshalb bin ich hier, um beides einmal zu probieren."

„Ach, der Franz! Ja, der kommt heute sicher auch noch. Ist ein sehr treuer Kunde. Auch mir hat er schon öfter gesagt, dass meine Kräu-

ter aromatischer seien als die der meisten Kollegen. An der Anbauweise kann es kaum liegen. Die ist bei uns allen gleich. Schließlich
tauschen wir uns aus, helfen und unterstützen uns gegenseitig und
geben neue Erkenntnisse immer sofort an alle weiter. Betriebsge-
heimnisse oder Geheimrezepte gibt es nicht. Dann kann es eigentlich nur am Boden liegen, und den kann sich niemand aussuchen.
Aber die Geschmäcker sind verschieden. Dem einen schmeckt der
Wein von einem kalkreichen fränkischen Boden und einem anderen
der von einem Rheinhang. Vielleicht hat ja der Franz einen ganz besonders feinen Geschmacksinn. Bisher hat jedenfalls kein anderer
Kunde das angeblich besondere Aroma hervorgehoben."

In dem Moment schaltet sich eine weitere Kundin ein. Es ist Petra,
die auch schon seit langem bei Lindemann ihre Waren holt. Zu ihm
gewandt lässt sie ein fröhliches „Sei gegrüßt, Knut" ertönen, und den
Kunden nickt sie „Hallo zusammen" entgegen. „Du, Knut, ich hab'
gerade deine letzten zwei Sätze aufgeschnappt. Ich kenn' ja den
Franz, und er hat mich auch schon gefragt, ob ich die Kräuter bei dir
hole, weil deren Aroma das besondere Etwas hätten. Bisher konnte
ich das wirklich nicht sagen, aber ich habe jetzt mal über die letzten
vier Wochen ganz gezielt den Geschmack deiner Kräuter mit dem
Geschmack anderer Kräuter hier vom Markt verglichen. Für mich
sind sie nicht unbedingt die besten Kräuter, aber sie schmecken tatsächlich anders als die der anderen Anbieter, die allerdings auch
unterschiedlich schmecken. Ich meine auch, dass das an den Böden
liegen muss. Die Kräuter benachbarter Bauern schmecken praktisch
gleich, aber zwischen den Kräutern aus verschiedenen Ortschaften
kann ich doch Geschmacksunterschiede feststellen."

Mittlerweile haben sich weitere Kunden hinzugesellt und hören aufmerksam zu. Sie alle sind Stammkunden, die Lindemanns Produkte
besonders schätzen. Sonja wedelt mit dem Arm, grüßt lächelnd mit
„Einen schönen Tag euch allen", und fährt fort. „Das ist ja ein interessantes Gespräch, das ihr heute angezettelt habt. Sehe ich das
richtig, dass es um die Geschmacksunterschiede gleicher Kräuter in
Abhängigkeit von ihrer Herkunft geht?"

Petra nickt und Sonja fährt fort: „Ja, das glaube ich. Ich habe zwar
noch nicht so genau die Geschmacksunterschiede der Kräuter untersucht, aber bei gleichen Möhren- und Erbsensorten ist es mir

schon aufgefallen. Ich fand es ja schon schön, als ich vor etwa fünf Jahren feststellte, dass das Gemüse, das Obst und die Salate viel intensiver und aromatischer schmecken als bis vor zehn Jahren. Inzwischen sind für mich tatsächlich Unterschiede bei gleicher Sorte je nach Herkunftsort feststellbar. Ob das an der allgemein praktizierten organischen Anbauweise liegt oder ob unsere Sinne durch die überwiegend pflanzlich vollwertige Kost geschärft sind, kann ich nicht sagen."

„He, was ist denn hier für ein Debattierclub zusammengetreten. Seid herzlich gegrüßt miteinander", tritt jetzt Franz in die Runde. „Freut mich, dass auch andere den besonderen Geschmack von Knuts Kräutern erkennen."

„Schön Franz, dass du wieder hier bist, das gleiche wie immer?", wendet sich Knut seinem eben eingetroffenen Stammkunden zu. „Nun Franz, wir haben zwar über die Tatsache gesprochen, dass die Kräuter der Bauern dieses Marktes nicht alle gleich schmecken, aber auch festgestellt, dass es eine Frage des individuellen Geschmacks ist, wer welche Kräuter bevorzugt. Dir schmecken meine am besten. Die wichtigere Feststellung war die, dass bis vor zehn Jahren niemand einen Unterschied zwischen gleichen Kräutersorten geschmeckt hat."

Dem entgegnet Franz: „Von niemand kann da wohl nicht die Rede sein. Vielleicht habe ich ja einen besonders sensiblen Geschmack. Ich habe jedenfalls auch schon früher gelegentlich Geschmacksunterschiede bei Demeter-Kräutern wahrgenommen, die andere Menschen nicht nachvollziehen konnten. Und deshalb bin ich sicher, dass neben der ausgeprägten Geschmacksintensität der Pflanzen auch die erhöhte Sensitivität der Geschmackswahrnehmung dazu beiträgt, dass von vielen Menschen Unterschiede geschmeckt werden."

Ein zustimmendes Raunen geht durch die Gruppe um Bauer Lindemann und auch der Bauer vom Nachbarstand nickt zustimmend. Höchst zufrieden danken die Kunden Knut, wünschen ihm weiterhin eine gute Ernte und Freude an seiner Arbeit und wenden sich zum

Gehen. Lindemann dankt seinerseits für das in ihn gesetzte Vertrauen und wünscht genussreiche Stunden beim Verzehr der mitgenommenen Waren.

Inzwischen ist es etwa zehn Uhr und die Sonne scheint intensiv warm. Da kein Kunde anwesend ist, versinkt Lindemann in eine meditative Ruhe. Er spürt die Freude am Sein so intensiv, dass sie ihn grundlos lächeln lässt. Ein neuer Kunde reißt ihn zwar aus der Ruhe, aber nicht aus der Freude, als er Lindemann von hinten anspricht: „Na, Knut, hast du heute schon alles verteilt, dass du da so selbstversunken die Sonne genießen kannst?"

Lindemanns Lächeln wird noch breiter: „Mensch Hermann, du warst ja Ewigkeiten nicht mehr hier. Schön, dich wieder zu sehen. Wie geht es dir und wo warst du so lange?"

„Ich freu mich auch, dich wieder hier zu treffen und auch noch Spargel und Erdbeeren auf Deinem Stand zu sehen. Pack mir doch bitte zwei Handvoll Spargel in meinen Beutel und diese Schale hier voll Erdbeeren. Vor fast einem halben Jahr war ich das letzte Mal an Deinem Stand. Meine Frau und ich hatten damals schon einen längeren Urlaub geplant, der uns für drei bis vier Monate nach Polen und Russland führen sollte. Wir wollten uns vor unserer Abreise noch von dir verabschieden, aber das Leben hat anders entschieden. Zwei Tage nach unserem letzten Marktbesuch rief mein Bruder an. Er benötigte dringend meine Hilfe für eine Projektidee, die er unbedingt mit mir besprechen wollte, weil er für deren Umsetzung meine Unterstützung und praktischen Ratschläge benötigte.

Nach dem Telefongespräch mit ihm fuhren wir also hin. Zehn Wochen verweilten wir bei ihm, bis er mit seinem Projekt erfolgreich in die Öffentlichkeit konnte. Doch darüber erzähle ich dir gern mehr bei einem Besuch, zu dem ich dich mit deiner Frau einlade. Direkt anschließend sind wir dann tatsächlich nach Polen und Russland gefahren. Wir wollten die dortige Landschaft mit ihrer Natur kennenlernen und genießen und wir wollten sehen, wie sich die gesellschaftlichen Strukturen dort entwickelt haben.

Ich sage dir, Franz, es war traumhaft. Wir sind über Polen erst ins Baltikum gefahren, von dort über Leningrad nach Moskau und dann in den südlichen Ural. Überall sind wir herzlich empfangen worden, die Wirtschaft floriert dank der vollständigen Dezentralisierung so gut wie bei uns. Es herrscht kein Mangel und die Landschaft ist einfach beeindruckend schön. Besonders im Ural gibt es eindrucksvolle Wälder mit einer Baumvielfalt, wie wir sie hier kaum finden. Und schon seit dem Jahrtausendwechsel haben sich zahlreiche autarke Gemeinschaften mit je zwanzig bis hundert Menschen gebildet, die dank ihrer Kreativität viele Entwicklungen landesweit sehr stark beeinflusst haben. Allein der Einfluss auf die Architektur hat zu wunderschönen sich mit der Landschaft und Natur harmonisch verbindenden Bauwerken geführt, von denen auch unsere Architekten und Baumeister noch viel lernen können. Du wärest bestimmt auch begeistert. Gönn' dir doch einmal wenigstens einen Monat, um dorthin zu reisen[190]."

„Ja, Hermann, das klingt aufregend, spannend und hoch interessant. Da bekomme ich tatsächlich sofort Lust und Laune, mich auf die Reise zu begeben. Aber ich bin eben auch Bauer und Landwirt mit Leib und Seele. Da fällt es mir letztlich doch sehr schwer, den Hof für mehr als eine Woche zu verlassen."

„Ja, das kann ich gut nachvollziehen, aber du würdest garantiert nur gewinnen. Gerade du als Bauer könnest dir auch für deine Arbeit sehr viele Anregungen bei den inzwischen dreißig bis vierzig Jahre bestehenden Familienlandsitz-Siedlungen[191] holen. Die Permakultur nach Sepp Holzer haben sie auf ihre lokalen Bedingungen angepasst. Dadurch können sie das ganze Jahr über insgesamt etwa vier- bis fünfmal so viel ernten wie sie selbst benötigen.

Ich weiß, du hast ähnliche Erträge, aber vielleicht kannst du einiges anders machen. Erfahrungsaustausch hat noch niemandem geschadet. Und sie haben so viele Menschen in den landwirtschaftlichen Prozess einbezogen, dass jederzeit zwei bis drei Menschen zwei bis drei Monate abwesend sein können. So hat jedes Mitglied des Arbeitskollektivs die Möglichkeit, an längeren Reisen oder Fortbildungen teilzunehmen."

„Gut, Hermann, ich werde mal schauen, wer mich und meine Frau für wenigstens vier oder fünf Wochen vertreten kann. Ich erkenne

---

[190] http://bit.ly/2FzyhUt, http://bit.ly/2pefD9T, http://bit.ly/2DqGpki und http://bit.ly/2FSO688
[191] http://bit.ly/2Hxnero, http://www.familienlandsitz.com und http://bit.ly/2FCntF6

gerade durch deine Erzählung, dass wir uns vielleicht viel zu sehr an den früher üblichen bäuerlichen Familienstrukturen orientiert haben. Und es wird wohl auch Zeit, dass ich endlich mehr Vertrauen in die Nachbarn und Praktikanten entwickle, die bisher für höchstens zwei Wochen einspringen mussten. Ja, das Loslassen fällt mir noch recht schwer. Damit werde ich mich endlich befassen. Mit deiner und der professionellen Unterstützung kann ich bestimmt erkennen, welche Glaubenssätze und Strukturen noch in mir wirken. Und ich bin bereit, neue Erfahrungen und Erkenntnisse zu gewinnen. Ich spüre eine aus der Tiefe kommende Bereitschaft, Neues in mein Leben zu lassen. Lass dich drücken. Danke dir für deine Beharrlichkeit. Ganz sicher mache ich mich noch dieses Jahr auf die Reise."

„Na also, Knut, es freut mich sehr, dass du durch dieses Gespräch so unmittelbar auf noch vorhandene Schatten Deines Charakters gestoßen bist und diese nun endlich integrieren willst. Es ist doch wunderbar, dass sich inzwischen jeder Mensch bewusst ohne Angst vor wirtschaftlichen Engpässen oder gar Existenzängsten der eigenen Entfaltung und Entwicklung widmen kann. Es ist den Menschen ja vom Gesicht ablesbar, wie frei sie sich fühlen. Dein eigenes Gesicht hat sich auch gleich ein wenig mehr gelöst. Du strahlst jetzt deutlich mehr als vor zwanzig Minuten. Nun will ich mal weiter, ich möchte mich noch bei anderen Menschen lebend melden. Mach's gut, genieße das Wochenende und wegen eines Besuches bei uns sprechen wir noch. Grüß bitte zu Hause von mir."

Wie abwesend erwidert Knut den Abschied. In sich versunken wirkt das Gespräch mit Hermann noch nach. Die Freude auf einen Urlaub und neue Lebenserfahrungen zaubert ein Lächeln auf sein Gesicht. Ein Blick über den Stand zeigt, dass er fast leer geräumt ist und er den Heimweg antreten kann. Er bringt die leeren Körbe und Kisten ins Auto, wünscht den Standnachbarn ein frohes Wochenende und fährt los. Er hat nur noch den Wunsch, mit seiner Frau über das Gespräch mit Hermann und seinen Entschluss zu einer Reise nach Russland zu berichten. Im Geiste sieht er schon ihr überraschtes Gesicht.

Ein Besuch bei Kindern und Enkeln

Kindheitserinnerungen

Nach einem warmen, sonnigen Mai haben wir unseren schon länger geplanten Besuch bei meiner Tochter und ihren zwei Kindern für den heutigen Samstag zugesagt. Auch mein Sohn wird mit seinen drei Kindern bei Linda sein, so dass wir uns mit beiden über deren aktuelle Lebensumstände auszutauschen können. Da wir erst am Montag zurückfahren wollen, werden wir genug Zeit für die Beschäftigung mit den Kindern haben.

Gut dreihundert Kilometer sind es bis in den kleinen Ort am Rande des Harzes, die wir mit öffentlichen Verkehrsmitteln zurücklegen werden. Von Haustür zu Haustür dauert es kaum mehr als knapp zwei Stunden. Bis dreizehn Uhr wollen wir dort sein. müssen also spätestens um zehn Uhr das Haus verlassen. Jetzt ist es sieben, wir haben also noch genug Zeit, uns in Ruhe fertig zu machen und gemütlich zu frühstücken.

Unwillkürlich muss ich daran denken, wie ich mich als Kind auf den Besuch meiner Großeltern gefreut hatte. Da meine Großeltern in der damaligen DDR lebten, kamen sie nur etwa alle vier bis fünf Jahre einmal für zwei Wochen zu Besuch. Es war also immer etwas Besonderes, wenn sie uns besuchten und entsprechend groß war die Freude. Es war die Freude darauf, Oma und Opa zu sehen und mit Opa im Garten zu spielen. In seinem Urlaub hatte er schließlich mehr Zeit als die Eltern. Außerdem achteten Mutti und Vati, wenn sie in Gespräche mit Oma und Opa vertieft waren, nicht so sehr auf uns wie sonst. So konnten wir länger draußen bleiben und durften am Wochenende auch später als sonst ins Bett.

Besonders aber freuten wir uns auf die Geschenke, die Oma und Opa uns mitbrachten. Kaum waren die beiden angekommen, warteten wir Enkel gespannt darauf, wann sie endlich ihre Koffer auspackten. Irgendwann war es dann soweit, dass sie mit kleinen Päckchen zu uns kamen und jedem eines überreichten. Ungeduldig rissen wir die Papiere auf und betrachteten die Geschenke. Sehr oft waren es Bücher, auch Schallplatten und ein paar Bonbons. Wir freuten uns riesig, zeigten die Geschenke den Eltern und Geschwistern und verglichen, ob auch niemand bevorzugt worden ist. Ja, damals lebten wir in einem gewissen Mangel und freuten uns sehr, wenn wir etwas geschenkt bekamen.

Gastgeschenke?

Heute gibt es keinen Mangel an Lebensnotwendigem. Auch sogenannte Luxusgüter sind praktisch im Überfluss verfügbar, so dass sie nichts Besonderes darstellen. Es ist deshalb gar nicht möglich, anderen mit etwas ‚Besonderem' eine Freude zu machen oder sich als sehr großzügig und wohlwollend darzustellen. Und der Bedarf an Suchtmitteln ist sehr gering, weil die Menschen überwiegend ihr Innenleben entdecken wollen, anstatt es zuzuschütten oder zu verdrängen. Also kann auch damit kaum jemandem eine Freude bereitet oder Zuneigung gewonnen werden.

Will ich also einem Menschen mit einem Geschenk tatsächlich Freude bereiten, muss ich diesen gut kennen, seinen Geschmack, seine Interessen und Vorlieben abschätzen oder mich richtig in ihn hineinfühlen können. Zusätzlich muss ich wissen, ob der bedachte Mensch das, was er geschenkt bekommen soll, nicht schon hat.

Lange Zeit hatte ich gern Bücher, Musik- und Filmkonserven verschenkt, von denen ich wusste, dass die Beschenkten sich diese nicht selbst auswählen würden. Meine Absicht war es, sie für die im Buch, in der Musik oder im Film dargestellten Inhalte, Stile, Informationen und Vorstellungen zu interessieren. Sehr oft habe ich dafür nur verständnislose Gleichgültigkeit, gelegentlich auch offen gezeigte Unzufriedenheit erhalten.

Mir ist klar geworden, dass ich mit diesen Geschenken oft eher einem Sendungsbewusstsein Ausdruck verliehen hatte als der Verbundenheit mit dem Beschenkten. So habe ich eingesehen, dass ich zwar auf mir interessant erscheinende Dinge hinweisen, aber nicht erwarten darf, dass andere Menschen sich auch angesprochen fühlen. Ich verzichte daher lieber auf ein Geschenk, wenn ich keine Verbindung des vorgesehenen Empfängers zu diesem sehe.

Inzwischen gelingt es mir meistens, etwas ausfindig zu machen, was meine Kinder, Enkel und Freunde mit Freude erfüllt, wenn sie es erhalten.

Ja, Gastgeschenke

Mein ältester Enkel Jens ist jetzt siebzehn Jahre alt. Ich weiß, dass er sehr an Naturwissenschaften, deren Geschichte und am eigenen Experimentieren interessiert ist. Diesmal nehme ich das Buch „Die feinstoffliche Erweiterung unseres Weltbildes" von Klaus Volkamer[192] mit, das ich mir vor nunmehr fünfundzwanzig Jahren gekauft hatte. Damals wurde Volkamer von vielen Wissenschaftlern belächelt und als Spinner[193] bezeichnet, obwohl die Feinstofflichkeit der Neutrinos bereits bekannt war. Dieses Buch ist ein wunderbares Zeitdokument dafür, wie sich das Wissen von der Feinstofflichkeit als Vorstufe der Grobstofflichkeit durchsetzen konnte.

Jens' jüngere Schwester Finja ist vierzehn Jahre alt und sehr an psychosozialen Vorgängen und Kunst interessiert. Da ich mich entsinnen kann, dass sie ein bestimmtes Gemälde von Gerlinde immer sehr bewundert hat, werden wir ihr dieses schenken.

Meine Tochter hat sich als Sozialarbeiterin besonders der Kommunikation Jugendlicher untereinander zugewendet. Für sie nehme ich eine Reihe von Vorträgen mit, die Annegret Hallanzy[194] in den Jahren 2019 und 2020 gehalten hatte, weil nahezu alle heute praktizierten Methoden zur Übung erfolgreicher Kommunikation auf den Erkenntnissen deren beruhen.

Mein Schwiegersohn Werner ist besonders an der jüngeren Geschichte interessiert. Er wird das Buch „Die einzige Weltmacht" von Zbigniew Brzezinski erhalten, das ich mir im Jahr 2015 gekauft hatte, nachdem es von Helmut Schmidt als „Ein Buch, das man lesen und ernst nehmen sollte"[195] empfohlen wurde. Darin wird die vom Autor entwickelte Geostrategie zur Erhaltung und Festigung der amerikanischen Vormachtstellung detailliert beschrieben. Ein wunderbares Zeitzeugnis für den Versuch der USA, die alleinige Weltherrschaft

---

[192] Siehe auch http://klaus-volkamer.de/ und http://bit.ly/2GGSQM1
[193] http://bit.ly/2GHKW5c
[194] Annegret Hallanzy: Die Software der Seele und Die transparente Therapie
[195] http://www.zeit.de/1997/45/Eine_Hegemonie_neuen_Typs

zu übernehmen. Die Umsetzung ist aus heutiger Sicht an der Klarheit der Menschen und deren Widerstand gescheitert.

Mein Sohn Friedel ist seit dem Jahr 2014, in dem er als Volontär an den Ausgrabungen des Pyramidenkomplexes von Visoko in Bosnien[196] teilgenommen hatte, an den jeweils neuesten diesbezüglichen Forschungsergebnissen interessiert. Für ihn habe ich eine ganz neue Veröffentlichung gefunden, die die aktuellen Forschungsergebnisse zusammenfasst und keinen Zweifel daran lässt, dass die von Sam Osmanagich entdeckten pyramidalen Objekte als Pyramiden genutzt wurden.

Friedels Frau Natalja ist leidenschaftliche Gärtnerin und Köchin. Für sie haben wir ein kunstvoll gestaltetes Kochbuch gefunden, deren Autorin die Enkelin eines Studienfreundes ist. Wir sind ganz sicher, dass sie wertvolle Anregungen aus diesem Kunstwerk sowohl für den Anbau verschiedener Kräuter als auch für deren kulinarische Verarbeitung erhalten wird.

Die drei Kinder Friedels und Veras sind zwischen sieben und zwölf Jahren alt. Sie sind echte Abenteurernaturen mit Sinn für Naturerkundungen und Entdeckungsreisen zu Fuß und per Rad. Über Freunde hat der älteste Sohn Yedu das Paddeln entdeckt und will unbedingt Teiche, Seen und Flüsse per Boot erkunden. Da auch sein Bruder Sven mitmachen möchte, schenken wir ihnen ein extrem leichtes Faltboot der neuesten Generation.

Ihre Schwester Leyla beobachtet mit unglaublicher Geduld und Ausdauer Insekten, Würmer und Schnecken. Für sie haben wir ein Terrarium gefunden, das wie ein kleiner Berg gestaltet ist und einer Vielzahl von Tieren Platz bietet. So kann Leyla die Tiere gut beobachten und deren Wachstum und Verhalten genau studieren.

All diese Geschenke brauchen wir glücklicherweise nicht zu transportieren, da sie ein junger Mann mit einem Auto mitgenommen hat. Es ist ganz selbstverständlich, dass Menschen auf ihren Autofahrten andere Reisende oder Gepäck anderer Menschen mitnehmen und so helfen, den Verkehr begrenzt zu halten. Gerlinde und ich freuen

---

[196] http://www.pyramidenvonbosnien.de und http://bit.ly/2pq2BXH

uns sehr, dass wir Geschenke gefunden haben, von denen wir überzeugt sind, dass sie Freude und Interesse bei ihren Empfängern bewirken. Trotzdem sind wir gespannt, was denn die Kinder zu diesen
Geschenken sagen werden.

Die Reise

Nach einer sehr bequemen und erholsamen Fahrt mit dem Zug von
Hamburg nach Hannover ist es nun kurz vor zwölf Uhr. Unser Zug
fährt weiter Richtung Göttingen. Im Bahnhofsbereich von Northeim
wird die Geschwindigkeit des Zuges gedrosselt und unser Wagen
während der Fahrt ausgekoppelt[197], um dann am Bahnhof Northeim
zu halten. Inzwischen ist es zwölf Uhr fünfzehn. Weitere Wagen aus
Göttingen und aus Salzgitter werden angekoppelt, bevor der so neu
zusammengestellte Zug seine Fahrt Richtung Nordhausen pünktlich
zwanzig nach zwölf beginnt.

Unser Ausstieg ist in Herzberg, wo wir von meiner Tochter am Bahnhof empfangen werden. Bevor es die Technik des automatischen
An- und Abkoppelns während der Fahrt gab, musste man bis Göttingen fahren, dort in einen Zug nach Northeim umsteigen und dort in
einen weiteren Zug Richtung Nordhausen umsteigen. Durch den
Wegfall dieser Umstiege und die erhöhte Geschwindigkeit hat sich
die Fahrtzeit bis Herzberg um fast eine Stunde reduziert.

Ankunft

Tochter Linda steht bereits am Bahnsteig und empfängt uns lächelnd
mit geöffneten Armen. Freudig erwidern wir ihre herzliche Umarmung. „Schön, dass ihr die Fahrt auf euch genommen habt, um uns
hier am Harzrand zu besuchen. Es ist ja schon länger her, dass ihr
mal bei uns wart. Und unsere letzte Fahrt zu euch liegt auch schon
wieder acht Monate zurück. Nun, wie geht es euch? Fühlt ihr euch
noch fit und lebendig?"

„Naja" entfährt es Gerlinde. „Wirklich fit ist wohl was anderes, aber
ich kann trotz meiner inzwischen fünfundneunzig Jahre ohne Geh-
hilfe weit genug laufen, um die wichtigsten Besorgungen noch selbst
zu erledigen. Es geht nicht mehr so schnell wie früher, aber ich fühle

---

[197] http://bit.ly/2GVIIPp, http://bit.ly/2t9rtr4 und http://bit.ly/2FyzPu9

mich noch sicher auf meinen Beinen und das Atmen bereitet mir auch keine Probleme. Die Beweglichkeit des Körpers hat leider inzwischen sehr nachgelassen. Zum Anziehen der Schuhe setze ich mich deshalb und die Reinigungsarbeiten in der Wohnung lasse ich von Menschen durchführen, die diese Arbeiten gern übernehmen. An jedem Tag, den es nicht regnet, gehe ich hinaus, um mich mit anderen Menschen zum gemütlichen Plausch zu treffen."

Und ich ergänze: „Ich denke mal, die Frage war eher als Gesprächsaufhänger gedacht. Dass es uns körperlich, seelisch und geistig so gut geht, dass wir noch längere Spaziergänge unternehmen, noch aktiv an generationenübergreifenden Gruppentreffen teilnehmen, Gerlinde noch malt und ich interessiert das Zeitgeschehen betrachte und Gedanken dazu schriftlich formuliere und veröffentliche, das weißt du ja. Und unser gesundheitlicher Zustand hat sich seit Eurem letzten Besuch nicht verschlechtert. Täglich absolvieren wir ein kleines Trainingsprogramm von etwa einer viertel Stunde, hinzu kommt das Mentaltraining von etwa einer halben Stunde. Beides zusammen hält uns in jeder Beziehung so beweglich, dass wir noch von jeden Tag genießen und Lebendigkeit in uns fühlen."

Der Pi[198]

Während dieser Unterhaltung sind wir gemütlich zu Lindas Auto gelaufen. Dieser jetzt sechzehn Jahre alte Pi wurde von der von Holger Thorsten Schubart im Jahr 2016 gegründeten Neutrino Deutschland GmbH[199] produziert. Im Jahr 2021 war er das erste Serienfahrzeug, das seine elektrische Energie vollständig aus Neutrinos[200] bezog und eine Batterie nur aus Sicherheitsgründen mitführte, falls die Stromerzeugung wegen einer technischen Störung unterbrochen sein sollte.

Die Energie der Neutrinos wird in Alufolien absorbiert, die mit Graphit und Silizum[201] beschichtet sind. Da die Neutrinos praktisch alle Materie durchdringen, können mehrere Folien zu Paketen übereinandergeschichtet werden. Die geniale Idee von Schubart war die, die

---

[198] http://thepi.energy/, http://bit.ly/2FUXXdB, http://bit.ly/2GqzWsL und http://bit.ly/2FCt5za
[199] http://neutrino-energy.com/ und http://bit.ly/2ppu5fW
[200] http://bit.ly/1nPeROq
[201] http://bit.ly/2GMC7qU, http://bit.ly/2u8stMw und http://bit.ly/2IERYYY

Karosserie aus solchen Folienpaketen zu gestalten und so als Energiewandler zu nutzen. Im Jahr 2017 konnte die Funktion der Folien erfolgreich demonstriert werden.

Daraufhin beschloss die Neutrino-Energy GmbH die großtechnische Fertigung solcher Folienpakete und den Bau eines eigenen Autos mit dem Markennamen Pi. Im Jahr 2020 verließ der erste Prototyp das Band, der nur mit Neutrinostrom versorgt wurde. Zahlreiche Testfahrten bestätigten damals, dass selbst bei extremen Bergfahrten und hoher Dauergeschwindigkeit die Leistung der Karosserie ausreichte, um wenigstens zwanzig Stunden ununterbrochen mit dem Auto zu fahren, bis die Kapazität der mitgeführten Batterie erschöpft war.

Mit diesem Ergebnis hatte man noch nicht gerechnet. Es wurde in allen Medien publiziert und bekannte Autofirmen waren plötzlich an Lizenzen interessiert. Der von der Karosserie erzeugte Strom konnte während der Standzeiten des Autos für die Stromversorgung des Hauses oder der Wohnung genutzt werden. Das erhöhte die Nachfrage so stark, dass alle Autohersteller davon profitierten.

Von Anfang an war Holger Thorsten Schubart klar, dass die Nutzung der Neutrinoenergie auch eine Revolution in der Versorgung der Häuser mit Strom und Wärme auslösen würde. Er entwickelte damals schon Konzepte zur Herstellung von Kleinstkraftwerken[202] in der Größe eines Pilotenkoffers, die modular beliebig vergrößert werden sollten, um Häuser und Wohnungen dezentral mit Strom versorgen zu können.

„Na, Linda, du fährst immer noch Deinen Pi? Demnach bist du zufrieden mit dem Auto und hast wohl auch keine Probleme damit."

„Ja, ich bin wirklich sehr zufrieden. Ich fand es von Anfang an spannend, als du mir zum ersten Mal darüber berichtet hattest, dass es die Möglichkeit gibt, die Neutrinoenergie technisch zu nutzen. Aber ich war auch sehr skeptisch. Immerhin hattest du schon 2012 davon gesprochen, dass der Iraner Mehran Keshe[203] Methoden zur Nutzung der Vakuumenergie weltweit bekannt gegeben hätte. Aber ir-

---

[202] http://prn.to/2HO3KyO und http://bit.ly/2GaeTge
[203] http://www.keshefoundation.org/, http://bit.ly/2pogB46 und http://bit.ly/2FYEBAX

gendein funktionierendes Gerät hat man bis 2017 nie zu sehen bekommen. Ja, in der entsprechenden Gruppe[204] bei Facebook behaupteten einige, dass sie funktionierende Geräte hätten, aber du kanntest selbst Menschen, die sich an der Technik erfolglos versucht hatten. Da war es sehr fraglich, ob die von Schubart behauptete Lösung funktionierte und eine Zusammenarbeit mit anderen Firmen zustande käme. Richtig interessant wurde es, als die Medien berichteten, dass ein Pi mit Hilfe der Neutrinotechnik eine Strecke von mehr als 900 km gefahren sei, ohne einmal zum Nachladen der Batterie anhalten zu müssen. Da hatte ich mir vorgenommen, ein solches Auto zu kaufen, wenn es denn tatsächlich auf den Markt käme."

„Obwohl ab Ende 2021 das Fahrzeug als Serienprodukt erhältlich war, hast du noch bis 2024 mit dem Kauf gewartet. Was war der Grund dafür?"

„Ich hatte doch noch ein funktionierendes Auto, das ich kaum mehr hätte verkaufen können, weil alle die neuen Elektroautos haben wollten. Also fuhr ich es noch solange es möglich war. Nach dem, was ich von Freunden gehört hatte, war das auch gut so, denn bei vielen der ersten Neutrinos fiel die Stromversorgung teilweise aus. Erst ab 2023 funktionierte sie dann stabil. Jedenfalls hatte mein Auto noch keine Reparatur an der Karosserie oder an den Kabelverzweigungen nötig. Nur die Bremsscheiben mussten inzwischen zweimal ausgewechselt werden und die Leistung hat ein wenig nachgelassen. Das einzige, was mich von Anfang an gestört hat, ist die Tatsache, dass jede Menge Aluminium für die Herstellung der Folien benötigt wurde. Das war ja bei der Keshetechnik nicht nötig. Ich weiß übrigens gar nicht, ob die letztlich doch noch funktioniert hat oder nicht."

„Stimmt, der Aluminiumverbrauch ist durch die Herstellung der Folien ganz enorm angestiegen und viele Umweltschützer verlangten die Verwendung anderer Materialien, die weniger umweltbelastend sind. Erst 2025 gab es genauso effektive Neutrinokonverter aus Kupfer und Nickel. Einer davon stammte tatsächlich von Keshe", stelle ich fest und ergänze, „aber der große Durchbruch, mit dem dann Eisenbahnen, Schiffe und LKW elektromobil wurden, war die

---

[204] http://bit.ly/2G8Yskw

Entwicklung langlebiger Permanentmagnetmotoren[205] mit dauerhaft gleichbleibender Leistung ab 2030/31. Erst durch deren Einsatz konnten auch Firmen und Produktionsbetriebe autark mit Strom versorgt werden. Es dauerte noch bis ungefähr 2035, bis alle Betriebe und jedes Haus unabhängig von einem Stromnetz ausreichend mit Energie versorgt wurden. Trotzdem wurde ab 2033 damit begonnen, die Hochspannungstrassen abzubauen und bis 2037 war in Europa keine einzige Fernleitung für die Stromversorgung mehr vorhanden."

„Ja, ich erinnere mich", sagt Linda, „das ist ja noch gar nicht lange her. Für mich viel auffälliger war der Abbau der Windkraftanlagen ab 2031. Die Menschen in den Mittelgebirgen, die sich erfolglos gegen die Aufstellung der Windräder auf den Bergen gewehrt hatten, feierten richtige Freudenfeste. Wenn ich mich recht erinnere, wurden die letzten Windturbinen in den Küstenbereichen Anfang 2036 abgebaut und erst dann innerhalb eines Jahres die auf See installierten Anlagen. Für deren Bau und Betrieb war ein enorm hoher Material- und Arbeitsaufwand notwendig."

„Ja, das stimmt. Fast unvorstellbar, weil Techniken zur Nutzung der Neutrinoenergie schon mindestens dreißig Jahre früher möglich gewesen wären. Es gab genug Tüftler und Erfinder, die funktionsfähige Modelle selbstlaufender Maschinen entwickelt und vorgeführt hatten. Aber kein Ingenieur oder Wissenschaftler interessierte sich dafür, weil sie es nicht mit ihren physikalischen Theorien vereinbaren konnten. Dagegen war Wilhelm Leibnitz noch vollkommen unbefangen, als er Ende des siebzehnten Jahrhunderts das Besslerrad[206] begutachtete und keinen Betrug feststellen konnte."

„Ich nehme an, dass auch viele Ängste hinzukamen, den Ruf als ernstzunehmender Forscher oder den Verlust der Stelle zu riskieren. Genug jetzt, wir sind bei mir, und du willst dich bestimmt gleich den Kindern zuwenden."

Ankunft im Haus und Begrüßung der Kinder

Ich nehme unseren Koffer aus dem Auto, und gemeinsam gehen wir ins Haus. Kaum haben wir den Flur betreten, kommt Finja aus ihrem

---

[205] http://bit.ly/2DGyUWJ, http://bit.ly/2G6Tzse und http://bit.ly/2FNzNT6
[206] http://besslerrad.de

Zimmer, informiert ihren Bruder über unsere Ankunft und eilt sofort zu uns herunter. Freudestrahlend begrüßt sie Gerlinde und mich, fragt wie die Fahrt gewesen sei und weshalb wir so spät hier ankämen. Inzwischen ist auch Jens die Treppe herabgekommen und begrüßt uns stürmisch. Finja kann es kaum erwarten, etwas von uns zu hören. „Nun erzählt doch mal, wie eure Fahrt war und weshalb ihr erst jetzt hier seid."

Sofort ergreift Gerlinde das Wort: „Na, ihr zwei kennt doch euren Opa inzwischen. Der kann doch immer gar nicht genug erzählen, wenn er über die Entwicklung der letzten zwanzig Jahre redet. Und als er sah, dass eure Mutter noch den inzwischen leicht betagten Pi fährt, hat er einiges über die Entwicklung der Energieversorgung erzählt. So hat sich ein Gespräch mit eurer Mutter ergeben, das uns noch ein Weilchen auf dem Parkplatz verweilen ließ, bevor wir losfuhren.

Im Auto redeten sie weiter, weswegen wir recht gemütlich gefahren sind. Jedenfalls hatten wir eine sehr schöne, vollkommen entspannte Fahrt von Hamburg bis nach Herzberg. Ihr wisst ja, dass man bis dahin durchfahren kann, da die Kurswagen während der Fahrt automatisch an- und abgekoppelt werden. Deshalb ist die Fahrt auch für mich nicht zu anstrengend. Ich weiß nicht, ob ich mir einen zweimaligen Umstieg zugemutet hätte. Vielleicht, wenn jemand den Gepäcktransport übernehmen würde.

Und jetzt zu Euch. Ihr seid inzwischen ausgewachsene Menschen. Wir haben euch das letzte Mal vor zwei Jahren gesehen. Da hattet ihr schon die gleiche Körpergröße wie jetzt, aber euer Gesichtsausdruck, die Haltung und eure Körpersprache sind deutlich reifer geworden. Es ist eine Freude, euch zu sehen und zu hören. Ihr seht aus, als gehe es Euch sehr gut. Uns interessiert, was ihr eigentlich tut, was euch beschäftigt und welche Pläne und Vorstellungen ihr für euer weiteres Leben habt."

Inzwischen hat Linda den Tisch gedeckt und bittet uns Platz zu nehmen. „Ihr dürft gern erzählen, von mir aus während des Essens oder anschließend. Ich möchte nur nicht, dass es kalt wird. Es gibt einen Gemüseauflauf, den ich vor der Fahrt zum Bahnhof zubereitet und bereits in den Backofen geschoben hatte. Dort ist er während der von mir eingestellten Zeit gar geworden und nun schon seit zehn Minuten fertig. Na, wollt ihr?"

Jens und Finja nehmen Platz und bitten uns an ihre Seite. Aus der Auflaufform duftet es verführerisch. „Sag mal, Linda, der Auflauf ist überbacken. Da du keinen Käse nimmst, interessiert es mich, womit er überbacken ist", frage ich neugierig.

„Das dürft ihr gern wissen. Es besteht aus Hafermilch, Gerstenmehl und Kokosfett. Das mische ich im Mixer und würze es mit Pfeffer, etwas Essig, Salz und Thymian. Mit etwas Maismehl dicke ich es an und dann schütte es über den Auflauf. Probiert einach. Ihr werdet kaum einen Unterschied zu Käse merken. Nur der gute Käseduft fehlt."

Gerlinde meint: „Mir läuft schon beim Anblick das Wasser im Mund zusammen. Ich bin sicher, dass es mir gut schmeckt." Nachdem sich jeder bedient hat, wünschen wir einander einen guten Appetit, danken dem Schicksal für unser Wohlergehen und genießen still und andächtig das Essen, bevor wir wieder zu sprechen beginnen. Jens bedankt sich: „Mhhmm, Mama, super lecker. Es ist ein Genuss."

Träume zur Entwicklung

Nach dem Essen fährt er fort: „Jetzt will ich euch erzählen, was ich momentan tue und weiterhin zu tun gedenke. Das letzte halbe Jahr habe ich mich intensiv mit der Frage befasst, was mich wirklich interessiert und wo es mich geistig, emotional und physisch hinzieht. Zwischendurch habe ich mich total im Zwiespalt und innerlich zerrissen gefühlt. Einerseits spürte ich, dass ich eine erfüllende Arbeit verrichten möchte. Andererseits zog es mich in die Welt, ich fühlte den Drang zum Reisen. Gleichzeitig war dieser Drang auf unerklärliche Weise durch etwas mir nicht Verständliches gebremst. Ich war einfach nicht in der Lage, zu sagen ‚Ich mach mich auf den Weg. Mal sehen, wohin es mich treibt'. Ich unterhielt mich mit Freunden, mit Finja und mit Mama und Papa, jedoch der Durchblick und die innere Klarheit traten nicht ein. Ich ertappte mich dabei, dass ich dachte: ‚Wie gut hatten es meine Eltern. Die mussten arbeiten, um sich ihren Lebensunterhalt zu verdienen, und waren gezwungen, etwas zu tun'. Dann war ich aber doch froh, nicht unter Zwang irgendeine Entscheidung treffen zu müssen. Dankbarkeit machte sich breit, dass ich in Ruhe reifen lassen darf, was sich in mir und durch mich in die Welt bringen will.

Nachts hatte ich öfter Träume, in denen ich mich als Embryo sah, der schon die Möglichkeit hat, den Mutterleib zu verlassen, aber auch spürt, dass er noch etwas reifen muss, bevor er ihn verlassen darf. Oder ich war ein verpuppter Schmetterling kurz vor dem Verlassen der Puppenhülle. Ich fühlte mich ausgewachsen und groß genug und gleichzeitig wusste ich, dass die Flügel, die ich ja als Puppe nicht ausbreiten konnte, noch nicht flugtauglich waren. Ich war jedes Mal total glücklich, wenn ich aus so einem Traum erwachte, denn ich wusste, dass mich die Träume meinen Seelenzustand spüren ließen. Die Zeit zum Aufbruch war einfach noch nicht reif. Sicher war nur, dass der Aufbruch naht und etwas in mir noch wachsen musste. Ich hätte mich einfach im Vertrauen auf irgendwann eintretende Klarheit vom Leben treiben lassen können. Aber ich wollte wissen, was meine Aufgabe und Bestimmung in diesem Leben ist. Auch dieses Verlangen ist mir in Träumen gezeigt worden. Ich erinnere mich noch sehr genau an einen Traum, der ganz unmissverständlich war:

Ich war wieder einmal eine Puppe und fühlte mich im Begriff, neue Gestalt anzunehmen. Aber ich wusste nicht, ob ich die Gestalt eines Schmetterlings oder eines Käfers annehmen sollte. Ich spürte, dass sich sechs Beine und Flügel bildeten. Gleichzeitig hatte ich das Gefühl, dass ich wählen könne, ob ich Schmetterling oder Käfer werden wolle, bis plötzlich eine Gewissheit da war, dass meine Entwicklung festgelegt sein müsse. Da war auf einmal die Erkenntnis, dass ich als Kind von Käfern oder Schmetterlingen geboren werde. Aber ich wusste nicht, was ich nun war. In meiner Not flehte ich um Hilfe und Klarheit. Dann vernahm ich eine feine helle Stimme, die mir sagte, dass ich einfach nur Geduld haben und abwarten solle. Ich könne mich nicht falsch entwickeln, da alles vom Schicksal festgelegt sei. Spätestens, wenn ich die Hülle sprenge, würde ich wissen, was ich bin. Ich dankte der Stimme und fand tatsächlich Ruhe, bis ich den Drang spürte, die Hülle sprengen und verlassen zu müssen. Ich spreizte die Beine, bewegte die Flügel und spürte plötzlich, wie die Hülle nachgab, sich fast von allein öffnete. Ich frei war.

Nach einer kurzen Benommenheit wollte ich die Flügel ausbreiten und mich in die Luft erheben. Aber ich war wie gelähmt. Dann war ich plötzlich nur noch ein Bündel aus Fragen. Ich hörte die Frage, ich sah sie als Schriftzug über, vor und neben mir, ich sah mich selbst als Fragezeichen ‚Wer oder was bin ich? Bin ich nun Käfer oder Schmetterling? Ich weiß es, aber ich erkenne es nicht'. In dieser Verzweiflung erschien mir ein Wesen wie eine Fee. Sie sah mich mit liebevollen Augen an und sprach sanft und gleichzeitig eindringlich ‚Ich werde dir verraten, wie du dich erkennen kannst. Ich könnte es dir einfach sagen, aber das hätte keinen Wert für dich. Du musst es selbst erkennen. Du darfst die Hilfe solcher Wesen in Anspruch nehmen, die sich selbst bereits erkannt haben. Du darfst dich Lehrern anvertrauen, die diese Aufgabe bereits gelöst haben. Mach dich zu Fuß auf den Weg. Du wirst sie finden und erkennen. Dann lerne von ihnen, wer du bist und wie du fliegst'. Die Fee verschwand nach diesen Worten, und die Traumsituation änderte sich in dem Moment. Ich war plötzlich in meiner gewohnten Menschengestalt und lief ziel- und gedankenlos durch ein Gebäude, das mich an unsere Schule erinnerte. Auf irgendeinem Flur begegnete ich einem Menschen. Er sprach mich an und fragte, was ich suche. Wie in Trance antwortete ich, dass ich auf der Suche nach meinem Wesen sei. Ich wolle wissen, ob ich Käfer oder Schmetterling sei. Er sah mich lächelnd an und bat mich mit ihm zu gehen."

Berufung finden in Schulkursen

„In dem Moment erwachte ich und wusste, dass das Herr Kugelrund war, der an unserer Schule Seminare zur Bewusstseinserweiterung anbietet. Sie lauten z. B. ‚Weg zur inneren Klarheit', ‚Die innere Stimme kennen lernen' oder ‚Meine Berufung finden'. Übrigens hat er durch Seminare bei Holger Eckstein[207], den du ja auch besucht hattest, seine eigene Berufung entdeckt. Ich bin noch am selben Tag zu ihm gegangen und habe mit ihm über meinen Wunsch gesprochen, meine Lebensaufgabe und Berufung erkennen zu wollen. Ich fragte ihn, welchen Kurs ich schnellstmöglich belegen könne. Er hörte mir aufmerksam zu und stellte mir ein paar Fragen. Er wollte beispielsweise wissen, was ich während meiner Freizeit mache, in welche Lokale und Veranstaltungen ich besonders gern gehe und

---

[207] www.holgereckstein.de

was für Menschen ich bevorzugt in meiner Nähe habe. Nach der Beantwortung seine Fragen meinte er, dass ich am nächsten Tag in seinen Kurs ‚Mein Weg zur Berufung' kommen solle. Dieser laufe zwar schon seit vier Wochen, aber das sei kein Problem. Meine Antworten hätten gezeigt dass ich in den Erkenntnisprozess bedenkenlos einsteigen könne.

Ich war total verblüfft, weil ich nicht verstand, weshalb er mich noch in den Kurs ließ, aber am folgenden Tag ging ich hin. Und ich habe es nicht bereut, denn ich habe dadurch eine Klarheit erhalten, die ich nie für möglich gehalten hätte. Jetzt weiß ich, was ich will und wohin mein Weg geht. Ich habe begriffen, was sich hinter dem Drang, reisen zu wollen, verbarg und dass unbewusste Wachstumsprozesse mich zurückgehalten haben. So habe ich während dieses Kurses den Entdecker in mir wahrgenommen und immer mehr schätzen gelernt. Den Entdecker, der gern in fremden Ländern andere Sitten und Gebräuche, andere Ausdrucksformen, neue Landschaften und Sichtweisen kennenlernen will. Es offenbarte sich mir auch der neugierige Forscher, der die Ursachen und Wechselwirkungen hinter der oberflächlichen Wahrnehmung finden will. Dann fand ich das ängstliche Ego, das nach Sicherheit sucht und den Verstand danach fragt. Dieses hielt mich vom Reisen ab und verbarg sich in den Träumen, über die ich erzählte. Schließlich lernte es, dem Entdecker und dem Forscher vertrauensvoll zu folgen und in diesem Vertrauen Sicherheit zu finden. Dadurch gewann ich die Gewissheit, dass ich mir selbst mit jeder neuen Entdeckung, jeder erforschten Ursache und erkannten Zusammenhängen immer näher komme.

Nachdem ich in Peter Kugelrunds Gruppe auf fast wunderbare Weise mein Innenleben wahrnahm und lernte, meinem Fühlen zu vertrauen, habe ich bald zwei weitere Lehrer gefunden und schätzen gelernt, denen ich wichtige Erkenntnisse und Einsichten zu verdanken habe. Der eine ist Friedrich Wundersam, der auf eine unglaublich lockere und erfrischende Weise philosophische und religiöse Grundfragen mit uns bearbeitet. Durch seinen Kurs habe ich wirklich in der Tiefe begriffen, dass das Leben seinem Wesen nach etwas Immaterielles sein muss und dass der Verstand nur die materielle Ausdrucksweise des Lebendigen erfassen kann.

Und die zweite, Frau Sibille Klarblick, ist eine hervorragende Lehrerin, die bei Annegret Hallanzy die Wir-Kommunikation gelernt hat. Sie vermittelt diese speziell für Schüler aufbereitet nun in Kursen an unserer Schule. In deren Seminaren habe ich viel über innere und äußere Konflikte, über Spiegelungen und Projektionen und deren Wirkmechanismen gelernt. Schliesslich habe ich praktisch erlebt, dass die Wir-Kommunikation[208] geeignet ist, einen Konsens zu finden.

Wir-Kommunikation in der Schule

Wir hatten vor einem halben Jahr die Frage zu beantworten, ob die Schule vergrößert werden solle, damit mehr Schüler dort lernen und arbeiten können. An unserer Schule wurden damals fast fünfhundert Schüler in über dreißig verschiedenen Kursen begleitet. Wegen dieses umfangreichen Kursangebotes wollten auch Schüler aus angrenzenden Wohngebieten in unsere Schule wechseln. Auch deren Eltern mischten sich ein, obwohl es keine Elternvertretung gibt. Für die Mehrheit der Menschen ist es klar, dass nur die Schüler selbst für ihr Schicksal und ihr Leben verantwortlich sein können. Die Eltern können zwar unterstützend wirken, aber nur, wenn sie zuvor in der Tiefe verstanden haben, was ihre Kinder wollen.

Jedenfalls gab es unter den Schülern unserer Schule viele, die unbedingt für eine Erweiterung waren. Andere wollten die Größe beibehalten und wieder andere wollten sie lieber verkleinert sehen, um die Schule für uns übersichtlicher werden zu lassen. Es wurde viel über die praktischen, rational begründbaren Gesichtspunkte und Möglichkeiten diskutiert, aber es kam zu keiner Einigung. Der Hauptgrund dafür waren unterschwellige Gefühle, die für jeden Beteiligten zwar irgendwie einsichtig waren, aber eben auch in jedem selbst unterschiedlich stark wirkten. Das war der Moment, in dem sich Frau Klarblick einschaltete und das Thema im Sinne der Wir-Kommunikation mit uns bearbeitete.

An unserem Kurs nahmen damals sechzehn Schüler teil. Frau Klarblick bat uns, einen Kreis zu bilden und begann dann mit einer ge-

---

[208] http://transformales-netz.de/wir-stil

führten Meditation. Sie stimmte uns auf unsere fühlende Wahrnehmung ein, bereitete uns auf die zu klärende Frage mit all ihren Aspekten vor und formulierte das Thema in der kurzen Frage ‚Welche Veränderungen sind an unserer Schule notwendig, damit sie für uns alle den optimalen Nutzen bietet?‘. Völlig entspannt konnten wir uns dann in der folgenden nicht festgelegten Zeit in dieses Thema einfühlen und unsere Wünsche formulieren. Dabei waren folgende Regeln zu beachten:

- Es redet nur, wer den Redestab hat.
- Es werden nur Begriffe verwendet, die einen erfahr- und erlebbaren Inhalt beschreiben und nicht theoretisch, intellektuell argumentiert.
- Es werden an der eigenen Erfahrung orientierte und aus dem Herzen kommende Wünsche für die Gestaltung der Schule geäußert.
- Jeder Wunsch wird positiv und so präzise formuliert, dass er auch in eine eindeutige Handlung umsetzbar ist.
- Kein Beitrag eines anderen wird bewertet oder kritisiert.
- Jeder Teilnehmer darf, aber keiner muss seine Wünsche äußern.

Wir saßen also da und fühlten in unser Herz hinein. Nach etwa zwei bis drei Minuten nahm der erste Teilnehmer den Redestab und formulierte seinen Wunsch: „Es gibt einige Praxiskurse, die mich interessieren würden, für die ich mich bisher nie entschieden habe, weil mir die Gruppen mit dreißig bis fünfunddreißig Teilnehmern zu groß sind. Ich fühle mich in einer Gruppe von höchstens fünfundzwanzig Menschen, eher nur zwanzig, optimal betreut. Da kann ich ein vertrauensvolles Verhältnis zu allen Mitgliedern aufbauen. Ja, ich wünsche mir Kurs- und Übungsgruppen mit höchstens zwanzig bis fünfundzwanzig Teilnehmern.“

Der Stab wurde an die direkte Nachbarin abgegeben. Diese meinte: „Die Anordnung der Räumlichkeiten erscheint mir übersichtlich und funktional sehr gut gelöst. Ich habe mich von Anfang an gut zurechtgefunden und wohlgefühlt in diesem Gebäude. Besonders gern nutze ich die Ruhe- und Entspannungsräume. Seit etwa einem Jahr kommt es öfter vor, dass ich keinen freien Platz mehr in den Ruhe-räumen finde, weil alle Liegen belegt sind. Im Sommer gehe ich ein-fach hinaus und lege mich auf eine Wiese, aber im Winter vermisse ich oft die Möglichkeit, wirklich ruhen und entspannen zu können. Im Kommunikationsraum finde ich immer Platz, weil sich dort nur we-nige Schüler aufhalten. Wegen der Lautstärke kann ich mich nicht vollkommen entspannen. Mein Wunsch ist es, einen weiteren Ruhe-raum einzurichten und den Kommunikationsraum zu verkleinern."

Ich kann mich nicht mehr an alle Wünsche genau erinnern und schon gar nicht an die exakte Formulierung. Auf jeden Fall wurden im Laufe der ersten Runde noch folgende Wünsche geäußert: Min-destens dreimal wurde der Kommunikationsraum für völlig überflüs-sig gehalten, da Kommunikation jederzeit in der Pausenhalle, im Speiseraum oder in der Getränkestube möglich ist und dort bereits intensiv stattfindet. Zweimal wurde gesagt, dass die Zahl der Semi-nar- und Übungsräume um zwei bis drei verringert werden könne, wenn es gelinge, sie zeitlich länger zu nutzen. Drei Teilnehmer wünschten sich mehr naturwissenschaftliche Kursangebote und die Erhöhung der Zahl an Experimentier- und Laborräumen. Der Wunsch nach Erweiterung des Kursangebotes im Bereich Sprachen wurde zweimal angesprochen und der nach mehr musischen und kunsthandwerklichen Kursen ebenfalls zweimal. Drei Teilnehmer hatten das Gefühl, mehr als fünfhundert Schüler seien ihnen zu viel. Sie spürten schon jetzt eine gewisse Bedrängnis. Zwei andere konn-ten sich gut vorstellen, auch mit bis zu siebenhundert Lernenden noch genügend Raum und Luft zu haben.

Immer deutlicher spürte ich schon während dieser ersten Runde, wie sich eine Art Gesamtverständnis der Frage und der möglichen Lö-sungen einstellte. Allein die Bereitschaft, alle Aussagen und Wün-sche stehen zu lassen, führte dazu, den eigenen Standpunkt zu ver-lassen, sich sozusagen gedanklich und fühlend auf den Platz zu be-geben, von dem aus die anderen Teilnehmer gerade ihre Wünsche äußerten. So wurde automatisch die Wahrnehmung erweitert und ein Gesamtverständnis entstand. Gleichzeitig hatte ich sofort die As-soziation zu Improvisationsformen in der Musik. Wenn mehrere Mu-siker gemeinsam völlig frei improvisieren, beginnt jeder mit irgendeiner Tonfolge. Um Stimmigkeit bezüglich Melodie, Rhythmus und Gesamtklang zu finden, muss jeder ständig auf jeden Musiker hören. So wie sich bei der Musikimprovisation die eigene Spielweise den jeweils anderen Musikern anpasst, so geschieht es auch bei der Wir-Kommunikation. Deshalb war auch die zweite Runde von einer starken Harmonie gekennzeichnet. Jeder griff Aspekte der anderen Teilnehmer auf, und eine Richtung wurde erkennbar.

Schließlich fanden wir in der dritten Runde einen Konsens: Die Zahl der anwesenden Schüler soll höchstens fünfhundert betragen. Der Kommunikationsraum soll als Ruheraum genutzt werden. Die Teilnehmerzahl der Übungsgruppen ist auf zwanzig zu begrenzen. Das Kursangebot im Bereich Sprachen und Naturwissenschaften soll entsprechend der möglichen Raumkapazität erhöht werden. Das wichtigste Ergebnis, zuvor von niemandem auch nur ansatzweise berücksichtigt, war der Wunsch nach enger Zusammenarbeit der Schule mit den drei unmittelbar benachbarten Schulen. So können Kurse, für die sich nur Wenige interessieren, schulübergreifend angeboten und besucht werden. Gleichzeitig ist so für alle betroffenen Jugendlichen das Kursangebot deutlich größer als bisher."

Zusammenarbeit der Schulen

„Ja", findet Gerlinde, „Das ist ein schönes Beispiel dafür, wie die Methode der Wir-Kommunikation zu einem Konsens führt. Nun war diese Klarheit bei euch vorhanden. Wie seid ihr dann weiter damit verfahren? Diese Einsicht musste ja an alle Schüler, an die Lehrer und die Eltern vermittelt werden. Zusätzlich musstet ihr dann den Kontakt zu den drei Nachbarschulen aufnehmen. Denn sie müssen ja den Konsens mitgetragen."

„Ja, Tante Gerlinde. Da hatte Frau Klarblick eine sehr gute Idee. Wir hatten diese Erfühlung damals mit einer Rückmelderunde beendet. Diese diente dazu, dass jeder Teilnehmer noch einmal seine Eindrücke und sein Erleben während der Fühlungsrunde reflektieren und mitteilen konnte. So stärkte diese vom Verstand getragene Rückbesinnungsrunde auch unser Bewusstsein.

Frau Klarblick gab ihrer Freude über den gefundenen Konsens Ausdruck und bat uns, niemandem das Ergebnis zu verraten. Denn sie wolle die Lehrerschaft ebenfalls erfühlen lassen, was für alle betroffenen Schulen das Beste sei. Danach wolle sie auch an den Nachbarschulen mit entsprechend interessierten Gruppen aus Schülern und Lehrern diese Erfühlungen durchführen. Sie sagte damals, dass ganz ähnliche Ergebnisse in den Lehrer- und Schülergruppen der anderen Schulen entstehen sollten, wenn unser Ergebnis aus dem höheren Wir gekommen sei. Um die weiteren Ergebnisse nicht zu beeinflussen, sollten wir unseren Konsens noch für uns behalten. Alle Sitzungen, auch unsere eigene, wurden als Videos aufgezeichnet und konnten so von allen nachvollzogen werden.

„Das ist ja wirklich sehr interessant. Das hast du mir bisher nicht erzählt", sagt leicht entrüstet Linda. „Na, da bin ich jetzt gespannt, was bei diesem Experiment herausgekommen ist."

„Das waren wir auch", ergreift Jens das Wort. „Vier Monate dauerte es, bis Frau Klarblick mit allen Gruppen durch war. Voller Zufriedenheit teilte sie uns dann mit, dass alle Gruppen ein ähnliches Ergebnis erzielt hätten. Die Übereinstimmung war so groß, dass eine abschließende Fühlungsrunde mit Teilnehmern aller Schulen nicht mehr erforderlich war. Das konnten wir in den Videos sehen. Aber für die praktische Umsetzung bildete sie eine Arbeitsgruppe. Jede Schule entsandte zehn Schüler und fünf Lehrer zur gemeinsamen Klärung, welche schulübergreifenden Kurse in welchem Umfang von welcher Schule angeboten werden sollten. Das Ergebnis ist bereits bekannt und wird vor Beginn des nächsten Halbjahres gemeinsam an einem Wochenende gefeiert."

„Es freut mich außerordentlich", betont Linda, „dass die Methode der Wir-Kommunikation dank ihrer Verbreitung zum Standard der Konsensfindung geworden ist. Sie wird auch in Gremien angewandt, deren Beratungen weltweite Auswirkungen haben. Seit der ersten praktischen Anwendung im TN im Jahr 2015 bis heute hat sie sich zwar weiterentwickelt, aber im Kern ist sie bereits damals vollständig von Annegret Hallanzy formuliert und theoretisch begründet worden."

Kinderspiele

Gerade will Finja über ihre Schuleindrücke und Lieblingskurse erzählen, da klingelt es. Mein Sohn Friedel, seine Frau Natalja und die drei Kinder Yedu, Sven und Leyla sind eingetroffen. Finjas Wunsch zu erzählen scheint schon vergessen. Schnell ist sie mit ihrem Bruder und den drei Cousins und Cousinen im Garten verschwunden.

Natalja hat einen köstlichen selbstgebackenen Kuchen mitgebracht und möchte gern Kaffee trinken. Linda schließt sich diesem Wunsch an und geht in die Küche, um ihn aufzubrühen. Natalja folgt ihr, schneidet den Kuchen und legt die Stücke auf einen großen Teller. Da es warm und sonnig ist, wird der Kaffeetisch auf der Terrasse gedeckt.

Wir wollen uns gerade setzen, da trifft endlich auch Werner ein. Er arbeitet leidenschaftlich gern als Architekt und war heute bei einem Praxisseminar über neueste Baumaterialien und deren Gestaltungsmöglichkeiten. Die Kinder unterbrechen ihr Spiel im Garten und setzen sich zu uns an den Tisch. Während des Essens und Trinkens berichtet Werner ganz begeistert über die neuen plastischen Baumaterialien, mit denen man praktisch beliebige Dächer formen und gestalten kann, weil sie fast so flexibel wie ein Tuch sind, dennoch aber wasserdicht und reißfest. Dank spezieller Streben und deren überkreuzter Anordnung sind sie auch stabil gegen Steinschläge und Hagel und können sogar betreten werden. Er hat auch schon ein Projekt für einen Kunden, bei dem er diese Materialen einsetzen möchte. Er ist sich ganz sicher, dass er mit diesen Materialien den Kundenwunsch erfüllen kann, was ihm bis gestern noch unmöglich erschien.

Die Kinder von Natalja und Friedel werden schon ganz ungeduldig und wollen endlich spielen. Auf Nataljas Hinweis, einfach zu beginnen, schauen sie sich fragend an und rutschen unruhig auf ihren Stühlen hin und her. Dann bricht es aus Leyla heraus: „Das geht nicht, wir wollen mit Opa spielen. Ohne ihn können wir nicht anfangen."

„Das ist ja schön, dass ich erfahre, dass ihr mit mir spielen wollt", entgegne ich und frage, was sie denn spielen wollen. Schlagfertig antwortet Leyla: „Etwas, was du auch spielen kannst. Verstecken vielleicht oder im Sand bauen. Oder willst du uns fangen? Federball können wir auch spielen."

„Fangen will ich euch lieber nicht, da bin ich vielleicht noch morgen hinter euch her und krieg euch nicht. Aber alles andere mache ich mit."

„Au ja, dann fangen wir im Sand an. Wir können Häuser bauen und Onkel Werner kann die Dächer bauen, der hat das heute gelernt."

„Gut, einverstanden", entgegnet Werner und ab geht es zum Sandkasten.

Da der Sand nach den vergangenen Sonnentagen sehr trocken ist, holen Finja und Jens vier Gießkannen voll Wasser und gießen sie über den Sand, während Yedu ihn dabei umschaufelt. Fünf Minuten später haben wir ein gut formbares Material. Mit Eifer bauen Sven und Leyla Häuser, ich baue mit Yedu Brücken über Straßen, und Werner baut die Dächer auf die Häuser. Sven sprüht immer wieder Wasser, wenn er sieht, dass der Sand noch zu trocken ist. Finja verfolgt nur stumm unsere Aktivitäten. Bald meint Sven, dass die Stadt nun groß genug sei und dass wir jetzt Autos darin fahren lassen müssten. Jens holt für jeden zwei Spielzeugautos. Da schaltet sich Finja in das Spiel ein. Sie findet es langweilig, wenn jeder nur Autos herumschiebt. Sie will die Fahrer und die Verkehrsregelung spielen. Die Autos müssen dann da hin fahren, wohin sie sie befiehlt. Alle sind einverstanden. Eines soll nun nach München, ein anderes nach Berlin, eines nach Hamburg, eines nach Köln fahren. Zwei Autos fahren nach Frankfurt und zwei nur in die Nachbarorte. Zu jedem Auto gibt sie die Fahrtroute an, lässt die fiktiven Ampeln auf Rot oder Grün wechseln und führt auch noch die Gespräche der in den Fahrzeugen sitzenden Menschen. Sie entpuppt sich als gute Alleinunterhalterin und wird bald von Leyla, die ihr eine Weile ganz aufmerksam zugehört hat, unterstützt. Wir Autofahrer haben bald nichts mehr zu tun, da unsere Fahrzeuge den Ort verlassen haben und inzwischen auf der Autobahn zu ihren Zielen unterwegs sind.

Für Leyla ist das der Moment, mit dem Versteckspiel zu beginnen. Als erster muss ich suchen. Ich brauche eine Weile, bis ich alle Kinder gefunden habe. Sie sind begeistert, dass ich so gut finden kann. „Ja", sage ich, „das hab' ich beim Pilze suchen gelernt. Der erste ist immer am schwersten zu finden, aber dann findet man die nächsten immer leichter. Wie die Pilze oft in Gruppen wachsen, versteckt ihr euch teilweise ganz dicht beieinander."

„Haha", tönt es aus allen Kinderkehlen, „Opa meint, wir verstecken uns wie die Pilze." Nach gut dreißig Minuten haben die Kinder genug vom Versteckspiel und wollen nun unbedingt Federball spielen - natürlich gegen mich.

Gegen Jens und Finja habe ich kaum eine Chance, die sind einfach schneller und spielen so in die Ecken hinein, dass ich nur einen von fünf Bällen erreiche. Ich treffe jedoch einige und bekomme sie dann auch gut über das Netz. Mit Netz zu spielen war ihnen ganz wichtig. Die jüngeren Kinder sind noch nicht so wettkampforientiert. Sie wollen hauptsächlich Freude haben. Aber sie wollen Opa auch auf Trab halten und schlagen recht kräftig gegen den Federball. Trotzdem erreiche ich etwa jeden zweiten Ball und kann einige noch so platzieren, dass sie nicht mehr von Yedu, Sven oder Leyla erreicht werden. Nach dem Spiel stellt dann die kleine Leyla voller Hochachtung fest: „Opa ist noch ganz schön fit." Ich danke für das Lob und betone, dass ich das auch die nächsten zehn Jahre noch bleiben möchte. „Dafür übe ich auch jeden Tag etwa eine halbe Stunde. Und ich gehe noch gern und viel spazieren. Mit wem spielt ihr denn eigentlich, wenn ich nicht hier bin? Und was oder womit spielt ihr dann?"

Voller Begeisterung erzählen sie mir, dass sie genug Freundinnen und Freunde haben, mit denen sie viel draußen spielen. Oft im Garten, manchmal auch im Wald oder auf Wiesen. Sie mögen gern Spiele, bei denen sie sich bewegen müssen, aber auch Rollen- und Geschicklichkeitsspiele. „Ja", ruft Leyla, „ich spiele gern Zirkus. Da bin ich am liebsten Clown oder Seiltänzerin. Und manchmal spielen wir Theater. Da mag ich am liebsten die Märchen. Ich bin dann oft die Goldmarie oder die Gretel, die den Hänsel befreit. Aber die Hexe schieben wir dann nicht in den Ofen. Die nehmen wir dann in unsere Mitte und reden mit ihr und zeigen ihr alle Früchte, die im Wald wachsen und sagen ihr, dass die gesund sind und ganz gut schmecken. Und dann zeigen wir ihr auch, wie sie die kochen oder braten kann und essen mit ihr zusammen. Dann dankt sie uns und verspricht uns, nie wieder Kinder einzusperren und zu essen. Und manchmal bekommen wir sogar noch jeder einen Lebkuchen von ihrem Haus geschenkt. Ja, und dann freuen wir uns alle, dass wir ein gutes Ende gefunden haben.

Bei Frau Holle ändern wir den Schluss auch, weil ich nicht will, dass die Pechmarie bis an ihr Lebensende vom Pech verfolgt wird. Niemand will sein Leben lang vom Pech verfolgt sein."

„Und wie ändert ihr es dann?", frage ich. „Manchmal lassen wir die Pechmarie mit der Goldmarie reden. Da fragt die Pechmarie die Goldmarie, warum sie wohl Pech hatte. Die Goldmarie fragt dann zurück, was denn alles passiert ist und was sie bei der Frau Holle gemacht hat und mit dem Brot und dem Apfelbaum. Und dann schämt sich die Pechmarie, weil sie weiß, dass sie nicht auf das Rufen gehört hat und sagt das auch der Goldmarie. Die sagt ihr dann, dass es auch wichtig ist, wirklich genau hinzuhören und das zu tun, was die Stimme verlangt, dass sie es mit Freude tun muss und nicht, um reich zu werden. Ja, und dann kann das ein langes Gespräch zwischen den beiden werden. Auf jeden Fall springt die Pechmarie dann irgendwann nochmal in den Brunnen und macht dann alles mit ganz viel Freude und kommt auch als Goldmarie wieder zurück."

Nun fügt Sven hinzu: „Und manchmal denken wir uns einfach neue Geschichten aus, in denen alle Menschen auf der Welt nur noch ganz glücklich sind, weil es überhaupt kein Pech mehr gibt. Die Menschen in diesen Geschichten müssen auch Aufgaben erfüllen und Gefahren überwinden. Aber auch aus sehr schweren Aufgaben und ganz großer Gefahr kommen sie in diesen Geschichten dann mit ganz neuen Erkenntnissen, Ideen und mit Schätzen wieder und haben ganz viel über sich und die Welt gelernt."

„Schön, dass ihr so phantasievoll seid. Es freut mich, dass ihr euch solche Spiele ausdenkt. Eure Eltern haben sich in eurem Alter viel mit Computerspielen beschäftigt und waren deswegen viel weniger draußen. Nur manchmal haben sie auch mit Karten, Würfeln und Figuren gespielt. Für uns Eltern war es oft ganz schön nervig, aber wir wollten auch nicht alles verbieten. Dann wären sie wegen der Computerspiele zu Freunden gegangen.

Ihr tut euch wirklich viel Gutes mit euren Spielen. Da werdet ihr ganz sicher alle Glücks- oder Goldmarien, denn eure Seele freut sich und weil sie sich ausdehnen und fliegen will, dehnt sie euch mit aus, dass ihr ein ganz weites Herz bekommt. Eure Phantasie und eure Gedanken fliegen dann mit und machen die Welt schön und bunt. Macht weiter so. Dann findet ihr auch von ganz allein eure Begabungen und Aufgaben."

Freude an der gelebten Berufung

„Wenn du liebst was du tust, wirst Du nie mehr in Deinem Leben arbeiten!"
Konfuzius

Werners Architekturprojekt

Der heutige Tag verläuft eher ruhig und besinnlich. Nach einem ausgiebigen Frühstück folgt ein ausführliches Gespräch über Werners und Friedels berufliche Tätigkeiten. Werner erzählt begeistert über sein neues Architekturprojekt. „Eine Siedlungsgemeinschaft in Northeim möchte gern ein Wohnprojekt umsetzen. Eines der Gebäude soll die Form eines stilisierten Apfelbaumes erhalten. Es wird ausdrücklich gewünscht, dass die Äste auch belaubt sind und dass Äpfel am Baum hängen sollen. Ich erfuhr durch Zufall von dem Projekt und fühlte mich sofort herausgefordert. Ich finde es spannend, Naturformen in der Architektur nachzuempfinden. Es gibt bereits sehr ästhetische Bauten in Form von Pilzen und Zapfen."

„Stimmt", unterbricht Gerlinde, „in Potsdam in den Filmstudios Babelsberg steht eine wunderschöne Gebäudegruppe in Form von Schopftintlingen. Wir waren beeindruckt von der Harmonie und der technischen Umsetzung. Ja, es ist schön, dass die Menschen vermehrt auf harmonische Gestaltung achten. Das tut nicht nur dem Auge des Betrachters gut, sondern der ganze Körper und die Seele der Menschen werden angerührt. Die in solcher Umgebung lebenden Menschen sind nachweislich gesünder und ausgeglichener als die Bewohner kastenförmiger Häuser."

„Mir fällt gerade ein", ergänze ich, „dass die Hochkulturen aller Zeiten ihre Kirchen, Tempel, Schlösser und Paläste immer nach den Gesetzen des goldenen Schnitts proportioniert haben. Und die Verzierungen der Fenster, Tore, Portale und Friese bestehen fast immer aus Naturformen. In Asien findet man auch Tempel, deren Gestalt an Termitenhügel[209] oder Zapfen erinnern. Mich freut es, dass wir erleben dürfen, wie alle Wohngebäude in jeder Beziehung naturgemäß errichtet werden."

---

[209] Z. B. Tempel in der Bagan-Ebene oder Stupas in Wat Mahathat

Dann fährt Werner fort: „Ja, so geht es mir auch. Die Umsetzung ist aber technisch eine grosse Herausforderung. Irgendwie müssen Äpfel an die Äste gehängt werden, ohne dass diese abbrechen. Dabei sind Statiker und Bauingenieure sehr gefordert. Wir hatten einen Entwurf, der gut ankam, aber die Siedlergemeinschaft war nicht wirklich zufrieden. Unseren Vorschlag, die Rundungen der Äpfel mit klassischen Biberschwanzziegeln zu formen fanden sie nicht schön, weil sich so keine glatte Oberfläche ergibt. Das Ziegeldach dann mit Putz zu glätten, ist aus statischen Gründen unmöglich. Wir haben vereinbart, dass wir uns über andere Möglichkeiten informieren wollten. Nur, wenn es keine gäbe, wollten sie die Ziegelvariante umsetzen. Da kam meine Fortbildung jetzt gerade recht.

Dieses neue Material ist ein Ergebnis der Bionik[210]. Die Erforschung des Aufbaus der Insektenflügel und Tracheen hat zur Entwicklung eines Kunststoffes geführt, der gleichzeitig atmungsaktiv, flexibel, stabil, wärmedämmend, wasserdicht und nach Bedarf transparent oder undurchsichtig ist. Mit Hilfe der 3D-Drucktechnik[211] lassen sich die Äpfel einfach und schnell in den von uns benötigten Formen und Größen herstellen."

Ich wende mich an Werner: „Jetzt interessiert mich noch, aus welchen Materialien ihr den Stamm und die Äste bauen wollt."

„Schon vor über fünfundzwanzig Jahren ist von der damaligen Herrensteinrunde[212] ein amorpher Beton[213] entwickelt worden, der dem klassischen Beton überlegen war. So enthielt er keine Kalzium-Ionen, die für das Auffrieren bei Frost verantwortlich waren. Auch war er nicht empfindlich gegen Kohlendioxyd oder schwefelhaltige Wässer. Er entsprach dem Beton der Römer, deren Bauwerke schon seit zweitausend Jahren stehen. Dieser Beton ist weiterentwickelt worden und dient der Verkleidung des aus Stahlgittern erstellten Baumgerüsts. Seine Oberfläche lässt sich leicht bearbeiten, was für die Ähnlichkeit mit der Baumrinde sehr vorteilhaft ist. Die Äpfel hängen wir mit Stahlseilen an die Äste. Die Äste werden wie der Arm eines

---

[210] Bionik beschäftigt sich damit, technische Lösungen aus der Natur abzuschauen.
      http://bit.ly/1MlAZ7A, http://bit.ly/1MlB8YE, http://bit.ly/2pt0thO Beisp: http://bit.ly/2u4myla
[211] http://bit.ly/1L7i9TT, http://bit.ly/2HSGcck, http://bit.ly/2FS6aQq und http://bit.ly/2DJx5s2
[212] www.herrensteinrunde.eu und http://www.treuhandstiftung-herrensteinrunde.de/
[213] http://www.treuhandstiftung-herrensteinrunde.de/downloads/Beton_fuer_die_Ewigkeit.pdf

Krans zusätzlich mit Stahlseilen am Stamm gehalten. Diese wird man hinter der Belaubung aus dünnen Kunststoffplatten kaum sehen."

„Danke Werner, sehr spannend", pflichtet Friedel bei. „Ich wünsche dir Freude und gutes Gelingen bei der Umsetzung. Natürlich will ich erfahren, wann euer Wohnbaum fertig ist. Anschauen will ich ihn auf jeden Fall."

„Ich schließe mich den Wünschen Friedels an. Für wann ist denn die Fertigstellung geplant?", frage ich.

„Die zukünftigen Bewohner wollen gern in etwa zwei Jahren einziehen. Wegen des Pilotcharakters dieses Vorhabens haben sie uns aber drei Jahre Zeit zugestanden. Nach meiner Einschätzung und allen bisherigen Erfahrungen ist das auf jeden Fall zu schaffen. Aber jetzt Friedel, erzähl du doch mal, womit du dich gerade beschäftigst."

Friedels Holzskulpturen

Friedel beginnt zu erzählen: „Wie ihr wisst, ist meine Leidenschaft die Be- und Verarbeitung von Holz. Nach einer Tischlerlehre, zwei Gesellenjahren und einer Ausbildung zum Holzgestalter an der ‚Fachschule Holztechnik und Gestaltung' in Hildesheim habe ich drei Jahre sehr zufrieden bei einem Schiffsbauer gearbeitet und viel Erfahrung in der Holzbiegetechnik und Oberflächenverarbeitung gewonnen.

Nach der Einführung des zinslosen Geldes setzte ich meinen Wunsch nach Selbständigkeit in die Praxis um. Ich erhielt die notwendigen Kredite, um mir eine eigene Werkstatt einzurichten. In dieser wollte ich alle Arten von Tischler- und Schreinerarbeiten durchführen, die an mich heran getragen würden. Dank des Aufblühens der Wirtschaft erhielt ich schnell Anfragen zur Herstellung von Türen, Treppen und Fenstern, später auch von Möbeln. Allein war die Arbeit gar nicht mehr zu schaffen. In meinem Kollegenkreis fand ich bald zwei Menschen, mit denen ich sehr gut zusammenarbeiten konnte. Und diese Zusammenarbeit hält immer noch an.

Im Laufe der nächsten zehn Jahre konnten wir unsere wöchentliche Arbeitszeit auf zwanzig Stunden je Mitarbeiter verringern. Ich nutzte die gewonnene Zeit teilweise für meine seelisch-geistige Entwicklung, aber auch für die Fortbildung im Kunsthandwerk. Dazu gehörte auch die Anfertigung von Holzskulpturen nach Mustern oder Zeichnungen. Das bereitete mir unglaubliche Freude, wie ich sie zuvor nicht kannte. Früher hatte ich mich nicht an die künstlerische Gestaltung getraut, weil ich keine kreativen Ideen hatte. Aber die Umsetzung vorhandener Ideen in Skulpturen oder Plastiken ist das Reizvollste, was ich bisher mit Holz gearbeitet habe.

Ganz aktuell ist es so, dass eine Holzskulptur für die Eingangshalle eines Begegnungshauses in Kassel gebaut werden soll. Diese soll eine Gruppe von mehreren Menschen darstellen, die sich freudig in Dankbarkeit begegnen, weil sie sich gemeinsam in ihrer Entwicklung unterstützen. Es gibt bisher nichts, an dem ich mich orientieren könnte, aber ich habe einen jungen Künstler kennen gelernt, der mich unterstützen will. Er malt sehr ausdrucksstarke Bilder und hat mir einen Entwurf für das gewünschte Motiv erstellt. Damit wollen wir nächste Woche nach Kassel fahren und ihn der Gemeinschaft vorstellen. Wir sind uns sicher, dass die mit der künstlerischen Gestaltung beauftragten Menschen dem Entwurf zustimmen werden. Seht mal, hier habe ich eine Kopie! Meiner Ansicht nach kann Dankbarkeit und Freude über die gleichzeitig erkennbare geistige Entwicklung nicht besser dargestellt werden. Das Bild erscheint mir im wahrsten Sinne des Wortes sprechend. Es ist, als würden die Figuren dem Betrachter ihre Freude an der gegenseitigen Unterstützung ins Ohr flüstern. Es wird mir Ansporn sein, die Holzskulptur nach diesem Bild zu gestalten.

Die Arbeiten mit Skulpturen haben mich immerhin sogar zu eigenen Ideen für Entwürfe angeregt. Leider schaffe ich es nicht, die eigenen Vorstellungen auf Papier zu bringen. Und sie direkt in Holz zu schnitzen, erscheint mir zu riskant. Aber auch dabei hilft mir Michael, so heißt der begnadete Maler. Bisher hatte ich vier eigene Ideen. Ich brauchte sie nur grob zu erläutern, schon skizzierte Michael den Vorschlag, und ich hatte sofort das Gefühl, dass er meine Vorstellung exakt getroffen hat."

„Ja, Friedel, das war ein sehr ausführlicher Bericht über deine Entwicklung vom Tischler über den Kunsthandwerker hin zum Künstler", stellt Werner fest. „Das ist jedenfalls erfreulich und du selbst bist wohl am meisten überrascht, dass dich das Leben doch noch zur künstlerischen Arbeit geführt hat. Ich wünsche dir weiterhin Freude an deiner Arbeit und bin schon jetzt gespannt auf deine ersten eigenen Skulpturen."

Der Wunsch der Kinder, mit ihnen zu spielen, setzt unserem Gespräch ein vorläufiges Ende und wir gehen in den Garten. Dort setzten wir die Spiele vom Samstag fort und erzählen uns gegenseitig Märchen, die wir auf Wunsch der Kinder alle gut ausgehen lassen. Nach einer Kaffeepause bauen wir Erwachsenen aus Kartons ein Puppentheater auf und führen den Kindern vor, wie wir vor vierzig Jahren lebten und arbeiteten. Vor dem Abendessen zeigen wir ihnen alte Bilder aus der Kindheit ihrer Eltern. Dazu erzählt jeder, was ihm zu den Bildern einfällt. So findet ein für alle reicher Erzähltag sein Ende.

Lernen, Leben, Arbeiten

Ausflug nach Osterode

Heute möchten wir einen Ausflug nach Osterode unternehmen, um uns den Ort anzusehen. Gegen neun Uhr brechen wir mit meiner Tochter Linda auf. Die Kinder sind bereits zur Schule gegangen, obwohl es keine Schul- und Anwesenheitspflicht Kursen gibt. Jens will heute auf jeden Fall seine Kurse bei Herrn Wundersam und bei Frau Klarblick besuchen und Finja will unbedingt am kunsthandwerklichen Arbeitskreis und an der naturkundlichen Exkursion teilnehmen.

Jens sagte uns: „Herr Wundersam bevorzugt den Dialog als Erkenntnisweg. Dabei ist er ein leidenschaftlicher Fragesteller. Angeregt von Sokrates[214], Platon[215], Jiddu Krishnamurti[216] und Eckhart Tolle[217] hat er gelernt, so geschickt zu fragen, dass seine Schüler zwangsläufig zu immer tieferen Schichten ihres Unbewussten vordringen und so authentische Antworten auf die Fragen ihres Lebens finden. In jeder Stunde bei Herrn Wundersam habe ich in unbekannte Ecken meines Bewusstseins geblickt, und die gemeinsame Lösung gesellschaftlicher und psychologischer Fragen bei Frau Klarblick ist immer ein besonderes Erlebnis."

Finja hat ihre Freude am textilen handwerklichen Gestalten entdeckt und ist dabei, einen Wandteppich zu knüpfen. Die naturkundliche Exkursion heute soll der Entdeckung und Bestimmung heimischer Mineralien dienen. Schon seit gut zwei Jahren sammelt Finja besonders schöne Steine, ohne zu wissen, was sie gefunden hat. Seit Beginn des naturkundlichen Entdeckungskurses hat sie einige Steine bestimmen können und findet es spannend, welche Eigenschaften und Kristallisationsformen die Mineralien haben und in welchen Mischungen und Verbindungen sie vorkommen.

---

[214] Griechischer Philosoph: http://bit.ly/1ZYf8wT und http://bit.ly/2FYofIE
[215] Griechischer Philosoph: http://bit.ly/2Cm2wfn und http://bit.ly/2ptoB2Q
[216] Moderner Weisheitslehrer: http://bit.ly/2G1vI9Q und http://bit.ly/2HPcQeE
[217] Spiritueller Lehrer: http://bit.ly/2u3M2oY und https://www.eckharttolle.de/

Zu dritt fahren wir mit Lindas Oldtimer innerhalb einer halben Stunde nach Osterode[218]. In der Ortschaft begegnet uns hin und wieder ein selbständig fahrendes Auto ohne Insassen. „Hast du das gesehen, Linda?", frage ich, „da ist eines dieser selbstfahrenden Autos leer vorbeigefahren."

„Ja, das ist nichts Besonderes. Seit diese Fahrzeuge wirklich sicher funktionieren, werden sie gemeinsam genutzt. Es hat nicht jeder sein eigenes Auto, das abgesehen von Urlaubsfahrten oder längeren Dienstreisen die meiste Zeit auf der Straße oder in einer Garage stehen würde. So haben wir freie Straßen und einen gegenüber früher viel geringeren Rohstoffverbrauch für die Herstellung der Autos. Wenn ich mein Nostalgieauto in zwei Jahren zur Wiederverwertung abgebe, gehöre ich automatisch auch zur Nutzergemeinschaft. Und da ein freies Auto nicht genau vor der Tür des nächsten Insassen steht, muss es eben leer dorthin fahren."

„Wer hätte das vor fünfundzwanzig Jahren für möglich gehalten?", ergänzt Gerlinde. „Zwar hat Google damals mit der Entwicklung[219] solcher Fahrzeuge begonnen, aber es war nicht absehbar, wann diese Auto wirklich verkehrssicher fahren und dass sie eines Tages nicht mehr als Statussymbol dienen würden."

Wir halten in der Nähe des Marktplatzes, um von dort aus unsere Tour zu starten. Linda kennt sich gut in Osterode aus und wird uns führen. Auf jeden Fall wollen wir als Erstes entlang der Stadtmauer den historischen Stadtkern umrunden. Auf dem Weg komme ich noch einmal auf Lindas Aussage zur Fahrgemeinschaft zurück. „Linda, wie funktioniert das genau mit der Nutzergemeinschaft? Wie groß ist sie?"

„Es ist ganz einfach. Jeder ohne eigenes Auto hat automatisch das Recht zur Nutzung der Fahrzeuge, auch ihr. Statistische Auswertungen haben ergeben, dass aktuell durchschnittlich ein Fahrzeug pro zehn Menschen benötigt wird. Dann steht immer innerhalb einer Entfernung von höchstens eintausend Metern ein freies Auto zur Verfügung. Es sieht so aus, als könne man die Zahl der verfügbaren Fahrzeuge in den nächsten Jahren sogar noch verringern."

---

[218] Stadt am Harz: www.osdterode,de
[219] https://de.wikipedia.org/wiki/Waymo und https://waymo.com/

Gerlinde möchte gern wissen, unter welchen Umständen jemand ein eigenes Auto nutzen kann. „Auch das ist einfach. Einerseits bleiben alte Autos wie meines beim bisherigen Besitzer. Zweitens kann jeder Mensch, dessen nächster Nachbar weiter als eintausend Meter entfernt wohnt, ein Auto für sich beanspruchen. Und Nutzfahrzeuge werden meistens ausschließlich von dem Menschen verwendet, der diese zur Ausübung seiner beruflichen Tätigkeit benötigt. Doch jetzt sollten wir uns auf die Schönheiten des Ortes konzentrieren. Ich möchte gern meinen Blick schweifen lassen und die Eindrücke genießen."

Inzwischen sind wir auch schon an der Stadtmauer am ehemaligen Marientor. Wir biegen nach rechts ab und Schlendern an den alten Wehrtürmen und Bastionen und den übrigen drei Toren vorbei, bis wir eine halbe Stunde später wieder am Ausgangspunkt ankommen. In Ruhe besichtigen wir noch das Harzkornmagazin, das Kommandantenhaus und die Marktkirche St. Ägidien. Anschließend lassen wir uns in einem ruhigen Straßencafé am Kornmarkt nieder, um etwas zu trinken und zu essen.

Kellnern aus Berufung

Wir sitzen kaum, da kommt schon ein freundlicher Herr auf uns zu und fragt nach unseren Wünschen. Wir bestellen uns Wasser und jeder ein Bier und fragen nach der Speisekarte. „Wir haben frischen Salat, Blattgemüse, Kartoffeln und Wildgulasch. Sie können die Zusammenstellung wählen, die Ihrem Appetit entspricht. Der Salat und das Gemüse werden frisch zubereitet, die Kartoffeln und der Gulasch sind bereits gar und werden nur erhitzt. Statt Fleisch gibt es auch Eier, und die Kartoffeln servieren wir auch gebraten oder als Kartoffelsalat."

„Dann möchte ich gern einen Salatteller", nenne ich meinen Wunsch. Gerlinde schließt sich dem an: „Und dazu bitte eine Gulaschsuppe, wenn das möglich ist."

„Das ist kein Problem. Und Sie, Linda?" Dabei lächelt er verschmitzt. Linda stutzt und schaut ihn fragend an: „Für mich bitte einen Gemüseteller."

Während der Kellner unsere Wünsche an den Koch weitergibt, sinniert Linda, woher sie den Mann kennen könnte. „Ich weiß genau, dass ich ihn schon gesehen habe. Sein Gesicht kommt mir irgendwie bekannt vor, aber ich weiß nicht woher." In dem Moment kommt er mit den Getränken zurück. Er stellt gerade das letzte Bier auf den Tisch, da platzt es aus Linda heraus: „Ich habs's. Sie haben als Steuerberater meine Steuererklärungen bearbeitet und haben den dazu passenden Namen Markwart."

„Na, wer sagt es denn. Es hätte mich schon gewundert, wenn Sie sich nicht erinnert hätten."

„Auf jeden Fall hat Ihnen das neue Leben ohne Steuern sichtbar gut getan. Sie wirken trotz der zehn Jahre, die seitdem vergangen sind, lebendiger und offener als damals."

„Danke, ich fühle mich auch so. Ich habe jetzt einen anderen Kontakt und Zugang zu den Menschen. Meinen Klienten ging es nur ums Geld. Jeder wollte möglichst wenig Steuern bezahlen. Wenn ich keine Möglichkeiten für Abschreibungen oder andere steuermindernde Angaben fand, wurden die Leute anmaßend und warfen mir Unfähigkeit vor. Ich kam kaum raus und auch an den Wochenenden war ich oft mit Steuererklärungen beschäftigt. Aber ich tat es wegen meines relativ hohen Einkommens. Doch um welchen Preis? Das Verrückte war, dass ich es damals gar nicht so empfand. Wenn mich die Leute beschimpften, verwies ich sie an Kollegen und fraß den Ärger in mich hinein, ohne es zu merken. Ich war sogar stolz darauf, Kenntnisse zu haben, die mir die Achtung derjenigen Menschen einbrachte, die Geld vom Finanzamt zurück erhielten. Irgendwie fühlte ich mich als etwas Besonderes, als der Masse überlegen.

Und Sie dürfen mir glauben, es war ein Schock für mich, als wir Steuerberater nach der Einführung des zinslosen Geldes und der Pauschalsteuer keine Aufgabe mehr hatten. Es gab ja keine Steuervergünstigungen mehr. Es waren auch fast keine Finanzbeamten mehr notwendig. Als noch über die Steuerreform beraten wurde, sagte ich zu meiner Frau: ‚Wenn die das umsetzen, ist es das Ende für uns. Was sollen wir denn dann machen?' Wir konnten uns nicht vorstellen, dass die Vorschläge jemals eine Mehrheit finden könnten. Aber wir hatten uns geirrt. Gut, durch das garantierte Grundeinkommen hatten wir Wohnung, Kleidung und Nahrung. Aber das Ansehen, die Aufgabe, der soziale Rang und das Gefühl, gebraucht zu werden, all das war weg. Ich kam mir vollkommen nutzlos vor, wie ein Aussätziger. Ich traute mich nicht mehr auf die Straße, hatte Angst, dass über mich geredet wird, dass die Menschen mit Fingern auf mich zeigen.

Vier Wochen habe ich das Haus nicht verlassen und unablässig gegrübelt, was ich nun tun würde. Eine Lösung habe ich nicht gefunden. Nur dank meiner Frau habe ich überhaupt durchgehalten und mich wieder unter die Menschen getraut. Es hat mir dann sehr gut getan, dass sie nicht herablassend oder hämisch mir gegenüber gewesen sind, sondern aufrichtig interessiert, wie ich mein Leben gestalten wollte. In vielen Gesprächen erhielt ich wohlwollende Vorschläge. Aber darüber können wir gleich noch reden, wenn Sie möchten. Jetzt werde ich erst einmal Ihr Essen bringen."

Fünf Minuten später ist er wieder an unserem Tisch und balanciert graziös ein Tablett auf der rechten Hand. Darauf befinden sich vier Teller und eine Suppenschale mit den von uns gewünschten Speisen. Herr Markwart verteilt das Essen, wünscht uns einen guten Appetit und will gehen.

„Moment, Herr Markwart, wenn Sie gerade Zeit haben, nehmen Sie doch bitte an unserem Tisch Platz und erzählen Sie uns noch ein wenig, wie Sie damals ihr Leben neu ausgerichtet haben und was Sie veranlasst hat, Kellner zu werden." bittet Linda.

„Ja, gern, zuvor hole ich mir noch ein Glas Wasser." Zwei Minuten später ist er wieder bei uns, setzt sich auf den freien Stuhl neben Linda und erzählt: „Wie schon gesagt, ich erhielt sehr viele Ratschläge und Hinweise. Manche Menschen beneideten mich und meinten, sie würden erst einmal richtig Urlaub machen. Andere rieten mir, alles das zu lesen, wozu ich bisher nicht gekommen sei. Und ganz wenige wiesen darauf hin, dass es die Chance wäre, endlich das zu finden, was mich wirklich erfülle. Das hat mich sehr nachdenklich gemacht. Ich war ja der Meinung, das getan zu haben, was mir Freude bereitete. Aber es begann etwas in mir zu bohren.

Jedes Mal, wenn mich wieder jemand auf meine Berufung hinwies, piekste es etwas mehr. Ohne zu wissen warum, konnte ich es bald fast nicht mehr aushalten. Irgendwann hatte ich erste Alpträume. In einem wurde ich zum Beispiel von Gold überschüttet, sodass ich darunter fast erstickte oder ich stolperte ahnungslos in eine Schatztruhe, die hinter mir zufiel, so dass ich nicht mehr herauskam. Oder ich raste stolz mit einem Rennauto auf einer völlig leeren Autobahn bis ich mich überschlug und der Wagen auf mich fiel. Schweißgebadet wachte ich jedes Mal auf und konnte nichts mit den Träumen anfangen. Meine Frau gab mir dann ein Buch über Traumdeutung. Endlich verstand ich, dass die Alpträume etwas mit meinem Festhalten an Statussymbolen zu tun hatten.

Von da an achtete ich mehr auf meine Träume und las psychologische Ratgeber. Ich begriff immer mehr, dass ich nicht mit meinem Herzen und meiner Seele bei der Arbeit war und sie mich deshalb nicht erfüllt hatte. Um des Ansehens und des materiellen Wohlstandes Willen hatte ich das einfach verdrängt. Ganz klar zeigte mir das folgender Traum:

Ich befand mich in einem Spielkasino vor dem Roulettetisch und gewann ein Spiel nach dem anderen. Voller Stolz und Herablassung blickte ich auf die Mitspieler. Diese sahen mich neiderfüllt an und begannen immer lauter zu schimpfen, warfen mir Betrug vor und wurden handgreiflich. Ich ließ mir meinen Gewinn auszahlen und wollte gehen. Zwei goldgefüllte Koffer und ein Rucksack voller Edelsteine wurden mir überreicht. Gierig setzte ich den Rucksack auf, nahm die Koffer und ging. Am Ausgang wollte ich mich noch einmal umsehen, ob mir auch niemand folgte. Da merkte ich plötzlich, dass ich gar keinen Kopf hatte. Ich erschrak, denn ich konnte trotzdem alles sehen. In dem Moment wunderte ich mich, dass mir die Arme und der Rücken trotz des Gewichts des Gepäcks gar nicht schmerzten. Ich verließ das Kasino und spürte einen heftigen Wind. Der Mantel flatterte so, als hinge er auf einem Bügel. Ich tastete an mir entlang und konnte nichts spüren. Ich öffnete den Mantel, aber darunter war nichts. Ich war eine leere Hülle ohne Körper, ohne Herz und Seele und kopflos.

Für diesen Traum war ich dankbar. Er zeigte mir, dass ich ohne Herz und Seele nur um des Lohnes willen gearbeitet hatte und jetzt, da ich meine Steuerkanzlei (Spielkasino) verlassen musste, auch noch kopflos war."

Während des Essens hören wir interessiert zu und schauen ganz gebannt auf Herrn Markwart. Er unterbricht seine Rede, nimmt wortlos die inzwischen leeren Teller und Bestecke und trägt sie in die Küche. Als er wieder zu uns kommen will, setzt sich gerade eine Familie mit zwei Kindern an einen Tisch. Herr Markwart lächelt uns zu und bedient die neuen Gäste. Wie wir ihn sehen, in seiner Zuvorkommenheit ganz ohne Unterwürfigkeit, in seiner Eleganz beim Jonglieren der Gläser und Tabletts, mit seinem stets offenen Blick und seiner in der Stimme liegenden Herzlichkeit, sind wir ganz sicher, dass das seine Berufung sein muss.

Nun setzt er sich wieder zu uns und fragt, ob wir an seiner weiteren Geschichte interessiert seien. „Unbedingt!", sagt Linda. „Ich habe mich schon oft gefragt, was all die Menschen inzwischen tun, deren Dienstleistungen nicht mehr benötigt werden."

„Gut", nimmt der Kellner das Gespräch wieder auf, „ich hatte also Klarheit über mich und meinen seelisch-geistigen Zustand gewonnen und wollte jetzt ernsthaft wissen, welche Potentiale in mir stecken, die ich bisher nicht gelebt hatte. Irgendwie musste es ja möglich sein, die Talente und Aufgaben, mit denen ich diese Erde betreten hatte, zu erkennen. Ich suchte also nach Literatur zu den Themen Berufung und Lebensaufgabe. Es gab viel, aber wenig, das mich überzeugte. Dann suchte ich im Internet. Dort gab es eine ganze Reihe von Coaching-Angeboten, Seminaren und Onlinekursen. Mir wurde ganz schwindelig. Wie sollte ich da die Spreu vom Weizen trennen? Ich merkte erstmals, wie ich einige Angebote mehr vom Gefühl her in die engere Wahl nahm. Schließlich blieben nur noch zwei übrig. Das waren die von Martin Weiss[220] und Holger Eckstein[221].

Beide hatten so überzeugende Konzepte und Methoden, dass ich keinen dem anderen vorziehen konnte. Dank ihrer kostenlosen Webinare stellte ich fest, wessen Art mich mehr anspricht. So habe ich mich für Holger Eckstein entschieden. Sein Buch „Auf die innere Stimme hören" und sein „My Mission Masterkurs" brachten mir Klarheit. Ich erinnerte mich, dass ich schon als Kind sehr viel Freude am

---

[220] Coach für Berufung und innere Stimme: https://bigshift.live/
[221] Coach für Berufung und Transformation: http://holgereckstein.de/ und http://mymission.de

Kellnern hatte. Bei Festen ging ich immer zu jedem Gast und fragte nach seinem Getränkewunsch. Dann trug ich auf einem Tablett so viele Gläser wie ich konnte. Das Jonglieren und Balancieren der Bestecke und Geschirre reizte mich. Und ich genoss immer die Gespräche mit Menschen, so wie jetzt mit Ihnen. Ich redete gern über das, was die Menschen bewegt. Ich hatte immer das Gefühl, etwas beitragen und die Menschen durch geschickte Fragen zum Reden bewegen zu können. Deshalb erfüllt mich meine Arbeit und wegen des Gefühls, den Menschen wirklich zu dienen."

„Gern würde ich jetzt auch etwas über Ihre Entwicklung hören. Aber es sind neue Gäste da, um die ich mich jetzt kümmern will. Vielleicht kommen Sie ja mal wieder zu uns. Ich wünsche ihnen viele gute Eindrücke in Osterode", sagt er und, zu mir gewandt, „Sie machen übrigens noch einen sehr vitalen Eindruck. Das freut mich."

Nach diesen ermunternden Worten brechen wir auf. Unser Weg zum Museum im Ritterhaus führt uns an der Schlosskirche und am alten Rathaus vorbei. Nach deren Besichtigung und dem Museumsbesuch haben wir viel Interessantes gesehen und fahren nach Hause.

Finja und Jens freuen sich über unsere Ankunft. Nachdem Jens schon sehr ausführlich über seine Kurse erzählt hat, will heute unbedingt Finja über ihre Lieblingskurse erzählen. Wir nehmen im Wohnzimmer Platz, sie setzt sich gleich zu uns und fragt: „Wollt ihr jetzt wissen, was mir in der Schule am meisten Freude macht?"

„Ja, wir sind schon ganz gespannt", erwidert Gerlinde.

Lernen durch Tun

„Also, ich fang mal mit dem textilen Gestalten an. Zuerst habe ich gedacht, da wird ein bisschen gestrickt, gehäkelt und genäht. Aber es gibt viel mehr Möglichkeiten. Dieses Jahr bieten eine aus dem Iran und eine aus Anatolien stammende Frau gemeinsam einen Kurs im Teppichknüpfen an. Um sicher zu gehen, dass es mich nicht langweilen würde, bin ich zu der Iranerin Amari gegangen und habe gefragt, was der Kurs alles bietet. Sie sagte mir, dass alles, was mit dem traditionellen Teppichknüpfen im Orient verbunden ist, auch in diesem Kurs gelernt wird. Das beginnt mit dem Entwurf des Motivs und dessen Farbgestaltung. Es beinhaltet das Herstellen der Farben aus Pflanzen, das Färben der Wolle, das Aufspannen der Kettfäden, das Knüpfen der Knoten und das Einweben der Schussfäden. Am Ende wird der sogenannte Flor noch gekürzt und der Teppich gewaschen. Da beide Frauen aus Teppichknüpffamilien stammen und alle Techniken kennen, fand ich das sehr spannend und habe mich angemeldet.

Besonders reizvoll fand ich die Verbindung von künstlerischer Gestaltung und traditionellen technischen Fertigkeiten. Und das Herstellen dauerhafter Farben aus Pflanzen[222] ergänzt sich sehr gut mit meinem Interesse an naturkundlichen Phänomenen. Frau Amari und Frau Hadscheyba, die aus Anatolien, empfahlen uns, mit einem sehr kleinen Teppich zu beginnen, höchstens fünfzig mal fünfzig Zentimeter. Sie sagten, dass pro Quadratzentimeter bis zu hundert Knoten erforderlich seien. Das wären dann bei einem Teppich von fünfzig mal fünfzig Zentimetern schon zweihundertfünfzigtausend Knoten, also mehrere Wochen Arbeit.

Ich habe mich für eine Breite von dreißig Zentimetern und eine Länge von vierzig Zentimetern entschieden. Mein Motiv sollte Tulpen, Narzissen, Krokusse und Osterglocken in verschiedenen Farben enthalten. Ich fotografierte tagelang Blumenbeete und -wiesen und gestaltete mir dann mein Motiv aus drei verschiedenen Bildern am Rechner. Um später die Farben richtig zu positionieren, musste das Motiv auf ein Millimeterraster in der Größe des Teppichs übertragen werden. Auch das ging am Rechner.

Wir nehmen besonders dicke Fäden und setzen auf jeden Quadratzentimeter nur fünfundzwanzig Knoten. Auf je zwei Millimeter also einen Faden als ein Bildpunkt. Mit Hilfe eines Graphikprogramms teilte ich mein Motiv in einhundertfünfzig mal zweihundert Bildpunkte. So kann ich abzählen, beim wievielten Knoten von rechts und von oben ich jeweils die Farbe wechseln musste.

Ich wollte Rot, Gelb, Blau, Violett und Orange für die Blütenblätter, grün für die Blütenstempel und Pflanzenblätter und schwarzbraun für die Pollen verwenden. Wir bekamen die passenden Färbepflanzen aber nicht gleich von den Leiterinnen. Wir sollten selbst heraus-

---

[222] http://www.eberhardprinz.de/blog/ und http://www.dyeplants.de/pflanzenfarben.html

finden, welche Pflanzen für welche Farben verwendbar sind und testen, wie die damit gefärbte Wolle aussieht. Im weltweiten Netz fand ich zum Beispiel für Rot Alkannawurzel, Drachenpalmharzpulver, Färberdistelblüten, Hennapulver, Hibiscusblüten und Klatschmohnblüten. Mit diesen führte ich viele Versuche durch. Zu jeder Farbprobe notierte ich die Menge der Pflanzen im Wasser und die Dauer der Einwirkung auf die Wolle. Wenn keine der Proben den Farbton lieferte, den ich haben wollte, testete ich Mischungen der Pflanzen. Allein das dauerte ungefähr zehn Stunden bis alle Farben meinen Vorstellungen entsprachen. Natürlich konnten wir unsere Kursleiterinnen bei der Herstellung der Farben um Hilfe bitten. Ich wollte es aber selbst herausfinden.

Dann ging es mit dem Spannen der einhunderteinundfünfzig Kettfäden für die dreißig Zentimeter Breite weiter. Jetzt bin ich beim Knüpfen der Knoten und dem Sichern mit den Schussfäden. Die ersten zehn Zentimeter Länge habe ich fertig und es sind bereits einige Blumen gut erkennbar. Trotzdem bleibt es spannend, wie der fertige Teppich aussehen wird."

„Was mir sofort gefallen hat", stellt Gerlinde fest, „ist die unglaubliche Vielfalt der mit dem Teppichknüpfen verbundenen Kenntnisse, die ihr durch eigenes Probieren und Verlass auf eure Sinneswahrnehmungen erlangt. Das ist eine Art Lernen, die mir auch gefallen hätte. In unserem Handarbeitsunterricht lernten wir Stricken und Häkeln, aber nicht, wie wir Farben aus Pflanzen herstellen konnten und worauf dabei zu achten ist."

„Ja, ich finde das auch großartig und bin gespannt, wie euer Naturkundekurs abläuft", ergänze ich.

Lernen durch Beobachtung

„Auch geht ein halbes Jahr lang zehn Stunden pro Woche. Diese sind auf zwei Tage aufgeteilt. Einen Tag verbringen wir immer im Freien. Da werden Pflanzen untersucht und bestimmt, Tiere beobachtet, Steine, Bodenproben und auch Kleintiere und Insekten gesammelt. Zu allem, was wir finden, wird immer der Fundort, das Datum und bei Bodenproben die Tiefe notiert, aus der die Probe stammt. Aus Pfützen, Gräben und Bächen entnehmen wir Wasser, um es später zu untersuchen. Manchmal gehen wir zu Bauern und nehmen dort Gemüse zusammen mit Proben des Bodens, auf dem das Gemüse wächst. Wir fragen den Bauern, was wann, wie oft und womit gedüngt wurde und wie er den Boden bearbeitet. Wir fragen auch, was er sonst noch tut, um gesunde, kräftige und schmackhafte Pflanzen zu bekommen. Diese Gespräche nehmen wir auf unsere Tablets oder Smartphones auf, um sie später auswerten zu können.

In den folgenden fünf Stunden wird dann alles Gesammelte genau untersucht und analysiert. Dabei fangen wir immer mit unseren eigenen Sinnen an. Bei Steinen zum Beispiel schauen wir auf die Farben, die Form, wie er sich anfühlt, glatt oder rauh, ob er sichtbare Einschlüsse enthält, wie der Klang ist, wenn zwei gleiche Steine gegeneinander geschlagen werden, ob sie springen oder etwas abplatzt. Dazu verwenden wir auch Lupen, aber sonst keine Hilfsmittel. Dann werden Gruppen von vier bis fünf Schülern gebildet. Jede Gruppe untersucht dann mit technischen Hilfsmitteln den Stein genauer. Eine prüft, ob der Stein mit einem Hammer zerschlagen werden kann und wieviel Kraft dafür nötig ist oder ob mit Sandpapier etwas vom Stein abgeschliffen werden kann. Eine andere prüft, ob der Stein mit Säuren oder Basen reagiert, ob er Wasser aufnimmt oder nicht. Alle Ergebnisse werden zusammengetragen und gemeinsam schauen wir, ob wir irgendwelche Gesetzmäßigkeiten erkennen können.

Wir zählen auch die Pflanzen und Tiere, die wir gefunden haben und vergleichen deren Häufigkeit mit der jeweiligen Bodenbeschaffenheit, die wir analysiert haben. Dabei lernen wir gleichzeitig Mathematik. Zum Beispiel kann man die Wahrscheinlichkeit dafür auszurechnen, dass wir Feldspat oder Quarz oder auch Edelsteine finden können, wenn wir wissen, welche Pflanzen und Bodentiere in welcher Menge in einem bestimmten Gebiet vorkommen. Wir lernen dabei auch, welche Pflanzen- und Tiergemeinschaften es gibt. Wenn ich mit Mama und Papa im Urlaub im Wald bin, sage ich ihnen oft, dass wir diese oder jene Pilze und Beeren finden können, weil bestimmte Gräser, Kräuter und Bäume dort wachsen.

Ganz wichtig ist auch immer, ob die von uns gefundenen Pflanzen essbar sind oder nicht, ob es sich um Heilpflanzen handelt und wogegen sie helfen können. Da probieren wir auch sehr viel direkt am Fundort aus. Wir probieren von allem, was nicht giftig ist, wie es schmeckt, ob es die Haut reizt oder den Speichelfluss verändert. Wenn jemand zum Beispiel Husten hat und eine Pflanze als hustenlösend bekannt ist, dann probieren wir das aus. Dazu lesen wir, was von der Pflanze wie wirken soll und stellen dann eben einen Tee oder Auszug oder eine Tinktur her, um sie zu testen.

Oft fällt uns auf, dass gleiche Pflanzen auf verschiedenen Böden verschieden farbintensiv oder üppig wachsen. In den Fällen untersuchen wir die Bodenproben auch mikroskopisch. Denn wir wollen wissen, welche Kleinlebewesen in welcher Menge vorhanden sind, ob es bestimmte Mineralien oder organische Stoffe gibt, deren Fehlen oder Vorhandensein die Unterschiede bewirken könnten und welchen Einfluss die Lichtverhältnisse und das Wasserangebot haben. Ich habe jedenfalls viel aus diesen Naturbeobachtungen gelernt. Es gibt so viele Einflüsse, dass es fast nie möglich ist, eine einzige Ursache für den Befall mit Pilzen oder Bakterien zu erkennen. Auch wenn wir krank werden, liegt das nicht nur daran, dass wir von einem Schadstoff zu viel oder von einem Mineral zu wenig haben. Erst eine Vielfalt des Mangels an Notwendigem und des Überflusses an Unbrauchbarem führt zum Ungleichgewicht."

„Ja, das stimmt, Finja. Hast du diese Erkenntnis selbst gewonnen oder hast du das zuvor gelesen und dann Übereinstimmung mit Deinen Beobachtungen festgestellt?", frage ich nach.

„Ich habe sicher ähnliche Aussagen schon gelesen, aber es ist tatsächlich so, dass ich aus der Beobachtung unseres Lebensstils und der Natur ganz von allein zu diesem Ergebnis gekommen bin."

„Das freut mich. Ich meine, jede ernsthafte Forschung muss immer mit der Beobachtung beginnen. Ich habe selbst sehr viele Schülerexperimente in der Schule durchgeführt. Dabei habe ich mehr gelernt als im Studium. Und je mehr ich über die damals anerkannten Theorien nachgedacht habe, umso klarer war mir, dass sie vielfach gar kein Fundament in Form nachvollziehbarer Naturbeobachtungen und Versuche hatten. Deshalb wundere ich mich auch nicht darüber, dass zum Beispiel die Relativitätstheorie sich als nicht haltbar[223] herausstellte, weil sich Licht nicht überall mit gleicher Geschwindigkeit

---

[223] http://www.ekkehard-friebe.de/buch.pdf, https://bit.ly/2pwEeqo, http://alternativphysik.de

ausbreitet und Überlichtgeschwindigkeit[224] nachgewiesen wurde. Diese Erkenntnis hatte auch Auswirkungen auf astrophysikalische Theorien und kosmologischen Modelle. Sie alle beruhten ja auf der Konstanz der Lichtgeschwindigkeit im All.

Auch die Theorie, dass steigender CO_2-Gehalt der Luft zu deren Erwärmung führe, wurde trotz wissenschaftlicher Widerlegung[225] aufrechterhalten. Die Versuche engagierter Lehrer und Laien, die stets gleiche Temperaturen bei unterschiedlichem CO_2-Gehalt ergaben[226], änderten nichts daran."

„Aber Opa, wenn Lehrer und Laien entsprechende Experimente durchgeführt haben, dann haben die doch ihre Ergebnisse bestimmt nicht für sich behalten. Wieso konnte denn dann weiter behauptet werden, dass das CO_2 die Lufttemperatur erhöht?"

„Es waren leider nur wenige Menschen, die diese Experimente gewissenhaft durchgeführt haben, und sie haben ihre Ergebnisse nicht im weltweiten Informationsnetz veröffentlicht. Viele Menschen haben geglaubt, was in den Zeitungen geschrieben und im Fernsehen behauptet wurde. Da es an Schulen kaum Experimentalunterricht gab, wunderte mich das auch nicht. Deine Eltern haben in der Schule überhaupt keine eigenen Versuche durchgeführt oder die Natur beobachtet. Sie konnten also gar nicht überprüfen, was stimmig und mit den eigenen Erfahrungen vereinbar ist. Daher war es auch nicht verwunderlich, dass immer mehr Schüler lustlos am Unterricht teilnahmen und die Leistungen immer schlechter wurden. Schüler sind nicht dumm. Sie spüren genau, ob sie und ihre Interessen wahrgenommen werden. Wer hat schon Lust, sich Wissen anzueignen, wenn dieses keinen Bezug zum Leben hat? Ich bin wirklich froh und freue mich für euch, dass ihr direkt von der Natur und vom Leben lernen dürft."

Linda kommt herein und bittet uns, den Tisch fürs Abendessen zu decken. „Was meinst Du, Finja? Sind wir fertig mit unserer Unterhaltung?"

---

[224] https://bit.ly/2FXOeUL, https://bit.ly/2HY5sh8 und https://bit.ly/2uikUTE
[225] https://bit.ly/2DOYPex, https://go.nasa.gov/2FVqmBb und https://bit.ly/2G7dAeH
[226] Z. B. Joseph Kowatsch, Physik und Biologielehrer, Naturschützer: https://bit.ly/2IKRyQP

„Ja Opa, ich habe auch inzwischen Hunger." Fünf Minuten später sitzen wir gemeinsam am Tisch und genießen Spargel mit Kartoffeln.

Nach dem Essen ziehen sich Finja und Jens in ihre Zimmer zurück. Linda, Werner und wir beide trinken noch ein Glas Wein und sprechen über die Eindrücke des Tages.

Kindergruppen

Schloss Herzberg[227]

Heute ist unser letzter Tag in Herzberg. Am Nachmittag wollen wir wieder nach Hause fahren. Werner hat bereits das Haus verlassen. Er will sich mit den Handwerkern treffen, die die Gestaltung der Äpfel durchführen wollen. Sie wollen die Verarbeitungsmöglichkeiten sowie den Umgang mit dem Material kennenlernen. Linda hat sich mit einer Freundin verabredet, mit der sie im nächsten Jahr ein Lernprojekt für Jugendliche anbieten möchte. Heute wollen die beiden Frauen klären, welche Kenntnisse und Methoden sie sich selbst noch aneignen müssen, um das Projekt durchführen zu können. Sie wird gegen drei Uhr wieder hier sein. Finja und Jens gehen gerade zur Schule, weil sie heute wieder interessante Stunden erwarten.

Wir beschließen, am Vormittag den Ort mit einem Spaziergang zu erkunden. Vorher packen wir unsere Sachen zusammen, um später nicht unter Druck zu geraten. Gegen zehn Uhr gehen wir aus dem Haus. Wir wollen die knapp zwei Kilometer zum Schloss gehen und uns dort umsehen, vielleicht auch hinein gehen. Es reicht, wenn wir um dreizehn Uhr wieder zurück sind.

Die anfängliche Bewölkung löst sich immer mehr auf, so dass die Süd- und Ostseite des imposanten Fachwerkbaus wunderbar von der Sonne beleuchtet werden. Die letzten Meter bis zum Torturm sind wegen des leichten Anstiegs etwas beschwerlich. Doch hinter dem Turm kommen wir durch den anschließenden Torzwinger in den Innenhof. Von hier aus kann der Blick über drei Fachwerkflügel und einen Flügel aus Mauerwerk schweifen - eine wahre Augenweide. Obwohl das Schlossmuseum sehr interessant sein soll, gehen wir nicht hinein. Stattdessen setzen wir uns in die Sonne und genießen den Anblick des Schlosses und erfreuen uns am Kommen und Gehen der Menschen.

---

[227] http://www.museum-schloss-herzberg.de/

Tobende Kinder

Eine halbe Stunde später begeben wir uns auf den Rückweg. Auf dem bewaldeten Weg Richtung Stadt hören wir Kinderstimmen, die auf uns zukommen. Zwei Gruppen von jeweils zehn Kindern im Alter von vier bis sieben Jahren toben zwischen den Bäumen herum. Die vier betreuenden Frauen lassen sie beim Fangen und Verstecken gewähren. Wir uns auf die nächste Bank, um dem kindlichen Treiben zuzusehen.

Wir freuen uns, dass die Frauen den Kindern vertrauen und sie nicht in ihrem Bewegungsdrang beeinträchtigen. Wir wissen noch gut, wie unsere Kinder im Kindergarten ständig ermahnt wurden, es nicht zu übertreiben, nicht zu laut zu sein, aufzupassen und nicht zu streiten. Diese Kinder hier toben im Wald herum, ohne sich zu verletzen, zu stürzen oder irgendwo anzustoßen. Sie streiten auch nicht, weil ihnen das Spiel viel wichtiger ist.

Zwei Mädchen im Alter von vielleicht fünf Jahren kommen vor uns aus dem Wald gelaufen. Offensichtlich will eine die andere fangen. Sie sind so in ihr Spiel vertieft, dass sie uns scheinbar nicht bemerken, denn sie laufen direkt auf uns zu. Ganz kurz vor uns bleibt das erste der beiden Kinder abrupt stehen und sieht mir erstaunt ins Gesicht, mustert erst mich, dann Gerlinde und fragt plötzlich lachend: „Wo kommt ihr denn her, ich hab euch gar nicht gesehen?" Das zweite Mädchen stellt sich neben sie und fragt mit großen Augen: „Seid ihr schon sehr alt? Meine Oma und mein Opa sind noch nicht so alt. Wohnt ihr hier? Seid ihr auch Oma und Opa?"

Gerlinde antwortet: „Ja, wir sind schon sehr alt und auch Oma und Opa. Wir haben gerade unsere Kinder und Enkelkinder in Herzberg besucht und wohnen in Hamburg." Schon kommen die nächsten Fragen: „Ist Hamburg weit weg? Kommt ihr oft hierher?" und wieder antwortet Gerlinde: „Hamburg ist schon weit weg. Wir müssen ungefähr drei Stunden mit dem Zug fahren bis Hamburg. Deshalb kommen wir auch nicht so oft hierher. Ein oder zweimal im Jahr. Aber jetzt will ich mal was von euch wissen. Seid ihr im Kindergarten?" Da prusten die beiden los und fragen gleichzeitig: „Hi, hi, Kindergarten? Was ist das denn? Wir sind doch im Wald.

„Aha", bemerke ich, „ihr kennt also gar keinen Kindergarten? Ja, daran hatten wir nicht gedacht. Früher, als unsere Kinder noch klein waren, da gab es Kindergärten. Das waren Häuser mit einem Hof zum Spielen. Da sind die Kinder gewesen, wenn die Eltern arbeiten waren. Da gab es Frauen und manchmal auch Männer, die mit den Kindern gespielt, gesungen, gebastelt und gegessen haben. Das waren die Kindergärtnerinnen. Und wenn die Eltern wieder zu Hause waren, haben sie die Kinder wieder abgeholt. Nun sagt doch mal, was das für Kinder sind, die noch im Wald sind. Und die Frauen, die bei euch sind? Die sind also keine Kindergärtnerinnen?" Wieder lachen sie los und schauen sich gegenseitig belustigt an. „Ha, ha, Kindergärtnerin, hast du das gehört? So was gibt es doch gar nicht." Und die andere ergänzt, jetzt mit ernstem Blick zu uns gewandt: „Das sind die Mamas von Evelyn, Trudi, Kai und von Sebastian und die Kinder sind unsere Freunde: Wir wohnen alle am Kastanienplatz."

„Und die Mamas von Sebastian, Trudi und den anderen beiden gehen jeden Tag mit euch hierher in den Wald?" will Gerlinde wissen. „Nein!", rufen die beiden Mädchen aus und verdrehen die Augen. „Meine Mama und Maschas Mama geht auch mal mit uns mit. Wir gehen immer mit den Mamas, die Zeit haben. Ganz oft bleiben wir auch am Kastanienplatz. Da können wir auch schön spielen. Und manchmal gehen wir an den kleinen Teich oder zum Mühlengraben." Und Mascha ergänzt: „An den Mühlengraben gehen wir am liebsten. Da können wir ganz viele verschiedene Sachen machen. Die Jungs wollen fast immer Dämme bauen und Boote fahren lassen. Wir suchen gern Frösche und Fische und holen die mit dem Kescher raus. Wir gehen auch gern mit den Füßen in den Graben, wenn es warm ist. Und manchmal holen wir Schlamm aus dem Graben und bauen damit Burgen oder Häuser. Die halten viel besser als mit Sand."

„Mascha, Miriam!", ertönt ein Ruf aus dem Wald. Die beiden schauen sich um und sagen: „Wir müssen jetzt wieder weiter, sonst finden wir die anderen nicht mehr." Und dann rufen sie laut: „Ja, wir kommen!" Schon laufen sie los, drehen sich noch einmal um, winken und rufen: „Tschüss!"

„Tschüss", rufen wir ihnen zu und winken zurück. „Na, Gerlinde, das hätten wir uns vor zwanzig Jahren nicht träumen lassen, dass Kinder von ihren Müttern betreut werden und die Welt mit allen Sinnen erleben und erfahren dürfen. Wären die zwei länger geblieben, hätten sie bestimmt noch erzählt, dass auch Väter ab und zu mit ihnen in die Natur gehen."

„Das vermute ich auch, genügend Zeit haben sie ja. Und für die Kinder ist es wertvoll, wenn sie die unterschiedlichen Qualitäten des Umgangs von Männern und Frauen mit ihnen und mit der Natur spüren."

Die Bedeutung der Individualität

„Ja", überlege ich weiter, „es scheint mir auch sehr gut für die Kinder, wenn sie von möglichst vielen verschiedenen Menschen betreut und ins Leben[228] geführt werden. So haben sie die Möglichkeit, die verschiedenen Facetten ihres Charakters, ihrer Begabungen und Fähigkeiten wirklich zu entdecken. Da Kinder ja zunächst nur durch Nachahmung lernen, spüren sie die Resonanz mit den Verhaltensweisen der Erwachsenen, die ihrem eigenen Wesen entsprechen. Jetzt verstehe ich auch, warum eingeborene Stammesgesellschaften in Südamerika und Afrika davon sprechen, dass ein ganzes Dorf benötigt werde, um ein Kind zu einem erwachsenen Menschen heranzubilden[229]."

„Das stimmt, so können wir diese Aussagen sehr gut begreifen. Noch etwas kommt mir jetzt in den Sinn. Individuum heißt wörtlich übersetzt das Unteilbare. Mich hatte immer irritiert, dass der Begriff Individualisierung zur Bezeichnung der gesellschaftlichen Vereinzelung der Menschen benutzt wurde. Ich sah nicht, was diese Vereinzelung mit Individualität des Menschen zu tun hat. Irgendwann wurde mir klar, dass all die Einzelwesen trotz ihrer Bemühungen um Individualität doch Massenmenschen sind. Individuum zu sein bedeutet doch, keinen Anteil des eigenen Wesens abzuspalten, sondern alle zu einem Ganzen heranreifen zu lassen, also auch gegengeschlechtliche Anteile zu entwickeln und auszudrücken.

Ich vergleiche das Individuum mit einem Instrument. Dessen Tonumfang entspricht den Begabungen des Menschen, die tatsächlich

---

[228] https://bit.ly/2IJCD9o, https://bit.ly/2pyX1lH und http://rette-sich-wer-kann.com
[229] Jean Liedloff: Auf der Suche nach dem verlorenen Glück

zum Ausdruck kommenden Töne oder angeschlagenen Saiten entsprechen seinen Fertigkeiten, der Klang dem Charakter. Die gerade gespielte Melodie spiegelt in Lautstärke und Tonfolge den aktuellen Ausdruck des Menschen. Individualität besteht also darin, den gesamten verfügbaren Tonumfang zu nutzen und der Lebenssituation entsprechende einzigartige Melodien zu spielen. So wie in einem Orchester jedes Instrument ein spezieller Ausdruck der Musik ist, so ist jeder Mensch ein spezieller Ausdruck des Lebens. Alle Menschen gemeinsam bilden in diesem Sinne das Orchester des Lebens, das nur dann stimmig klingen kann, wenn der gesamte Tonumfang jedes einzelnen Instruments genutzt wird."

„Danke dir, Gerlinde, für deine Ergänzung. Dieses Bild ist auch geeignet, die nicht gelebte Individualität politisch und gesellschaftlich uniformierter Menschen darzustellen, die wir ja nahezu alle bis vor wenigen Jahren waren. Damals verwendeten wir nur die von der Gesellschaft anerkannten Töne und Akkorde und unterdrückten einen Teil unseres Potentials. Dadurch entstanden je nach Zugehörigkeit zu Gruppen und Parteien viele Orchester mit unterschiedlichen Grundstimmungen, die nicht miteinander harmonieren konnten. Alle gesellschaftlichen Konflikte bis hin zu Kriegen waren durch die Unterdrückung der Individualität vorprogrammiert.

Schön, dass wir das heute als neue Erkenntnis mitnehmen dürfen, ich mit fast neunzig und du mit fünfundneunzig Jahren. Es war ein in jeder Beziehung lehrreicher und fruchtbarer Spaziergang. Nun müssen wir wohl den Heimweg antreten. Linda möchte ich nachher fragen, wie sich die jungen Männer in die Erziehung der Kinder einbringen."

Erfahrungen statt Erklärungen

Als wir in Lindas Haus ankommen, ist sie schon mit der Zubereitung des Essens fertig und bittet uns zu Tisch. Der Eintopf mit den Resten des Vortages und frischem Gemüse schmeckt sehr gut. Auf die Frage, ob sich auch die Väter an der Erziehung und Betreuung der Kinder beteiligen, sagt Linda: „Ja, und zwar Männer aller Altersstufen, meistens gemeinsam mit Frauen. Die jüngeren gehen mit den Kindern meistens in die Natur, begleiten sie auf Spaziergängen, bauen mit ihnen Dämme an Bächen, rangeln auch mit den Kindern, wenn diese sie dazu herausfordern. Die Älteren übernehmen die Betreuung gern an Regentagen, wenn die Kinder im Ort bleiben. Sie erzählen dann Geschichten aus ihrer eigenen Kindheit und Jugendzeit und die Kinder lernen, selbst Geschichten zu erzählen. Beim Basteln, Schnitzen, Häkeln, Stricken, Stopfen und Malen entdecken die Kinder ihre handwerklichen und künstlerischen Fähigkeiten und üben die entsprechenden Fertigkeiten spielerisch.

Erklärungen zu beobachteten Phänomenen bekommen die Kinder nur, wenn sie nach dem Wie und Warum fragen. Die Antworten verweisen auf weitere Beobachtungen und Experimente oder erfolgen in für das Kind vorstellbaren Bildern. Wenn Kinder Fragen zum Leben stellen, werden sie auf das Gefühl und das Fühlen hingewiesen. So lernen die Kinder von Anfang an, dem Unerklärlichen fühlend zu begegnen und dem eigenen Fühlen zu vertrauen. Nie gibt es Scheinerklärungen, die den Verstand beruhigen, aber das fühlende Erforschen verhindern."

„Alle Erklärungen stumpfen letztlich die Sinne ab und verhindern tiefes Verstehen durch Beobachtung und Wahrnehmung von Zusammenhängen und Wechselwirkungen", ergänzt Gerlinde. „Ich bin sicher, dass Kinder unbewusst spüren, wenn Erklärungen ihren Sinneswahrnehmungen widersprechen. Wenn sie Erklärungen fortlaufend als unstimmig empfinden, trauen sie entweder der eigenen Wahrnehmung nicht mehr oder sie sperren sich gegen weitere Erklärungen und verlieren das Interesse an allem, was sich für sie unlebendig anfühlt. Ich selbst hatte zu meiner Schulzeit unbewusst deshalb das Interesse an Physik, Chemie und Mathematik verloren. Und ich bin sicher, dass das bei den meisten Schülern der Grund für die von ihnen abgelehnten Fächer war."

Inzwischen sind Finja und Jens wieder zu Hause und haben Gerlindes letzte Sätze schweigend mitgehört. „Hallo, Oma und Opa, seid ihr schon wieder beim Philosophieren? Diesmal darüber, wie lebendiges Lernen möglich ist?", fragen beide gleichzeitig und Jens fährt fort: „Ich glaube auch, dass ich ohne eigene Beobachtungen und Experimente schnell abgeschaltet hätte. Unsere Lehrer haben uns in alten Schulbüchern gezeigt, was die Schüler ungeprüft und nicht nachvollziehbar lernen mussten. Aus meiner heutigen Sicht und

Kenntnis der Naturgesetze kann ich die Weltfremdheit vieler aufgegebener Theorien fühlen. Deshalb bin ich sicher, dass frühere Schülergenerationen das unbewusst auch gefühlt haben."

Mit einem Blick zur Uhr sagt dann Finja: „Wenn ihr euren Zug erreichen wollt, sollten wir jetzt aufbrechen. Wir fahren noch mit bis zum Bahnhof." Wir laden also unser Gepäck ins Auto und fahren los. Diesmal fährt Linda bis Northeim, weil sie sich dort mit einer Freundin treffen will. Finja und Jens wollen während dieser Zeit eine Musikveranstaltung besuchen. Auf fast freien Straßen kommen wir fünfzehn Minuten vor Abfahrt unseres Zuges am Bahnhof an und können uns in Ruhe verabschieden.

Urlaub im Fichtelgebirge

Seit zehn Jahren bin ich nicht mehr im Fichtelgebirge gewesen. Nach dem Hinweis meiner Tochter auf das aktuelle Programm der Luisenburg-Festspiele verspüren Gerlinde und ich den Wunsch, dieses Jahr das Musical „Aufbruch in die Freiheit" und ein Schauspiel anzusehen. Mit dem Musical bekommen wir wohl ein Stück Weltgeschichte präsentiert, für das die Form des Musicals genau richtig ist. Wir sind sicher, dass das Musiktheater die Schicksalhaftigkeit der Ereignisse und die Freude über die gewonnene Freiheit besonders gut ausdrücken kann. Das Stück spielt in den Jahren 2025 und 2026 und schildert die massenweise Abkehr der Menschen von den staatlichen Ordnungs- und Systemstrukturen durch Bildung eigenverantwortlich handelnder Lebensgemeinschaften. Die Beharrlichkeit und Unerschütterlichkeit der beteiligten Menschen hat schließlich zur Abkehr vom Geld geführt. Wir sind schon sehr gespannt, wie die Ereignisse dargestellt werden, die wir hautnah miterlebt haben.

Neuartige Flugzeuge

Die bevorstehende Reise und den zweiwöchigen Urlaub wollen wir ohne körperliche und psychische Strapazen genießen. Deshalb haben wir uns informiert, welche Reisemöglichkeiten es gibt und wie wir auf jegliches Gepäck verzichten können. Wir haben erfahren, dass es neue Flugzeuge gibt, die Kurzstreckenflüge ohne Umweltbelastung ermöglichen und dass Kleidung am Zielort ausgeliehen werden kann. Wir werden deshalb von Hamburg bis Nürnberg und von dort direkt bis Wunsiedel fliegen.

Unser Flugzeug startet um elf Uhr am Messeplatz in Hamburg. Die östlich der Karolinenstraße gelegenen Messehallen[230] sind abgebaut worden, da sie nicht genutzt werden. Das Gelände wird als Flugplatz für die senkrecht startenden Flugzeuge genutzt. Die Hallen westlich der Karolinenstraße sind jetzt Lagerhallen und Experimentierhallen für Studenten.

---

[230] http://www.hamburg-messe.de/veranstalter/messegelaende/freigelaende/

232

Seit die technische Nutzung der Antigravitation[231] möglich ist, sind völlig neue Flugzeugtypen[232] entwickelt worden. Diese sind scheibenförmig wie das als Frisbee bekannte Sportgerät und enthalten schwenkbare Antriebsaggregate. Dadurch ist es möglich, dass sie senkrecht starten und extrem enge Kurven fliegen können. Es gibt sie in zwei Varianten: als Kleinflugzeuge für zwanzig bis fünfzig Fluggäste und als Kleinstflugzeuge für zwei bis acht Menschen. Erstere werden auf Kurzstrecken von zweihundert bis zweitausend Kilometern eingesetzt und fliegen in Höhen zwischen eintausend und zweitausend Metern mit Geschwindigkeiten zwischen dreihundert und eintausend Kilometern pro Stunde. Die Kleinstflugzeuge fliegen selbstlenkend in Höhen zwischen einhundert und fünfhundert Metern und können wie die selbstfahrenden Autos gemeinschaftlich von jedem Menschen genutzt werden.

Kunst an der U-Bahn-Station

Die U-Bahn soll uns von Norderstedt bis zum Messeplatz bringen. Dreißig Minuten nach neun Uhr starten wir mit einem selbstfahrenden Auto zur U-Bahn-Station. Wir haben noch etwas Zeit und betrachten die Skulpturen und Gemälde, die vor der Station, in der Halle und auf den Bahnsteigen ausgestellt sind. Die Skulpturen sind aus allen nur denkbaren Materialien gefertigt. Zwei besonders schöne Figuren, eine Frau und ein Mann aus Bronze, sitzen sich umarmend auf einer Holzbank unter einem blühenden Rosenstrauch. Ihr Blick ist nach oben auf eine Flugscheibe gerichtet, der sie mit der freien Hand zuwinken. Eine wunderbare Darstellung der Verbundenheit der Menschen miteinander, mit der Natur und der Technik.

Ein ovaler aus Granit gebauter Brunnen von ungefähr vier Metern Länge und zweieinhalb Metern Breite wird aus einer bronzenen Wolke mit Wasser gespeist. An einer der schmalen Seiten ist Sand zu einem Strand angehäuft, an dem zwei Kinder aus Marmor sitzen und sich vergnügt die Füße vom Wasser umspülen lassen. Unter der Wolke steht ein aus Kupfer gefertigter Mann bis zu den Knien im

---

[231] Theorie: https://www.minotech.de/forschung/antigravitation/ und
http://userpage.fu-berlin.de/~gerbrehm/nw/Podletkov_Antigravitation.htm
[232] https://de.wikipedia.org/wiki/Peter_Plichta und http://www.mmsseiten.de/wt-006.htm

Wasser. Hingebungsvoll trinkt er das Regenwasser, das aus beiden Händen in seinen Mund läuft. An einer der Längsseiten zwischen den Kindern und dem Mann fließt das Wasser in einem vollendeten spiraligen Wirbel ab. Eine Inschrift auf dem Rücken des Mannes weist auf die besondere Qualität des energetisch aufbereiteten Wassers hin und fordert zum Trinken auf. Ich kann nicht widerstehen und nehme einen kräftigen Schluck, der frisch und belebend wirkt.

Einige Skulpturen in der Halle zeigen Naturwesen aus Holz, Stroh, Heu und Laub[233], die vergnügt mit Feuer, Wasser, Luft und Mineralien spielen oder diese als materialisierte Wünsche aus sich selbst entstehen lassen.

An einer Wand hängen titellose abstrakte und gegenständliche Bilder, die in unterschiedlichen Techniken gefertigt sind. Sie fordern den Betrachter auf, die dargestellte Stimmung in sich selbst zu spüren. Auf der anderen Wand ist ein riesiges Mosaik als Gemeinschaftswerk mehrerer Künstler mit dem Titel ‚Herrschaft und Freiheit' entstanden.

Im linken Teil des Bildes sehen wir Szenen aus dem Alltagsleben der Menschen um das Jahr 2000. Es zeigt überfüllte Straßen mit rot, gelb und grün leuchtenden Ampeln im von grauem Dunst gedämpften Morgenlicht. Die angespannt und gehetzt wirkenden Gesichter einiger Fahrzeuginsassen sind gut zu erkennen. Windräder und Großkraftwerke im Hintergrund ziehen den Blick auf sich. Bedrohlich anmutende Wolken aus Rauch und Dampf steigen von den Kraftwerken auf, während von den Windrädern getroffene Störche sich nicht mehr in der Luft halten können.

In weiteren Darstellungen sehen wir Menschen in Großraumbüros krampfhaft über Monitore gebeugt, den Blick starr auf die Bildschirme gerichtet. In Fabrikhallen stehen erschöpfte Menschen dicht aneinander vor Fließbändern ohne Kontakt zueinander. Ihre Gesichter sind verschlossen und die Augen wirken leblos. Schließlich etwas freundlichere Motive: Familien beim sonntäglichen Picknick auf einer Wiese, beim Spaziergang im Wald und beim gemeinsamen Abendessen. Die Gesichter der Kinder erscheinen freudig und lebendig, gleichzeitig nach innen gekehrt mit einem Anflug von Beschwernis

---

[233] https://www.schaalsee-lebens-art.de und https://rai-ne-kunst.jimdo.com/naturwesen/

oder Kummer. Die Erwachsenen wirken getrieben und nehmen die Natur und ihre Kinder kaum wahr. Es gibt auch Darstellungen hypnotisch abwesend wirkender Jugendlicher und Erwachsener vor Spielkonsolen und Fernsehgeräten, die auf ihre Smartphones starren. Nichts im Bild weist darauf hin, wer oder was die Menschen antreibt, hetzt oder ermüdet. Die Trostlosigkeit wirkt ausweglos aber doch irgendwie freiwillig.

Die rechte Hälfte des Bildes zeigt Szenen aus der Gegenwart. Auffallend ist der klare blaue Himmel, das Grün der Bäume und Wiesen sowie die Ruhe, die in diesem Teil des Bildes zu spüren ist. Die hier gezeigten Straßen im orangegoldenen Morgenlicht werden nur von wenigen Autos befahren. Die in ihnen sitzenden Menschen wirken hellwach und interessiert. Die ampellosen Straßen sind überschaubar und lassen auch die Radfahrer entspannt vorwärtskommen. Über dem Wald fliegen zahlreiche Vögel.

In einem Raum sitzen fünf Menschen in ein lebhaftes Gespräch vertieft. Ein vor ihnen ausgebreiteter Plan lässt erahnen, dass sie an der Lösung eines technischen Problems arbeiten. In anderen Szenen sitzen Menschen allein oder zu zweit aufrecht vor Bildschirmen. Einige scheinen sich in Videokonferenzen auszutauschen, andere sind mit Programmier- oder Schreibarbeiten beschäftigt. Man sieht ihnen an, dass sie entspannte und aufmerksam sind. An einem Fließband verrichten ausschließlich Roboter die Arbeit. Daneben fertigen einige Handwerker begeistert kunstvolle Türen und Fenster. Eltern spielen oder wandern mit ihren Kindern und sehen den Vögeln, Insekten und davonlaufenden Rehen nach. Das Sonntags- oder Abendessen findet gemeinsam mit Nachbarn statt. Die Menschen wirken offen und herzlich. Sie sitzen nach dem Essen noch beim gemeinsamen Spiel oder in Gesprächen um den Tisch herum.

Die Skulpturen auf dem Bahnsteig stellen Menschen in ihren Beziehungen zu sich selbst, zu anderen Menschen, zu Tieren und Pflanzen, zu ihren Gedanken, Träumen und Ideen sowie zu ihren Gewohnheiten und ihrer Arbeit dar. So eindrucksvoll, vielfältig und teilweise auch grotesk, sind die Beziehungsebenen und -möglichkeiten der Menschen dargestellt, dass jede einzelne Skulptur zu längerem Verweilen einlädt. Allein unser Reiseplan lässt uns heute keine Muße dafür.

Die Flugscheibe

Wir steigen in den Zug und fahren bis zum Stephansplatz. Von dort bis zum Messeplatz verkehrt ein Pendelzug, den wir über ein Laufband erreichen. Drei Minuten später kommen wir direkt unter dem Abfertigungsgebäude des neuen Flugplatzes an. Ein Fahrstuhl bringt uns nach oben in die Halle zur Gepäckaufgabe und Abfertigung der Fluggäste. Da wir nur eine kleine Tasche als Handgepäck bei uns haben, dürfen wir gleich zum Ausgang zu dem bereits wartenden Fluggerät nach Nürnberg.

Wie eine Spinne steht die Flugscheibe[234] auf sechs Teleskopbeinen. In der Mitte hat sie eine Höhe von kaum mehr als zwei Metern, am Rand ist sie nur etwa einhundertzwanzig Zentimeter hoch. Der Durchmesser beträgt etwa zehn Meter. Der Eingang befindet sich an der Unterseite und ist über eine angedockte Rolltreppe erreichbar. Im Inneren gibt es um die Luke herum einen Rundgang von sechzig Zentimeter Breite. Von da aus gehen sechs Gänge strahlenförmig nach außen. Über diese Gänge sind die drei Sitzkreise erreichbar. Im innersten Kreis befinden sich sechs Plätze, im mittleren achtzehn und im äußeren dreißig. Da ein Segment für die Mannschaft mit Wänden abgetrennt ist, können insgesamt fünfundvierzig Gäste mitfliegen. Am Rand, an dem die Höhe nur knapp über einen Meter beträgt, befindet sich ein drehbar gelagerter Kreisring. Auf diesem wird über einer seitlich angebrachten Klappe das Gepäck der Passagiere gelagert und befestigt. Die Oberseite des Flugzeuges ist fast vollständig aus Glas, so dass eine Rundumsicht nach außen besteht. Die Wand zum Cockpit ist im oberen Bereich ebenfalls transparent, so dass für jeden Fluggast die Sicht nach vorne frei ist.

Vorbereitung auf den Start

Wir besetzen einen Mittelplatz direkt bei der Luke. Die Sitze sind bequem und für Flugzeuge sehr geräumig. Sogar eine Liegeposition ist einstellbar, in der der Oberkörper in einem Winkel von etwa fünfzig Grad gegen den Boden geneigt liegt. Nachdem alle Passagiere an Bord sind, begibt sich die Mannschaft in die Kabine. Die Luke wird

---

[234] Sven Peters: Verschwiegene Existenz - Leben der Maria Ortitsch
Sven Peters: Verschwiegene Existenz 2 – Die Beweise

geschlossen. Wir hören das leise Summen der Klimaanlage. Nach seiner Begrüßung beglückwünscht uns der Pilot zu unserer Entscheidung, mit dem neuesten Fluggerät nach Nürnberg zu reisen. Irgendwie ist es schon ein seltsames Gefühl, in einer fliegenden Untertasse zu sitzen. Alle möglichen Bilder und Assoziationen aus alten Science-Fiction-Filmen kommen mir in den Sinn. Bei dem Gedanken an die Besatzungen der Sternenschiffe und Raumkreuzer frage ich mich unwillkürlich, ob wir nicht zu alt für diesen Flug sind. In dem Moment beruhigt uns der Pilot mit einigen Informationen zum Flug.

„Wie schon gesagt, befinden Sie sich an Bord des neuesten Modells der Flugscheiben. Wir können uns vorstellen, dass Sie jetzt an Star Wars[235] oder das Raumschiff Orion[236] denken. Aber keine Angst, wir werden Sie weder dematerialisieren noch beamen, wir werden auch nicht mit mehrfacher Erdbeschleunigung abheben. Der Aufstieg wird sich für Sie anfühlen wie eine Fahrt mit einem Fahrstuhl. Obwohl wir senkrecht starten, benötigen wir für den Start kaum Energie. Vielleicht haben Sie mitbekommen, dass sich die Vorstellung von der sogenannten Schwerkraft vor ungefähr fünfzehn Jahren vollständig geändert hat. Wir wissen jetzt, dass es sich nicht um eine Anziehungskraft wegen der Masse der Erde oder anderer Himmelskörper handelt, sondern um einen Druck, ausgeübt vom Raumäther, der inzwischen auch als Neutrinostrahlung bezeichnet wird. Dabei handelt es sich um kleinste Teilchen, viel kleiner als Elektronen oder Photonen, die nahezu alle Materie durchdringen. Aber dieser Neutrinoschauer ist so dicht, dass wir nichts anderes mehr sehen würden, wenn diese feinstofflichen Teilchen sichtbar wären. Diese unglaubliche Dichte ist es, die so viel Druck auf uns ausübt, dass unsere Geschwindigkeit im freien Fall in jeder Sekunde um knapp zehn Meter pro Sekunde zunimmt.

Nachdem die wahre Natur der Schwerkraft verstanden war, konnten Möglichkeiten zur technischen Nutzung der Neutrinos untersucht werden. Schon vor fünfundzwanzig Jahren begannen Menschen, Strom mit Hilfe von Neutrinos[237] zu erzeugen. Statt Strom zu erzeu-

---

[235] https://de.wikipedia.org/wiki/Star_Wars
[236] https://bit.ly/2dghKpW
[237] http://neutrino-energy.com/

gen, nutzen wir Strom, um die Bahn der Neutrinos umzulenken. Deshalb treffen die Neutrinos nicht senkrecht auf unser Fluggerät und drücken es nach unten, sondern sie werden um das Schiff herum gelenkt. Dadurch werden wir schwerelos und können ohne viel Aufwand abheben. Wir erheben uns mit einer Beschleunigung, die genauso hoch ist, wie die Erdbeschleunigung. Dadurch merken Sie nichts von der eigentlich vorhandenen Schwerelosigkeit, und wir sind nach zwanzig Sekunden bereits auf unserer niedrigsten Reisehöhe von eintausend Metern. Wir werden dann im Verlauf des Flugs bis auf zweitausend Meter Höhe steigen und mit einer Reisegeschwindigkeit von rund siebenhundert Kilometern pro Stunde Nürnberg in etwa fünfundvierzig Minuten erreichen. Schließen Sie nun bitte die Sicherheitsbügel und genießen Sie entspannt unseren Flug."

Der Flug

Bisher habe ich gespannt den Ausführungen des Kapitäns gelauscht. Da Gerlindes Gesicht etwas blass wirkt und sich ihre Hände verkrampfen, frage ich sie, wie sie sich fühle. „Etwas mulmig ist mir schon. Ich komme mir vor wie in einer Sardinendose, die jeden Augenblick hinfallen und von einem Auto plattgefahren werden kann. Immerhin hat uns der Flugkapitän Mut zugesprochen und seine Stimme klingt sehr vertrauenswürdig." Ich lege meine Hand auf ihre und spüre kurz einen Ruck durch meinen Körper gehen, als wollte er abheben. Vermutlich ist jetzt die Antigravitation eingeschaltet. Ich höre ein recht hohes Summen, und der Blick nach draußen zeigt mir, dass wir steigen. Außer einigen schnell vorbei fliegenden Wolken ist nichts zu sehen. Schön wäre es, wenn man durch den Boden nach unten sehen könnte. Plötzlich wieder ein leichter Ruck, die Scheibe neigt sich leicht nach vorn, das Geräusch der Triebwerke wird etwas lauter, und an den Wolken erkenne ich, dass wir nun vorwärts fliegen. Zur Beruhigung Gerlindes sage ich noch: „Übrigens hat die Antigravitation den Vorteil, dass das Flugzeug gar nicht abstürzen kann, solange die Elektrik zur Erzeugung der Schwerelosigkeit funktioniert. Ich bin sicher, die ist doppelt vorhanden, so dass ein möglicher Ausfall durch ein zweites System abgefangen wird. Merkst du eigentlich, dass wir schon vorwärtsfliegen? Ich komme mir fast vor wie zu Hause im Wohnzimmersessel. So einen ruhigen Flug hatte

ich bisher nie." Gerade erfolgt die Mitteilung, dass wir die Sicherheitsbügel lösen dürfen, da lächelt mich Gerlinde an und meint: „Ist
schon gut. Inzwischen fühle ich mich auch sicher. Vom Aufstieg
habe ich gar nichts gespürt, außer einem leichten Ruck am Anfang."

Ich will wieder einmal hinaus in den Himmel sehen, da fällt mir auf,
dass die unter uns befindliche Landschaft an den radial nach außen
verlaufenden Kabinenwänden als Film sichtbar ist. Offensichtlich
sind Kameras am Boden der Flugscheibe montiert, die uns einen
Blick auf die gerade überflogene Landschaft ermöglichen. Die Ortschaften werden soweit herangezoomt, dass Menschen deutlich auf
den Straßen und in den Gärten sichtbar sind. Auch Gerlinde hat den
Blick auf die Filmwand gerichtet. Jetzt sehe ich, dass die Namen der
überflogenen Orte, Flüsse oder Landschaften unter dem Bild in einer
Textzeile eingeblendet werden. An der rechten Bildkante ist eine Li-
nie mit unserem Start- und Zielort sichtbar, an der die zurückgelegte
Strecke und die aktuelle Flugzeit angezeigt werden. Demnach sind
wir schon dreißig Minuten unterwegs und gerade über Erfurt. Das
wunderschöne Wetter gestattet einen makellosen Ausblick auf den
Thüringer Wald. Coburg und Bad Staffelstein sind sehr gut zu erkennen, ohne dass ich es lesen muss. Kurz darauf erscheint Bamberg,
dann Forchheim und schließlich Erlangen. Fürth und Nürnberg werden sichtbar. Wir werden gebeten, wieder die Sicherheitsbügel zu
schließen. Es dauert keine drei Minuten, da stehen wir sicher auf
dem Nürnberger Flughafen „Zur Flugscheibe".

Der Flugscheibenhafen Nürnberg

Wir erheben uns aus dem Sitz, die Luke öffnet sich und die Rolltreppe dockt an. Zwei Minuten später stehen wir neben unserem
Flugzeug. Gerlinde atmet erleichtert tief durch und meint: „Albert,
dass ich in meinem Alter noch in so einem futuristischen Gerät fliege,
hätte ich mir bis vor wenigen Tagen nicht träumen lassen. Irgendwie
fühle ich mich erleichtert, aber wir müssen ja noch einmal fliegen.
Mir wird ganz anders, wenn ich daran denke, dass das ein Flug ohne
Pilot wird." Wir wollen gerade zur Fluginformation gehen, da kommt
eine Dame auf uns zu und fragt, wer von hier aus einen Anschluss-
flug hat. Wir melden uns und nennen unser Ziel. Die Dame geleitet
uns zu einem wenige Meter entfernten Fahrband, das uns direkt zu

einer Flugscheibe mit einem Durchmesser von nur etwa fünf Metern bringt. Die Luke ist offen und eine Rolltreppe angedockt. Wir sehen uns fragend an. „In das kleine Ding sollen wir einsteigen?", steht auf unseren Gesichtern geschrieben. Ein Mann mit Pilotenweste kommt auf uns zu: „Sie wollen nach Wunsiedel?" Wir nicken. „Sie trauen sich nicht so recht in das Flugzeug? Das ist kein Problem. Sie fliegen nicht allein. Ich begleite Sie." Wir sind erleichtert und ich finde meine Stimme wieder: „Das ist gut. So sehr trauen wir der Technik doch nicht, dass wir uns allein von einem vollautomatischen Flugzeug fliegen lassen. Wenn Sie mitfliegen, kann immerhin jemand eingreifen, wenn etwas schief laufen sollte." Der Kapitän lacht und antwortet: „Ich finde es schon sehr beachtlich, dass Sie sich überhaupt in eine Flugscheibe setzen. Meine Eltern sind jünger als Sie, aber selbst mit meiner Begleitung wollen sie nicht darin fliegen. Steigen Sie schon mal ein, ich komme gleich nach."

Im Kleinstflugzeug

Das Innere dieses Gerätes unterscheidet sich kaum von dem des vorigen. Es ist nur ein Sitzkreis vorhanden und keine abgetrennte Kabine für einen Piloten. An einem kleinen Armaturenbrett erkennen wir aber seinen Platz. Da kommt er auch schon herein. In seiner Hand hält er ein Mobilfunkgerät. Durch Tastendruck löst er die Rolltreppe, die von der Luke wegfährt, und schließt diese. Er bittet uns, die Sicherheitsbügel anzulegen, und erklärt, dass wir gleich starten werden. „Der Flug wird bei einer Reisegeschwindigkeit von etwa dreihundert Kilometern pro Stunde knapp zwanzig Minuten dauern. So schnell waren Sie vermutlich noch nie von hier aus im Fichtelgebirge", muntert er uns auf. „Das stimmt", sage ich, „mit dem Zug oder Auto dauert es fast zwei Stunden." Jetzt sehe ich, dass der gesamte Rand bei diesem Flugzeug aus einem transparenten Material besteht, durch das wir während des Flugs die Landschaft unter uns sehen können. Während sich die Scheibe vom Boden löst, krallt sich Gerlinde am Sicherheitsbügel fest. Ich berühre ihren Arm und lächele ihr zu. Sie entspannt sich, und wir fliegen ohne es so richtig zu spüren.

Der Pilot meldet sich zu Wort: „Ich kann jederzeit von Hand eingreifen, wenn die Steuerung oder die Antigravitation versagen würde.

Inzwischen habe ich mehrere hundert Flüge durchgeführt und nie hat es Probleme gegeben. Die Sensoren und Steuerprogramme sind vor der Inbetriebnahme sehr intensiv getestet worden. Sehen Sie die uns entgegen fliegende Scheibe da vorne? Sie ist schon von den Bordsensoren geortet worden. Die Flugbahnen werden nun so angepasst, dass wir zwanzig Meter höher oder tiefer fliegen als die entgegenkommende Scheibe. Die zuerst reagierende bestimmt die Flughöhe beider Geräte. Dank der Antischwerkrafttechnik können die Maschinen auch noch bei einem Abstand von nur einhundert Metern gut ausweichen. Außerdem sendet jedes Flugzeug laufend seine Positions- und Geschwindigkeitsdaten an alle in der Nähe befindlichen Flugobjekte. So können die Flugbahnen immer rechtzeitig aneinander angepasst werden. Die Flugdichte ist geringer als die Verkehrsdichte auf manchen Straßen. Da dort nur nach links und rechts ausgewichen werden kann, ist das Fliegen viel sicherer." Gerlinde entgegnet: „Das Auto kann aber bremsen und stehen bleiben, wir nicht."

„Doch, Flugscheiben können wie ein Hubschrauber auf der Stelle stehen oder bei Bedarf sogar rückwärts fliegen und zur Seite ausweichen. Deshalb haben sie sich auch als Individualflugzeuge durchsetzen können. In Verbindung mit den Sensoren und der schnellen Auswertung aller Daten ist das Fliegen die sicherste Reisemethode."

„Abgesehen vom zu Fuß gehen oder Rad fahren", ergänzt Gerlinde und freut sich über die Zustimmung des Piloten. „Befestigen Sie bitte wieder die Sicherungsbügel, wir landen in zwei Minuten."

Flugscheibenplatz Wunsiedel

„Kennen Sie Wunsiedel?", fragt der Pilot. „Nur den Bahnhof und den Weg zur Luisenburg", entgegne ich. „Gut, neben dem Bahnhof befinden sich das ehemalige Finanzamt und eine Sparkasse. Das Finanzamt ist in ein Begegnungszentrum umgestaltet worden. Ein Teil der Sparkasse wird als Kunsthalle genutzt und der andere Teil als Aufenthalts- und Auskunftshalle für Flugreisende. Der ehemalige Parkplatz für die Bahnkunden dient jetzt als Start- und Landeplatz für uns." Er hat kaum ausgesprochen, da landen wir schon sanft auf den Federbeinen, die noch zweimal nachschwingen. Die Luke öffnet sich, eine Rolltreppe koppelt automatisch an und wir steigen aus. Wir bedanken uns erleichtert bei unserem Flugbegleiter und wünschen ihm weiterhin viel Freude auf seinen Flügen. „Ach ja", wendet er sich noch einmal an uns, „wenn Sie Kleidung für Ihren Aufenthalt leihen wollen, fragen Sie gleich in der Flughalle nach. Dort gibt eine sehr große Auswahl vom Straßenanzug bis zum Ballkleid. Ich wünsche einen erholsamen und erlebnisreichen Aufenthalt."

„Danke dafür und auch für den Hinweis auf den Kleiderverleih." Wir gehen in die Wartehalle und sehen gerade noch, wie eine Familie mit Kind unsere Flugscheibe für die nächste Reise betritt.

Die Halle ist schön hell und einladend gestaltet. An den Wänden hängen Gemälde und Photographien. Im Raum verteilt stehen Vitrinen mit kleinen Skulpturen und kunstvollen Schmuckstücken. Bequeme Sessel und Sofas lassen längere Wartezeiten genussvoll vergehen, zumal einige Regale reichlich Bücher und Zeitschriften enthalten. Drei Doppelstockliegen bieten die Möglichkeit, bei Bedarf eine Nacht hier zu schlafen. Neben den Buchungsautomaten gibt es zwei Schalter, an denen Menschen bei der Buchung helfen. An einer Wand hängt über einer Tür ein Schild „Kleiderverleih", darunter in kleinerer Schrift „Stets frisch gereinigte Kleidung für jede Gelegenheit"

Der Kleiderverleih

Wir betreten den Raum und kommen uns fast vor wie in einem Bekleidungsgeschäft. Gut beschriftet und sortiert gibt es Hüte, Anzüge, Hemden, Kostüme, Ballkleider, Hosen, Röcke, Mäntel und Jacken. Eine Dame kommt und fragt, ob sie uns behilflich sein könne. „Ich denke schon", sagt Gerlinde. „Wir brauchen Kleidung für zwei Wochen vom Schlafanzug über Unterwäsche bis hin zu Hemd, Hose, Rock und Jacke. Ein Paar Schuhe für den Wald wären auch ganz gut."

„Dann fangen wir mal mit den Schlafanzügen an. Ich denke, für Sie könnte die Größe achtunddreißig passend sein und Ihnen", dabei blickt sie zu mir, „könnte achtundvierzig passen."

„Stimmt, Sie haben einen sehr geübten Blick", sagt Gerlinde anerkennend. Die Frau öffnet zwei Schubladen und lässt uns selbst die

Schlafanzüge auswählen. Inzwischen meint Gerlinde: „Dann wissen Sie sicher auch, welche Unterwäsche uns passt." Und schon öffnet sie zwei weitere Schubladen, eine mit Damenwäsche und eine mit Herrenwäsche. „Bedienen Sie sich." Während wir noch die Wäsche aus den Schubladen holen, weist sie uns auf die nächsten Schubladen hin: „Und hier in den beiden Fächern finden Sie Strümpfe und Socken. Wollen Sie die Kleidung eigentlich gleich mitnehmen oder sollen wir sie irgendwo abliefern?"

„Am liebsten ist es uns, wenn wir die Kleidung heute noch geliefert bekommen", sagt Gerlinde und ergänzt, „wir wohnen in der Schwarzen Allee 17 bei Familie Beinwell."

„Ja, das ist möglich. Sagen Sie mir, wann der Bote kommen soll."

„Ab sechzehn Uhr", meint Gerlinde, „unser Name ist Weber."

„Gut, das machen wir." Nachdem ich ein paar Hemden, zwei Hosen, einen Pullover und eine Jacke gefunden habe, bittet Gerlinde mich um meinen Eindruck zu ihrer Auswahl an Röcken, Kleidern, Blusen und Jacken. Die nette Dame unterstützt mich bei der Begutachtung und eine Viertelstunde später sind wir fertig. Wir verabschieden uns und laufen langsam zur Schwarzen Allee.

Der Festspieltag

Flugscheibenträume

Müde von den vielen Eindrücken des Tages haben wir das Licht am Abend zuvor schon kurz nach zweiundzwanzig Uhr gelöscht. Trotzdem sind wir erst gegen acht Uhr aufgewacht. Die Flüge hatten noch in unseren Träumen nachgewirkt. In meinem bin ich in nur zwei Tagen mit einer Flugscheibe auf den Mars geflogen. Ich weiß noch, dass ich Ruinen einer alten Marszivilisation sah, an mehr kann ich mich nicht erinnern[238].

Gerlinde hatte aber einen Alptraum, in dem sie leider mit einer Flugscheibe abgestürzt ist. Den Sturz selbst hatte sie gar nicht als bedrohlich empfunden, aber sie landete in einer tiefen Schlucht. Dort war die Flugscheibe so eingeklemmt, dass sich die Luke nicht öffnen ließ. Ganz allein wusste sie nicht, wie sie das Flugzeug verlassen und aus der Schlucht kommen könnte. Nachdem sie sich fast aufgegeben hatte, sah sie einen roten Griff. Kräftiges Ziehen löste ein Fenster aus dem Fluggerät, durch das sie dann ins Freie kam. Am Ende ihrer Kräfte und frierend wusste sie nicht weiter und schrie um Hilfe. Da sah sie ein Seil mit einer Schlaufe. Sie konnte gerade noch nach dem Seil greifen und mit dem Fuß in die Schlaufe treten, da fiel sie in Ohnmacht. Als sie zu sich kam, lag sie am Ufer eines lieblichen Tals neben mir und spürte warme Sonnenstrahlen auf ihrem Körper. Dann wachte sie auf.

Die Ängste in der „Sardinenbüchse" hatten sie also doch noch begleitet und ihr diesen Traum beschert. Trotzdem ist sie jetzt gut gelaunt, zumal der Traum noch gut ausging, was sie mit dem Vertrauen zu mir begründet. „Warum sonst bin ich neben dir aus der Ohnmacht erwacht?"

---

[238] Peter Denk: Das Marsgeheimnis
https://bit.ly/2plQzJ1, https://bit.ly/2GnWJbd und https://bit.ly/2GvUPoI

„Ja, das drückt auf jeden Fall Vertrauen aus", meine auch ich, „und jetzt wollen wir aufstehen und Kaffee trinken. Dabei können wir sehen, wie wir den Tag gestalten. Am Abend steht ja das Musical auf dem Programm."

Kunst am Flugscheibenplatz

Gerlinde ist mit meinem Vorschlag einverstanden, nach dem Frühstück die Kunstwerke am Flugplatz zu besichtigen. Gegen zehn gehen wir los. Auf dem Flugplatz stehen heute drei Flugscheiben. Da eine gerade die Luke geschlossen hat, warten wir bis zu ihrem Abflug. Ich möchte gern einmal von außen sehen, wie sie abhebt und in den Vorwärtsflug einschwenkt.

Wir hören ein sanftes, etwas pfeifendes Geräusch und sehen, dass die Federbeine eingeklappt werden. Die Scheibe bleibt währenddessen still stehen. Das Geräusch wird etwas lauter, die Scheibe hebt ab und ist nach wenigen Sekunden kaum noch zu erkennen. Die Triebwerksgeräusche sind leiser als das Motorengeräusch eines alten Benzinautos und aus der Flughöhe nicht mehr hörbar.

Erst heute sehen wir, dass zwischen dem Start- und Landeplatz und dem Bahnhof einige Plastiken aufgestellt sind. Diese zeigen in einer eigenwilligen Mischung aus konkreter Darstellung und Abstraktion die Entwicklung der Fliegerei von Otto Lilienthal bis zu den heutigen Flugscheiben. Durch Gegenüberstellung einiger stilisierter Menschen ist es dem Künstler gelungen, die Nutzung der jeweiligen Flugzeuge für unterschiedliche Zwecke deutlich zu machen. Sehr gut ist auf diese Weise dargestellt, dass vor der zivilen Nutzung aller Flugzeugtypen immer die militärische Nutzung stand.

Auch die Bilder, Plastiken und Skulpturen in der kleinen Kunsthalle in der ehemaligen Sparkasse zeigen ausschließlich Motive der Fliegerei. Der größere Teil davon hat die Beziehung des Menschen zum Fliegen zum Thema. Es gibt Werke, auf denen die pure Lust und Freude des Menschen am Fliegen sichtbar wird, in anderen Bildern und Plastiken ist das Fernweh des Menschen nach seinem Urlaubsort dargestellt. In noch anderen Werken meint man den Unmut über einen dienstlich oder sonst wie erzwungenen Flug zu spüren.

Die zweite Gruppe von Kunstwerken hat die Flugplätze und deren Wandel in Bezug auf den Hauptzweck der Fliegerei zum Inhalt. Sehr gut ist dargestellt, dass seit den siebziger Jahren des letzten Jahrhunderts bis in die Zwanziger dieses Jahrhunderts die Flughafengebäude zunehmend als Einkaufszentren genutzt wurden. „Was für eine Verschwendung von Raum und Material für Geschäfte", wende ich mich spontan an Gerlinde, die zustimmend nickt. Sie erwidert: „Ja, es ist schon beeindruckend, wie klein ein Flughafen sein kann, wenn die optimalen Fluggeräte entwickelt sind und er einzig seinem Zweck als Start- und Landeplatz dient. Nicht einmal einem Sportflugplatz hätte vor zwanzig Jahren die Fläche dort drüben, wo die Flugscheiben stehen, gereicht."

Inzwischen ist es sonnig geworden und bis zur Vorstellung des Musicals haben wir noch sieben Stunden Zeit. „Wie wäre es, Gerlinde, wenn wir uns bei dem Wetter von einem Fremdenführer etwas in der Gegend herum fahren ließen? Ich würde zum Beispiel gern mal wieder nach Weißenstadt oder Arzberg kommen. Auch auf den Fichtelberg[239] oder Waldstein[240] könnten wir uns fahren lassen, um dort ein wenig zu laufen." Gerlinde hält den Vorschlag für gut, und wir gehen in die Auskunftshalle, um nach einem Fremdenführer zu fragen.

Private Ausflugsfahrt

Am Auskunftsplatz hilft uns eine Dame bei der Suche eines Reiseführers. Wir teilen ihr mit, dass wir von dreizehn bis achtzehn Uhr einen Begleiter für einen Ausflug mit Fahrzeug zum Waldstein und nach Weißenstadt[241] wünschen. Im Informationsnetz findet sie drei Menschen, die sich anbieten. Schon der erste Anruf ist erfolgreich. Herr Wunderwald hat ab dreizehn Uhr Zeit und will uns fahren. Er kommt in zwanzig Minuten hierher und holt uns ab. Wir bedanken uns und nutzen diese zwanzig Minuten, um draußen auf einer Bank die Sonne zu genießen.

Gegen dreizehn Uhr fährt ein kleines Auto auf uns zu. Der Fahrer hält an und fragt uns, ob wir seine Reisegäste seien. Wir bejahen und danken ihm, dass er unseren Wunsch nach einer motorisierten

---

[239] www.**fichtelberg**.de
[240] www.grosser-**waldstein**.de
[241] http://www.weissenstadt.de/

Besichtigungstour so prompt erfüllt. „Es bereitet mir Freude, Menschen die Landschaft mit ihrer Tier- und Pflanzenwelt sowie ihren Ortschaften und den Sehenswürdigkeiten zu zeigen. Auch die lokale Historie ist mir vertraut und es ist mir ein Bedürfnis, anderen Menschen die Reize des Fichtelgebirges nahezubringen. Wie ich hörte, haben Sie konkrete Wünsche, wo Sie hin wollen."

„Das stimmt", antworte ich, „auf jeden Fall möchten wir gern auf den Waldstein, da habe ich mich immer sehr wohl gefühlt. Die Felsformationen sind beeindruckend und wurden schon von Goethe untersucht, und der Blick von der Aussichtskanzel auf dem Gipfel ist einfach unbeschreiblich."

„Aber Sie wissen schon, dass wir mit dem Auto nur bis zum Waldsteinhaus fahren können?"

„Ja, das wissen wir. Wir wollen dort gern etwas essen und danach etwas laufen. Dann können wir nach Weißenstadt fahren und am Weißenstädter See einen Spaziergang machen. Wenn dann noch Zeit ist, entscheiden Sie, was Sie uns noch zeigen wollen.

Sattes Grün nach längerer Trockenheit

Herr Wunderwald bittet uns ins Auto und fährt los. Die Straße ist frei und er kann schön langsam fahren. So haben wir die Möglichkeit, die Landschaft zu genießen. Obwohl es jetzt schon länger nicht geregnet hat, fällt uns auf, dass die Felder und Äcker gut bewässert wirken. Früher waren die Pflanzen nach mehreren Wochen Sonnenschein immer sehr ausgetrocknet. Deshalb frage ich: „Sagen Sie, Herr Wunderbaum, wie lange hat es nicht mehr geregnet?"

„Genau weiß ich es nicht, aber bestimmt fünf Wochen, vielleicht sechs. Warum fragen Sie?"

„Nun, wenn es früher, also vor mehr als zehn Jahren, so lange nicht mehr geregnet hatte, dann sahen die Getreidehalme schon trocken aus und das Gras wurde gelb. Aber alle Wiesen haben ein sattes Grün und die Getreidefelder sehen aus, als hätte es erst vor kurzem geregnet."

„Ja, das stimmt. Der Grund ist eigentlich ganz einfach. Wenn Sie genau in die Täler schauen, können Sie kleine Wälle erkennen, die das Wasser nach einem Regen zurückhalten. Vielleicht ist ihnen auch aufgefallen, dass zwischen den Feldern Hecken stehen, die früher nicht vorhanden waren. Und auf stark abschüssigen Hängen bremsen Wälle und Gräben das Abfließen des Regenwassers. Alle diese Maßnahmen und die konsequente Rückführung des Abwassers in geschlossenen dezentralen Kreisläufen tragen dazu bei, dass die Böden kaum austrocknen und der Grundwasserspiegel wieder deutlich angestiegen ist. Die Hecken haben auch bewirkt, dass es gleichmäßiger regnet. Früher kam es vor, dass es auf dem Waldstein regnete und in Wunsiedel oder schon in Weißenstadt kein einziger Tropfen fiel. Durch die vielen Hecken haben wir jetzt wieder funktionierende ‚biotische Wasserpumpen'. So hat der Förster Peter Wohlleben[242] schon um 2015 zusammenhängende Wälder bezeichnet. Das Regenwasser tritt in den Boden ein und wird über die Nadeln und das Laub der Bäume wieder verdunstet. Das so in die Luft zurückgeführte Wasser kann an anderer Stelle wieder abregnen. Die Regenfront wälzt sich also langsam vorwärts, wenn genügend Verdunstungswasser die Wolken wieder auffrischt.[243]

Wenn ich mich recht entsinne, hatten in Indien Rajendra Singh[244] und Amla Ruia[245] kurz nach der Jahrtausendwende die Bedeutung lokaler Wasserkreisläufe erkannt. Mit Hilfe dezentraler Stauanlagen hatten sie in Indien Trockengebiete von mehreren tausend Quadratkilometern in fruchtbare Feuchtgebiete verwandelt. Im Jahre 2015 erhielt R. Singh für seine Aktivitäten und Erkenntnisse den Stockholmer Wasserpreis[246]. Die Zusammenhänge zwischen lokalen Regenwasserkreisläufen und globalem Wasserhaushalt wurden seitdem durch Beobachtung vielfach bestätigt und sind zu Allgemeinwissen geworden. Nach der Einführung des zinslosen Geldes erfolgte die Begrünung und Bewaldung ganzer Landstriche. Diese haben zu einem gegenüber dem Jahr 2020 deutlich angestiegenen Grundwasserspiegel geführt und zu einer Halbierung der Wüstenflächen."

---

[242] http://www.peter-wohlleben.de
[243] https://bit.ly/2GuXJdE und https://bit.ly/2pKtFB1
[244] https://en.wikipedia.org/wiki/Rajendra_Singh
[245] https://bit.ly/2umMOON, https://bit.ly/2DHdCrl, https://bit.ly/2utkaeo, https://bit.ly/2unkTxs
[246] https://bit.ly/1Gyz3ai, https://bit.ly/2Gx8A6l, https://bit.ly/2GyXFJC, https://bit.ly/2pHP90o

„Vielen Dank für die vielen Informationen. Das Thema Wasser scheint Sie zu interessieren", bemerkt Gerlinde gerade in dem Moment, in wir das Waldsteinhaus erreichen. Wir fahren auf einen freien Parkplatz, steigen aus und vertreten uns erst einmal die Füße. Es ist schön warm, die Sonne scheint von einem wolkenlosen Himmel, und wir suchen uns einen Platz im Halbschatten einer Kastanie. Herr Wunderbaum geht ins Gasthaus und will etwas zu trinken und zu essen holen, da es keine Bedienung gibt. Gern lassen wir uns Wasser und Bier bringen.

Vom Börsenmakler zum Reiseführer

Herr Wunderbaum setzt sich zu uns, und wir beginnen ein Gespräch. Ich möchte von ihm wissen, wie lange er schon als Reiseführer tätig ist und was er zuvor gearbeitet hat.

„Als Reiseführer bin ich jetzt seit fünf Jahren tätig. Zuvor habe ich meinen Lebensunterhalt als Börsenmakler verdient. Aber schon während dieser Tätigkeit spürte ich immer mehr Unzufriedenheit mit mir und der ständigen Unruhe, die angesichts täglich schwankender Börsenkurse immer mehr zunahm. Ich hatte mich schon seit vielen Jahren in einem Heimatverein mit der Geschichte und der Geologie des Fichtelgebirges beschäftigt.

Bei meinen Spaziergängen merkte ich, dass mich zusätzlich zu den Steinen und Felsen auch zunehmend die Pflanzen und Tiere interessierten. Ich sah, dass auf unterschiedlichen Böden auch verschiedene Pflanzen wachsen. Zum Beispiel finden wir hier auf dem Waldstein ganz andere Pflanzen als auf dem Steinberg[247]. Die den Waldstein formenden Granite machen die Böden sauer, während die am Steinberg zu findenden Basalte einen basischen Boden schaffen. Dann spürte ich in der Natur immer eine Ruhe, die tief in mein Inneres drang und mich meine eigene Lebendigkeit ganz anders wahrnehmen ließ als die Hektik an der Börse. Dort fühlte ich mich getrieben und gehetzt, und ich konnte keinen Zusammenhang mit meinen eigentlichen Bedürfnissen erkennen. Im Wald dagegen drang die Lebendigkeit als ein den ganzen Körper durchströmendes

---

[247] http://www.fichtelgebirge-oberfranken.de/steinberg/

und jede Zelle erfassendes Kribbeln in mein Bewusstsein, verbunden mit Wärme. Irgendwann beschlich mich zum ersten Mal das Gefühl, nicht meiner Berufung zu folgen, sondern dem Geld und dem Wunsch nach Anerkennung und gesellschaftlichem Ansehen.

Von da an ging ich viel häufiger mit Freunden aus dem Heimatverein in den Wald. Ich spürte, wie gut mir die Gesellschaft und der Austausch miteinander tat. Zu zweit oder als kleine Gruppe konnten wir uns gegenseitig auf alle von uns wahrgenommenen Erscheinungen hinweisen. Und wenn jemand wissen wollte, warum wir jetzt zum Beispiel überall nur Farn sehen und auf einer anderen Wanderung vielleicht nur Moose und Flechten, konnte jeder sein Wissen über die Zusammenhänge beitragen. Ich habe sehr viel mehr durch diese Gespräche auf den gemeinsamen Wanderungen gelernt als aus Büchern.

Und meine Einstellung zu Wertpapieren und deren Handel sowie zu Geld und dessen Anlage änderte sich langsam durch die Gespräche, die wir während der Pausen oder nach der Wanderung führten. Mir wurde immer klarer, dass das Geld und die Wertpapiere gar nicht das wiedergeben, wofür sie eigentlich gedacht waren, nämlich das Geld als Tauschmittel und die Aktien als von Anlegern bereitgestellte finanzielle Anteile am Firmenkapital. Ich musste mich fragen lassen, wie denn Aktien ihren Wert durch die Nachfrage ändern können, wenn sie doch eigentlich dem materiellen Wert einer Firma oder eines Unternehmens entsprechen sollten.

So zweifelte ich immer mehr am Sinn meiner Börsentätigkeiten, ohne zu wissen, was ich stattdessen tun könnte. Als ich erkannte, dass jede Wanderung immer von mir geplant und organisiert wurde, kam mir die Idee, mein Geld vielleicht mit der Planung von Wandertouren zu verdienen. Wirklich entschieden habe ich mich, nachdem mir mehrfach mitgeteilt wurde, dass meine Beiträge auf den Wanderungen besonders gut und lebendig seien. Das war mir selbst gar nicht bewusst. Nun, da es gesagt wurde, achtete ich darauf und spürte meine eigene Freude tatsächlich. Ich achtete auch auf mein Körpergefühl, wenn ich Sachverhalte und Zusammenhänge beschrieb. Und, ja, ich konnte spüren, wie mein Eifer und die Begeisterung meine anfänglich noch überlegt gewählten Worte immer spontaner und freier aus mir heraussprudeln ließen. Je länger ich über ein Thema sprach, umso mehr hatte ich das Gefühl, der Kopf und das Denken sind gar nicht beteiligt. Das war dann der entscheidende Moment, in dem der Entschluss ganz von allein in mir entstand, ab sofort als Fremdenführer zu arbeiten."

„Was Sie über die Begeisterung und ihren Eifer gesagt haben, konnten wir beide ja bereits spüren, als Sie über die Wasserkreisläufe sprachen", lobt Gerlinde. „Sie sagten ja einiges zu Ihrer Tätigkeit als Börsenmakler. Dazu interessiert mich wie Sie sich fühlten, als Sie noch voller Überzeugung spekulierten?"

„Ich glaube, ich nahm meine innersten Gefühle gar nicht wahr. Ich fühlte mich beglückt, wenn ich hohe Gewinne erhielt und war enttäuscht, wenn ich Geld verlor. Also das Gefühl von Glück war vollkommen vom Erfolg abhängig. Und ich brauchte sehr lange, bis ich spürte, dass ich in der Natur einfach durch mein dort sein, also mein Dasein, Glück und Lebendigkeit fühlen konnte. Das machte mich zunächst stutzig, denn für mich war Glück ein erfolgsabhängiges Gefühl.

Und die Anerkennung, der materielle Reichtum und das mit dem großen Auto und dem schönen Haus verbundene Ansehen waren mir so wichtig, dass ich einfach nur funktionierte. Heute weiß ich, dass Glück schlicht nur der gefühlte Ausdruck von Lebendigkeit ist. Auf meinen Spaziergängen und Wanderungen war ich von Bächen und Flüssen immer sehr angetan. Ich setzte mich gern einige Minuten ans Wasser, lauschte ihm und sah ihm zu. Und irgendwie erschien mir das Glucksen und Plätschern immer lebensspendend. Ich hörte sozusagen die Freude des Baches und sah sie in den kleinen Strudeln und Wirbeln genauso wie in den Wellen, die nach der Überwindung von Hindernissen erscheinen. Am fließenden Wasser erkannte ich, dass Freude Ausdruck unbekümmerter Lebendigkeit ist."

„So geht es uns auch", antworte nun ich, „auch wir haben das ungehindert fließende Wasser immer als Ausdruck des Lebens und der Lebendigkeit gesehen. Auf unseren Reisen konnten wir sehen, dass ein natürlich fließender Strom auch kurz vor der Mündung ins Meer noch lebendig wirkt. Dagegen erscheint ein schnurgerade einbetonierter Kanal geradezu tot. Auch wir haben lange gebraucht, bis wir die Lebensfreude in jeder Minute in uns unabhängig von erreichten

Zielen oder erfüllten Erwartungen spüren konnten. Doch bevor wir weiter philosophieren, schlage ich vor, dass wir jetzt nach Weißenstadt aufbrechen. Gern können wir unser Gespräch dort am Seeufer fortsetzen. Auf jeden Fall herzlichen Dank für Ihre Offenheit, mit der Sie uns berichtet haben."

Wir steigen wieder ins Auto ein und fahren los. Unterwegs zeigt uns Herr Wunderwald noch einige Besonderheiten. Zweimal verlässt er sogar die direkte Route, um uns interessante Felsen zu zeigen oder gute Aussichten zu ermöglichen. Dabei fällt uns auf, dass keines der Windräder mehr zu sehen ist, die noch vor zehn Jahren den Wald weit überragten. Wir fragen unseren Begleiter, ob alle Windräder im Fichtelgebirge abgebaut worden seien. „Ja, das letzte vor zwei Jahren. Einige wollten es als Denkmal erhalten, aber es störte das Landschaftsbild doch zu arg. Übrigens beeinflussten die Windräder auch das lokale Mikroklima[248]."

Wir erreichen den Weißenstädter See und laufen noch eine Stunde mit Herrn Wunderwald am Ufer entlang. Wir genießen die Aussicht auf die umliegenden Berge sowie auf den See und lassen uns einige Pflanzen zeigen, die vor einigen Jahren als ausgestorben galten. Dank des Anstiegs des Grundwasserspiegels konnten sie sich wieder ansiedeln.

Auch auf der Rückfahrt nach Wunsiedel weist unser Fichtelgebirgskenner auf Sehenswürdigkeiten hin und gibt uns Tipps für weitere Ausflüge oder Ortsbesichtigungen. Wir bedanken uns bei ihm, wünschen ihm weiterhin viel Freude bei seinen Ausflügen und verabschieden uns.

Wir ruhen uns noch eine halbe Stunde aus, bevor wir ein selbstfahrendes Taxi bestellen, um zur Luisenburg zu kommen.

Aufbruch in die Freiheit – ein Historienmusical

Pünktlich um neunzehn Uhr kommen wir am Gasthaus Luisenburg an, in dem für uns zwei Plätze reserviert sind. Wir können uns also ganz in Ruhe sammeln, bevor die Vorstellung beginnt.

---

[248] https://bit.ly/2ulhn6V, https://bit.ly/2pJJozv und https://bit.ly/2DYgWin

Eine Stunde später verlassen wir das Lokal und gehen zum Theatereingang. Dank der Platzanweiser finden wir schnell unsere Plätze und setzen uns. Kissen und Decken zum bequemen Sitzen und Wärmen der Beine haben wir dabei. Noch immer erklingt dreimal die schon vor Jahrzehnten übliche Fanfare, bevor die Eingänge geschlossen werden und das Stück angekündigt wird.

Der Intendant begrüßt die Zuschauer und weist darauf hin, dass nicht fotografiert oder gefilmt werden soll. Jeder wird um Rücksicht gegenüber den Zuschauern gebeten, deren Sicht und Genuss nicht behindert werden soll. „Im Übrigen, liebe Zuschauer, weisen wir darauf hin, dass alle Uraufführungen gefilmt werden und in voller Länge im Internet angesehen werden können. Auch Bilder zum Herunterladen gibt es reichlich im Netz. Also genießen Sie den Abend ganz entspannt, indem Sie mit offenen Sinnen zuschauen. Wir wünschen ihnen jetzt viel Freude bei unserem neuen Musical ‚Aufbruch in die Freiheit'." Applaus für den Intendanten, der inzwischen seit sieben Jahren für die Luisenburg-Festspiele tätig ist.

Die Kulissen auf der Bühne: Das Wohn-Esszimmer einer Wohnung links vorne, die große Küche einer zweiten Wohnung rechts vorne, in der Mitte hinten ein Großraumbüro mit Bildschirmarbeitsplätzen und ein Fließband mit sechs Robotern und zwei Arbeitsplätzen für Menschen. Im Wohnzimmer hängt ein Kalender des Jahres 2020. Im Hintergrund auf den Felsen sind zwei Lagerfeuer sichtbar, um die herum schemenhafte Gestalten tanzen.

Eine Geige ertönt leise mit heiterer Musik aus der Richtung, in der die Feuer brennen. Eine Gitarre, eine Flöte und eine Trommel gesellen sich dazu. Ein Lied wird angestimmt.

Zum Leben ist jetzt Zeit,
das Leben ist Freiheit.
Zum Leben und zum Lieben
ist uns Zeit geblieben.

Drum tanzen wir voll Freude
und feiern gern das Heute,
feiern gern das Heute
mit Schellen und Geläute.

Mit dem Beginn der zweiten Strophe erklingen Glocken und Schellen, der Tanz wird schwungvoller, der Gesang lauter.

Von links und rechts sind näherkommende Motorengeräusche zu hören. Ein Polizeifahrzeug erreicht die Bühne und stoppt. Der Motor wird abgeschaltet, vier bewaffnete Polizisten steigen aus. Das zweite Fahrzeug stoppt irgendwo mit abgeschaltetem Motor. Der Gesang und die Musik enden abrupt und hektisch werden die Feuer gelöscht. Ein Polizist nimmt ein Megaphon in die Hand und ruft in Richtung Wald: „Halt, stehen bleiben!" Aus dem Wald sind Geräusche von hastig Richtung Feuer laufenden Menschen zu hören. „Stehen bleiben! Bleiben Sie stehen oder wir schießen!" Kurz darauf sind Schüsse aus dem Wald zu hören. Die Feuer glimmen noch, aber von den Tänzern ist niemand mehr zu sehen. Der Polizist mit dem Megaphon beginnt zu fluchen: „Mist, wieder nicht erwischt, dieses Pack, diese Arbeitsverweigerer und Gesellschaftsschmarotzer. Wir kriegen euch noch!", brüllt er in den Wald. Dann steigen sie in ihr Auto und fahren davon.

Von links kommen langsam und schwerfällig zwei Erwachsene im Alter von ungefähr vierzig Jahren, in einigem Abstand folgt mit hängendem Kopf ein Jugendlicher. Die drei gehen in das Haus, dessen Wohn-Esszimmer zu sehen ist. Der Mann und die Frau betreten das Zimmer. Der Mann hält zwei Bierflaschen in der einen Hand und zwei Plastikbecher mit dampfender Fertigsuppe in der anderen. Die Frau bringt einen Teller mit Chips und Nüssen herein. Beide wirken müde und lustlos, lassen sich aufs Sofa fallen, nachdem sie Bier, Teller und Suppen auf dem Tisch abgestellt haben, und strecken die Beine von sich. Der Mann greift zur Flasche und trinkt einen kräftigen Schluck. Dann atmet er tief durch, setzt die Flasche ab und wendet sich seiner Frau zu: „Mensch, Gisela, so geht das nicht weiter! Jeden Abend sind wir fix und fertig, vollkommen kaputt. Wir gehen früh um sieben Uhr aus dem Haus und kommen nicht vor neunzehn Uhr zurück. Unser Leben besteht aus stressigen Autofahrten zur Arbeit und zurück, anstrengender, freudloser Arbeit, zwei, drei Stunden Abhängen am Abend und dann schlafen. Und der Schlaf ist nicht erholsam, weil wir von der Scheißarbeit träumen. Und das Geld, das wir so hart verdienen, reicht trotzdem nicht zum Leben. Und dem Chef mal endlich die Meinung sagen geht nicht, weil er uns sofort kündigen und wen anderes einstellen würde. Gisela, ich halt das nicht mehr aus. Ich weiß nicht, was ich tun soll, was wir tun sollen. Ich weiß nur, dass das so nicht weitergeht."

Gisela streicht Paul müde über den Kopf: „Ach Paul, du hast ja recht, ich hab' auch keine Idee, wie es weitergehen soll. Wir können ja noch froh sein, dass wir überhaupt Arbeit haben. Die hätten uns ja längst rausschmeißen können, so oft wie wir was gesagt haben. Aber sie haben uns nur andere Arbeitsplätze gegeben, jedes Mal schlechter als der vorherige, haben uns angegrinst und gesagt, dass wir nun einen Arbeitsplatz bekämen, der unseren Ansprüchen und Vorstellungen genüge. Paul, ich kann auch nicht mehr, aber ich bin froh, dass wir uns noch was zu essen leisten können."

„Gisela, zu essen? Ist das was zu essen, was wir hier haben? Das ist Fraß, den man keinem Tier vorsetzt. Dauernd nur Chips und Erdnüsse, dazu die Fertigsuppe, von der ich das Kotzen kriegen könnte. Und das Zeug in der Kantine taugt auch nix. Das total verkochte Gemüse, der labberige Salat und das Fleisch, von dem du nicht weißt, ob nur die darin enthaltenen Antibiotika dich noch arbeitsfähig halten. Weißt du überhaupt noch, wie gutes Essen schmeckt? Frisches Gemüse, frischer Salat, ein Stück Biofleisch? Es gab Zeiten, da haben wir uns das leisten können, ohne von der Arbeit kaputt zu sein. Irgendwas muss passieren."

In dem Moment kommt der Sohn Lukas herein. Aufrecht, kraftvoll, erhobenen Hauptes, eine Reisetasche in der linken Hand, geht er singend auf seine Eltern zu:

„Ich mache heute Schluss.
Ich gebe mir noch nicht den Schuss.

Den kann ich mir nicht geben,
denn ich will jetzt endlich leben!
Ja endlich richtig leben,
mir ab sofort die Freiheit geben.

Ich hab es satt, beherrscht zu werden
und nur zu laufen mit den Herden.
Ich hab genug vom Konsumieren
und Vorgesetzte dauernd schmieren.
Ich will mich an der Arbeit freuen,
nicht mehr jeden Tag bereuen.

Ja, ich verlasse dieses Haus,
denn ich muss hier endlich raus.
Ich geh jetzt zu den Wilden,
die Freundschaft gerne bilden,
in denen jeder jeden schützt,
weil deren Tun auch jedem nützt.

Vorbei das Rackern nur für Geld,
das niemand braucht in dieser Welt,
wenn keiner mehr sich ständig scheut,
nur das zu tun, was ihn auch freut.
Ja, Freude will ich heute haben
und von der Arbeit mich jetzt laben.

Ich zieh die Konsequenzen
und setze denen Grenzen,
die Menschen nur wie Vieh behandeln
und selbst auf hohem Rosse wandeln.
Die will ich ab jetzt meiden
und Mut zur Freiheit gern verbreiten.

Wie Feuer will ich innen brennen
und gern mit denen rennen,
die Menschlichkeit verkünden
und Feuer auch entzünden
in denen, die nach Hilfe schauen,
weil sie sich allein nicht trauen."

Er umarmt seine vollkommen verdatterten und sprachlosen Eltern und geht.

Inzwischen hat sich die Küche im Nachbarhaus mit Jugendlichen und Erwachsenen gefüllt. Mindestens zwanzig Freigeister oder auch Wilde, wie sie von den Medien genannt werden, haben sich zum gemeinsamen Essen und Trinken versammelt. Es läutet an der Tür. Ganz still wird es in dem Moment. Einer geht zur Tür und fragt, ohne zu öffnen: "Wer ist da und was wünschen Sie?"

„Ich bin einer von Euch, ich bin von zu Hause weg, weil ich endlich ein sinnerfülltes, freies Leben führen will. Ich suche eine Gemeinschaft, in der ich meine Fähigkeiten mit Freude einbringen kann."

Die Tür wird vorsichtig geöffnet. Der Mann späht hinaus und sieht dem um Einlass bittenden ins Gesicht. Mit einer lässigen Geste winkt er ihn herein. Lukas tritt ein und blickt unsicher um sich. „Ich heiße Lukas, ich komme aus dem Nachbarhaus. Ich hab es nicht mehr ausgehalten. Diese Monotonie der Arbeit, der Zwang, Geld zu verdienen, der ständige Druck und die totale Fremdbestimmung. Ich will endlich mein Leben leben und das tun, was mir Freude bereitet. Und ich will zum Nutzen aller arbeiten. Habt ihr noch Platz?"

Jetzt kommt Leben in die Bude. Alle jubeln Lukas zu, gehen zu ihm und heißen ihn mit einer Umarmung willkommen in der Freiheit. Eine Flasche Wein geht herum. Wer gerade trinkt, nennt seinen Namen und trinkt Lukas zu. Als letzter erhält Lukas die Flasche. Ganz locker ist er inzwischen, hebt die Flasche an seinen Mund, trinkt einen Schluck und sagt: „Danke, liebe Freunde. Ihr könnt euch auf mich verlassen. Jede Art von Schreiner- und Tischlerarbeiten kann und will ich gern anbieten." Mit einem lauten „Hurra, ein Schreiner ist jetzt da!" wird ihm Mut zu gesungen.

In der folgenden Szene sitzen Lukas' Eltern am Frühstückstisch. Paul liest eine Zeitung. Plötzlich hält er inne, richtet sich auf und sagt: „Vielleicht hat Lukas ja recht. Der hat jedenfalls gehandelt. Wer weiß, wie lange das alles überhaupt noch gut geht. In der Zeitung steht, dass es wieder Unruhen in München, Frankfurt und Hamburg gegeben hat. Wieder sind zugewanderte und nationalistische Gruppen aufeinander gestoßen und haben sich bekämpft. Mindestens dreißig Tote soll es gegeben haben. Und weitere Betriebe haben die

Entlassung hunderter Arbeiter angekündigt. Wir haben doch schon über dreißig Prozent Arbeitslose. Das kann nicht gut gehen."

Im weiteren Verlauf sehen wir im Großraumbüro Menschen stumpf vor den Bildschirmen sitzen und Versicherungsfälle nach genau festgelegten Kriterien routinemäßig abarbeiten. In der Fabrik arbeiten die Roboter ohne Murren präzise und gleichmäßig, während die zwei Frauen am Band Mühe haben, ihre Handgriffe in der geforderten Geschwindigkeit auszuführen.

Die Freigeister arbeiten fleißig, aber gelassen, gemeinsam im Garten, in Werkstätten, an Laptops und in der Küche. Sie reden über die aktuellen Geschehnisse und lassen keinen Zweifel daran, dass sie sich nie wieder beherrschen lassen wollen. Alles zum Leben Notwendige stellen sie selbst her. Die Gruppen tauschen ihre Produkte aus, so dass niemandem etwas fehlt. Auf Luxus verzichten sie freiwillig, den kann sich auch von den fremdbestimmt arbeitenden Menschen kaum noch jemand leisten.

Im Laufe der nächsten Szenen bis zur Pause wird deutlich: Von der Politik sind keine Lösungen zu erwartet. Die Zeitungen preisen eine Weltregierung als Lösung an und finden Zustimmung bei den meisten Menschen. Die UNO propagiert ebenfalls eine Weltregierung und beschließt die Einführung eines Geldes ohne Zinsen, um die Krise in den Griff zu bekommen. Da das neue Geld weltweit eingesetzt werden soll, rückt auch die Weltregierung in erreichbare Nähe. Trotzdem atmen die Menschen auf, die noch immer Lösungen von Regierungen erwarten. Tatsächlich geht es wirtschaftlich langsam aufwärts und ein Jahr später wird die Weltregierung von der UNO gewählt. Diese löst sämtliche nationalen Armeen auf und bildet aus Teilen davon neue Truppen zur Aufrechterhaltung der Weltordnung. Alle laufenden Kriege werden innerhalb kurzer Zeit beendet.

Während der Pause ist Zeit für Gespräche mit anderen Besuchern. Das Thema führt wildfremde Menschen zusammen. Alle sind begeistert von der spannenden und unterhaltsamen exakten Wiedergabe der Ereignisse durch die erstklassigen Schauspieler und Musiker.

Nach der Pause befinden wir uns im Jahr 2025, wie der Kalender von Paul und Gisela zeigt, die doch nicht ihrem Sohn Lukas gefolgt sind. Denn dank des neuen Geldes floriert die Wirtschaft, der Welthunger ist überwunden, die Arbeitszeiten der Menschen liegen weltweit bei unter dreißig Stunden pro Woche und Mütter müssen nicht mehr arbeiten, um den Lebensunterhalt der Familie zu sichern.

Die Finanzkartelle haben ihren Einfluss auf die Politik fast vollständig verloren und versuchen, ihn durch stärkere Überwachung der Menschen wieder zu gewinnen. Täglich werden von den vollständig gleichgerichteten
Medien die Vorteile der RFID-Chips dargestellt, die sich alle Menschen implantieren lassen sollen. Die alternativen Medien der früheren Jahre sind nach mehrmaligen Verschärfungen der Gesetze zur Netzsicherheit und zur Abwehr von Rassismus und Radikalismus sowie durch weitere Gesetze gegen Aufruhr und Terror verdrängt worden. Mit umfassenden Zensurmaßnahmen wird die freie Meinungsäußerung von der für alle sichtbaren Weltdiktatur verhindert.

Die Schaffung dezentraler Strukturen zur Energieversorgung durch die Nutzung der Neutrinoenergie ist trotz aller Bemühungen der Herrschenden nicht zu verhindern. Die bisherigen Entwicklungen sind schon so weit fortgeschritten, dass allen Menschen die technische Möglichkeit bekannt ist, und der Ruf nach schnellstmöglicher Einführung nicht mehr unterdrückt werden kann.

Immer mehr Menschen aus allen Alters- und Bildungsschichten begreifen, dass Demonstrationen und Revolution keine Lösung darstellen. Sie haben erkannt, dass die alten Strukturen nur durch eigenverantwortliche Bildung neuer Lebensformen und Werte überwunden werden können. Um sich der Herrschaft und Implantierung der Chips zu entziehen, bilden sie immer mehr Gemeinschaften, die sich ohne Geld gegenseitig selbst versorgen. Das Motto lautet „schenken statt kaufen". Die Staatsgewalt in Form der Truppen zur Aufrechterhaltung der Ordnung versucht, diese autarken Gruppen zu bekämpfen und zu zermürben, wie in der folgenden Szene.

Ein Trupp von ungefähr zwanzig bewaffneten Ordnungshütern positioniert sich bei Nacht um das Haus der ‚Wilden'. Drei Mann pochen heftig gegen die Tür und brüllen: "Aufmachen, Polizei, sofort aufmachen, sonst brechen wir die Tür auf!" Einer der Freidenker öffnet und begrüßt die Mannschaft: „Hallo, guten Tag die Herren. Was wünschen Sie, womit können wir Jhnen helfen?"

„Wir haben einen Durchsuchungsbefehl. Ihnen wird vorgeworfen, Steuern und Umlaufgebühren zu hinterziehen und Menschen gegen die Demokratie aufzuwiegeln. Wir müssen das Haus nach Beweisen durchsuchen."

„Bitte, treten Sie ein. Sie dürfen sich in Ruhe umsehen. Nichts ist verschlossen. Keiner leistet Widerstand."

Inzwischen kommen die übrigen Hausbewohner verschlafen aus ihren Betten. Die zwanzig Männer stürmen ins Haus und verteilen sich in den Zimmern. Die sind nur spärlich eingerichtet. Betten, Tische und Regale finden die Ordnungshüter. Alle Matratzen werden aus den Betten gerissen, alle Regale leer geräumt. Bücher, Rechner, Datenträger sind keine zu finden. Der Anführer ist unzufrieden. Er muss Beweise abliefern. Die Bewohner werden aufgefordert, sich vollständig zu entkleiden und alle Kleider durchsuchen zu lassen. Widerstandslos ziehen sie sich aus und strecken den Polizisten den Hintern entgegen. „Sie dürfen gern nachsehen, ob wir etwas im Körper versteckt haben." Diese Provokation wird den Männern zu viel. "Anziehen!" befielt der Anführer. „Wo haben Sie Ihre Kontoauszüge? Wo sind Ihre Versicherungsunterlagen? Zeigen Sie uns sofort Ihre Ausweise! Wie bezahlen Sie Ihren Strom und Ihre Heizkosten?" Seine Stimme überschlägt sich fast, aber die Bewohner lassen sich nicht beirren.

Wer keinen Ausweis hat, wird sofort verhaftet. Das wissen sie, deshalb holt einer die Ausweise aus einer Schublade im Küchenschrank. „Da sind die Ausweise" sagt er. „Konten haben wir keine und versichert sind wir auch nicht, das können Sie gern nachprüfen. Unsere Daten haben Sie ja jetzt. Den Strom beziehen wir aus einer selbst gebauten Anlage zur Umwandlung der Neutrinoenergie und damit heizen wir auch."

Wütend blickt der Kommandant den Bewohnern in die Augen: „Na wartet, wir werden euch noch kriegen. Ihr entkommt uns nicht. Ach ja, wo sind Ihre Telefongeräte und wie bezahlen Sie die Telefonrechnungen?" Sein Gesichtsausdruck zeigt ein leichtes Triumphieren, aber er wird enttäuscht.

„Wir haben keine Telefone, auch das dürfen Sie gern überprüfen."

Sein letzter Versuch: „Wir müssen ihr Auto durchsuchen Wo ist es?"

Die Männer werden in eine Garage geführt, in der zwei Elektrofahrzeuge stehen, die mit Neutrinostrom fahren. In den Fahrzeugen befinden sich ein paar Decken, Jacken und Stiefel. „Wozu brauchen Sie die Decken, Jacken und Stiefel?"

„Wir gehen gern wandern, Pilze und Beeren sammeln und schlafen auch öfter im Wald."

Verärgert über den Misserfolg zieht die Mannschaft ab. Der Anführer ruft den ‚Wilden' noch zu: „Verlasst euch drauf, wir kriegen Euch, wir lassen euch nicht mehr aus den Augen!"

Die Hausbewohner brechen in schallendes Gelächter aus und jubeln. Ein Wein wird geöffnet und die Flasche auf ihren Erfolg reihum gereicht. Dann ertönt ein Lied:

Wir bleiben unsren Herzen treu
und bauen die Gesellschaft neu.
Wir richten jetzt nach vorn den Blick
und holen Freiheit uns zurück.

Wir lassen uns nicht unterdrücken.
Auch, wenn Hunderte anrücken,
können sie uns nicht mehr zwingen,
die Herrschaft nicht zurück erringen.

Wir lassen uns vom Geld nicht lenken,
weil wir unsre Gaben schenken,
die wir von Herzen gerne geben,
anderen zu deren Leben.

Wir wollen eine Welt erschaffen,
in der die Menschen nicht mehr raffen,
um Reichtum für sich selbst zu schaffen,
den sie verteidigen mit Waffen.

Wir wollen in Gemeinschaft leben,
und alle gerne an ihr weben.
Ein Jedes möchte das einbringen,
was seine Seele lässt erklingen.

Wir wollen uns die Hände reichen,
weil wir uns im Grunde gleichen,
und trotzdem eine Vielfalt sind,
weil Individuum ist jedes Kind.

Im weiteren Verlauf des Stückes sehen wir, wie die Verfassungs-schützer vergeblich die Freigeister beobachten. Diese verlassen nur einzeln das Haus und treffen sich zu Gesprächen und zum Feiern nach Umwegen im Wald. Wenn die Ordnungshüter sie am Feuer auffinden, finden sie außer Essen, Getränken und Kochgeschirr nichts. Ihr Versuch, Nachbarn und Freunde auszufragen, funktioniert auch nicht, weil keiner dazu bereit ist.

Eine Zusammenarbeit mit dem Verfassungsschutz lehnen Lukas' Eltern Paul und Gisela ab. Der angedrohte Druck öffnet ihnen die Augen und lässt sie handeln. Schnell werden aus dem Haus Fernseher,

Radio, Rechner, Telefon und alle überwachbaren Geräte entfernt. Die Versicherungen und Konten werden gekündigt. Die Energieversorgung des Hauses wird auf Neutrinostrom umgestellt. Das Auto ist bereits ein Pi.

Nach dieser Szene feiern alle Freidenker, denen sich auch einige Staatsfunktionäre angeschlossen haben, am Feuer und singen:

Wir bauen eine neue Welt,
die funktioniert ganz ohne Geld.
Und herrschen will auch niemand mehr,
denn das belastet gar zu sehr
das Herz und das Gewissen.
Lasst uns die Freiheitsfahne hissen!

Wir sind die freien Wilden,
die die neue Menschheit bilden,
in der jede Stimme soll erklingen,
jeder darf die Seine singen
und bringt sie dann in Harmonie
mit andren Stimmen wie noch nie.

Wir sind die neuen Menschheitszellen,
die sich in den Dienst des Ganzen stellen,
die Freiheit einfach dadurch finden,
dass sie sich an gar nichts binden,
und Reichtum stets für alle schaffen,
weil wir nichts für uns nur raffen.

Als daran anschließend Schillers erster Vers der Ode „An die Freude"[249] ergänzt um einen Vers der ‚Wilden' nach Beethovens Melodie erklingt, lässt sich das Publikum nicht mehr halten. Es erhebt sich und singt lauthals mit.

---

[249] https://bit.ly/2HhkU8Z

Freude, schöner Götterfunken,
Tochter aus Elysium,
wir betreten feuertrunken,
Himmlische, dein Heiligtum.
Deine Zauber binden wieder,
was die Mode streng geteilt,
alle Menschen sind nun[250] Brüder,
wo dein sanfter Flügel weilt.

Heute sind wir eins geworden,
jeder tritt für jeden ein.
Sind Menschheit, nicht Staatenhorden,
jeder Mensch darf einzig sein.
Jeder trägt zum Ganzen bei,
Jedes Menschen Seel erklingt,
individuell und frei.
weil er mit den andern singt.

Das Publikum ist so begeistert, dass es während des Beifalls wieder zu singen beginnt und alle Schauspieler mitsingen, auch die Polizisten, wodurch auf die heutige Zeit verwiesen wird, in der es keine Überwachung und Kontrolle von Menschen durch Menschen gibt.

---

[250] Von den Menschen bewusst vorgenommene Anpassung an die Realität 2040

Ablauf einer Siedlungsversammlung

Heute Abend findet die monatliche Siedlungsversammlung im Gemeinschaftshaus statt. Die Termine sind für das ganze Jahr bekannt, trotzdem erhalten wir eine Woche vorher die Erinnerung und die Tagesordnung. So kann sich jeder Bewohner der Siedlung rechtzeitig auf die zu behandelnden Themen einstimmen und damit beschäftigen.

Ältestenrat

In der allerersten Versammlung vor etwas mehr als zwei Jahren wurde beschlossen, dass es einen Ältestenrat geben soll. Aus ethnologischen Studien von Stämmen, die keinen Kontakt zur Zivilisation haben, und aus Sagen, Märchen sowie historischen Überlieferungen wissen wir, dass alle naturgesetzlich funktionierenden Gesellschaften immer einen Ältestenrat als letzte Entscheidungsinstanz haben beziehungsweise hatten. Die Erfahrung sollte auch in unserer Siedlung wieder berücksichtigt werden, dass die Weisheit des Alters besser beurteilen kann, was für eine Gesellschaft gut oder schlecht ist, als der am Nutzen orientierte Verstand junger Menschen. Inzwischen haben alle mir bekannten Siedlungen diese uralte Erfahrung aufgegriffen und Ältestenräte gewählt.

In unserer Siedlung bilden die fünf ältesten Bewohner den Ältestenrat, zu denen Gerlinde und ich gehören. Unsere wichtigste Aufgabe ist die Leitung der Versammlungen und die Sorge dafür, dass alle Entscheidungen, die einen Konsens erfordern, auch im Konsens erfolgen.

Kein Konsens ist bei den Themen notwendig, in denen es nur um die Bearbeitung der Aufgaben geht, die durch äußere Umstände bedingt sind. Dazu gehören zum Beispiel die Beauftragung der Reparaturen an einem Haus, die Beseitigung des Laubes auf Wegen im Herbst, das Räumen des Schnees im Winter oder die Organisation gemeinsamer Feste.

Themen, die Einfluss auf die Lebensbedingungen der Menschen mehrerer Wohnsiedlungen, Gemeinden oder gar der Welt haben, erfordern einen Konsens darüber, ob und in welchem Ausmaß die beeinflussenden Änderungen gewollt werden.

Konsensbildung[251]

Mehrheitsentscheidungen sind als spaltend und in jedem Fall unzureichend erkannt worden. Vielfach fördern sie nicht das Leben der Natur und der Menschen, sondern dienen dem Nutzen einzelner Interessen. Menschen werden in Interessensgruppen gespalten, organisieren sich in Initiativen, Vereinen, Parteien und Gewerkschaften, deren jede versucht, die Mehrheit der Menschen durch Manipulation und Instrumentalisierung für die eigenen Interessen zu gewinnen.

Dagegen wirkt der Konsens einer Gruppe verbindend. In Versammlungen auf der nächsthöheren Organisationsebene erweist er sich für die Vertreter eines Gruppenkonsenses als tragfähig und unter Berücksichtigung der übergeordneten Anliegen als flexibel.

Zur Erreichung eines Konsenses hat sich eine Vorgehensweise als zielführend erwiesen, die in Schulen[252] bei der Entscheidung über grundlegende Änderungen schon erfolgreich angewendet wird. Diese lauten kurz zusammengefasst:

- Jeder darf seine Ansichten zu einem Thema zu äußern, keiner muss.

- Es wird nicht diskutiert, nicht kritisiert und nicht kommentiert.

- Es spricht wer den ‚Redestab' hat.

- Jeder fasst sich kurz und bleibt beim Thema.

- Der Ältestenrat darf bei Abweichung vom Themaunterbrechen.

- Jeder hört mit dem Herzen zu und spricht aus dem Herzen.

Ein Sprecher aus dem Ältestenrat formuliert das Thema oder die Sache, über das oder die zu entscheiden ist. In einer ersten Rederunde

---

[251] https://bit.ly/2uqf2aQ, https://bit.ly/2Gx8QTa, https://bit.ly/2GtUrY5, https://bit.ly/2uqeUYU
[252] Siehe Seite 196 - Wir-Kommunikation in der Schule und Seite 199 - Zusammenarbeit der Schulen

werden alle Ansichten, Gesichtspunkte, Vor- und Nachteile, absehbare und mögliche Folgen, aber auch Ängste und Befürchtungen geäußert. In einer zweiten Runde werden aus der nun vorliegenden Gesamtsicht mögliche Zielvorstellungen entwickelt. In der dritten Runde wird aus diesen ein von allen tragbares Ziel formuliert.

Teilnehmen dürfen alle Bewohner ab dem zwölften Lebensjahr. Es hat sich gezeigt, dass jüngere Kinder an den zu entscheidenden Themen noch nicht interessiert sind und deren Bedeutung auch nicht einschätzen können. Die Gruppe der zwölf- bis achtzehnjährigen Menschen ist zwar an den Themen interessiert, kann aber oft die Folgen und Auswirkungen einer Entscheidung noch nicht erkennen, wenn diese Auswirkungen weit über das unmittelbaren Lebensumfeld hinaus oder langfristige Wirkung hat. Deshalb wurde der Konsens gefunden, dass jeder ab dem zwölften Lebensjahr an den Sitzungen teilnehmen darf. Jugendliche unter achtzehn Jahren beteiligen sich jedoch nur an den ersten zwei Runden.

Begrüßung und einleitende Meditation

Pünktlich um neunzehn Uhr sind alle interessierten Teilnehmer anwesend. Karl, unser Siedlungsältester, begrüßt die etwa einhundertzwanzig Frauen und Männer, wünscht einen guten Verlauf der Versammlung und eröffnet sie mit den Worten: „Ihr wisst ja, dass wir uns immer kurz einstimmen, um in die Ruhe und die eigene Mitte zu kommen. Aus dieser heraus wollen wir dann die fühlbaren Gründe für unsere Ansicht eines Themas berücksichtigen. Heute wird Gerlinde uns in diese Ruhe führen. Bitte, Gerlinde."

Gerlinde lässt die Anwesenden mit ein paar tiefen Atemzügen auf ihrem Platz ankommen. Dann lenkt sie deren Aufmerksamkeit in ihre Körper, in dem sie sich ganz zu Hause und vollkommen wohl fühlen sollen.

„Wie in jedem Körper Millionen Zellen für dessen Wohlbefinden sorgen, weil jede Zelle weiß, was für den Körper richtig und wichtig ist, wollen wir für das Wohl unserer Siedlung und der Menschheit sorgen. Dazu fragen wir bei jedem heute anstehenden Thema unser Herz, was für unsere Gemeinschaft, für die Gemeinde und für die Welt das Richtige ist. Um mit unserem Herzen in Verbindung zu kommen, richten wir jetzt die Aufmerksamkeit darauf. Wahrscheinlich spüren wir sein Schlagen und seinen Rhythmus, vielleicht hören wir es sogar. Also spüren und lauschen wir hinein in das Herz und beobachten, was geschieht. Wir lassen es sich weiten und öffnen, damit es alle Impulse, die heute kommen, aufnehmen und prüfen kann. Vielleicht dehnt es sich bis an die Wände des Raumes. Vielleicht spüren oder erhören wir auch die Wünsche unserer Nachbarn, mit denen wir durch diese Herzensweite verbunden sind. Und wir lassen das Herz noch weiter werden über die Gemeinde hinaus, bis es die ganze Welt umspannt und die Wünsche der Menschen nach Lebendigkeit, Frieden, Gesundheit, Gemeinschaft und Liebe spürt. Und indem es all das fühlt, breitet sich von innen her eine tiefe Freude in dir aus. Wir genießen sie und kehren mit ihr langsam hier in diesen Raum zurück. Wir spüren wieder den Stuhl, auf dem wir sitzen und von Wärme und Leichtigkeit erfüllt bearbeiten wir die Themen des heutigen Abends zum Wohle der Menschheit. Nun öffnen wir langsam wieder die Augen und spüren noch ein wenig nach."

Prüfung der Tagesordnung auf Vollständigkeit

Dann wendet sich unser drittältester, Eduard, an die Versammelten und fragt, ob irgendwelche Punkte auf der Tagesordnung fehlen oder ob es etwas gibt, das aus dringendem Anlass jetzt noch aufgenommen werden muss. Alle schütteln den Kopf. Es fehlt also nichts. Damit können wir mit dem ersten Thema beginnen.

Bedarfsmeldungen

„Wie ihr wisst, muss einmal im Jahr der Bedarf an gemeinschaftlich genutzten Geräten, Maschinen und Verkehrsmitteln festgestellt werden. Haben wir in unserer Siedlung genügend Autos verfügbar? Wenn die Wartezeit auf ein Fahrzeug nicht mehr als fünf Minuten beträgt, sollten genug Fahrzeuge vorhanden sein." Eine Hand geht hoch. Bernhard erhebt sich und sagt: „Im letzten Vierteljahr habe ich mehrmals etwa zehn Minuten warten müssen und einmal fast eine halbe Stunde. Ich meine deshalb, dass wir mindestens ein zusätzliches Auto benötigen." Eduard fordert alle, die schon einmal länger als fünf Minuten warten mussten, auf, die Hand zu heben. Zwei Menschen melden sich und sprechen von insgesamt fünfmal, die sie fast zehn Minuten gewartet haben. „Gut, dann werden wir den Bestand um ein Auto erhöhen. Seid ihr alle einverstanden?" Klopfen auf die Tische verkündet ein deutliches Ja. „Zur Sicherheit die Gegenfrage. Hat jemand einen gewichtigen Einwand?" Allgemeines Kopfschütteln.

„Wie sieht es mit den Kleinflugscheiben aus? Musste darauf schon jemand länger als dreißig Minuten warten?" Keiner meldet sich. „Wer ist denn schon von hier aus mit der Flugscheibe geflogen?" Es melden sich zwölf Siedler. „Könnt ihr zwölf bitte bis heute in einer Woche feststellen, wie viele Flüge von unseren Siedlern in den letzten drei Monaten insgesamt erfolgt sind? In unserer Obhut befinden sich drei Scheiben. Das heißt, wenn jede Scheibe höchstens einen Tag an einem anderen Ort ist, können pro Tag drei Flüge durchgeführt werden, also in drei Monaten zweihundertsiebzig. Ich glaube nicht, dass diese Kapazität bereits ausgereizt ist, aber teilt mir bitte die Zahl der Flüge mit, wenn es doch der Fall sein sollte." Die zwölf schauen sich an, gestikulieren etwas und einer sagt dann: „Ich übernehme das. Bis Mittwoch nächster Woche habe ich die Zahl."

So wird weiter der Bedarf an Rasenmähern, Schneeschiebern und weiteren gemeinschaftlich genutzten Maschinen und Geräten ermittelt, die nicht nur innerhalb der Siedlung, sondern darüber hinaus innerhalb der Gemeinde oder des Kreises genutzt werden. Die Flugscheiben und die Autos befinden sich nach der Nutzung oft in einer anderen Sicdlung oder einem anderen Kreis. Da aber auch Geräte von auswärts in die Siedlung kommen, hat die Feststellung des durchschnittlichen Bedarfs einer Siedlung bisher zuverlässig vorhandene Versorgungsmängel aufgezeigt.

Kunstobjekte

Eduard gibt die Leitung nun an mich ab. „Liebe Nachbarn, wir kommen nun zu einem sehr erfreulichen Thema, das vielleicht für manche von euch unerwünschte Folgen mit sich bringt. Unser lieber Freund Theodor Farbenreich, den ihr alle sehr gut als begnadeten Bildhauer und Maler kennt, will uns wieder drei neue Bilder und zwei Skulpturen schenken.

Ihr wisst, dass wir die Geschenke nur annehmen, wenn jeder zustimmt. Erschwerend ist, dass wir für zwei schon vorhandene Bilder einen neuen Platz finden oder sie an Farbenreich zurückgegeben müssen. Auch für eine vorhandene Skulptur brauchen wir einen neuen Standort.

Wir haben also zunächst die Frage zu klären: ‚Seid ihr dafür, die neuen Kunstwerke öffentlich in unserer Siedlung auszustellen und gleichzeitig zwei Bilder und eine Skulptur aus der bestehenden Sammlung zu entfernen?'. Bevor wir diese Frage entscheiden, zeige ich euch nun Bilder der neuen Objekte, damit ihr wisst, worüber ihr entscheidet. Zusätzlich seht ihr dann Bilder der Objekte, die Farbenreich nach eigenem Ermessen aus Gründen der Harmonie entfernen würde."

Eine Skulptur trägt den Titel ‚Gemeinschaft' und ist aus Bronze. Sie stellt eine Gruppe von drei Menschen, die gemeinsam an einer Sache arbeiten, etwas abstrahiert dar. Sehr schön herausgearbeitet hat Farbenreich den Ausdruck glücklicher Zufriedenheit in den Gesichtern der drei. Die Darstellung der Augen und Gesten lässt den Betrachter unmittelbar spüren, dass die Frau, der Mann und ein Jugendlicher nur durch Blicke und Gesten miteinander kommunizieren und sich verstehen.

Die zweite Skulptur trägt den Titel ‚Arbeit' und ist aus Marmor gehauen. Ein noch sehr junger Mann steht vor einem Tisch, auf dem fertige Schuhe liegen, und ist damit beschäftigt, ein weiteres Paar zu fertigen. Auf dem Tisch liegen neben den Schuhen zwei zugeschlagene und ein offenes Buch. Dazwischen steht eine Tasse Kaffee. Auch in diesem Werk ist es Farbenreich gelungen, die Beschwingtheit, die Gelassenheit, die Freude am ungezwungenen Tun des Schusters so ausdrucksstark herauszuarbeiten, dass der Betrachter fast meint, einen lebendigen Menschen vor sich zu haben.

Die drei Bilder tragen die Titel ‚Alleinsein', ‚Stille' und ‚Leben'. Sie sind in einer Mischtechnik aus Öl, Pastell und Gips gefertigt, wobei der Gips für eine Art Relief sorgt und sehr viel Tiefe in die Bilder bringt. Die Bilder sind abstrakt gemalt. Aber die Formen, die Verteilung der Farben, der Wechsel von Tiefe und Höhe in den Reliefs lässt die Stille, das Alleinsein und das Leben spüren. Mir erscheint es, als habe der Künstler während der Arbeit diese Zustände unmittelbar erlebt, gefühlt und von innen nach außen auf die Leinwand gebracht.

Die Skulptur und die zwei Bilder, welche nicht mehr an ihrem Ort bleiben würden, können nach meinem Empfinden gern gegen die neuen Objekte ausgetauscht werden.

Der Projektor erlischt, das Licht geht an, und der Beifall lässt bereits Zustimmung zu den neuen Kunstwerken erkennen. Mehrere erhobene Hände bekunden Wortmeldungen. Ich gebe den Redestab an den mir nächst sitzenden Nachbarn. Dieser betont, dass ihm alle Objekte sehr gut gefallen, dass er sie für ausdrucksstark halte und sie gern statt der alten in der Öffentlichkeit sähe. Ganz ähnliche Eindrücke teilen die folgenden Nachbarn mit. Nachdem alle Wortmeldungen nur zustimmend waren, frage ich, ob irgendjemand etwas gegen die Veröffentlichung der Kunstwerke oder gegen die Entfernung der bisherigen Objekte habe. Da sich niemand meldet, ist dies offensichtlich nicht der Fall und die formale endgültige Frage, ob alle mit der geplanten Ausstellung einverstanden seien, wird per Akklamation[253] einstimmig bejaht.

Nun erhebt sich Farbenreich, dankt allen für die Zustimmung und fragt, ob jemand die zu entfernenden Kunstwerke haben wolle. Diejenigen sollen bitte nach der Versammlung direkt zu ihm kommen. Wenn mehr als drei Menschen Interesse haben, müsse man eine Einigung finden, was er auch für möglich halte.

Pflege der Grünanlagen und Hecken

Der nächste Punkt ist schnell geklärt. Die öffentlichen Rasenflächen müssen wieder gemäht und die Hecken geschnitten werden. Die Frage ist, ob jemand aus der Siedlung diese Arbeiten durchführen möchte, oder ob wir jemanden von außerhalb beauftragen. Zwei Nachbarn teilen mit, dass ihre Söhne bereits bekundet hätten, den Rasen mähen zu wollen. Für das Schneiden der Hecken erklärt sich Nachbar Rosenlieb bereit.

Straßenschäden

„Das nächste Thema betrifft die Straßenschäden in unserer Siedlung, die zur Beeinträchtigung des Autoverkehrs führen. Der jetzige Straßenbelag ist dreißig Jahre alt und sichtbare Risse deuten darauf

---

[253] Zustimmung durch Beifall, z. B. durch Klopfen auf den Tisch

hin, dass weitere Schäden spätestens bei Frost oder starken Regenfällen entstehen werden. Deshalb ist zu klären, ob wir uns den Dreck und Lärm sowie die zeitweilige halbseitige Sperrung zur Komplettsanierung zumuten wollen oder ob wir noch ein bis zwei Jahre die letztlich unausweichliche Gesamtreparatur hinausschieben. Ich bitte um Wortmeldungen."

Stephan Baumann meldet sich und meint: „Ich bin mit Leidenschaft Bauingenieur und habe die Entwicklung der Materialien für Straßenbeläge sehr aufmerksam verfolgt. Es gibt inzwischen organische Materialien, die sowohl fest als auch elastisch sind, fast wie hartes Leder oder Linoleum und gleichzeitig unempfindlich gegenüber Hitze, Sonne, Nässe und Frost. Ihr kennt das alle von eurer eigenen Haut. Diese Materialien werden in einem aus der Natur abgeschauten Verfahren biotechnisch ohne Umweltbelastung hergestellt und enthalten keinerlei Schadstoffe. Da sie auch eine hohe Wärmeisolierfähigkeit haben, reicht eine Stärke von fünf Zentimetern aus, um Frostschäden an darunterliegenden Schichten zu vermeiden. Es würde also reichen, den bisherigen Belag der Straße in einer Stärke von etwa fünf Zentimeter abzuheben, eventuell entstandene tiefere Löcher einfach zu füllen und dann den neuen Belag aufzubringen. Die betroffene Straße von ungefähr zweihundert Metern Länge kann so innerhalb von höchstens einer Woche vollkommen neu beschichtet werden und hält nach bisherigen Schätzungen mindestens wieder dreißig Jahre."

Heinz Lehmann will wissen, wie denn der Belag befestigt werde, dass er nicht beim Befahren verrutschen kann. Baumann erklärt, dass der Belag eine sehr gute Haftfähigkeit habe, wenn er mit einer Dampfwalze angepresst werde und dass er am Rand mit einer heißen, flüssigen Masse des gleichen Materials anvulkanisiert werde. Daraufhin noch einmal Heinz: „Ja, das ist wirklich eine sehr schöne Variante, bei der auch der Gestank heißen Asphalts nicht ertragen werden muss. Ich meine, wir sollten das so machen."

Da keine Wortmeldungen mehr erfolgen, gibt es keine Einwände gegen Heinz' Meinung. Ich kann also von einer Zustimmung zur Komplettsanierung ausgehen. Also frage ich Stephan, ob er bereit wäre, die Planung und Durchführung zu übernehmen und wann dann mit den Baumaßnahmen begonnen werden könne. Stephans Antwort:

„Ja, ich übernehme das Projekt gern nach Abschluss eines noch laufenden Projektes. Dann können wir in drei Wochen mit den Arbeiten beginnen."

„Also, liebe Nachbarn, da niemand Heinz widersprochen hat, seid ihr wohl alle für die Erneuerung des Straßenbelages. Wer ist dagegen, in drei Wochen mit den Bauarbeiten unter Stephans Leitung zu beginnen?" Ich warte zwei Minuten und sehe rundum, aber es gibt keine Einwände. „Niemand ist dagegen, dann ist das Projekt angenommen und wir werden eine schöne Einweihung nach Abschluss der Bauarbeiten feiern."

Bezug leerstehender Wohnungen

„Kommen wir jetzt zur Wohnungssituation. Durch den Tod von Elfriede Leisetreter und Henning Schnurlos sind zwei Zweizimmerwohnungen frei geworden und durch den Wegzug unserer lieben Familie Himmelreich auch eine Vierzimmerwohnung. Diese ist inzwischen von Irmgard und Leonid Kleinlein bezogen worden, da sie Nachwuchs erwarten. Damit ist also deren bisherige Dreizimmerwohnung frei.

Wir hatten diese Wohnungen in den Gemeindemedien angeboten und es haben sich vier Interessenten für die Zweizimmerwohnungen gemeldet und ein junges Paar für die Dreizimmerwohnung. Das junge Paar ist heute hier, um sich vorzustellen und eure Zustimmung für ihren Zuzug zu gewinnen. Bitte, Jalenka und Wilbert, stellt euch vor, lasst euch ausfragen."

Die beiden erheben sich von ihren Plätzen, Beifall ermutigt sie. „Ich heiße Jalenka und bin dreiundzwanzig Jahre alt." Sie wendet sich zu Wilbert. „Ich heiße Wilbert und bin fünfundzwanzig Jahre alt. Wir wollen hierherziehen, weil wir gern in der Natur sind und unsere bisherige Wohnung in Hamburg keine Spaziergänge im Grünen erlaubt, ohne einige Kilometer zu fahren. Bevor ich jetzt irgendetwas über mich erzähle, warte ich lieber ab, was ihr gern wissen möchtet."

„Aber ich habe noch etwas zu sagen", setzt Jalenka fort. „In der Wohnungsanzeige stand, dass ihr euch freuen würdet, wenn eine Frau mit Pflegeerfahrung käme. Ich sehe für die nächsten zwei bis drei Jahre meine Berufung in der Pflege und Unterstützung alter

Menschen, denn ich möchte, dass sie so lange wie möglich in ihrer eigenen Wohnung in einem Umfeld vertrauter Nachbarn leben können. Es bereitet mir Freude, Menschen in den Tätigkeiten unterstützen zu dürfen, die sie selbst nicht mehr ausüben können. Ein weiterer Grund für mich, hierher zu wollen, ist der, dass ich dann in der eigenen Siedlung helfen kann."

Erich Waghals meldet sich und erhält den Redestab. „Ich finde es sehr gut, wenn jetzt eine Frau kommen will, die gern pflegt und hilft. Und Dich, Wilbert, frage ich, was du für die Allgemeinheit beiträgst? Was sind deine Hauptinteressen?"

„Ich arbeite voller Begeisterung an der Entwicklung eines Softwaresystems zur direkten Bestellung von Produkten, die wegen geringen Bedarfs nicht in Lagern gehalten werden. Insgesamt zwanzig Entwickler sind an dem Projekt beteiligt, mit dem wir die aus den Zeiten der Geldwirtschaft stammenden Programme ablösen wollen. Damals wurden Daten erhoben und gesammelt, die heute nicht mehr nötig sind. Sie dienten zum Beispiel der Auswertung des individuellen Kaufverhaltens der Kunden. Wir entwickeln ein sehr effektives Programm mit einer überschaubaren Datenhaltung. Außerdem soll das Programm eine Spracherkennung erhalten, damit auch per Telefon bestellt werden kann."

Falko Großmut will wissen: „Welche Produkte werden denn zum Beispiel nicht auf Lager gehalten?"

„Das sind gar nicht so wenige. Auf Grund der in den vergangenen Jahren entstandenen Qualitätsstandards und der synergetischen Zusammenarbeit der Menschen werden nur langlebige Güter hergestellt. Gleichzeitig werden zum Beispiel Autos oder Rasenmäher von mehreren Menschen gemeinsamen genutzt. Wegen des daher geringen Bedarfs an neuen Autos, Flugscheiben, Fernsehern, elektronischen Rechnern, energieumwandelnden Geräten und vielen anderen Produkten werden diese nur nach Bedarf gefertigt. Der Einsatz der Roboter und die Nutzung der Vakuumenergie ermöglichen es, zu jedem Zeitpunkt mit der Fertigung zu beginnen und auch Einzelstücke herzustellen. Es dauert höchstens ein bis zwei Wochen, bis ein bestelltes Produkt beim Kunden ist."

„Danke dir für diese Informationen, Wilbert", unterbreche ich ihn, „du hast uns Zusammenhänge beschrieben, die vielen von uns so nicht bekannt waren. Aber für die Frage, ob ihr beide zu uns in die Siedlung passt, ist das nicht entscheidend. Wir wünschen uns aufgeschlossene, kommunikative Menschen, die das Leben in der Siedlung bereichern. Deshalb möchte ich gern wissen, was euch neben euren beruflichen Aufgaben interessiert und wie ihr euch in Gemeinschaftsveranstaltungen einbringen wollt und könnt."

Jalenka antwortet spontan: „Wegen unserer Naturverbundenheit sind wir sehr an der für uns richtigen Ernährung interessiert. Wir sind trotzdem keine Veganer, weil wir für uns als richtig erkannt haben, dass achtsamer und wertschätzender gelegentlicher Fleischverzehr uns gut tut. Auch die Verwendung tierischer Produkte wie Leder stellt für uns kein Problem dar, weil wir sparsam damit umgehen und die tierischen Spender würdigen. Ganz wichtig ist uns unsere eigene geistige Entwicklung. Deshalb hatten wir in unserer bisherigen Siedlung auch regelmäßig an Treffen des Transformalen Netzes[254] teilgenommen. Wir wollen das auch hier gern tun, und wenn es bisher keines geben sollte, würden wir mit unserer Erfahrung eine entsprechende Gruppe hier aufbauen. Und schließlich koche ich mit Begeisterung und habe Freude an der Gestaltung von Tischdekorationen. Beides würde ich gelegentlich gern bei Festen einbringen."

Wilbert ergänzt: „Und mich hat die Naturverbundenheit dazu geführt, mich mit naturverträglichen Techniken zu beschäftigen. Begeistert sehe ich, dass jede Technik auf ihren Einklang mit den Lebensgesetzen geprüft wird, wie das Beispiel des neuen Straßenbelages zeigt, der hier verwendet werden soll. Durch diese Beschäftigung bin ich in der Lage, Reparaturen an vielen Geräten durchzuführen, und das begeistert mich, weil ich mit meinen Händen arbeiten kann."

„Ich meine", ergreife ich wieder das Wort, „das sollte reichen. Mein eigener Eindruck ist der, dass ihr euch in unserer Siedlung wohlfühlen würdet und wir eine echte Bereicherung in euch hätten. Deshalb stimme ich selbst für euren Zuzug. Was meint ihr, liebe Nachbarn? Gibt es andere Eindrücke oder irgendwelche Bedenken? Bitte fragt

---

[254] www.transformales-netz.de

euer Herz. Wenn ihr Zweifel spürt, gebt sie jetzt bitte bekannt, aber übereilt nichts."

Es herrscht lauschende Stille im Raum, viele Menschen haben die Augen geschlossen, etliche halten die Hand auf ihr Herz. Es ist keine Nervosität oder gedankliche Erregtheit zu spüren, nur Achtsamkeit. Ein Arm wird erhoben. Ich nicke und gebe mit der Hand ein Zeichen, noch einen Augenblick zu warten. Kurz darauf öffnen sich die letzten Augen, ein allgemeines entspanntes Durchatmen ist zu vernehmen. Jetzt bitte ich Jens Meier zu sprechen. Er nimmt den Redestab und beginnt:

„Ja, liebe Jalenka und lieber Wilbert, ich stimme dem Eindruck Alberts zu. Nur an dich, Wilbert, habe ich noch eine Bitte. Jalenka konnte ich deutlich als Mensch wahrnehmen. Bei dir hatte ich das Gefühl, du versteckst dich ein bisschen hinter deinem technischen Interesse. Es ist mir einfach nicht gelungen, den Menschen in dir wirklich wahrzunehmen. Und wir wollen ja Menschen begegnen, wenn wir uns treffen oder gemeinsam feiern. Mein Herz wünscht sich, dem Menschen Wilbert zu begegnen und ihn kennenzulernen. Lieber Wilbert, du siehst hier im Raum sehr viele Bilder. Gibt es ein Bild, das dich spontan anspricht? Wenn ja, was spricht dich an, was bewegt das Bild in dir? Willst du dich darauf einlassen?"

Wilbert steht auf: „Ja, das stimmt. Ich verstecke mich vor mir fremden Menschen gelegentlich. Wenn ich mich umsehe und die Bilder betrachte, gefällt mir spontan ‚Die Träumerin' sehr gut. Die offenen, aber doch irgendwie abwesenden Augen mit dem etwas sehnsuchtsvollen Blick, der kein Ziel fixieren kann, sprechen mich sofort an. Darin sehe ich deutlich etwas von mir. Ich fühle eine Sehnsucht nach Nähe zu allen Menschen und gleichzeitig eine ängstliche Ablehnung von Nähe. Ja, dann sind die Farben so im wahrsten Sinne des Wortes traumhaft wirkend, wie ich es bisher bei keinem Bild gesehen habe. Auch die Haltung der Frau, ihre angezogenen von den Armen umschlungenen Beine, der leicht gebeugte Rücken, den Kopf leicht erhoben sich abwendend vom Betrachter, die Augen aber den Betrachter streifend, das alles ist schön und berührend."

Kaum hat er geendet, empfängt er lebhaften Beifall. Als wieder Stille eintritt, frage ich der Form wegen: „Ist jemand gegen die Aufnahme von Jalenka und Wilbert?" Keine Meldung, also Einverständnis. Nun müssen beide während der geplanten Pause nur noch das Ritual der allseitigen Umarmung über sich ergehen lassen und den Schlüssel holen.

Gemeindeaufgaben

Nach der Pause folgt der schwierigste Teil der Versammlung. Wir müssen unsere einvernehmliche Haltung zu Themen finden, zu denen Konsens in der Gemeindeversammlung nötig ist. Ich übergebe die Leitung hierfür an Monika Giftlos.

„Ihr Lieben, wir haben drei Themen, die in der Gemeinde einen Konsens finden müssen. Der erste Punkt betrifft den öffentlichen Nahverkehr. Durch die gemeinschaftliche Nutzung der selbstlenkenden Autos und die Möglichkeit, individuell zu fliegen wird in Verbindung mit dem Wegfall vieler Arbeitswege auch die U- und S-Bahn viel weniger genutzt als noch vor fünf Jahren. Die Nutzung der freien Energie ist kein Grund, diese durch fast leer fahrende Züge zu verschwenden. Deshalb werden Stimmen laut, besonders wenig genutzte Linien stillzulegen. Da dieses Thema die gesamte Gemeinde betrifft, teilweise sogar den Kreis, muss dort eine für alle tragbare Entscheidung gefunden werden.

Das zweite Thema betrifft die nun endgültig überflüssig gewordenen Verwaltungsgebäude der letzten zwei Energieversorgungsunternehmen und das letzte stillgelegte Kraftwerk. Wir wollen unseren Wunsch für die zukünftige Nutzung der Gebäude oder deren Abbruch und die Gestaltung der dann freien Flächen in die Gemeindeversammlung einbringen.

Der dritte Punkt betrifft die nicht mehr benötigten Lager- und Speditionshallen im Hamburger Hafen. Bereits die Anfang der dreißiger Jahre dieses Jahrhunderts fertiggestellten neuen Festlandsverbindungen zu China im Rahmen der neuen Seidenstraße[255] haben damals zu einer Reduktion der Umschläge des Hamburger Hafens geführt. Durch gänzlichen Wegfall von Öl, Kohle und anderen Energieträgern sowie vieler Produkte und Güter, die zunehmend wieder lokal gefertigt werden, ist der Umschlag inzwischen auf ein Drittel des

---

[255] https://bit.ly/2GduybC, https://bit.ly/2IWpDNT, https://bit.ly/2GimV3D, https://bit.ly/2Gfb1r9

Wertes von 2020 zurückgegangen. Die durch bessere Qualitätsstandards erheblich verlängerten Haltbarkeitszeiten werden den Umschlag weiter verringern. Deshalb sammelt die Gemeinde Vorschläge, wie die Hafenflächen und die Hallen in Zukunft genutzt werden sollen.

Wir wollen jetzt zum ersten Punk, der Zukunft der U- und S-Bahnen, den von uns allen getragenen Herzenswunsch zu diesem Thema formulieren. Wir gehen wie gewohnt vor. Wir starten mit einer ersten Runde, in der alle Wünsche, Gesichtspunkte, Ideen, Gedanken, Fakten ohne Bewertung gesammelt werden. Ich beginne und gebe den Redestab dann nach links. Wer nichts sagen will, gibt ihn einfach weiter."

Monika rückt sich auf ihrem Platz zurecht, schließt die Augen und beginnt nach kurzer Besinnung. „Mir ist klar, dass zu viele Züge nutzlos fahren. Es ist aber für mich die erholsamste und vertrauteste Art, von Norden nach Süden zu kommen. Ich nutze die U-Bahn etwa einmal wöchentlich und die S-Bahn zweimal monatlich."

Zweite Aussage: „Auch ich finde, dass zu viele Züge nutzlos fahren. Aber ich nutze U- und S-Bahn ebenfalls regelmäßig und habe kein Vertrauen in die selbstfahrenden Autos. Da ich meistens durch das Zentrum fahren muss, kann ich mir nicht vorstellen, dass die selbstfahrenden Autos so schnell am Ziel sind wie die U-Bahn."

Dritte Aussage: „Ich fahre schon länger nicht mehr U- oder S-Bahn. Alle notwendigen Wege kann ich in für mich angemessener Zeit mit dem Auto zurücklegen. Ich halte aber den Fortbestand der Bahnen noch einige Jahre für wichtig."

Vierte Aussage: „Ich würde auch mit dem Auto fahren, fühle mich aber wohler in den Zügen. Für mich wäre es kein Problem, wenn die Zuglänge dem Fahrgastaufkommen angepasst würde."

Fünfte Aussage: „Ich fahre sehr gern mit den Bahnen und möchte sie nicht missen. Für mich wäre es kein Problem, wenn die Züge statt derzeit alle fünf oder zehn Minuten nur noch alle fünfzehn oder dreißig Minuten fahren würden."

Sechste Aussage: „Ich fahre auch nur noch mit dem Auto und habe mehrmals die Zeiten gemessen, gerade auch durchs Zentrum. Das

Auto braucht etwas länger als die Bahnen, aber der Weg vom Haus zur Station entfällt dafür. Ich kann mir gut vorstellen, die Bahnen stillzulegen, wenn die Menschen, die kein Vertrauen in die Autos haben, begleitet werden."

Siebente Aussage: „Ich fahre selten, aber doch noch ab und zu mit den Bahnen. Das Anpassen der Zuglänge auf das Fahrgastaufkommen an den Haltestellen wäre eine schöne Sache, ist aber mit den fast ausschließlich im Betrieb befindlichen Durchgangszügen nur mit einem Zeitaufwand von mindestens fünf Minuten möglich."

Achte Aussage: „Ich sehe nur Vorteile in einer Einstellung des Bahnbetriebs. Die oberirdisch verlaufenden Streckenabschnitte könnten für andere Zwecke genutzt werden, ebenso die Bahnhöfe. Die mir bekannten Zahlen über die Nutzung der Bahnen besagen, dass der Autoverkehr um etwa zwanzig Prozent zunehmen würde. Das ist immer noch weniger als ein Viertel des Verkehrs, der noch vor fünf Jahren unsere Straßen belastete."

Neunte Aussage: „Schienengebundene Fahrzeuge sind, auch wenn sie fahrerlos betrieben werden, technisch viel einfacher als fahrerlose Autos. Damit sind sie weniger störanfällig und bei der heutigen Qualität besonders langlebig. Die störanfälligen Signalanlagen sind langzeiterprobt und bei regelmäßiger Wartung zuverlässig."

Zehnte Aussage: „Für mich wäre ein Transportsystem wünschenswert, das die Vorteile des Individualverkehrs mit denen des Schienenverkehrs kombiniert. Also Langlebigkeit und Zuverlässigkeit mit Anpassungsfähigkeit an Fahrgastaufkommen und den zeitlichen Bedarf. Wie das technisch umsetzbar wäre, müssen dann die Ingenieure herausfinden."

Elfte Aussage: „Ich erinnere mich, dass Siemens vor über sechzig Jahren schon mit der sogenannten H-Bahn[256] einen Lösungsansatz für die Anpassung an das Fahrgastaufkommen erarbeitet hatte. Leider beschränkte sich die Umsetzung auf den Sky-Train in Düsseldorf[257] mit einer Länge von zweieinhalb Kilometern und die H-Bahn

---

[256] https://bit.ly/2DYEm7l und https://bit.ly/2Geszl8
[257] https://bit.ly/29aTaEj und http://www.parkvogel.de/shuttle-skytrain/

in Dortmund[258] mit etwa drei Kilometern Länge, so dass die geplante flexible Kopplung verschieden großer Wagen nie getestet wurde."

Zwölfte Aussage: „Ich wünsche mir weniger Straßenverkehr zu Gunsten noch höherer Wohnqualität. Deshalb sollte der U- und S-Bahn-Verkehr auch für Vielfahrer wieder attraktiv gestaltet werden."

Weitere Aussagen von anderen Teilnehmern bringen keine zusätzlichen Aspekte. Es geht weiter mit Monikas Einleitung der zweiten Runde.

„Bevor wir nun in die zweite Runde gehen, möchte ich noch einmal daran erinnern, dass wir jetzt wirklich in unser Herz gehen und fühlen, was es in Bezug auf den Transport der Menschen von einem Ort an einen anderen und die Lebensqualität will, und zwar für uns selbst und für die Gemeinde. Ich werde wieder den Anfang machen."

„Ich wünsche mir von Herzen ein Schienentransportsystem, weil ich mich darin besonders sicher fühle und zuverlässig nach Bedarf fahren kann. Ich wünsche mir verschieden große einzeln einsetzbare Wagen, so dass die Zuglänge der Anzahl der Fahrgäste angepasst werden kann."

Zweite Aussage: „Ich wünsche mir, dass der Individualverkehr so weit abnimmt, dass wir die dafür notwendigen Straßen gegenüber der heutigen Anzahl auf die Hälfte bis ein Viertel verringern können. Deshalb wünscht sich mein Herz die Beibehaltung der U- und S-Bahnstrecken als solche Verkehrswege, die kaum Auswirkungen auf die Wohnqualität haben."

Dritte Aussage: „Mein Herz wünscht ebenfalls noch mehr autofreie Wege in den Wohngebieten und die Beibehaltung der Bahnstrecken. Ich sehe Züge zur Anpassung an wechselnden Bedarf in unterschiedlichen Längen und Frequenzen fahren."

Vierte Aussage: „Mein Herz wünscht sich eine Anpassung der Bahnen an den Reisebedarf der Menschen, damit sie wieder mehr genutzt werden. Es wünscht sich eine Verringerung des Individualver-

---

[258] http://h-bahn.info/

kehrs zur Erhöhung der Lebensqualität. Ich stelle mir Züge vor, deren Länge sich an jeder Haltestelle durch An- und Abkopplung einzelner Elemente dem Bedarf an die Transportkapazität anpasst."

Fünfte Aussage: „Mein Herz wünscht sich den Fortbestand der Bahnen und eine technische Verbesserung der Züge, die zur Verringerung der Lärmbelastung in den oberirdisch befahrenen Bereichen führt."

Damit sind alle Aussagen der zweiten Runde bereits vollständig zusammengefasst. Der dann in der dritten Runde entstandene Konsens lautet:

„Wir wünschen uns den Erhalt aller U- und S-Bahn-Strecken als sichere und zuverlässige Transportmittel. Die Züge sollen technisch so verbessert werden, dass die Fahrzeiten und die Zuglängen an den jeweils aktuellen Bedarf anpassbar sind. Wir halten eine An- und Abkopplung einzelner Zugelemente an ausgewählten Bahnhöfen für wünschenswert und möglich. Die Flexibilisierung der Züge soll dazu beitragen, dass sie wieder mehr genutzt werden und der Individualverkehr noch weiter reduziert und damit die Wohn- und Lebensqualität der Menschen weiter erhöht wird. Technische Maßnahmen zur Verringerung der Fahrgeräusche sollen die Lärmbelastung der Menschen in den oberirdisch befahrenen Streckenbereichen deutlich verringern."

„Liebe Siedler", fährt Monika fort, „es freut uns sehr, dass wir wieder einen Konsens zu einer wichtigen Frage gefunden haben. Wir können also das nächste Thema der kommenden Gemeindeversammlung behandeln, die Nutzung der Verwaltungsgebäude oder deren Grundflächen zum Wohle aller Menschen der Gemeinde.

Wir behandeln nun in gleicher Weise, was mit den Verwaltungsgebäuden von Vattenfall und Hamburg Energie sowie dem Kraftwerk Moorburg geschehen soll."

Zu diesem Thema findet die Siedlergemeinschaft den folgenden Konsens: „Wir wünschen uns den Erhalt des ehemaligen Verwaltungsgebäudes der Firma Vattenfall und seine Umwandlung in einen geschlossenen Wildnis-Spielplatz mit zusätzlichen Erfahrungsräumen für Kinder und Jugendliche zum spielerischen Umgang mit Kunst und Musik.

Für das Gebäude der Hamburg Energie wünschen wir die Umgestaltung in große Wohnungen für Familien mit mindestens drei Kindern. Für das Kraftwerk Moorburg wünschen wir die Nutzung des Kühlturms als Panometer[259] mit einer Sicht auf Hamburg zu Beginn des Jahrtausends. Alle sonstigen Gebäude des Kraftwerks sollen abgebaut und möglichst der Wiederverwertung zugeführt werden. Die freie Fläche soll vollständig in einen Park mit viel Baumbestand umgewandelt werden."

Für den Punkt drei, „neue Nutzung von fünfzig Prozent des Hamburger Hafens" ist folgender Vorschlag formuliert worden: „Wir wünschen uns die Rückgabe einer zusammenhangenden Fläche von fünfzig Prozent des Hamburger Hafens an die Natur. Die dort befindlichen Gebäude sollen abgetragen und alle Versiegelungen des Bodens entfernt werden. Auf der freien Fläche sollen standortgeeignete Gräser und Sträucher angebaut werden. Als Naturschutzgebiet soll der Natur dann das weitere Wachstum der Pflanzen und die Ansiedlung von Tieren selbst überlassen werden."

Zur Vertretung unserer Siedlung in der Gemeindeversammlung einigen wir uns auf Peter Müller und Frieda Gänslein. Beide sind sehr einfühlsam und sachbezogen. Wir haben volles Vertrauen, dass sie unsere Wünsche uneigennützig vertreten und neue Aspekte in die Formulierung der Gemeindekonsense zum Wohl aller mit einbringen.

Monika gibt nun die Leitung der Versammlung an Gerda Schönbein ab.

Feste und Feiern

„Ihr Lieben", beginnt Gerda, „wir kommen nun zum schönsten Teil der Veranstaltung, den bevorstehenden Festen in den nächsten vier Wochen. Zu unser aller Freude ist das Backhaus nach sechsmonatiger Bauarbeit, an der alle in irgendeiner Weise beteiligt waren, fertig gestellt. Nun wartet es darauf, würdevoll eingeweiht zu werden. Dies soll in zwei Wochen, also am Sonnabend, dem 25.08., mit einem Backfest geschehen." Zustimmender Beifall unterbricht Gerda. Dann ergänzt sie: „Wir wollen an diesem Tag so viel Brot backen,

---

[259] 360°-Panorama in rundem Gebäude, https://www.asisi.de und https://www.panometer.de

dass alle genug für die nächsten zwei Tage haben. Jeder ist eingeladen, etwas zur Gestaltung beizutragen. Das können Brotrezepte, Gedichte, Erzählungen und Spiele sein, oder was euch sonst einfällt. Es soll einfach ein schöner Gemeinschaftstag werden.

Schon eine Woche später wollen wir unser zweites Bauwerk einweihen, das fertig geworden ist. Unsere Gemeinschaftswerkstatt, ausgerüstet mit Werkzeug zur Holz-, Metall- und Kunststoffbearbeitung, soll mit einem Bastelfest gefeiert werden." Erneut wird Gerda von Applaus unterbrochen. „Natürlich können nicht alle gleichzeitig werkeln. Die Arbeitsplatten bieten Platz für bis zu zwölf Menschen. Wir wollen auch gemeinsam singen und musizieren, essen und trinken, vielleicht auch tanzen. Es soll ein Fest der Lebensfreude für Jung und Alt werden.

Soviel zu den nächsten Festen. Hinweisen will ich schon jetzt auf das Fest zum Herbstbeginn, das die stille und dunkle Jahreszeit einleitet. Da wollen wir den Herbst wieder mit verschiedenen Ritualen und Zeremonien einladen, uns seine ganze Farbenvielfalt zu schenken.

In den letzten Wochen waren Gastgeber privater Feiern weimal nicht auf die Zahl der Gäste eingestellt, weil einige sich nicht angemeldet hatten. Dank der Hilfe anderer Gäste konnten die Engpässe bei Getränken und Speisen zwar ausgeglichen werden, aber ihr alle wollt gern eine Feier ohne Stress und Hektik. Bitte tragt also euren Anteil dazu bei und schreibt euch rechtzeitig in die Listen ein."

Sonstiges

„Gibt es noch irgendwelche Wortmeldungen zu den Feiern? Das ist nicht der Fall. Wir kommen also zum Tagesordnungspunkt ‚Sonstiges'. Da wir keine entsprechenden Themen vorab genannt bekamen, bitte ich jetzt um Handzeichen, wenn jemand noch eine Information, eine Frage oder auch einen Wunsch hat." Gerda wartet und sieht sich fragend im Saal um, aber es erfolgt keine Meldung.

„Es sieht ganz so aus, als können wir die Versammlung beenden. Dann danke ich für eure Teilnahme und wünsche denen, die sich noch etwas unterhalten wollen, gute Gespräche. Euch allen einen guten Abend und eine erholsame Nacht."

Lichtfest 2040

Ich erwache aus einem Traum und kann nur einzelne Bildfetzen erinnern. Der Blick auf die Uhr zeigt mir sieben Stunden und dreißig Minuten nach Mitternacht. Es ist der einundzwanzigste Dezember dieses Jahres. ‚Heiligabend', geht es mir trotzdem durch den Sinn. Im Kalender steht zwar ‚Lichtfest', aber die frühere Bezeichnung für den 24. Dezember ist fest durch damit verbundene Erlebnisse und Eindrücke in meinem Gedächtnis verankert. Das Fest meiner Kindheit war ‚Heiligabend'.

Erinnerungen

Dabei habe ich von frühester Kindheit an die Weihnachtstage nur als Licht- und Sonnenwendfest, kennengelernt. Meine Eltern waren nicht mit der Kirche verbunden und wir Kinder nicht getauft. Die christliche Bedeutung als Geburtsfest Christi habe ich erst in der Schule kennengelernt. Für uns war der Ursprung des Festes die Wintersonnenwende, ab der die Tage wieder länger und lichter werden. Diese Bedeutung war mir mein Leben lang näher als die der Geburt Jesus als heilender Retter der Menschheit. Mein Vater sagte uns Kindern auch, dass Weihnachten ‚geweihte Nacht' bedeutet und dass sie dem wiederkehrenden Licht schon lange vor Christus geweiht war, weshalb auch immer zwölf Kerzen auf dem Weihnachtsbaum brannten, für jeden Monat des Jahres eine. Aber welche Erlebnisse und Eindrücke aus der Kindheit lassen mich noch immer vom Heiligen Abend sprechen?

Es begann immer mit der knisternden Spannung schon Tage vor dem Weihnachtsfest, wenn das sonst frei zugängliche Wohnzimmer von uns Kindern nicht mehr betreten werden durfte, weil der „Weihnachtsmann" dort Vorbereitungen zu treffen hatte. Dazu gehörte auch das mit einem Tuch verhängte Schlüsselloch, durch das wir Kinder zu gern gesehen hätten, was im Zimmer geschieht. Auch alle Versuche, von außen durch das Fenster zu sehen, waren vergeblich, weil wir bestenfalls den unteren Rand erreichten und dort ein paar Zimmerpflanzen und ein Tuch quer über das Fenster die Sicht versperrten.

Ganz spannend wurde es dann am Heiligabend. Ein Mittagsschlaf sollte die Zeit des Wartens verkürzen, aber natürlich trat der Schlaf nicht ein. Dann das gemeinsame Kaffeetrinken mit dem Anschnitt des Weihnachstsstollens und dazu Nürnberger Lebkuchen. Anschließend wurde den Geschichten aus dem Radio gelauscht. Und in immer kürzer werdenden Abständen die Frage, wann es denn so weit sei. Endlich tauchte gegen neunzehn Uhr, manchmal auch später, der Vater auf, der dem Weihnachtsmann helfen musste. Jetzt war es bald soweit, er musste sich noch erfrischen und umziehen. Ja, und dann das erlösende Klingeln des Glöckchens. Mit einer Mischung aus Ehrfurcht und Spannung betraten wir das Wohnzimmer. Glänzende Augen sahen auf den Lichterbaum und die leuchtenden Pyramiden, bevor der Blick auf den Gabentisch fiel. Doch vor dem Auspacken der Geschenke wurden andächtig noch einige Weihnachtslieder gesungen. Dieser immer wiederkehrende Ablauf während meiner Kindheit, verbunden mit dem Gefühl des Geheimnisvollen, der Erwartung und Spannung, verbindet die Erinnerung mit dem ‚Heiligen Abend'.

So sehr wir uns immer auf die Geschenke gefreut hatten und gespannt darauf waren, war doch das heimelige Gefühl des warm leuchtenden Weihnachtsbaumes, der Duft der Räucherkerzen und der an der Zimmerdecke im Kreis huschende Schatten der Pyramidenflügel für uns am bedeutendsten. Diese Eindrücke vermittelten ein Gefühl von Frieden und Geborgenheit, ja, von Heil, wie es sonst das ganze Jahr über nicht zu spüren war. In diesem Sinne erlebten wir tatsächlich eine Heilige Nacht.

Fest des Lichts der Bewusstheit

Heute freue ich mich, dass die Verbindung der Weihnacht mit den Naturrhythmen wieder hergestellt und anerkannt ist. Seit sich die Mehrzahl der Menschen von den organisierten Kirchen gelöst hat, kümmern sich diese selbst und in frei gewählten Gemeinschaften um ihr geistiges Wachstum. Deshalb hat das Weihnachtsfest nicht nur Bezug zum wieder zunehmenden Sonnenlicht. Seine wesentliche Bedeutung liegt für die meisten Menschen im Erreichen innerer Klarheit durch Erhellung des Geistes mit dem Licht der Erkenntnis und des Bewusstseins.

Auch wir feiern seit Jahren das Lichtfest als Neubeginn des Lebens und Wachsens in der Natur und als Fest der mit jeder neuen Erkenntnis sich immer wieder erweiternden Klarheit unseres Geistes. Selbstverständlich ist der uns vertraute mit Kerzen und Schmuck versehene Nadelbaum noch immer das sichtbare Symbol dieses Festes, und wie zu Kinderzeiten läuten wir den Beginn des Festes mit einem Glöckchen ein.

Der Tagesablauf beginnt

Während ich so über die Kindheitserinnerungen und die heutige Bedeutung des Festes sinniere, ist auch meine Frau Gerlinde erwacht und aufgestanden. Wir trinken ein Glas belebendes, energetisiertes Wasser[260], bevor wir unseren Kaffee genießen. „Heute Nachmittag gehen wir ja zur weihnachtlichen Nachbarschaftsfeier. Da treffen wir doch bestimmt deine Freundin Elisabeth. Hast du eigentlich ein Geschenk für sie?", frage ich Gerlinde. „Ja, Albert, ein paar Worte, die das Herz erwärmen und ein offenes Ohr. Beides eingepackt in gute Laune, versehen mit einem liebevollen Lächeln. Wie gefällt dir das?"

„Gut, das ist es, was sie sich auch wünscht, und materielle Geschenke sind überflüssig, da sie ja alles bekommen kann, was sie benötigt. Individuell handgefertigte Dinge sind für sie nur noch eine Belastung."

„Ja, wir kennen es doch selbst. Mal ein Film, den wir nicht allein gefunden hätten, oder eine Musikaufnahme, die wir noch nicht kennen, ist ganz schön. Aber am besten gefällt uns doch, wenn sich einfach jemand Zeit nimmt, uns zuhört und selbst etwas zu sagen hat."

„So ist es, liebe Gerlinde. Und jetzt will ich mich hinsetzen und noch ein paar Verse als Beitrag zur heutigen Weihnachtsfeier schreiben."

„Gut, ich werde noch etwas im Manuskript meiner Autobiographie lesen. Vielleicht sind ja noch ein paar Korrekturen nötig, bevor ich sie in den Druck gebe. Willst du eigentlich heute etwas zu Mittag essen?"

---

[260] https://bit.ly/1LY2icT, https://bit.ly/2I4U5UP, https://bit.ly/2IYib4X und http://keyoflife.de

„Danke, nein, mir reicht es, wenn wir heute Nachmittag und am Abend etwas essen."

Vorbereitung auf die Feier

Zur bevorstehenden weihnachtlichen Nachbarschaftsfeier wurde mit dem Hinweis eingeladen, dass jeder einen Beitrag liefern darf. Am wichtigsten sind auf jeden Fall die Gespräche der Menschen untereinander. Es soll aber auch der Anlass des Festes gewürdigt werden. Hierzu sind Texte, Musik, Kurzfilme, Tänze, Spiele oder sonstige Ideen sehr willkommen. Alle Vorschläge werden von den drei Organisatoren gesammelt, um die zur Umsetzung notwendigen Bedingungen zu schaffen. Dazu gehören vielleicht eine Bühne, genügend Raum zum Tanzen und eine Leinwand. Es geht nur um die Bereitstellung aller Hilfsmittel. Der tatsächliche Ablauf der Feier wird der sensiblen Abstimmung der Menschen selbst überlassen. Diese Vorgehensweise mit dem Vertrauen in die Selbstorganisation der Gemeinschaft hat sich in den letzten drei Jahren sehr bewährt. Schon vor fast dreißig Jahren habe ich die Fähigkeit eines Gruppenorganismus' zur Selbstorganisation in der Praxis kennengelernt. Seitdem vertraue ich dieser Fähigkeit des Lebendigen.

Ich möchte ein Gedicht vortragen. Im Vertrauen auf meine Intuition, die mich seit Jahren sicher führt, beginne ich mit dem Dichten. Etwa neunzig Minuten später bin ich mit meinen Versen fertig. Ich lehne mich entspannt zurück, schließe die Augen und atme ruhig einige tiefe Züge ein und aus. Jetzt kann ich sie noch einmal lesen und ihnen den Feinschliff geben. Ich verbringe eine Weile mit der Korrektur der Reime und des Versmaßes an Stellen, an denen es noch holperte. Noch einmal lese ich es laut, um zu hören, ob nun alles stimmt. Ich bin zufrieden, und nach einer erholsamen Mittagspause gehen wir voller Erwartung und Spannung in das Gemeinschaftshaus unseres Wohnbereichs. Dort findet, wie schon die letzten neun Jahre, die gesellige Weihnachtsfeier statt, zu der fast alle Bewohner unserer Nachbarschaft kommen.

Ankunft und Begrüßung

Als wir gegen fünfzehn Uhr dreißig ankommen, sind schon einige unserer Nachbarn anwesend. Wir freuen uns, dass alle Altersstufen vertreten sind. Bei der ersten Veranstaltung vor neun Jahren waren ganz wenige jüngere Menschen an unseren Treffen interessiert. Aber seit vier Jahren hat diese Feier dank der Teilnahme aller Altersschichten eine Lebendigkeit, wie sie keine der Weihnachtsfeiern hatte, die ich aus früheren Jahren kenne. Gerlindes Freundin Elisabeth sitzt schon in geselliger Runde am Tisch. Wir begrüßen sie und ihre Tischnachbarn und setzen uns dazu.

Nach dem Austausch über unsere körperlichen, seelischen und geistigen Befindlichkeiten und einigen Bemerkungen zum schönen, winterlichen Wetter wenden wir uns in unserem Gespräch den Gedanken über die Bedeutung der Weihnachtszeit für jeden einzelnen zu. Wieder einmal bin ich erstaunt über die Qualität der Gesprächskultur. Jeder hört dem gerade redenden Menschen aufmerksam zu. Erst wenn für alle Beteiligten spürbar ist, dass jemand seine Rede beendet hat, ergreift wer anderes das Wort. Und jeder neue Beitrag greift das zuvor Gesagte wohlwollend auf, ergänzt es, führt es mit eigenen Beobachtungen, Erkenntnissen und noch nicht benannten Tatsachen zusammen. So ergibt sich nach und nach ein für die gesamte Gesprächsrunde immer umfassenderes und stimmigeres Bild der Bedeutung des Lichtes, der Dunkelheit und ihres rhythmischen Wechsels sowohl durch Tag und Nacht als auch durch die Jahreszeiten.

Jetzt wird es feierlich. Die älteste Dame unserer Siedlung, die einhundertunddrei Jahre alte Waltraud begibt sich auf die Bühne, um die Feier offiziell zu eröffnen. Seit inzwischen vier Jahren ist es üblich, dass der älteste Teilnehmer des Festes dieses eröffnen darf. Eine, wie ich meine, sehr wohlwollende Geste an die Weisheit und Erfahrung des Alters. Dabei fällt mir ein, dass die Begriffe Alte und Alter eng mit der Bedeutung ‚Weisheit durch Wandel‘ verbunden sind und ganz selbstverständlich verwendet werden. Es hat sich sogar ein weiser Rat gebildet. Dieser ist ein Kreis von zehn bis zwanzig alten Menschen, die ehrenhalber von der Nachbarschaft benannt werden. Waltraud ist eine davon und begrüßt mit leicht zittriger, aber klarer Stimme die Besucher dieses Festes. Sie wünscht allen Anwesenden viel Freude, bereichernde Gespräche, neue Einsichten und einen guten Verlauf des Festes mit erfreulichen und anregenden Einlagen. In einer kurzen Rückschau auf die letzten Jahre gibt sie ihrer Freude darüber Ausdruck, dass alle Generationen vertreten sind und diese einander in lebendiger Gemeinschaft achten und sich gegenseitig fördern. In ihren letzten Sätzen lässt sie ihre Weisheit sprechen, indem sie sagt:

„Diese Jahreszeit ist zweifellos die dunkelste, aber Dunkelheit ist nicht schlecht oder böse. Sie ist nur die Abwesenheit von Licht. Der Mensch braucht die Erfahrung der Dunkelheit, denn ohne sie könnte er den Wert des Lichtes und seine Bedeutung gar nicht erfassen. Außerdem ist die äußere Dunkelheit die Voraussetzung für die Wahrnehmung unseres inneres Lichts der Erkenntnis und Bewusstheit. Wir alle haben die Erfahrung gemacht, dass das Licht unsere Sinne auf die beleuchtete Außenwelt lenkt, wohingegen die Dunkelheit uns mit unserem Inneren in Kontakt bringt. Jeder Traum wirft ein Licht auf unsere Gefühle, Begierden, Wünsche, Emotionen und auf unser Seelenleben. Deshalb ist es auch wichtig, sich Träume möglichst bewusst zu machen und die Bedeutung dahinter zu erkennen. Ich selbst habe wohl mehr durch meine Träume gelernt als durch Bücher, obwohl ich immer viel und gern gelesen habe. Aber vieles Gelesene ist mir erst durch meine Träume zur inneren Gewissheit geworden und hat sich erst dann in meinem Leben ausgewirkt. Weiterhin zeigt uns der Wechsel zwischen Wachheit am Tag und Schlaf in der Nacht deutlich, dass das Leben nicht endet, wenn wir es nicht bewusst wahrnehmen. Und der Wechsel zwischen den Jahreszeiten zeigt uns die dauerhafte Gegenwart des Lebens in der Natur. Die Samen und Zwiebeln oder Knollen der oberirdisch abgestorbenen Pflanzen tragen das Leben weiter und lassen es im Frühjahr wieder erblühen, im Sommer dann reifen, so dass wir im Herbst ernten können. Ich befinde mich nun im Winter meines Lebens und gebe gern alle die Früchte dieses Lebens an euch weiter. So, wie ich am Abend darauf vertraue, dass ich am nächsten Morgen wieder erwache, so vertraue ich auch, dass das Leben mit meinem Tod nicht aufhört. Ich wünsche euch einen beglückenden Festverlauf und schöne Stunden."

Tosender Applaus begleitet die alte Dame auf ihrem Weg zurück zum Sitzplatz. Die Sitznachbarn umarmen Waltraud, schütteln ihre Hände und beglückwünschen sie zu ihren wahrlich weisen Worten. Sie winkt nur bescheiden ab und fragt: „Umarmt ihr den Apfelbaum auch, nachdem er seine Früchte abgeworfen hat, schüttelt ihr seine Zweige? Ich tue nichts anderes als der Baum. Ich gebe meine Früchte her, damit ihr sie für euer Leben nutzen könnt."

„Was für ein schönes Bild, liebe Waltraud", ruft Anton. „Das können wir in Zukunft als Ritual beim Erntedankfest tun. Du bist einfach großartig." Die allgemeine Begeisterung ebbt langsam ab und geht in ein Gemurmel gedämpfter Gespräche über. Durch dieses hindurch findet Sarah, eine etwa vierzigjährige Frau den Weg zur Bühne. Dort setzt sie sich auf einen Stuhl und wendet sich, nachdem Ruhe eingekehrt ist, an die Menschen im Raum.

Eine Achtsamkeitsübung

„Ich möchte gern, damit wir uns noch intensiver auf die Bedeutung der Zeit einstimmen können und zur Stärkung des Gemeinschaftsgefühls, eine kurze Achtsamkeitsübung anleiten. Früher sprach man von Meditation, aber dieser Begriff gefällt mir nicht, denn Meditation ist ein Zustand des Geistes, der eintreten kann. Achtsamkeit ist sicher eine Voraussetzung für diesen Zustand, aber keine Garantie." Stille und vielfaches Kopfnicken zeigen Sarah Zustimmung. Sie fährt in ruhigem für alle hörbaren Ton fort:

„Wir sitzen ganz bequem auf unserem Stuhl und entspannen uns. - Wer will, schließt die Augen. - Wir spüren in unseren Körper hinein, - genießen den Kontakt des Rückens mit der Lehne, - fühlen unsere Füße auf dem Boden. - Wir spüren die Beine, - die Wärme der Hände auf den Oberschenkeln, - unser Gesäß fest auf der Sitzfläche des Stuhls. - Wie fühlen sich der Bauch und Rücken an? - Gibt es da irgendwelche Unaufrichtigkeiten oder Verkrampfungen? - Wir lassen sie einfach los, indem wir uns aufrichten. - Jetzt spüren wir die Schultern. - Sind sie entspannt, - hängen die Oberarme locker herunter? - Wie fühlt sich der Hals an? - Trägt er den Kopf leicht? - Wenn er sich anstrengen muss, bewegen wir den Kopf ein wenig nach links und rechts, - nach vorn und nach hinten und finden die Position, in der er ganz leicht auf dem Hals ruht.

Nun gehen wir noch einmal mit der Aufmerksamkeit zu unseren Füßen. - Dabei versuchen wir, die von der Erde aufsteigende Energie zu spüren - und lassen sie durch unsere Beine in unseren Körper fließen. - Langsam steigt sie durch die Waden und Schienbeine zu den Knien. - Von dort in die Oberschenkel, - weiter ins Gesäß - und dann in Bauch und Rücken. - Spüren wir, wie der Bauch durchflutet wird von angenehmer Wärme, - der Rücken sich noch mehr aufrichtet, - dabei vielleicht den Kontakt zur Stuhllehne aufgibt? - Was fühlen wir sonst noch im Bauch? - Gibt es irgendwelche Emotionen, die uns bewegen? - Ändern sie sich, wenn die Erdenergie hindurch fließt? - Wie auch immer, wir schenken ihnen unsere Aufmerksamkeit und fragen vielleicht, was sie uns mitteilen wollen. - Wir folgen dem Energiestrom weiter bis zum Herzen - und fühlen in unser Herz hinein, - spüren sein Pulsieren, - erkennen Freude oder Traurigkeit, - Enge oder Weite. - Egal was, wir lassen es zu. - Es gehört jetzt in diesem Moment an diesem Ort zu unserem Leben. - Wir haben die Gewissheit, dass Trauer und Freude, - Enge und Weite sich abwechseln wie Tag und Nacht. - Kein Gefühl bleibt dauerhaft.

Nun geht unser Bewusstsein in den Kopf - und schenkt der geistigen Energie des Himmels seine Aufmerksamkeit. - Wir lassen sie von oben in uns herein. - Welche Gedanken löst sie aus oder bringt sie mit? - Gibt es Sorgen, - Zweifel, - Hader, - Zwist - oder Ängste? - Kommt irgendeine Unruhe auf? - Wenn ja, lassen wir sie einfach ziehen, halten nichts fest. - Die Gedanken sind wie Wolken am Himmel, die kommen und gehen. - Wir lassen ihnen den freien Lauf. - Wir folgen der geistigen Energie bis ins Herz, - wo sie mit der Erdenergie zusammentrifft. - Weibliche und männliche Energie treffen sich im Herzen. - Was geschieht nun? - Verändert sich etwas? - Werden neue Gefühle geboren? - Spüren wir vielleicht die Energie zwischen uns? - Öffnet sich unser Herz für neue Begegnungen, - für unsere Mitmenschen, - für die Jahreszeit? - Können wir die Qualität dieser Wendezeit, - des Übergangs von der dunklen zur hellen Jahreszeit irgendwie in unserem Herzen spüren? - Fühlen wir die Bedeutung des Wandels in unserem eigenen Leben, - das Ergebnis der vielen Wandel, die schon stattgefunden haben? - Spüren wir, wie der Wandel durch beide Energien in Gang gesetzt wird? - Wir fühlen so tief, wie es uns gerade möglich ist, - ganz ohne jede Anstrengung. - Jetzt weiten wir unsere Aufmerksamkeit langsam wieder auf den ganzen Körper aus. - Wir spüren wieder den Kontakt mit dem Stuhl - und kommen wieder ganz in diesem Raum - und an unserem Platz an, - öffnen die Augen - und nehmen unsere Umgebung wahr."

Ein tiefes Durchatmen erfüllt den Raum. Alle wirken entspannt und gelöst. „Ihr seht heiter und entspannt aus. Ich freue mich, dass ihr euch eingelassen habt und wünsche euch noch weitere schöne Stunden heute abend." Nach diesen Worten erhält Sarah Applaus und Dankesrufe. Dann ist Zeit für Gespräche bei Kaffee und Kuchen. Jeder hat etwas zum Gelingen dieses Gemeinschaftsfestes mitgebracht. An unserem Tisch beginnt ein Gespräch über die Bedeutung und Kraft des Wandels. Dabei werden Waltrauds Äußerungen ebenso berücksichtigt wie die Erfahrungen aus der Übung mit Sarah. Nach einer Stunde angeregter Unterhaltung begebe ich mich auf die Bühne. Kaum stehe ich dort, kehrt erwartungsvolle Ruhe ein.

Ein Gedicht

„Liebe Nachbarn, nach Waltrauds wundervollen Gedanken zu Licht und Dunkelheit will ich mich mit einem dazu passenden Gedicht anschließen. Ich wünsche, dass es eure Herzen erreicht und euer Verstand es aufnimmt.

Weihnacht, die geweihte Nacht,
welche jenes Licht gebracht,
das zunächst sehr spärlich noch,
leuchtet und dann doch
die Menschen immer mehr erhellt,
weil's der Schöpfung so gefällt.

Dieses Licht, erfüllt von Liebe,
das bewusst macht alle Triebe,
welche aus der Seele quellen
und ins helle Licht sich stellen,
soll unser Leben stets begleiten,
und immer Freude uns bereiten.

Diese Nacht soll uns auch zeigen
durch der Jahreszeiten Reigen
das immer neue Werden
aus Leben und aus Sterben.

Und weil das Leben nie vergeht,
da Neues aus dem Alten strebt,
ist im Neuen Altes auch enthalten,
das sich anders wieder kann entfalten.

Ich wünsche heute Groß und Klein,
stets im Hier und Jetzt zu sein,
zu fühlen auch der Seele Regung,
die immer nur hat die Bestrebung,
wie ein Blatt sich zu entfalten
und so das Leben zu gestalten,
dass es reich wird und auch farbig,
wenn auch manchmal vielleicht narbig.

Lasst von der Seele euch bewegen,
denn sie wird nur dahin streben,
wo das Leben ist im Fluss,
wo bei allem ist Genuss.
Egal, ob leicht oder ob schwer,
der Seele Liebe kann stets mehr,
als ihr zu denken es könnt wagen.
Die Seele wird euch weiter tragen.

Und lasst euch auch zur Freiheit führen
welche ihr dann werdet spüren,
wenn alle Ängste von euch weichen,
die euch heute noch beschleichen.
Wenn die Angst dann von euch fällt,
seht ihr völlig unverstellt,
weil frei nun ist des Geistes Blick,
mühelos des Lebens Glück.

Dann fühlt ihr auch die Leidenschaft,
welche euch gibt Mut und Kraft,
aus ganzer Überzeugung nun,
nur die Dinge noch zu tun,
die ihr macht von Herzen gern,
weil Teil hat auch der Wesenskern.

Weil ihr, frei von Sorgen nun,
könnt in eu'rem Innern ruh'n,
habt ihr auch den Seelenfrieden,
den ihr anders nie könnt kriegen.

Begeisterung euch stets begleite,
dass diese, wie das Feuer Scheite,
den Zweifel einfach niederbrennt,
der euch sonst vom Leben trennt.

Lasst leuchten hell das Licht,
das aus eurem Innern bricht,
denn es will nach außen dringen
und euer Leben weiter bringen,
dass ihr seht mit einem Mal:
ihr könnt ganz ohne Qual
kraftvoll schaffen Dinge nun,
die ihr immer wolltet tun.

Nachdenkliche nach innen gekehrte Blicke wenden sich langsam wieder mir zu. Ich spüre die Betroffenheit der Nachbarn und sehe ihnen an, dass sie aufgewühlt sind wie ein stürmisches Meer. Ich war bisher der Meinung, dass die Mehrzahl der Menschen alle im Gedicht genannten Wünsche bereits erfüllt sehen und ein Leben in Freiheit führen. Warum also diese deutliche Betroffenheit? Nun, ich werde mit ihnen sprechen und sie werden es mir sagen.

Ich verlasse die Bühne und höre plötzlich Beifall die Stille durchbrechen. Ist das nun reine Höflichkeit? Ist es Begeisterung? Auch das werde ich von ihnen hören. Am Tisch angekommen, werde ich freudig empfangen. „Mensch, Albert", erregt sich Paul, der im Nachbarhaus wohnt, „das ist ein tiefgründiges Gedicht. Es hat uns im Seelengrund getroffen. Du hast ja gesehen, wie nachdenklich wir in uns versunken waren. Ja, einerseits sind wir frei, das zu tun, was wir von Herzen gern tun, fühlen uns mit der Seele verbunden und vom Licht der Liebe geführt. Trotzdem hatte ich bei deinen Worten den Eindruck, mich schon wieder etwas von mir selbst entfernt zu haben. Ich war betroffen davon, für wie normal und selbstverständlich ich inzwischen den materiellen Überfluss, den in der Welt herrschenden Frieden und die erstmals in der Geschichte umgesetzte Demokratie sehe. Mir haben deine Verse gezeigt, dass wir wieder sehr schnell in ein Zwangssystem zurückfallen können, wenn wir uns von unserem inneren Licht entfernen. Es ist der einzige Garant für weltweiten Frieden, für Freiheit und allgemeinen Wohlstand. Deshalb danke ich dir für dieses Gedicht, das für mich wie ein Mahngedicht wirkte."

Die übrigen Tischnachbarn nicken bestätigend, und es entwickelt sich ein Gespräch über die Notwendigkeit der ständigen Achtsamkeit gegenüber sich selbst. Pauls Frau Jutta stellt schließlich fest: „Das war ja der Grund dafür, dass der Wandel der gesellschaftlichen Strukturen erst nach der Erfahrung von Leid, Elend und äußeren Zwangs entstehen konnte. Nur dadurch ist den meisten Menschen bewusst geworden, wie wichtig die innere Einkehr ist. Erst mussten wir unsere inneren Antriebe kennen lernen und aus diesen heraus handeln, bevor sich das Neue entwickeln konnte."

Theater, Musik und Orden

Einige Minuten können wir das Thema noch vertiefen, bevor eine Gruppe junger Schauspieler die Bühne betritt. Ihre Kostüme lassen leicht ihre Rollen erkennen, in denen sie auftreten wollen. Eine Frau betritt mit langem, grünem Kleid mit aufgestickten bunten Blumen als Frühling die Bühne. Der Sommer kommt männlich in einem Anzug daher. Die Hose ist gelb wie wogende Felder und die Jacke satt grün wie Bäume. Der Herbst zeigt sich in einem langen Kleid mit aufgeklebten bunten Blättern. Der Winter erscheint in einem fahlblauen Anzug. Die Jacke hängt voller Eiszapfen, die Hosenbeine sind deutlich als Baumstämme zu erkennen, deren kahle Kronen sich im oberen Bereich der Hose ausbreiten. Weiße Fellschuhe und ein dicker Wattekranz oberhalb der Füße lassen die Bäume im Schnee stehen. Ein dunkelblaues Kleid, auf das eine goldene Mondsichel und viele gelbe Sterne geklebt sind, tritt als Nacht auf. Ein azurblaues Hemd, auf dessen Vorderseite goldgelb die Sonne strahlt und eine ebensolche Hose, auf der die Sonnenstrahlen bis zu den nackten Füßen reichen, ist eindeutig als Tag zu erkennen. Weitere Kostüme stellen Sturm, Regen und Gewitter dar. In eindrucksvoller Pantomime stellen die neun Künstler den Wandel zwischen den Jahreszeiten, zwischen Tag und Nacht und den ständigen Wetterwechsel dar. Durch ihre Gestik, Mimik und Körperbewegung, unterstützt durch farbige Handschuhe, lassen sie diesen ständigen Wandel sowie die daraus entstehenden Wesen als Ausdruck des Lebens sichtbar werden, das sich in unendlichen Formen entfaltet.

Wir sind beeindruckt von der Grazie und Leichtigkeit, mit der diese jungen Schauspieler, von denen einige Kinder und Jugendliche sind, ausdrucksstark den Wandel und die Entfaltung des Lebens in tänzerische Bewegungen umsetzen. Den Höhepunkt bietet das Schlussbild, in dem sich alle Akteure zu einem einzigen Wesen vereinen und so die Allverbundenheit aller Individuen darstellen.

Applaus brandet der jungen Gruppe entgegen, der sie in seiner Vehemenz zu einer Zugabe anregt. Ein Tag im April wird dargestellt. Sonne, Regen, Gewitter und Winter kämpfen darum, den Tag für sich zu gewinnen. Diesmal arbeiten die Darsteller mit Lautuntermalung ohne Worte so gekonnt, dass wir uns tatsächlich in einen Apriltag hineinversetzt fühlen. Die Freude über den Applaus und die damit verbundene Anerkennung ist ihnen anzusehen. Sie verlassen die Bühne und mischen sich wieder unter die Teilnehmer im Saal, um an den Gesprächen über die Eindrücke der Darstellung teilzunehmen.

Inzwischen ist es neunzehn Uhr, und einige eifrige Helfer sind damit beschäftigt, belegte Brote, Salate und rohes sowie sautiertes Gemüse auf den Tischen zu verteilen. So ist die nächste Stunde von andächtigem Essen und daran anschließenden Gesprächen geprägt. Dabei werfen wir Rückblicke auf die letzten zwanzig Jahren und fragen uns, wodurch die Kreativität der Kinder und Jugendlichen so angeregt wurde, dass Stücke wie die zuvor gesehenen überhaupt möglich wurden. Gemeinsam wird uns klar, dass auch dafür die Hinwendung zum eigenen Kern, zu den mit der Geburt erhaltenen Talenten und Gaben Voraussetzung ist und die Umsetzung schließlich dadurch ermöglicht wird, dass kein Mensch mehr für seinen Lebensunterhalt Geld benötigt.

An der Tür klopft und pocht es heftig. „Ja, nur herein, die Tür ist offen!", rufen einige. Mit schweren Schritten kommt der Weihnachtsmann herein gestapft. Es ist Peter, ein über siebzigjähriger Nachbar, der mit seinem zerzausten Hanfbart und dem abgetragenen grau-braunen Umhang, seiner derben Hose und den Fellschuhen an einen abgehärteten Naturmenschen erinnert. Bei sich hat er einen Sack mit Geschenken. Im Saal entsteht gespannte Ruhe. Zur Freude aller Anwesenden beschenkt er nämlich seit sechs Jahren immer drei Menschen, die durch ihr Engagement in der Nachbar-schaft oder durch ungewöhnliches Verhalten besonders aufgefallen sind, mit einem Orden. Wir sind gespannt, wer dieses Jahr einen erhält.

In heiteren Versen schildert Peter zuerst Waltrauds tägliche kleine Ausflüge ohne Stock durch den Ort. Dann, wie sie mit Schuhen, die schon alt sind und nicht mehr wirklich fest sitzen, über Steine geht. Das Gedicht endet mit den Zeilen:

> Die Schuhe sind fürwahr schon hin.
> Da stehst du nicht mehr sicher drin.
> Als Ausgleich für die abgelatschten alten
> sollst du diese goldenen erhalten.

Ein Paar goldene Schuhe sind also die Auszeichnung für unsere weise Waltraud. Voller Rührung mit Tränen in den Augen nimmt Waltraud die Schuhe dankend entgegen und zeigt sie dem Publi-kum.

Das zweite Gedicht schildert die Rettungsaktion des jungen Gärt-ners Friedemann, der in diesem Jahr eine Storchenfamilie vor dem Absturz bewahrt hat. Das Wagenrad, auf dem die Störche ihr Nest errichtet hatten, war schon so morsch, dass nach der Fertigstellung des Nestes ein Teil davon abgebrochen war, so dass das Nest nun schief hing. Friedemann stieg mit einer Leiter auf das Dach und stützte das Rad mit einer Stange so ab, dass er den abgebrochenen Teil wieder ansetzen konnte. Mit den Zeilen:

> Fliegt ein Vogel auf sein Nest,
> wenn dieses sitzt nicht wirklich fest,
> halte es mit einer Stange,
> damit dem Vogel wird nicht bange.

bekommt Friedemann eine lange goldene Stange von Peter überreicht. Überrascht und mit einem Schmunzeln im Gesicht nimmt er
seine Auszeichnung dankbar an.

Das letzte Gedicht wendet sich an die Schneiderin Frederike. Im weiten Umkreis fertigt sie die wohl schönsten und ausgefallensten Kleider, deren Besitzerinnen diese dann voller Stolz und sehr würdevoll
tragen. So viele Frauen möchten ein Kleid von Frederike schneidern
lassen, dass sie für sich selbst noch keines gefertigt hat. Daher endet des Weihnachtsmanns Gedicht mit den Zeilen:

> Weil du nur für andre nähst,
> nie selbst in deinen Kleidern gehst,
> brauchst du trotzdem nicht verzagen.
> Du kannst ab jetzt dies gold'ne tragen.

Lachend und gleichzeitig gerührt nimmt Frederike das goldene Kleid
entgegen und zieht es sich vorsichtig über. Wir applaudieren zu den
genialen Orden und verabschieden den Weihnachtsmann von der
Bühne mit dem gemeinsam gesungenen Lied „Heute kam der Weihnachtsmann". Interessiert werden die Geschenke von vielen Neugierigen aus der Nähe betrachtet. Besonders das Kleid nehmen die
Damen sehr genau in Augenschein. Bald kehrt wieder Ruhe ein und
wir wenden uns neuen Gesprächen zu.

Gegen zweiundzwanzig Uhr wird es unruhig auf der Bühne. Fast
vierzig Männlein und Weiblein, alte und junge, begeben sich dorthin.
Es sind Musikanten und Sänger, die uns mit ihren Liedern und ihrer
Musik unterhalten wollen. Der jüngste ist gerade fünf Jahre alt, die
älteste fünfundneunzig. Auch meine Frau Gerlinde ist dabei. Noch
nicht alle haben ihren Platz gefunden. Das Orchester sammelt sich
links, der Chor rechts. In den nächsten vierzig Minuten wechseln
Lieder mit und ohne Begleitung und reine Instrumentalstücke einander ab. Wir hören eine Zusammenstellung alter Weihnachts- und
Winterlieder, barocker und klassischer Musik und ganz neue Kompositionen und Lieder. Damit findet der Tag eine wunderbare Abrun-
dung und nähert sich seinem Ende. Er wird etwa eine halbe Stunde
später mit einem Feuerwerk feierlich verabschiedet.

Silvester 2040

Heute ist der einunddreißigste Dezember. Es ist mein neunzigster Geburtstag. Gemeinsam mit einigen Freunden will ich diesen Tag feiern. Doch jetzt ist es gerade sieben Uhr. Ich habe also noch genug Zeit für alle Vorbereitungen. Das Außenthermometer zeigt neunzehn Grad unter Null an, und in der Nacht sank es bis auf minus vierundzwanzig Grad. So ist das schon seit zwei Wochen. Die Tage sind klar und sonnig, die Temperatur steigt auf höchstens minus fünf Grad, und eine dicke Schneedecke lässt die Landschaft in strahlendem Weiß glänzen.

Die Energiezentrale

Hier im Haus aber ist es angenehm warm. Die ganze Nacht durch betrug die Temperatur vierzehn Grad, nur im Schlafzimmer hatte ich sie auf zehn Grad eingestellt. Um sechs Uhr schaltete die hauseigene Energiestation[261] auf siebzehn Grad hoch. Dank des hauchdünnen Heizdrahtes[262] auf den Wänden haben diese eine Strahlungstemperatur von etwa vierundzwanzig Grad, so dass die Luft mit siebzehn Grad keineswegs als kalt empfunden wird. Die Drähte werden von Strom durchflossen, der von der Energiestation geliefert wird. Jedes Haus hat seine eigene Energieversorgung. In den Städten sind die Konverter von jeweils drei Häusern miteinander verbunden, so dass notfalls zwei Stationen die Versorgung des dritten Hauses mit übernehmen können. Möglich geworden ist das, als sich vor etwa fünfzehn Jahren die technische Nutzung der Vakuumenergie weltweit durchgesetzt hat. Diese lässt sich ohne Abgase und Schadstoffe jeder Art und ohne irgendwelche Verluste unabhängig vom Ort zu jeder Tages- und Jahreszeit dezentral in relativ kleinen Konvertern in Strom oder Wärme umsetzen, so wie sich bei der inzwischen veralteten Photovoltaik Licht direkt in Strom umwandeln lässt.

---

[261] http://bewusst.tv/energie-der-zukunft/, https://bit.ly/2pMPlvx, https://bit.ly/2pKYVjc
[262] https://bit.ly/2pL1tOp, https://bit.ly/2GgrvPS und https://bit.ly/2I5OVrF

Saubere Luft und ästhetische Landschaft

Dadurch sind sämtliche konventionellen Kraftwerke einschließlich der Windkraft- und Photovoltaikanlagen vollkommen überflüssig geworden. Bis auf wenige Ausnahmen, die als technische Baudenkmäler an die alte Zeit erinnern, sind sie daher alle abgebaut worden. Das Ergebnis nach nunmehr 15 Jahren ist eine saubere Luft und eine unverstellte Landschaft, die ästhetisch und harmonisch wirkt. Selbst die radioaktiven Abfälle der einstigen Nuklearindustrie sind kein Problem mehr. Dank der auf der kalten Fusion beruhenden Transmutation von Materie und weiterer Verfahren konnten sämtliche radioaktiven Abfälle weltweit innerhalb von nur sieben Jahren vollständig in stabile Elemente überführt werden[263].

Gesundes Wasser aus der Leitung

Das Bad ist inzwischen auf angenehme 22° erwärmt. Ich kann also genussvoll duschen. Der am Duschkopf angebrachte Wasseraktivator[264] macht das Wasser angenehm weich und belebend, obwohl das örtliche Wasser eigentlich sehr kalkhaltig ist. Schon seit Jahren trinke ich gleich im Bad zwei bis drei Gläser dieses Wassers, das so frisch und gut schmeckt wie bestes Quellwasser aus der Natur. Nahezu jeder Haushalt hat solche Wasseraktivatoren. Diese und weitere technische Neuerungen in der Wasseraufbereitung führten dazu, dass das Brauchwasser vollständig frei von Schadstoffen ist. Daher trinkt jeder das Wasser aus der Leitung. In Flaschen oder Tanks abgefülltes Wasser gibt es nicht.

Revolution in der Medizin

Beim Blick in den Spiegel stelle ich fest, dass ich trotz meiner neunzig Jahre kaum älter als siebzig wirke. In der Tat fühle ich mich auch vitaler und leistungsfähiger als damals, und ich gehe davon aus, dass ich noch weitere zehn bis zwanzig Jahre unbeschwert leben werde. Aber wie ist das möglich? Als sich vor fünfzehn Jahren die Existenz und Möglichkeit der technischen Nutzung der Vakuumenergie[265] dank der Beweise einiger Forscher und der Informationen im

---

[263] http://herrensteinrunde.eu/downloads/Pressemitteilung_zu_atomaren_Restmuell.pdf
[264] https://bit.ly/2GffD4L, https://bit.ly/2GxEDn4, http://keyoflife.de/ und http://aquadea.de/
[265] Konstantin Meyl: Potentialwirbel Bd. 1 – 4; https://bit.ly/2JvgNXD

Weltnetz nicht mehr verheimlichen und unterdrücken ließ, trat ein rasant fortschreitender grundlegender Wandel in den Naturwissenschaften und der Medizin ein. Das Geistige als Grundlage aller materiellen Erscheinungen und des Lebens wurde zunehmend wieder berücksichtigt und selbst Gegenstand der Forschung. So etablierte sich innerhalb von weniger als zehn Jahren eine Energie- und Geistmedizin[266], welche bis dahin üblichen pharmazeutischen Präparate überflüssig machte. Trotzdem lassen sich alle Krankheiten heilen und die Menschen sind dank verschiedener geistiger Trainingsmöglichkeiten[267] wesentlich gesünder als noch vor zwanzig Jahren. Seit ich täglich etwa dreißig Minuten ein solches meditatives Training absolviere, haben sich mein Körper und dessen Zellen spürbar regeneriert und verjüngt. Nahrungsergänzungsmittel, welche in den Jahren bis 2020 für die Erhaltung der Vitalität im Alter sorgten, werden nur noch gelegentlich oder von Menschen verwendet, die nicht die Zeit für das tägliche Training aufbringen wollen.

Biologische Landwirtschaft

Es ist nun acht. In einer halben Stunde werden die Nachbarn und erste Freunde zum Frühstück kommen. Aus gegebenem Anlass soll es ein üppiges Frühstück mit Eiern, Säften, Rohkost, Käse und herzhaften Aufstrichen, natürlich auch Brot, Brötchen und Müsli geben. Jeder soll das essen können, was ihm bekommt und schmeckt. Was ich nicht aus dem Garten bzw. dem Gewächshaus, welches dank der neuartigen Energieversorgung leicht zu heizen ist, frisch ernten konnte, habe ich bereits gestern besorgt. Mit dem Wandel in den Naturwissenschaften hat auch die Landwirtschaft eine Wende um 180° erfahren. Es gibt nur nach ökologischen Gesichtspunkten angebaute Produkte. Tiere werden artgerecht in Gemeinschaft mit anderen Tieren überwiegend im Freien gehalten. Lediglich ganz wenige noch nicht abgebaute Stallungen erinnern an die Zeit, als Tiere unter unerträglichem Leid der Versorgung mit Milch, Eiern und Fleisch dienten, die hinsichtlich ihrer Antibiotikabelastung mit jedem verschreibungspflichtigen Medikament konkurrieren konnten.

---

[266] Clemens Kuby: Mental Healing; https://clemenskuby.de/ und https://bit.ly/2IIXCIR
[267] z. B. http://www.nathal.de/

Energieversorgung der Autos

Kurz vor halb neun klingelt es. Mein alter Freund Gerhard, den ich schon aus Studienzeiten kenne, ist soeben nach 300 km Fahrt mit dem Auto angekommen. Da auch er sich seine Vitalität dank der neuen medizinischen Möglichkeiten erhalten hat, ist es kein Problem für ihn, die Strecke noch selbst zu fahren. Gerade zweieinhalb Stunden hat er benötigt. Dank des neuartigen Elektromotors und der überall vorhandenen Leitsysteme ist es leicht möglich, bis zu 200 km/h zu fahren. Selbstverständlich nutzen die in allen Autos eingebauten Elektromotoren die Neutrinoenergie, die direkt in Strom umgewandelt wird. Nur größere Fahrzeuge, zum Beispiel LKW, sind mit Permanentmagnetmotoren ausgestattet.

Neue gesellschaftliche Strukturen

Innerhalb der nächsten dreißig Minuten trudeln alle Frühstücksgäste ein. Die etwas turbulente Begrüßung weicht bald einer gedämpften Unterhaltung, nachdem jeder einen Platz am Tisch gefunden hat. Die Gespräche kreisen um die Themen Gesundheit und Wohlbefinden, Technik, Wirtschaft und Politik. Immer wieder geht es um den innerhalb der letzten zehn Jahre erfolgten Wandel auf allen Gebieten menschlicher Aktivitäten. Die Freude darüber, Zeitzeuge dieser gewaltigen Umwälzungen sein zu dürfen, ist bei jedem von uns riesig. Haben doch diese Vorgänge auch ein völlig neues Verständnis der sozialen und gesellschaftlichen Verhältnisse mit sich gebracht.

Die alten politischen Strukturen, in denen es um Macht und Vorherrschaft ging, sind durch echte demokratische Entscheidungsgremien[268] ersetzt worden. So etwas wie eine Regierung gibt es nicht mehr. Nachdem auch die nationalen Grenzen sehr bald ihre Bedeutung verloren hatten, gibt es jetzt nur noch Verwaltungseinheiten in fünf Größen. Die kleinste umfasst ungefähr zweihundert Menschen und die größte etwa zehn Millionen. Entscheidungen auf der untersten Ebene werden in gemeinsamen Versammlungen aller Einwohner getroffen. Die Entscheidungen auf den höheren Ebenen werden in Versammlungen getroffen, denen je zwei Vertreter der direkt untergeordneten Verwaltungseinheiten angehören. Welche Menschen

---

[268] https://bit.ly/2qlcFkl, https://bit.ly/2uqf2aQ und https://bit.ly/2GMedid

die Verwaltungseinheiten vertreten, wird je nach Themenkreis kurzfristig entschieden.

Erstes Gebot bei der Entscheidungsfindung ist immer die Sachbezogenheit. Ein- bis zweimal jährlich finden zweiwöchige Konferenzen statt, in denen Themen behandelt werden, welche von weltweitem Interesse sind. Die Themen werden etwa zwei Monate vorher an alle Verwaltungseinheiten der Größe fünf verschickt. Diese benennen dann je zwei Gesandte für die Konferenz.

Neue Transportsysteme

Die angeregten Gespräche lassen die Zeit wie im Flug vergehen. Es ist inzwischen nach vierzehn Uhr. Bald kommen weitere Gäste. Wir räumen das Geschirr in die Spülmaschine und treffen Vorbereitungen für den Nachmittagskaffee. Es dauert nicht lange, da klingelt es wieder. Gerda und Anton, Freunde aus meiner Erlanger Zeit, treffen frisch und munter aus ihrer neuen Heimat Australien ein. Kaum mehr als zwei Stunden hat der Flug von Sydney nach Berlin gedauert. Die neuen Flugscheiben ermöglichen Flugzeiten von unter fünf Stunden rund um die Welt[269].

Mit einer Minischeibe für Individualflüge ging es von Berlin nach Erfurt in dreißig Minuten. Die kleinen Flugscheiben fliegen in einer Höhe von etwa dreihundert Metern über dem Erdboden dank der vor zehn Jahren zur Serienreife entwickelten Antigravitationstechnik mit bis zu 500 km/h über die Landschaft. Nur die letzten etwa einhundert und dreißig Kilometer legten sie in der klassischen Eisenbahn zurück. Aber auch deren Antrieb erfolgt wie bei den Autos mit Neutrinoenergie oder Permanentmagnetmotoren.

Eine Welt ohne Geld

Während der nächsten drei Stunden füllt sich das Haus immer mehr, bis gegen achtzehn Uhr die letzten Gäste eintreffen. Um neunzehn Uhr erwarten wir das Buffet, welches von einem Bewirtungsdienst geliefert wird. Eine halbe Stunde später werden bereits die Musiker eintreffen. Die Zeit bis dahin vergeht rasend schnell, denn es gibt noch genug zu erzählen. Immerhin sind wir jetzt knapp sechzig

---

[269] https://bit.ly/2J0WAsL und http://transinformation.net/die-vril-frauen/

Freunde. Drei Damen und zwei Herren erscheinen dann pünktlich gut gelaunt mit dem Buffet. Der Aufbau geht ihnen trotz des teilweisen Gedränges leicht von der Hand. Schon beim bloßen Anblick der Köstlichkeiten, die alle sichtbar mit Liebe zubereitet und angeordnet sind, läuft einem das Wasser im Mund zusammen.

Ja, und nun treffen auch die vier Musiker ein. Im allgemeinen Gedränge finden sie doch einen Platz, an dem sie sich wohlfühlen und von dem aus sie gut zu hören sind. Sowohl für die heitere Tafelmusik während des Essens als auch für die spätere Tanzmusik sind sie bestens gerüstet. Von einer früheren Veranstaltung weiß ich, dass sie mit Herz und Seele voller Leidenschaft musizieren.

Ohne das Wirtschaftssystem, das dem Leben durch konsequenten Blick auf das Gemeinwohl dient, wäre die Lässigkeit der Musiker und der Köche zwischen den vielen Gästen kaum denkbar. Nachdem im Jahre 2019 die damalige Wirtschaftskrise zum Zusammenbruch der gesamten Weltwirtschaft führte, begann diese durch Einführung eines zinsfreien Geldsystems bald wieder zu florieren und führte schnell zu allgemeiner Vollbeschäftigung. Schon 2026 konnte die Arbeitszeit dank der Selbstregelung des Geldumlaufs und des allgemeinen Wohlstandes auf dreißig Stunden pro Woche reduziert werden. Gleichzeitig war es immer leichter für die Menschen, die Arbeit zu verrichten, die ihnen wirklich Freude bereitete und in der sie Erfüllung fanden.

Als dann mit der Verbreitung der Vakuumenergie die noch vorhandenen Machtmonopole nach und nach zusammenbrachen und sich neue demokratische Strukturen etablierten, wurde das Geld von allein überflüssig. Seitdem handelt jeder vollkommen eigenverantwortlich und trägt zum Nutzen der Gemeinschaft das bei, wozu er sich wirklich berufen fühlt.

Schluss

So genießen wir den Abend mit Tanz, gutem Essen, anregenden Gesprächen und wunderbarer Musik bis weit in die Nacht hinein und sind glücklich darüber, dass wir noch erleben dürfen, wie sich die Menschheit zu Frieden und allgemeinem Wohlstand hin entwickelt hat.

Nachwort

An den Leser

Lieber Leser, die befreiende Aussicht habe ich Dir nun gezeigt. Du hast gesehen, wie die Welt aussieht, die ich für ideal und wünschenswert halte. Wenn Du Dich angesprochen und motiviert fühlst, in dieser Welt zu leben, dann bist Du nun gefragt. Es liegt an Dir selbst, Dich auf die Reise zu begeben.

Die möglichen Hindernisse und die notwendigen eigenen Entwicklungsschritte habe ich Dir vor Augen geführt. Sie mögen Dir anstrengend und unbequem erscheinen, aber sie führen in die Freiheit. Die Konsequenz, wenn Du das Abenteuer scheust und lieber in Deiner Komfortzone bleibst, sollte Dir klar geworden sein. Mit dem folgenden Blick in ein Warenhaus will ich Dir den möglicherweise noch fehlenden Anstoß geben, Dein Leben selbst in die Hand zu nehmen und eigenverantwortlich zu gestalten.

Wenn wir das Leben als ein Warenhaus betrachten, dann bekommen wir nur einen kleinen Bruchteil der Waren gezeigt, die tatsächlich in diesem Warenhaus lagern. Unsere Eltern, Kindergärten, Schulen, Universitäten, Betriebe, Firmen, Behörden, Medien und Politiker führen uns sozusagen nur durch die im Keller befindlichen Abteilungen. Die dort vorhandenen Waren sehen schön und verführerisch aus, erweisen sich aber bei genauerem Hinsehen und bei regem Gebrauch sehr schnell als brüchig und unbrauchbar oder als überflüssig.

Es ist aber nicht so, dass uns diese Institutionen etwas vorenthalten, was nur für auserwählte Menschen zugänglich ist. Nein, sie kennen selbst nur diese Kellerräume, weil sie sich nie getraut haben, in die höher gelegenen Abteilungen zu schauen. Nur wenige mutige Menschen haben sich immer wieder hinein gewagt und über die wunderbaren Dinge berichtet, die in den oberen Geschossen zu finden sind. Leider werden sie entweder als Phantasten verspottet, oder ihnen werden besondere Gaben zugesprochen, die erst den Zugang in die höher gelegenen Abteilungen ermöglichen.

In den Geschichten, Erzählungen und Betrachtungen dieses Buches habe ich Dich durch die höher gelegenen Abteilungen geführt und Dir gezeigt, welche Schätze wir finden können, wenn wir uns auf den Weg aus dem Keller heraus machen. Ich wünsche Dir, dass Du genauso wie ich die Möglichkeiten und die Fülle des individuellen und gesellschaftlichen Lebens aus dieser höheren Perspektive jetzt in voller Klarheit erkennst.

So, wie wir von einem hohen Berg bei Sonnenschein die Strukturen der Landschaft und unseren Wohnort klar und deutlich sehen, erkennen wir uns selbst und die Strukturen der Gesellschaft, in der wir leben, erst aus der Perspektive der oberen Stockwerke. Gleichzeitig finden wir in diesen oberen Geschossen sehr viel tragfähigere und besser funktionierende Werkzeuge und Geräte als im Keller, um unser Leben und die Gesellschaft zu gestalten.

Und es gibt schließlich die Abteilung der Künstler mit ihren Gemälden, Skulpturen, Kompositionen, Modellen und prosaischen Schilderungen des Lebens, wie es sich beim rechten Gebrauch der angebotenen Waren ganz von allein ergibt. Eine dieser Prosaausgaben hältst Du, lieber Leser, hier in Händen. Sie soll Dich inspirieren und ermutigen, zügig den Weg in die am höchsten gelegenen Abteilungen zu wagen und dort zu verweilen, um Klarheit für und über Dich selbst zu gewinnen und weitere Menschen aus der Dämmerung des Kellers in diese Klarheit zu locken.

Wenn Du auf dem Buchmarkt und im digitalen Netz nach Zukunftsentwicklungen suchst, wirst Du vermutlich mehr Veröffentlichungen finden, als Du für möglich gehalten hast. Doch Du wirst auch sehr schnell feststellen, dass es im Wesentlichen nur zwei Arten von „Voraussagen" über die Zukunft gibt. Dabei sehen beide Versionen den Menschen als grundsätzlich träge und in der Tiefe nicht bereit zu Veränderungen.

Die einen projizieren die Entwicklungen der letzten dreißig Jahre einfach in die Zukunft bis etwa 2050. Diese Autoren und „Zukunftsforscher" sehen nur die Möglichkeit, dass die eingeschlagenen Entwicklungen beibehalten werden und bestenfalls technische Innovationen oder Naturereignisse globalen Ausmaßes diese Entwicklung zum Besseren oder Schlechteren beeinflussen können. Sie kommen meist zu sehr düster erscheinenden Zukunftsszenarien. In diesen führen die weiter stattfindende Digitalisierung, Automatisierung und der zunehmende Einsatz der Robotertechnik im Verbund mit sogenannter künstlicher Intelligenz zu großen gesellschaftlichen und wirtschaftlichen Problemen mit extremer Arbeitslosigkeit.

Die anderen bezeichnen sich selbst als Transhumanisten und haben die Vision einer höchst technokratischen Zukunft. Sie glauben fest daran, dass die technische Manipulation der menschlichen Organismen zu einer Art Supermensch führt, der für alle Herausforderungen des Lebens eine technische Lösung parat hält.

Die Zunahme des Drucks auf die Menschen durch Verschärfung der Überwachung und Zensur, durch Spaltung in Rechts und Links, durch Aufhetzung der Islamisten gegen die Christen usw. ist eine Notwendigkeit. Nur so können die Menschen lernen, dass es keine Sicherheit in der äußeren Welt gibt, dass jede Sicherheit nur scheinbar und in jedem Fall zeitlich begrenzt ist.

Die einzige dauerhafte Sicherheit findet der Mensch in sich selbst. Hierzu muss er sich aber kennenlernen und sich vertrauen. Erst, wenn wir uns selbst vertrauen, trauen wir auch anderen und finden Frieden in uns. Nur dieser innere Frieden ist wirklicher Frieden, der sich auch in der äußeren Welt zeigt und diese dann in eine friedliche Welt verwandelt.

Entscheide Dich!

Sigwart Zeidler

Lebenserfahrungen

Als Kind habe ich gelernt, spielerisch mit Dingen umzugehen.

Als Schüler habe ich gelernt, dass niemand alles weiß und alles kann.

Als Physiker habe ich gelernt, den Dingen auf den Grund zu gehen und Zusammenhänge und Wechselwirkungen zu erkennen.

Als Techniker habe ich gelernt, sorgfältig und gründlich zu arbeiten.

Als Softwareentwickler habe ich gelernt, Fehler einzugestehen und zu beheben.

Als Kollege und Freund habe ich gelernt, andere Meinungen zu akzeptieren und stehen zu lassen.

Als Ehemann habe ich gelernt, auch die nicht gesprochenen Worte zu hören.

Als Vater habe ich gelernt, auch Schwächere ernst zu nehmen.

Als Berater habe ich gelernt, dass man immer mehr kann, als man selbst glaubt.

Als spirituell Interessierter habe ich gelernt, dass die Materie nicht alles ist.

Als Mensch habe ich gelernt, dass alles Tun und Handeln zum Wohl und Nutzen aller Menschen sein muss.

Als Visionär habe ich gelernt, dass Visionen uns den Weg, in ein freies, eigenverantwortliches Leben voll inneren Reichtums und ein verständnisvolles Miteinander weisen können.

Kontakt

visionen@zeisig.de

www.zeisig.de

0175/3945510